KB001659

자본주의 정치경제학

조절이론 매뉴얼 — 기초와 발전

일러두기

1. 이 책에 실린 1부 내용은 *La Théorie de la Régulation 1. Les Fondamentaux* 라는 제목으로 2004년에 르페르(repères) 문고의 하나로 출판되었으며, 그 한국어판은 『조절이론 1. 기초사항들』(뿌리와 이파리, 2013)이라는 제목으로 소개되었습니다.

2. '옮긴이' 표시가 되어 있는 부분은 독자의 이해를 돕기 위해 옮긴이가 덧붙인 것입니다.

이 도서의 국립중앙도서관 출판예정도서목록(CIP)은 서지정보유통지원시스템 홈페이지(http://seoji.nl.go.kr)와 국가자료공동목록시스템(http://www.nl.go.kr/kolisnet)에서 이용하실 수 있습니다. CIP제어번호: CIP2017033508(양장), CIP2017033509(반양장)

ÉCONOMIE POLITIQUE
DES CAPITALISMES
Théorie de la régulation et des crises

자본주의
정치경제학

조절이론 매뉴얼 − 기초와 발전

로베르 부아예 지음 | 서익진 · 서환주 옮김

한울
아카데미

Économie politique des capitalismes
Théorie de la régulation et des crises

by Robert Boyer
Copyright ⓒ LA DÉCOUVERTE, Paris, France, 2015
Korean Translation Copyright ⓒ HanulMPlus Inc. 2017
All rights reserved.
This edition is published by arrangement with La Découverte.

이 책의 한국어판 저작권은 La Découverte와의 독점계약으로 한울엠플러스(주)에 있습니다.
저작권법에 의해 보호를 받는 저작물이므로 무단 전재와 무단 복제를 금합니다.

감사의 말

이 책의 초안을 그토록 기다려왔지만 출간은커녕 초안이 완성되는 것조차
보지 못하고 세상을 떠난 장 폴 피리우(Jean-Paul Piriou)를 추모한다. 너무
오래 지체되고 있던 이 작업을 재개하도록 자극해준 파스칼 콩브말(Pascal
Combemale)에게도 감사한다. 또한 어려운 여건에서도 아낌없는 도움을 준
자클린 장(jacqueline Jean)의 인내와 재능에 감사한다. 그녀의 도움이 없었
다면 이 책은 마무리될 수 없었을 것이다.

차례

그림

표

박스

한국어판 서문

이 책의 한국어판은 자본주의와 국제화의 역사에서 아주 특별한 순간을 맞아 출간되었다. 2008년에 미국의 금융 혁신 주도 성장이 환상으로 끝나고 위기로 돌입한 후 다음 두 가지 위기도 인식될 수 있었다. 하나는 지적 위기로서 국제기관들과 학계는 이 위기의 강도와 지속 기간, 그리고 이 위기를 극복한 나라가 거의 전무하다는 사실에 놀라움을 금치 못했다. 다른 하나는 상호 의존이 증대한 다양한 자본주의 형태들의 위기다.

지배적 경제이론의 위기

고전파 분석에서 영감을 받은 균형이론을 거부한 케인시언이론은 1930년대의 위기를 해명하기에 적절했지만, 미시경제학과 거시경제학의 화해를 중심으로 한 새로운 신고전파 종합이 지배하게 된 이후에는 지적 환경이 완전히 달라졌다. 이제는 2008년에 시작된 금융위기와 경제위기 그리고 국제위기로 신고전파 종합이라는 이론적 구축물의 세 기둥이 흔들리게 되었다.

• 실제로 일어난 변화들은 '합리성 가설'(주체들이 합리적으로 행동한다는 가설—옮긴이)이 현실과 부합하지 않는다는 사실을 명확하게 보여주었다. 예컨대 기업은 노동에 대한 승리에 눈이 멀어 권력을 남용했고, 이러한 기업에 대한 항의 운동이 재개되었다. 기업의 전략이 국민경제의 선순환에

기여하는 것이 아니라 오히려 경제 불안정과 불평등을 심화시키는 데 일조했기 때문이다. 금융 관련 주체들의 경우 자유화로 얻은 모든 기회를 활용했고 그 결과 대다수 국민경제를 위기로 몰아넣었다. 개인과 시민은 브렉시트(Brexit)와 2016년의 미국 대선 같은 최근의 여러 사건을 통해, 주류 이론이 말하는 냉정한 합리성을 견지하기보다는 정체성 확인, 외국인 혐오, 민족주의 같은 열정에 사로잡히곤 한다는 것을 보여주었다.

• 거시경제 동학을 경제 영역의 외부에서 오는 것으로 가정되는 간헐적 충격(생산성 충격, 금융인들의 정직성에 대한 신뢰 상실 등)에 따른 '순수한 시장 균형'의 산물로 간주하려는 의도는 한계를 드러냈다. 예컨대 생산성 동학은 기업 전략의 산물이지 다른 어떤 곳에서 나온 메커니즘의 효과로 나타나는 것이 아님이 명백하다. 신뢰가 불신으로 바뀌면서 금융위기가 발생했다고 보는 견해가 틀렸다는 것은 지난 몇 세기에 걸친 금융의 역사로 증명되었다. 산업 자본주의의 출현 이후 발생한 모든 위기는 내생적인 것으로서 시간과 더불어 이어져 온 축적체제들을 관통하는 모순의 발현이나 다름없다.

• 새 고전파 경제학 모형을 만드는 사람들에게는 대단히 쓸모 있는 '합리적 기대'라는 가설은 설사 거의 모든 경제가 미궁에 빠져 헤매게 되더라도 변함없이 사용된다. 이전의 성장체제가 위기에 빠져 파탄 지경에 이르렀고, 심지어 가장 강력한 행위자들이 개입해도 경제들이 새로운 체제로 수렴해갈 수 없다는 사실은 자명해졌다. 저명한 경제학자이자 금융위기 전문가인 벤 버냉키(Ben Bernanke) 전 미국 중앙은행 총재가 자신은 혼란에 빠져 있다며 다음과 같은 고백을 했다는 것이 역설적이지 않은가! "통화정책의 적용 대상인 경제의 구조적 모형도 모르면서 어떻게 합리적인 통화정책을 결정할 수 있을까?" 그럼에도 신고전파 신봉자들은 아주 태평스럽게 각 경제주체가 구조적 모형을 알고 있다는 가정을 여전히 버리지 않고 있다. 경제정책을 책임지는 최고 전문가조차 이러한 모형을 진단할 능력이

없다고 고백하고 있는데도 말이다.

사람들은 거시경제학자라는 직업이 보여주는 이러한 혼란을 상상이나 할 수 있을까. 왜냐하면 그들이 전례 없는 정교한 도구들을 가지고 있는 데 다 어마어마한 양의 통계자료까지 갖추었는데도 자본주의의 위기를 진단하고 이해하며 극복하는 데 양차 대전 중간기에 활동했던 동료들보다 더 잘 무장한 상태에 있지 않기 때문이다.

조절이론, 제도들로 둘러싸인 정치경제학

이 책은 미국에서 포드주의 성장이 구현했던 황금시대가 종식된 이래 40여 년에 걸쳐 이루어져 온 연구 작업을 추적한다. 1970년대 초부터 프랑스의 연구자들은 여러 자본주의에서 일어난 변형들을 이해 가능한 것으로 만드는 데 몰두해왔다. 그리고 얼마 지나지 않아 거의 모든 나라의 동료 연구자들이 이러한 작업에 참여했다. 2008년에 발생한 위기는 수십 년 동안 시행되어온 방법상의 선택들이 적절한 것이었음을 재확인시켜주었다. 그중 첫 번째 선택이 가진 의도는 안정된 성장의 시기들과 그 뒤를 이은 소위기나 대위기의 시기들을 동시에 다룬다는 것이었다. 조절이론을 표준이론을 대체할 대안 이론의 하나로 간주하는 것은 과장이 아니다(1장과 2장).

• 모든 '합리성은 시공의 제약을 받으며', 경제적 논리와 정치적 목적이 일치하는 경우는 거의 없다는 것을 인정하는 것은 중요하다. 사실 신고전파 학자들에게 친숙한 실체적 합리성 가정이 명시적이든 암묵적이든 직업 경제학자의 합리성과 목적을 일반 경제주체들도 가지고 있다고 전제한다는 것을 증명할 수 있다. 그러나 현실 사회에는 여러 사회집단이 있으며,

이 집단들은 자신의 이익을 추구하거나 방어하는 데 대부분의 시간을 보내고 일반이익의 실현이나 파레토 최적으로의 수렴 같은 것에는 전혀 기여하지 않는다. 이 책의 5장이 기여한 것 중의 하나는 바로 이러한 상황에 의해 제약된 합리성이라는 관념이 가진 발견적 성격을 강조한 데 있다.

• '모든 것은 과정이지' 외생적 충격으로 교란되는 정태적 균형으로의 수렴이 아니다. 한편으로 수리경제학의 발전으로 왈라시언 유형의 일반균형을 향한 수렴이라는 것이 얼마나 문제가 많은지 드러났다. 다른 한편으로 근대 거시경제학은 투자와 소비 그리고 신용에 영향을 주는 요인들을 분석하는 과정에서 탄생했으며, 이때 중장기 균형이 반드시 필요한 것은 아니었다. 이와 관련해 스웨덴 학파와 하이만 민스키(Hyman Misky) 그리고 당연히 미하우 칼레츠키(Michal Kalecki)를 떠올릴 것이다. 그러나 조절이론이 영감을 끌어낸 주된 원천은 다름 아닌 축적과 그 위기에 관한 마르크스주의 분석이다. 이와 관련해 조절이론이 갖는 새로움은 이 축적과 위기라는 과정의 성격을 결정하는 것이 제도적 맥락이라는 것, 그리고 경제적 동학은 정치적 선택들에 열려 있으며 이 정치적 선택들은 표준 경제학이 가정하듯이 순수 경제적 합리성의 시행으로 환원될 수 없다는 것을 밝힌 데 있다.

• 행위자들, 그중에서도 특히 강력한 행위자들의 '표상과 상상'은 행위자의 수효만큼이나 많으며, 그 각각은 합리적 기대라는 가설이 형성하는 규범성의 대안이 될 수 있다. 그 어떤 행위자도 국민경제를 대변하는 거시경제 모델을 규정하는 핵심 부분을 알 수 있는 능력이 없다는 점에서, 미래에 관한 의사결정들의 조정을 가능케 한다는 단순화된 가설들은 기각될 수밖에 없다. 예컨대 금융 종사자들이 판매하는 것은 스프레드시트에서 나온 사업안이 아니라 투자와 혁신에 내포된 근본적인 불확실성을 축소시키는 경이로운 성공담이며, 이를 통해 투자자와 저축가는 물론 심지어 공권력까

지 설복시키려 드는 것은 아닐까. 그렇다면 정치 책임자들은 당선을 위해 제대로 격식을 갖춘 경제계획을 제시할까? 최근에 있었던 영국의 브렉시트 관련 국민투표와 미국의 대선에서 단순한 슬로건의 승리를 볼 수 있다. 브렉시트에 찬성한 사람들과 '위대한 미국의 재현(The US Great Again)'이라는 간단한 슬로건을 제시한 도널드 트럼프(Donald Trump)에게 표를 던진 사람들과 마찬가지로 정치인들도 틀렸던 것일까? 소비자들을 보자. 이들은 가장 일상적인 재화를 가장 상징적인 재화로 탈바꿈시키는 이미지에 무심하지 않다.

이처럼 조절이론은 표준이론과 전혀 다른 기반을 제시한다. 조절이론은 거시사회적 기초에서 출발해 미시경제적 의사결정으로 나아가려 한다. 그러면서도 미시 수준과 거시 수준 사이에 하나의 중간 매개 차원을 설정하는 것이 반드시 필요하다고 강조한다. 이 책은 이러한 중간 매개 개념들 중 핵심적인 것으로 생각되는 것들을 완벽한 리스트로 제공한다. 그것은 생산 모델, 사회적 혁신 시스템, 국가 사회보장 시스템, 불평등 체제, 그리고 환경과의 연관을 관장하는 제도적 장치 등이다(6장).

구조 변화 이론

이러한 방법론적 기초 덕분에 조절이론은 미셸 아글리에타(Michel Aglietta)가 그의 선구적인 저작에서 제안한 연구 프로그램을 제대로 수행할 수 있었다. 즉, 조절이론은 자본주의의 장기적인 재생산을 보장하는 동시에 대위기의 해법이기도 한 항구적인 변형의 분석을 목적으로 삼는다. 그리고 1970년대부터 2010년대에 이르는 시기의 역사를 되돌아봄으로써 조절양식들과 축적체제들이 계승되어왔음을 증명할 수 있었다.

이 점과 관련해 북미 경제의 동학은 특히 교훈적이다. 먼저 대량생산과 대량소비의 공시화로 이해되는 포드주의의 위기가 가진 구조적 성격이 재확인되었다. 왜냐하면 (동태적 경제 효율성과 임노동 민주주의의 확장을 아주 잘 조화시켰던) 이 체제가 부분적인 수정을 통해 지속될 수 있다는 희망이 거짓임이 드러났기 때문이다(3장). 포드주의의 위기는 전례 없는 국제화 운동으로 귀착되었다. 이에 따라 경쟁이 위계상 최상위 제도 형태가 되었고, 임노동관계는 특별히 노동시간, 고용, 보수 및 사회보장 면에서 유연해질 수밖에 없었다. 이 두 번째 사회경제체제는 그에 앞선 체제와 근본적으로 다르지만, 그 자체로는 혁신과 금융 세계화가 지배하는 세 번째 체제의 정착을 위한 하나의 단계에 지나지 않는다(4장). 이 세 번째 체제에서는 주가가 과거 생산성 진보와 임노동 협상이 가졌던 지위와 동등한 지위를 가진다.

이 두 변화에는 한 가지 공통점이 있는데, 바로 제도 형태들의 위계구조가 국제적 편입과 국제금융에 유리하게 변한다는 것이다. 이 때문에 정부는 개입 여지가 축소되어 보건, 고용, 생활수준 향상, 사회보장 등에서 시민의 요구에 부응하기가 갈수록 어려워진다. 영광의 30년 시기에 자본주의와 민주주의의 관계는 시너지 효과를 냈지만, 2000년대부터 이 두 논리는 노골적인 갈등 관계로 들어선다. 왜냐하면 소득과 재산, 그리고 정치권력에 대한 접근에서 불평등이 심화되었고, 생산자와 소비자의 이익보다 금융인의 이익이 우세해졌으며, 국제금융의 계속되는 요구를 들어줄 수밖에 없는 처지에 빠져버린 정부의 전략적 행동 능력이 약화되었기 때문이다. 권력의 문제를 철저하게 외생적인 것으로 간주하는 경제 분석에 반대하는 한 정치경제학(즉, 조절이론─옮긴이)이 어떤 이점을 갖는지 짐작할 수 있을 것이다(9장).

이 책은 한 사회경제체제에서 다른 사회경제체제로의 이행을 설명할 수 있는 다양한 메커니즘을 탐구했던 수많은 연구들의 성과를 종합적으로 제시한다. 첫째는 하나하나의 구조적 변화는 그것이 개별적으로 고려될 때는 한계적인 의미밖에 갖지 않는 것처럼 보이지만, 그러한 변형이 연속해 이루어지면 결국 제도 형태들의 구도 재편을 야기할 수 있다는 것이다. 둘째는 제도 형태들의 변화가 경제 영역에 고유한 힘들만으로는 설명될 수 없고 경제 영역을 정치적·학술적, 심지어 문화적 영역과 접합함으로써 비로소 설명될 수 있다는 가설이다. 이 점을 감안하면 포드주의 축적체제의 동학과 연계된 전례 없는 조절양식이 출현하는 데 두 차례의 세계대전과 1930년대의 위기가 얼마나 중대한 역할을 수행했는지 다시금 확인할 수 있다(10장).

자본주의 다양성의 쇄신

이 변형들이 보여준 경로 의존성은 다음과 같은 중요한 함의를 가진다. 즉, 조절 접근은 시장경제라는 표준 모델로의 수렴을 가정하는 표준이론과는 반대로 자본주의의 대조적인 형태들이 공존한다고 본다는 점이다.

• 이러한 자본주의의 다양성을 초래하는 첫 번째 요인은 국가와 시장을 '매개하는 제도들의 복잡성 증대'다. 기초 작업들에 비추어볼 때 이 책에는 두 개의 용어가 새롭게 도입된다. 하나는 한 사회 구성체에 고유한 과정들의 결합과 관련된 불평등 체제라는 용어이고, 다른 하나는 환경 관련 제도적 장치들이라는 용어다. 후자는 도시 공해와 기후 온난화의 도전을 극복할 수 있게 해주는 경제체제를 전망하는 데 핵심적인 용어다(6장).
• 자본주의를 차별화하는 두 번째 요인은 제도 형태들 간의 '보완성'과 '위계'라는 개념이다. 이 개념들 덕분에 제도 형태나 기업 조직 모델이 다른

나라로 수입될 때 왜 실패가 반복되는지 설명할 수 있으며, 자본주의의 상반된 형태들이 어떻게 구조적으로 안정되는지 해명할 수 있다. 여러 국민경제 간의 구조적 차별화가 지속되고 있음을 부각하는 데는 라틴아메리카와 아시아의 몇몇 주요 경제를 조목조목 비교해보는 것으로 충분하다. 예컨대 1950년대 한국과 멕시코의 1인당 소득은 거의 같았으나 각각 상이한 전략을 택하고 몇 년이 지난 뒤에는 아주 다른 특화와 구도를 가진 성장 궤도로 귀착되었다.

이처럼 이 책에서는 다양한 사회경제체제의 분류가 등장하며, 그중 세계시장에 원자재를 수출해 먹고사는 지대 수취 체제는 특별한 위치를 점한다. 라틴아메리카 대륙과 동남아시아 나라들에 관한 연구가 진전될수록 자본주의 형태들의 쇄신이라는 가설이 불가피해졌고, 이는 표준이론의 분석이 통상 가정하듯이 자본주의 형태들이 효율성이라는 규범적인 기준에 의거해 선별된다는 것을 부정한다. 이 책은 그 사례로서 중국 경제체제의 특징을 규명한다(8장).

경제체제들 간 상호 의존의 심화에도 아직 새로운 국제체제는 없다

이러한 이론적 발전 덕분에 당대의 연구들에 편재하는 세계화라는 개념을 반박할 수 있게 되었다. 이 용어는 매우 이질적인 변형들을 하나로 묶고, 암묵적으로 세계경제가 동질화 과정을 거쳐 통합된 하나의 전체를 형성할 것으로 가정한다. 사실은 이와 정반대다. 국제적 개방은 오히려 대조적인 특화들을 심화시킬 수 있다. 예컨대 미국과 영국에는 국제 금융 중개가, 독일과 일본 그리고 한국에는 혁신과 공산품 수출 주도 성장이, 프랑스와 스페인에는 포드주의 특화의 끈질긴 잔존이, 중앙유럽 및 동유럽 나라들에는 외국인 직접투자로 추동되는 산업적 동학과 석유와 원자재에 연계된 지대 수취 체제 등이 심화된다.

이 모든 체제들은 국제경제에 크게 개방되어 있으며, 이는 과거 포드주의가 시현했던 국민적 영토를 중심으로 한 성장이라는 이념형에 비하면 중대한 변화가 아닐 수 없다. 이러한 변화로 인해 각 사회경제체제 내에는 생산과 소비 간, 그리고 노동과 자본 간 단절이라는 구조적 불균형이 나타난다. 또한 여러 불평등 체제가 출현할 수 있으며, 이는 경제적·금융적 결정 요인들이 정치권력의 통제는 물론 시민의 열망으로부터도 벗어나는 만큼 더욱 그러하다. 돌이켜보면 하나의 '무(無) 국제체제'가 이토록 오랫동안 지속되고 심지어 2008년 미국의 금융·경제 위기가 초래한 충격파에도 살아남을 수 있었다는 사실은 정말 놀라운 일이다.

이러한 분석이 때마침 이른바 브렉시트의 시대를 맞았다. 영국의 유권자들은 유럽연합을 탈퇴하기로 결정했으며 경제적 민족주의가 용솟음치고 있다. 경제적 민족주의는 때로 격화된 모습을 띠기도 하는데, 2017년 초에 임기를 시작한 미국의 새 대통령의 프로젝트가 그 증거다. 그러나 일련의 조용한 변화들이 인식되지 않은 채 지나갔거나 정치 책임자들의 주목을 끌지 못했다. 이러한 변화들 중에는 탈산업화가 고용과 임금에 미친 영향, 사회보장의 '합리화'가 여러 불평등 현상에 미친 효과, 금융 자산과 정치권력을 한 손에 장악한 엘리트 집단의 형성, 경제적·사회적 정책에 대한 시민적 통제력 약화 등이 있다. 이러한 변화들이 누적된 결과 2016년부터 그 효과가 인식되기 시작했고, 수많은 지표들을 근거로 향후 몇 년 안에 놀라운 일들이 대거 일어날 것으로 예상할 수 있다.

조절이론의 탄생은 영광의 30년 시기의 종말을 예견하고 이해하는 데 표준이론들이 무능했다는 사실에 기인한다. 조절이론은 고유한 분석 도구를 사용함으로써 미국의 금융화 주도 체제가 위기에 빠질 수밖에 없다고 진단할 수 있었고, 유로존의 약점도 일찌감치 탐지해낼 수 있었다. 이렇게 조탁된 분석 도구들이 한국 경제의 변형과 국제경제의 생명력에 가하는 위험을 더 잘 이해할 수 있게 해줄 것인지, 그 판단은 한국 독자들의 몫이리라.

2017년 1월 16일
로베르 부아예

서론

이른바 '영광의 30년'으로 불리는 시기에 작동했던 성장체제가 1970년대부터 사라지기 시작한 이유는 무엇일까? 또한 금융 혁신으로 급속한 성장을 이룩했음에도 결국 1929년 경제위기 이래 가장 심각한 경제위기를 겪게 된 사실을 어떻게 설명할 수 있을까? 그리고 유럽 통합의 실현이라는 처음의 기대와는 달리 유로화 때문에 유럽은 오히려 남북으로 분열되어 결국 분단까지 되는 것은 아닐까? 워싱턴 컨센서스(Washington Concensus)의 지지자들은 왜 중국이 1990년대 말부터 대위기를 맞게 될 것이라고 잘못 예상했던 것일까?

신고전파 거시경제학의 실패

대부분의 현대 경제이론은 '시장경제'가 맞닥뜨린 문제를 다루는 데 집중해왔다. 예컨대 밀턴 프리드먼(Milton Friedman)으로 대표되는 시카고학파는 시장경제의 대체 불가능성이라는 덕목을 자랑하고, 조지프 스티글리츠(Joseph Stiglitz)와 폴 크루그먼(Paul Krugman)이라는 두 명의 저명한 학자로 대변되는 네오케인시언 학파는 시장경제의 결함을 교정할 처방이 있다고 주장한다. 이 두 학파의 연구 프로그램들은 다음과 같은 공통의 기반을 가진다. 바로 시장은 외형상 대등한 주체들 사이에서 이루어지는 표준적인 경제 조정 형태라는 것이다. 그래서 그들은 케인스(John Maynard Keynes)

전통에 의거해 국가가 시장의 한계를 극복하기 위해 무언가 할 수 있음은 확실하지만, 국가 개입은 완전경쟁시장이라는 이상적인 상태에 비하면 임시방편에 지나지 않는다고 본다.

자본주의 개념으로의 복귀

카를 마르크스(Karl Marx)식으로 말하자면 자본주의에 준거한다는 것은 생산양식 면에서 자본주의 경제를 소상품생산 경제와 구별한다는 것을 의미한다. 자본주의의 성격을 규정하기 위해서는 상인이라는 주체들이 상호 경쟁한다는 사실만으로는 충분하지 않다. 사실 자본주의의 기본 실체는 기업이며, 기업에서는 상인의 경우와 전혀 다른 사회적 관계, 즉 생산관계[•]가 시행된다. 이 생산관계에서는 임노동자가 임금을 수취하는 대가로 소유경영자 혹은 그 대리인 격인 전문경영자의 권위에 복종한다. 이 두 번째 사회적 관계를 (상인들 간의─옮긴이) 순수한 시장관계와 동일시할 수는 없다. 왜냐하면 그것이 함의하는 위계적인 복종은 전형적인 시장에서 작동할 것으로 간주되는 수평적 관계와 상반되기 때문이다.

생산관계의 이러한 특징은 노동계약의 특징으로서 정보 비대칭성, 역선택 및 도덕적 해이를 강조하는 새로운 미시경제이론들에서도 인정된다. 그러나 이 이론들은 거시경제가 중장기에 걸친 변동을 통해 드러내는 특징을 검토하는 방향으로 분석 영역을 확장하지 않는다. 자본주의 개념의 이점은

• 생산과정에 참여하는 사람들 간의 관계를 지칭하는 마르크스 경제학의 기본 개념으로서 생산력 개념과 짝을 이룬다. 생산력 수준과 생산관계의 성격이 결합해 특정한 생산양식을 구성한다. 예를 들어 자본주의 생산양식의 경우 기계에 의한 생산으로 엄청나게 증대된 생산력과 노동자와 자본가로 형성되는 생산관계가 결합된다. ─옮긴이

경쟁 관계와 임노동 생산관계의 상호작용에서 어떻게 단순한 상품경제와는 정반대되는 관점이 나타나는가를 강조하는 데 있다. 사실 소상품생산의 목적은 상품의 생산과 화폐를 매개로 한 유통을 통해 인간의 필요를 충족시키는 데 있지만, 자본주의에서 우선적으로 관철되는 것은 자본 축적의 법칙이다. 따라서 자본주의에서 상품 생산은 '스스로 가치를 실현하는 가치'(Marx, 1890)로서 자본이 순환하는 회로를 구성하는 과도적인 국면들 중 하나에 지나지 않는다.

아날학파의 역사적 전통과 연계된 마르크스주의 접근

조절이론은 이러한 마르크스의 이론적 전통을 계승하면서도 『자본론』의 분석을 수정하거나 확장하려 한다. 이를 위해 경제학의 '근대적 방법론'을 사용하는 동시에 19세기 말 이래 '자본주의가 겪어온 변형'에서 끌어낸 교훈도 활용한다.

조절이론이 영감을 얻는 두 번째 원천은 다름 아닌 자본주의의 장기 역사다. 한편으로 이 장기 역사 속에는 국가는 물론 상인, 생산자, 은행가, 금융인 등 다양한 주체들 사이에서 일어나는 중요한 변화들이 녹아 있다. 이러한 변화들을 무시하고 어떤 이론을 만든다는 것은 상상조차 할 수 없다. 다른 한편으로 20세기는 수많은 교훈을 제공한 동시에 다양한 의문도 품게 만들었다. 1929년의 위기가 보여준 비전형적인 성격을 어떻게 설명해야 할까? 또 이와는 반대로 제2차 세계대전 이후의 눈부신 경제성장은 어떻게 봐야 할까? 그리고 1960년대 말경에 이런 선순환 과정이 종식되고 위기로 돌입한 이유는 무엇일까? 나아가 이 시기 이후로는 미국과 유럽 그리고 일본이, 또 최근에는 중국까지도 각기 서로 다른 아주 다양한 궤적을 그려왔다는 사실 때문에 불변의 한 생산양식을 분석하는 대신 현대 자본주의의 다양한 형태를 해석하려는 시도가 이루어지고 있다.

조절이론의 일곱 가지 질문

이처럼 조절이론은 최초의 질문('영광의 30년'이라는 성장을 종식시킨 원인에 관한 질문)을 던진 이후 그 분석 영역을 점진적으로 확장해왔다. 여기에는 다음과 같은 두 가지가 영향을 미쳤다. 하나는 '기본 개념'과 연구 방법을 '개발하는 과정 자체'에서 새로운 의문이 넘쳐나는 동시에 그에 따른 애로도 가중되어왔다는 점이며, 다른 하나는 지난 사반세기 동안 전개된 경제와 금융의 역사로부터 조절이론이 예상치 못한 운명적인 변화를 겪었다는 점이다.

연구방향의 설정에 영향을 준 중대한 질문 몇 가지를 살펴보면 다음과 같다.

1. 자본주의 경제의 성립에 필요 충분한 기본 제도로는 어떤 것들이 있는가?

2. 이 제도들 간의 구도가 일정한 동태적 안정성을 갖춘 경제적 조정 과정을 창출하려면 어떤 조건이 필요한가?

3. 한때 성공을 구가했던 성장체제 내부에서 위기가 주기적으로 재발하는 현상을 어떻게 설명할 것인가?

4. 자본주의의 제도들을 변화시키는 추동력은 무엇인가? 대다수 경제이론이 가정하듯이 선별과 효율성인가, 아니면 정치의 역할인가?

5. 자본주의의 위기가 이어지고 있는데도 어째서 이 위기들은 동일한 연쇄를 그대로 반복하지 않는 것일까?

6. 자본주의의 새로운 형태의 출현과 그 지속 가능성을 검토할 수 있게 해주는 도구는 과연 존재하는가?

7. 특정 조절양식을 대상으로 그 작동 방식과 위기 형태를 동시에 분석하고, 더 나아가 이를 정식화할 수 있을까?

조절이론의 기초

이러한 질문들은 모두 이 책의 1부에서 다룰 주제들이다. 먼저, 조절양식의 기반을 이루는 제도 형태들에 관한 서로 다른 두 가지 우회적인 방식을 살펴볼 것이다. 첫 번째 방식은 고전 정치경제학에서 출발해 일반균형이론으로 정점을 이룬 이론적 전통을 직접 따라가는 것으로, 시장경제의 은폐된 제도들을 명시하는 데 목적이 있다(1장). 두 번째 방식은 마르크스의 유산인 재생산 도식에 관한 비판적인 평가로부터 출발하는 것이다. 그 결과, 조절양식을 일정 수의 제도 형태가 접합되어 나타난 산물로 규정할 수 있게 되었다. 이를 계기로 조절양식은 개방적인 존재라는 점을 부각시켰고, 이 덕분에 조절 개념을 보완하기 위해 위기 개념을 도입할 수 있었다. 나아가 역사적 분석을 통해 서로 대조적인 조절양식들이 계승되어왔다는 사실을 밝힐 수 있었다(2장).

그러나 제도 형태는 단기 혹은 중기의 조정을 위한 조건으로만 작용하지 않는다. 왜냐하면 제도 형태는 축적의 조건과 함께 축적에 따른 장기 성장체제를 만들어내기 때문이다. 사실, 제도는 오로지 기술이 제공하는 잠재적 생산력과 소비자들의 선호 간의 대치를 통해 결정되는 장기 균형에 부가되는 단순한 마찰 같은 것에 지나지 않는 것이 아니다. 장기 역사적 분석들은 (제도 형태에 따른—옮긴이) 축적체제의 다양성을 다시금 강조한다(3장).

대다수 경제이론이 위기 개념에 거의 신경을 쓰지 않거나 전혀 관심을

조절이론에 대한 몇 가지 오해

경제학자들이 영미식 용어법을 두서없이 사용해온 탓에 조절이론에 관한 '오해'가 갈수록 늘고 있다. 그래서 서두에 이에 대한 주의를 환기하고자 한다. 오늘날 국제적 문헌에서 조절이라는 용어는 정부가 공공 및 집단 서비스의 운영을 민간 기업에 맡긴후 독립된 '규제기관'을 설립해 이 기업들을 규제하는 현상을 의미한다. 실제로 이러한 규제기관의 수효는 증가해왔는데, 방송 규제 위원회, 통신 규제 위원회, 금융 규제당국 등이 그 좋은 사례다.

조절이론에 관한 이러한 오해가 더욱 깊어진 데는 "'선험적으로' 상호 독립적인 제도화된 타협들이 어떻게 하나의 활력 있는 체제를 규정하게 되는가"라는 질문을 중심으로 이루어지는 자본주의에 관한 분석과 규제의 법제화나 계약의 교섭을 통해 공권력이 가진 특권을 민간에 위임하라는 규범적 권고의 혼동이 작용했다. 요컨대 이러한혼동은 영어 단어 'regulation'을 프랑스어로 잘못 번역한 데서 기인했다. '규제'라는뜻의 이 영어 단어에 해당하는 프랑스어는 사실 'réglementation(레글르멍타시옹)'이다.

이러한 용어상의 혼동은 이미 오래전부터 있었다. 프랑스에서 조절은 국가가 제도를 설계·운영하는 것, 즉 시스템 엔지니어로서의 활동에 따른 결과물로 인식되어왔다. 그런데 조절론자들은 영광의 30년의 시기에도 케인스주의에 입각한 경제정책이당시 작동 중이던 조절양식의 여러 구성요소 중 하나에 지나지 않는다는 사실을 보여주었다. 이와는 반대로 이른바 규제 완화[프랑스어로는 dérégulation(데레귈라시옹)이 아니라 déréglementation(데레글르멍타시옹)] 정책은 완전경쟁시장으로의 복귀를조장하는 역할을 하는 것으로 해석되었다.

끝으로 분석 수준에 관한 혼동이라는 문제가 있다. 제2차 세계대전 이후의 성장 모델은 미약한 국제적 영향이라는 환경 덕분에 가능했던 개별 국민국가 차원의 고유한타협을 기반으로 했다. 조절론적 연구 대다수가 일국 수준의 분석에 집중했던 것도바로 이 때문이다. 오늘날에는 국제화와 금융화의 영향력이 뚜렷이 인지되고 있지만,그렇다고 해서 조절이론이 현실 적합성을 상실한 것은 아니다. 왜냐하면 조절이론은일국 내의 지역, 국가, 여러 국가를 포괄하는 국제 지역, 세계 등 다양한 분석 수준들중 어느 것을 선택하는 것이 적절한가에 대해 열린 입장을 취하기 때문이다. 이러한관점에서 보면 유럽의 건설이라는 문제는 조절이론이 괄목할 만한 발전을 이룰 수 있는 연구 대상이 될 수 있다.

기울이지 않는 반면, 조절이론은 한 조절양식의 속성과 그 불안정을 야기하는 내생적 요인을 동시에 검토한다는 특징이 있다. 더욱이 적어도 다섯 가지 형태의 위기가 발생했기에 이것들을 구별하는 것도 중요하다. 하지만 조절양식이나 축적체제의 위기를 유발하는 소수의 메커니즘은 명시될 수 있다(4장).

두 번째 '대변환'에 부응한 이론적 발전

이 제목은 사실 이 책의 2부 전체를 관통하는 분석 노선이다. 대부분의 제도주의 분석과는 달리 조절이론은 처음부터 자본주의의 장기 변형에 관한 해석을 목적으로 삼았다(Aglietta, 1976). 1990년대부터 조절이론이 제기해온 다음과 같은 핵심 질문, 즉 제2차 세계대전 이후의 성장을 가능케 했던 제도와 조직 대부분을 위태롭게 만든 자유화 과정을 어떻게 설명할 것인가라는 질문은, 단순하지만 막중한 의미를 가진다.

이 구도는 양차 대전 중간기의 극적인 사건들에 직면했던 칼 폴라니(Polanyi, 1944)가 연구 대상으로 삼았던 구도와 무관하지 않다. 그럼에도 그의 분석을 그대로 차용할 수는 없다. 왜냐하면 제2차 세계대전 종식 이후 여러 국민경제와 국제체제에 상당한 변화가 일어났기 때문이다. 실제로 국제 분업이 현저하게 심화되었을 뿐만 아니라 자본주의의 틀을 짜는 제도 형태들이 복잡해졌기 때문에 이론의 쇄신은 불가피했다. 거시경제학의 미시경제적 기초의 구축 노력이 실패로 돌아가면서 조절양식의 생명력을 보장해줄 수 있는 시장 이외의 다른 수많은 중간 매개체를 고려하지 않을 수 없게 되었다. 또한 이 실패는 다양한 형태의 행동 원리와 합리성의 내용을 더욱 엄밀하게 만드는 계기로도 작용했다. 결국 이러한 중간 매개체들이 중첩해 존재하게 되자 대표 개인 또는 대표 기업에서 출발해 바로 사회 전체로 나아가는 분석 방식은 더 이상 채택될 수 없게 되었다. 이리하여 조절 이론은 중간 수준의 분석을 자처했고, 이를 중시경제 분석으로 부를 수도 있다(5장).

이러한 기초 개념들을 사용함으로써 현대 자본주의의 핵심을 이루는 제도적 편성의 구체적인 모습을 제시할 수 있었다. 생산 모델과 국가 혁신 시스템은 각국의 제도적 구도의 동학과 다양성을 결정하는 역할을 수행한다. 마르크스와 슘페터 이후 새로운 제품과 기술, 및 조직의 추구가 기업이나 국가의 경쟁적 위치를 결정한다는 것은 널리 수긍된 사실이다. 임노동관계가 어떻게 조직되며 이것이 고용관계라는 측면에서 어떻게 다르게 나타나는가는 다름 아닌 혁신의 성격에 달려 있다. 예컨대 임노동관계는 교육 시스템이나 기업의 역량 획득 방식에 따라 달라진다. 부문별 제도 장치는 일국 차원의 특정한 표준 모델을 다소간에 변형시킨 것이 아니다. 제도주의 접근은 상호 모순되지 않으면서도 매우 상이한 주요 목적들을 조화시키려는 각국의 사회보장 시스템을 분석할 때 가장 큰 장점을 드러낸다. 끝으로 2000년대와 2010년대에는 불평등 체제와 환경 관련 제도적 장치라는 두 개의 다른 제도적 편성도 추가되어야 했다(6장).

이처럼 수적으로 늘어난 제도적 장치들이 어떻게 대략적으로나마 정합성 있는 조절양식과 발전 방식을 규정할 수 있게 되는 것일까? 여기서는 정치 영역과 경제 영역 간의 상호작용이 갖는 성격이 결정적으로 중요하다. 왜냐하면 한 제도적 구도가 생명력을 가지려면 일정한 정치적 정당성과 최소한의 경제적 효율성이라는 조건을 충족해야 하기 때문이다. 안토니오 그람시(Antonio Gramsci)가 제시하고 니코스 풀란차스(Nicos Poulantzas)가 발전시킨 '헤게모니 블록'이라는 개념 덕분에 이 블록의 형성에서 침식으로, 즉 대개는 경제적이자 정치적인 위기로 이어지는 과정을 정식화할 수 있게 되었다. 이와 관련해 제도적 구축의 모형화 외에도 제도의 출현 메커니즘과 뒤이은 제도적 구도의 재편 과정에 관한 하나의 분류가 제시된다. 그리고 동일한 맥락에서 공공 공간, 경제정책의 정당화를 위한 표상 체제, 구조 개혁의 방식 등과 같은 개념을 규정하는 것은 흥미로운 일이다. 이처럼 많은 요인을 고려함으로써 왜 나라마다 2008년의 위기에 대처한 정책과 그 이후의 발전 궤도가 달랐는지 이해하게 되었다(7장).

자본주의들의 불확실한 재편

지금까지의 논의에 비추어볼 때 표준이 되는 한 자본주의가 있고, 이를 근간으로 다양한 국민적 구도가 조직될 수 있다는 가설은 부정될 수밖에 없다. 앵글로색슨 자본주의가 다른 자본주의들보다 훨씬 더 큰 영향력을 행사하고 있음은 확실하다. 그러나 앵글로색슨 자본주의가 헤게모니를 행사한 결과, 상이한 제도적 타협을 반영하는 대안적인 경제적 특화들이 더욱 강화되었다. 사회과학의 여러 학제들은 왜 이러한 자본주의의 다양성이 항구적으로 지속되는가에 대해 다양한 설명을 제시했다. 예컨대 이 다양성은 각국의 생산 및 혁신 시스템의 성격에서 나오는 것으로 간주되거나 대위기가 발생했을 때 헤게모니 블록이 선택한 전략의 결과로 설명되었다. 이리하여 자본주의가 가진 불안정, 위기 또는 불평등의 급증 같은 경향을 극복하면서 특정한 자본주의 형태가 시간이 흘러도 정합성을 유지할 수 있게 해주는 과정을 해명하는 것이 중요해졌다. 중국은 독자적인 자본주의의 발흥을 가능케 하는 사회적 형태들이 열려 있음을 증명하는 최고의 사례임이 틀림없다. 말하자면 수없이 많은 지방 코포라티즘들이 경쟁하는 상황은 1989년에 붕괴한 중앙집권적 소비에트연합 체제와 대조적이다. 라틴아메리카 나라들과 아시아 나라들 간에도 발전 궤적은 확실한 대조를 보인다. 마찬가지로 유럽에도 세 가지 유형의 자본주의가 공존하는데, 이러한 공존을 유지한다는 것은 쉬운 일이 아니어서 결국 유럽은 엄중한 위기에 봉착하고 말았다. 이처럼 자본주의 형태가 (재)창조되는 과정에는 내생적 신진대사와 이종교배가 상호 결합적으로 작용한다(8장).

조절이론은 그 시작부터 포드주의 이론으로 알려졌다는 사실 때문에 비판이 반복되어왔다. 포드주의로 지칭되는 사회경제체제는 주로 국민국가의 주권에 기반을 두는데, 세계화 시대를 맞아 그 기반이 더 이상 지탱될 수 없게 되었기 때문이다. 역사적 방법에 의거하면 이 과정은 위계상 지배적인 제도 형태가 임노동관계에서 국제적 편입으로 대체되어온 과정으로 분석될 수 있다. 이러한 요동 과정은 세계 도처에서 큰 변화를 유발했지만, 각처에서 일어난 변화는 동일하지 않았다. 오래전에 공업화를 수행한 나라 중에는 가격 형성을 주도하는 나라가 된 경우도 있지만, 그 밖의 나라들은 대부분 그러지 못했다. 국제 금융 중개에 특화한 경제들은 연속적인 투기 열풍에 휩싸인 후 다소간 심각한 위기를 겪었고, 지대 수취 체제의 저주라는 특징을 갖는 일차산품 수출국들은 세계경제가 확장과 조정의 어느 국면에 있는가에 따라 변동한다. 따라서 향후 모든 나라가 동일한 포드주의 체제로 수렴할 것이라는 가설은 모험적일 뿐만 아니라 거의 비현실적인 것으로 보인다. 각국의 경기 상황은 물론, 좀 더 근본적으로는 자본주의적이든 지대 수취적이든 여러 사회경제체제들 간의 상호 의존이 증대된 상황에서 준거해야 할 개념은 세계화가 아니라 다양한 조절 수준의 착종이다. 이러한 상호 의존 덕분에 글로벌 공공재의 인정과 제도화는 좀 더 용이해질 것이 틀림없지만, 이를 둘러싼 국민국가 간의 이해 갈등은 그 발전양식들의 이질성 때문에 해결이 쉽지 않다. 이런 상황에서 세계무역의 둔화가 야기하는 긴장 때문에 아시아는 물론 라틴아메리카에서도 국제 지역적 통합에 따른 이점이 다시 부각되고 있으며, 2010년대부터는 시스템 위기 발생에 대한 우려마저 나오고 있다. 금융의 단기적인 시계(視界)가 지배하면서 초국가적 제도 구축은 불가능하다고 단언할 수는 없겠지만 어쨌든 상당히 어려워졌다(9장).

출현이라는 거대 질문

현대의 다양한 제도주의 접근과 비교해 조절이론을 특수하게 만든 핵심 질문은 새로운 조절이 어떻게 출현하는가, 그리고 자본주의의 형태 전환을 보장하는 과정은 무엇인가라는 것이다. 변화는 본질적으로 내생적이다. 즉, 한 발전양식이 성공해 확산되고 성숙해가는 동안 스스로를 불안정하게 만들어 결국에는 대위기로 들어서게 만드는 힘들이 작동한다는 것이다. 이 과정은 제도의 성격이 국지적인지, 부문적인지 혹은 반대로 글로벌한지에 따라 상당히 다르다. 대위기는 사회적 갈등이 정치 영역의 중개로 해소될 때 비로소 극복된다. 이 점은 예컨대 투자은행 리먼브러더스의 파산과 이것이 세계경제에 미친 파멸적인 영향에 대해 미국과 중국, 유럽연합이 보인 반응을 분석해보면 확인할 수 있다. 다양한 사회적 공간(금융, 학계, 정부)에 소속된 집단적 행위자들 간의 상호작용이라는 측면에서 분석함으로써 새로운 관점이 열리고 대변형의 시기가 이해될 수 있다(10장). 이처럼 사회과학이론은 역사의 산물이며, 그 역은 성립하지 않는다.

1부

기초

1장

자본주의 경제의 기반
제도 형태

먼저 자본주의 경제의 기본 제도에 대해 생각해보는 것이 좋을 것 같다. 현대의 제도 연구들에 따르면, 제도는 규범, 가치, 협약, 법규, 조직, 네트워크, 국가 등 매우 다양한 의미로 정의된다. 이처럼 공통점을 찾기 어려울 정도로 다양한 용어가 누적되고 있다는 것은 혹시 시장을 대체할 수 있는 조정 메커니즘이 이 용어들의 수만큼이나 많다는 것을 의미하지는 않을까? 도대체 제도경제학을 위한 좀 더 견고한 기반을 발견하는 것이 가능하기는 할까?

이 의문에 답하는 것은 다른 사회과학 분야들은 물론 경제학의 기원을 이루는 다음 질문에 답하는 것이나 마찬가지다. "왜 사적 이익을 추구하는 자율적인 개인들 간의 경쟁은 무질서 상태로 귀착되지 않는가?" 일반균형이론도 이에 대한 답을 제시했지만, 그로부터 우리가 얻은 교훈은 시장경제의 생명력은 일반균형의 성립에 필요한 아주 특수한 분석적 조건들(외부효과 및 공공재의 부재, 공평성이라는 가치판단으로부터 경제적 효율성의 분리 가능성 등)뿐만 아니라 화폐제도, 제품의 질, 경쟁 조직 등 배후에 숨어 있는 제도들에도 달려 있다는 것이다. 이러한 제도적 요소들을 하나하나 검토해보면 놀랍게도 조절이론의 핵심을 이루는 제도 형태들을 대부분 발견할 수 있다.

정치경제학으로의 복귀

경제학은 경제활동이 봉건 시대의 전통을 답습한 사회적 관계들과 정치 영역으로부터 수 세기에 걸쳐 점진적으로 자율성을 획득해가는 과정 속에서 하나의 학제로 성립했다. 이 시점에 자신의 이익을 추구하는 개인주의적 경제주체라는 인간상이 출현했는데, 이로부터 근대성의 핵심을 포착하면서 어떤 의미에서는 사회과학의 기반을 제공하는 다음과 같은 우려 섞인 질문이 제기될 수밖에 없었다. "어째서 오로지 사적 이익만 추구하는 개인들 간의 경쟁과 갈등이 무질서나 혼돈 또는 무정부 상태로 귀착되지 않는 것일까?"

정치철학이나 정치경제학도 이 질문에 답하려는 시도와 더불어 구축되었고, 현대의 연구들도 대부분 암묵적으로든 명시적으로든 이 질문에 답하려는 시도를 지속하고 있다(그림 1-1 참조). 그런데 이 질문에 대해 사상가들은 이미 오래전부터 두 개의 상반된 대답을 제시해왔다.

토머스 홉스에서 애덤 스미스까지

17세기 정치사상가 토머스 홉스(Thomas Hobbs)는 인간의 이기적인 경쟁이 '만인의 만인에 대한 투쟁' 상태를 만든다고 보았다. 이러한 이기심은 사회를 혼란에 빠뜨릴 뿐 사회의 평화는 오로지 국가권력에 의해서만 유지될 수 있다고 주장했다. 따라서 질서를 부여하는 '국가'의 형성이야말로 이기적인 개인들로 구성된 사회나 경제의 존립을 위한 첫 번째 조건일 것이다.

다른 한편으로 애덤 스미스(Adam Smith)의 생각은 이와 완전히 상반된다. 그는 (물물)'교환'이 인간의 '자연적인 성향'임을 강조했다. 분업이 활성화되고 통화 질서가 구축되어 있으면 각 개인이 끊임없이 자신의 이익만

그림 1-1

정치경제학 핵심 문제의 발전 과정

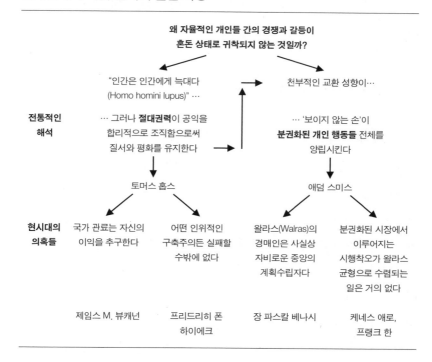

왜 자율적인 개인들 간의 경쟁과 갈등이
혼돈 상태로 귀착되지 않는 것일까?

전통적인 해석

"인간은 인간에게 늑대다
(Homo homini lupus)" …

… 그러나 **절대권력**이 공익을
합리적으로 조직함으로써
질서와 평화를 유지한다

토머스 홉스

천부적인 교환 성향이…

… '보이지 않는 손'이
분권화된 개인 행동들 전체를
양립시킨다

애덤 스미스

현시대의 의혹들

국가 관료는 자신의
이익을 추구한다

어떤 인위적인
구축주의든 실패할
수밖에 없다

왈라스(Walras)의
경매인은 사실상
자비로운 중앙의
계획수립자다

분권화된 시장에서
이루어지는
시행착오가 왈라스
균형으로 수렴되는
일은 거의 없다

제임스 M. 뷰캐넌

프리드리히 폰
하이에크

장 파스칼 베나시

케네스 애로,
프랭크 한

추구하는 행동을 계속하더라도 '시장'은 속성상 국부를 증진할 수 있다는
것이다.

이처럼 정치경제학은 그 시초부터 두 개의 이론이 대립했다. 개인의 이
익 추구로 생겨나는 경쟁과 갈등 조정을 위해 혹자는 국가가, 혹자는 시장
이 필요하다고 주장했다. 이를 둘러싼 논쟁은 마르크스주의의 전통적인 자
본주의 시기 구분에 따라 상업 자본주의, 산업 자본주의, 금융 자본주의로
자본주의 발전 단계가 바뀔 때마다 더욱 격렬하게 전개되어왔다. 현재 우
리가 살고 있는 시대에도 이에 대한 논란이 계속되고 있지만, 사회과학의
발전으로 토머스 홉스나 애덤 스미스식으로 국가 아니면 시장이라는 단순

한 해법은 의문시되고 있다. 더욱이 스미스가 말하는 개인이 '경제인(homo oeconomicus)'뿐만 아니라 도덕적 원리를 갖춘 인간을 의미한다는 점에서 더욱 그러하다.

시장 낙관주의 대 개인주의 원리

제임스 뷰캐넌(James Buchanan) 등이 방법론적 개체론(박스 1-1 참조)을 정치 영역에 적용해 발전시킨 '공공선택이론'에서는 정치인과 행정가가 국가 업무를 수행할 때 사회 전체의 공익보다 자신의 이익을 추구한다고 본다. 국가 개입과 부패, 경제적 비효율성을 연계시키는 수많은 분석을 수행한 공공선택이론은 현대 자본주의 사상에 영향을 미쳤다.

보이지 않는 손은 분권화된 경쟁시장의 은유적 표현이라 할 수 있다. '일반균형이론의 발전'은 보이지 않는 손의 기초를 이루는 직관을 부정하기에 이르렀다. 레옹 왈라스(Marie Esprit Léon Walras)는 이 직관을 수학적으로 정식화함으로써 어떤 조건에서 시장의 균형이 존재할 수 있는지, 그리고 어떤 조건에서 이 균형이 시행착오를 거쳐 도달될 수 있는지를 밝혀냈다. 그러나 거기에는 이중의 오류가 있다.

한편으로 수학의 고정점(固定點) 정리에 따른 엄격한 정식화는 차치하고, 기본 가정들만 명시적으로 주어져 있다 하더라도 분권화된 개별 행동들을 조정하는 가격 시스템은 존재할 수 있다. 그런데 이것이 가능하려면 모든 정보가 하나의 자비로운 주체에게로 집결되고, 주체들 간의 거래가 모두 이 중개인을 통해 통합적으로 이루어지는 경우밖에 없다는 결론이 도출될 수밖에 없다. 간단히 말해 일반균형이론은 중앙집권화된 시스템을 정식화한 것과 다름없다. 역설적으로 케네스 애로(Kenneth Arrow), 프랭크 한(Frank Hahn), 제라르 드브뢰(Gérard Debreu) 같은 경제학자들은 생산이 가

박스 1-1

방법론적 개체론이란?

방법론적 개체론(methodological individualism)은 개인의 행동을 매개로 경제나 사회현상을 이해하려는 사회과학 방법론이다. 현대 이론에서 방법론적 개체론은 주체들이 합리적 행동의 원리에 따라 행동한다고 간주하고, 집합적 결과들은 이러한 합리적 주체들 간의 상호작용에서 나오는 속성으로 본다. 또한 방법론적 개체론은 단순하고 추상적인 모델을 사용해 개인 간의 상호작용으로 모든 집단적 실체의 등장을 보여주려 한다. 이러한 접근 방식은 유독 경제학에서 많이 사용되지만, 사회학이나 정치학 또는 역사적 접근 방법에서도 발견된다. 이 관념에 따르면 제도, 협약, 규칙, 관행 등은 사회적 정체성이 전혀 없는 주체들이 참가하는 게임의 균형 상태로 간주된다. 그러나 이 관념은 어떤 게임이든 경기자들이 수락한 규칙에 따라 펼쳐지며, 따라서 게임은 이미 그 속에 존재하는 것으로 전제된 어떤 암묵적인 집단재에 대해 열려 있음을 망각한다. 이러한 집단재로는 무엇보다 경기자들 간의 의사소통을 가능케 하는 특정한 용어들을 들 수 있다. 게다가 이러한 관념은 다양한 수준에 반복해 적용될 수 있는 한 절차에 의거해 제도가 주어진 몇몇 규칙에서 출현하는 것으로 설명하려는 연구자들에 의해 수용되고 있다(Aoki, 2002).

이러한 이유로 '**전체론적 개체론**(hol-individualism)'이라는 관념이 재도입된다. 이는 거시와 미시를 접합시키려는 방법론으로, 거시를 개인 행동과 동등한 것의 결과로 다루는 표준적인 전체론(holism)과 집단적이거나 사회적인 준거를 전혀 인정하지 않는 순수한 방법론적 개체론을 동시에 극복하고자 한다. "이러한 접합은 거시제도적 수준과 미시제도적 수준 사이에서 이루어진다. 거시제도적 수준에서는 개별 행동이 제도를 형성하고, 미시제도적 수준에서는 개별 행동이 주어진 제도 환경 속에서 이루어진다. 그러므로 거시 수준에서는 제도적 행위자의 행동이 규율에 영향을 미치지만, 미시 수준에서는 행위자가 주어진 규율의 테두리 안에서만 행동한다"(Defalvard, 2000: 16). 이러한 접근으로 모든 집단적 조직 형태에 대해 개인주의적 근거를 발견하고자 하는 무한 역행을 회피할 수 있고, 제도가 형성되는 시기와 제도가 경제주체들의 일상적인 의사결정에 영향을 미치는 시기를 혼동하지 않을 수 있게 된다.

격 시스템에 의해 조정되는 시장사회주의 경제가 사실상 가능하다는 것을 보여준 셈이다.

다른 한편으로 이처럼 극히 특수한 틀에서조차 경제가 시장균형 상태로 수렴되는 것은 오로지 모든 제품이 상호 대체될 수 있다는 것과 시장들이 거의 상호 의존적이지 않다는 것, 이 두 가지 조건 중 하나 이상이 충족될 때만 가능하다. 그런데 이러한 조건 중 어느 것도 '실제 경제'에서는 충족되지 않는다.

개인주의 사회(및 시장경제)에 대한 두 세기에 걸친 숙고 끝에 나타난 것은 다음과 같은 신랄한 역설이다. 자본주의가 지배하는 사회들의 역사가 상대적으로 짧다는 것은 확실하지만 방법론적 개체론의 원리를 시행했음에도 이 사회들이 그동안 보여준 생명력과 저항력을 결국 설명하지 못했다는 것이다. 이러한 실패는 시장경제의 존립에 논리적으로 필수불가결한 제도들이 갖는 중요성과 다양성을 부각시킨다. 하물며 자본주의 시장경제라면 이 점은 더욱 타당하다. 경제사는 이러한 제도들의 중요성을 다시금 확인해준다.

시장경제 배후에 숨어 있는 제도들

'시장이라는 비서'가 왈라스를 계승한 이론가들이 부여한 역할을 제대로 수행할 수 없다면 완전히 분권화된 교환들이 원활하게 작동할 수 있도록 보장하는 것은 도대체 무엇일까?

첫 번째 기본 제도: 화폐제도

'화폐'가 시장경제의 기본이 되는 제도임은 명백하다(그림 1-2 참조). 좀 더 자세히 말해서 현대 경제에서는 네트워크로 연결된 은행들이 기업과 소비자에게 대출을 해준다. 화폐는 상품들 간의 거래를 가능하게 하고, 이러한 거래 행위 덕분에 차기에 점진적인 대출 상환이 가능해진다. 그러나 시

그림 1-2

왈라스의 '경매인 모형'에서 화폐를 매개로 한 '분권화된 교환'으로

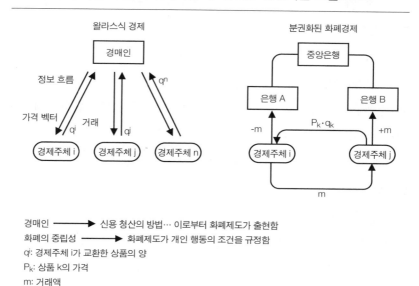

경매인 ━━━━▶ 신용 청산의 방법… 이로부터 화폐제도가 출현함
화폐의 중립성 ━━━━▶ 화폐제도가 개인 행동의 조건을 규정함
q^i: 경제주체 i가 교환한 상품의 양
P_k: 상품 k의 가격
m: 거래액

기마다 경제주체들의 개별 수지는 물론 이들의 구좌를 은행별로 합친 수지
도 균형을 이루지 못하기 때문에, 은행들의 적자와 흑자를 조정하기 위해
은행 간 재융자 시장이 성립될 수 있다. 이러한 은행 간 재융자 시장은 모든
은행에 동시에 타격이 가해져 시장에 유동성이 고갈되지 않는 한 효과적으
로 작동한다.

　여기서 위험에 처한 은행에 필요한 유동성을 공급하는 방법으로 민간 보
험을 고려해볼 수 있다. 이 메커니즘은 위험에 빠진 소수의 은행을 구조하
는 데는 효과가 있을 것으로 기대되나, 은행들이 동시에 부실화되면서 발
생하는 시스템 위기를 저지하는 데는 역부족이다. 현실의 역사에서 최종대
출자 역할을 하는 중앙은행이라는 존재의 불가피성 원리가 결국에는 관철
될 수밖에 없었던 것은 바로 이 때문이다. 화폐 발행이 부분적으로 공채를

매개로 한 재융자로 시행되어왔다는 전통도 이 점을 확인해준다.

화폐의 역사가 보여주는 바와 마찬가지로 금융 안정의 조건에 관한 분석도 위계화된 금융제도를 권장한다. 이러한 금융제도에서는 '중앙은행'이 '법화'(법정화폐, legal tender)의 발행을 관장하고 민간은행은 신용화폐(예금화폐—옮긴이)를 창조한다. 요컨대 이런 시스템에서는 중앙은행 총재가 경제 전반에 나타나는 불균형 요소들을 집결시켜 조정한다는 점에서 '시장의 비서'나 다름없다.

결제 및 신용 시스템의 관리에 관한 일군의 규칙을 '통화체제'라 부를 수 있는데, '체제'라는 용어를 사용한 것은 화폐적 제약과 결제 시스템상의 불균형을 해소하는 방법이 다양하기 때문이다. 예를 들어 부실은행의 파산, 시중 은행 간 어음교환소 설립 또는 은행 유동성 공급을 위한 중앙은행의 국채 매입 정책 등이 있다.

따라서 물물교환의 애로 때문에 화폐제도가 형성되었을 것이라는 생각은 허구다. 이와는 반대로 상인들은 일단 화폐제도가 창조되고 합법화된 후에야 비로소 거래를 할 수 있었다(Aglietta and Orléan, 1998). 이처럼 화폐는 경제에서 마치 언어와 같은 역할을 한다. 하지만 개인들의 이익 추구가 왈라스 이론과 신고전파 분석들이 정식화한 그런 시장에서 이루어지게 하려면 제도로서의 화폐 창조만으로는 충분하지 않다.

시장은 사회적 구축물이다

사실 분권화된 교환이 가능하게 된 것은 화폐 덕분이다. 이때 기본적인 거래가 화폐와 상품의 교환으로 나타나게 되므로 물물교환의 성립에 불가결한 쌍방 욕구의 일치라는 문제는 사라진다. 만약 '선험적으로' 주어진 기간과 특정의 장소에서 질적으로 상이한 아주 다양한 제품들이 교환되고 있다면 이러한 쌍방교환 전체가 단일 가격의 출현으로 귀착되는 일은 결코 있을 수 없다. 그런 일이 일어나려면 교환되는 제품들의 품질이 완전히 동일해야 하고, 모든 교환이 중앙으로 집결되어야 하며, 모든 선물시장이 개장되어 있어야 한다.

이와 관련해 시장 형성의 역사에 관한 연구(Braudel, 1979)나 정보의 비대칭성을 토대로 하는 현대의 미시경제학(Stiglitz, 1987) 역시 시장에서 단일 가격이 형성될 수 있으려면 어떤 조건이 필요한지 보여준다.

전제조건: 품질의 정의

일반적으로 공급자는 제품의 품질에 관해 잠재적인 소비자보다 '최상의 정보'를 가지고 있다. 예를 들어 중고차 시장의 경우 품질에 관한 불완전한 평가로 인해 시장 자체가 개설되지 못할 수도 있다. 왜냐하면 공급자는 품질이 낮은 제품만 진열해놓을 것이고, 이런 차를 사려는 구매자는 없을 것이기 때문이다(Akerlof, 1984). 노동시장의 경우에는 기업이 구직자들의 역량을 평가하기 위해 만든 표상들로 인해 사실은 동일한 특성을 가진 개인들이 계속해서 차별을 받을 수 있다(Spence, 1973).

따라서 '품질에 관한 사전 규정'은 시장에서 가격이 결정되기 위한 필요조건이다. 만약 이 조건이 충족되지 않는다면 분별없이 설정된 가격으로 질 나쁜 상인은 좋은 제품을 판매대에서 치워버릴 것이다. 이는 화폐 유통에 그레섬(Gresham)의 법칙이 작용하는 것과 다를 바 없다. 이러한 품질 보장 기능을 수행하는 제도적 장치가 없었던 것은 아니다. 예컨대 중세 시대에 장인들은 상공인 조합인 길드를 조직해 자신들이 판매하는 제품의 질을 보장하고 품질 저하에 따른 시장 붕괴를 피하려 했다. 현대에는 독립된 기관이 품질 보증서를 발행해주거나 기업이 스스로 고품질 제품을 오랫동안 공급함으로써 평판을 쌓을 수도 있다. 중고차와 같은 내구재 시장에서는 품질 보증 기간을 길게 하는 것이 제품의 품질을 보증하는 지표다. 이처럼 품질에 대한 다양한 규정은 협약의 산물이다(Eymard-Duvernay, 1989). '반대로' 품질 규정이 시행될 수 없는 나라들에서는 시장이 존재하지 않거나 시장의 규모가 매우 작은데, 이러한 제도적 결함은 경제발전을 저해하는 요인의 하나로 지목되기도 했다(Akerlof, 1984).

경제주체들 간의 전략적 상호작용 명시

두 번째 조건은 개별 수요와 개별 공급의 집계치인 시장수요 및 시장공급과 관련된 것으로, 수요자와 공급자가 각각 어떤 짝을 이루더라도 이것이 쌍방의 협상력에 미치는 영향은 제한되어야 한다는 것이다. 이와 관련해서도 다양한 제도적 조치가 가능하다. 예컨대 중세 시대에는 시장이 '정해진 장소'에서 정기적으로 열렸으며, 현대의 시장규제 당국에 해당하는 기관이 모든 거래가 공개적으로 진행되도록 감독함으로써 특정 수요자나 공급자가 자신의 이익을 위해 협상력이나 정보를 사용하지 못하도록 했다. 오늘날 특정 농산물의 전자경매시장에서는 수요자와 공급자를 분리시키는 컴퓨터 시스템 중개를 통해 수요 및 공급 주문이 익명으로 중앙에 집결된다(Garcia, 1986). 미국의 국고채시장은 전자식 상장 방식을 사용해 하나의 공급 주문이 항상 다수의 수요 주문과 대응될 수 있게 만든다. 주식시장의 전산화와 인터넷을 통한 매도·매수 주문 시스템은 단일 가격 법칙이 관철되기 위해서 주문들의 중앙 집결이 불가결하다는 것을 예증한다. 그뿐 아니라 유동성을 보장하는 시장 유지자의 존재도 중요하다. 끝으로 공급자와 수요자 간의 상호작용 방법이 변경되면서 시장가격 자체가 상당한 폭으로 변하는 경우도 빈번하다(Garcia, 1986).

바로 이러한 이유들 때문에 시장은 품질, 교환 조직, 시장접근 조건, 거래 대금 결제 방식 등에 대해 합의가 필요한 제도다. 따라서 시장은 사회적 구축물이지 어떤 자연 상태의 산물이 아니다. 달리 말해 시장은 이론가들이 '경제인'에게 부여한 '아비투스(habitus)'에 의해 자생적으로 창출된 것이 아닌 것이다.

다양한 경쟁 형태

지금까지 살펴본 시장의 특성을 감안하면 과연 완전경쟁이 척도나 준거점이 될 수 있을 정도로 보편성을 가지는지 의심될 수밖에 없다. 완전경쟁 시장에서는 각자가 가격 형성에 참여할지라도 균형가격은 모두에게 강제된다(Guerrien, 1996). 이는 특정 시장에(당연히 경제 전체 차원에서가 아니라) 경매인이 존재하고, 그의 조정하에 정보들이 교환됨으로써 균형가격이 형성된다는 것을 가정한다. 따라서 이때는 경매인에 의해 조정된 거래들만 가격 형성에 참여하게 된다. 또한 이러한 경매시장의 절차가 아무리 다양한 형태를 취할 수 있다 하더라도 그 외 대부분의 시장은 이 모델처럼 작동하지 않는다.

사실, 가격을 설정하는 것은 경제주체들의 소관이다. 하지만 이들 중 어느 누구도 균형가격을 '사전적으로는' 알 수 없기 때문에 시행착오를 거칠 수밖에 없다. 균형가격은 시장 외부에 있는 어떤 이론가에 의해 '사후적으로' 계산될 수는 있다. 하지만 그러려면 적절한 정보를 모두 구비하고 있어야 하며, 이는 사실상 거의 불가능하다. 따라서 전략적 행동이 유발된다. 이는 시장에 참여하는 경제주체들의 수가 적을수록 더욱 그럴 것이다. 예를 들어 수요자들이 서로 무관한 공급자들을 상대로 공동구매를 할 수 있고, 역으로 생산자들이 가격을 담합할 수도 있다. 그러나 다양한 중간 형태도 존재한다. 예를 들어 한 공급자가 스스로 가격을 설정할 힘이 있다면 다른 경쟁사들은 그가 제시하는 가격을 따라갈 수밖에 없다. 그러므로 산업 경제에서는, 일상의 경제 현실이 꼭 그러하듯이, 이른바 불완전경쟁이 일반적인 현상이고 완전경쟁은 예외적인 현상이다.

이 책에서는 가격 형성 과정을 '경쟁 형태'라 부르는데, 경쟁 형태는 시장 참여자들 간의 관계를 보여주는 전형적인 구도다. 표준화된 제품의 가격 경쟁과 품질 차별화 전략을 구별하면, 경쟁 형태는 앞에서 언급된 것보다 훨씬 더 다양할 수 있다. 나아가 진입 장벽의 높고 낮음에 따라서도 매우 다양해질 수 있다. 조절이론은 적어도 다음과 같은 세 가지 경쟁체제를 명시했다.

'경쟁적 체제'는 19세기 내내 오랫동안 지속되었다. 이 체제는 가격이 지속적으로 조정되기 때문에 장기 균형가격에 결코 도달하지 않는다는 점에서 완전경쟁과 다르다.

'독점적 체제'는 제2차 세계대전 직후 경쟁적 체제를 계승했으며 적어도 공산품 시장에서 관철되었다. 생산 및 자본의 집중이 강화되면서 '경쟁적 체제'와 전혀 다른 가격 형성 메커니즘이 가능해졌기 때문이다. 이 체제에서는 가격이 단위생산비에 마진율을 더해 산정되고, 마진율은 한 경기변동 사이클 전체에 걸쳐 평균 자본 수익률을 보장할 수 있도록 계산된다. 이제는 가격이 더 이상 조정변수가 아니므로 공급에 의한 수요의 할당 메커니즘 또는 그 역의 메커니즘이 작용한다. 불균형이론(박스 1-2 참조)이 도출한 거시경제적 결론은 가격이 왈라스(즉, 균형 — 옮긴이) 가격에서 지속적으로 벗어나기 때문에 실질임금이 너무 높아 고전적 실업이 발생하거나 유효수요가 불충분해 케인스 실업이 발생하는 경우가 있다는 것이다. 또한 재화와 노동의 초과수요가 나타날 때는 비용 압박형 인플레이션이 발생할 수도 있다(Bénassy, 1984).

세 번째 형태는 '관리경쟁 체제'다. 예를 들어 제2차 세계대전 직후 엄청난 물자 부족과 완전고용에 가까운 상태에서 가격-임금-가격의 연쇄 작용

> 박스 1-2
>
> ## 불균형이론의 기여와 그 한계
>
> 1970년대 초반 경제이론은 상대가격의 신호에 주목한 미시경제이론과 유효수요의 역할에 기반을 둔 케인스 거시경제이론으로 양분되어 있었다. 불균형이론의 흥미로운 점은 고정가격하의 일반균형 모델을 도입함으로써 경제가 왈라스 도식에서 벗어나는 순간 다양한 체제들이 나타날 수 있음을 보여주었다는 데 있다(Bénassy, 1984). 곧 케인시언 실업은 할당의 결과, 즉 생산성보다 낮은 실질임금과 긴축적인 통화·재정 정책으로 말미암은 양적 제약의 결과(기업에는 매출 감소, 노동자에게는 실업)로 설명된다. 불균형이론은 거시경제학의 미시경제적 토대로 제시되었지만, 가격의 경직성 가정 때문에 비판을 받았다. 이러한 가설은 규제 완화와 고전파 거시경제학 부흥의 시대에 더욱 문제시되었다(Lucas, 1984). 그런데 가격의 경직성이 가격에 대한 행정규제나 과점적 경쟁에 기인할 수도 있다는 것은 확실하다. 그래서 각 시기에 기업들은 본질적으로 불확실할 수밖에 없는 수요를 예상해 가격을 설정할 수밖에 없다. 케인스가 불완전경쟁이 비자발적 실업의 원인이라고 언급한 적은 없지만, 불완전경쟁 이론에서 케인스 이론의 영향을 찾아볼 수는 있다.
>
> 조절이론에서 임금, 가격, 이자율은 각각 임노동관계, 경쟁 형태, 통화체제의 구도에 의해 결정된다. 이러한 규칙들의 영향을 고려하면 왜 가격이 일반균형 모델을 통해 이론가들이 부여하는 값으로 수렴되는 경우가 드문지 알 수 있다. 불균형이론과 조절이론을 혼합시킨 모델을 구축하려는 노력이 유력했음에도 불구하고 성과를 거두지 못한 것은 아쉬운 일이다(Bénassy, Boyer and Gelpi, 1979).

을 통해 인플레이션 긴장이 조성되었던 경우가 그러하다. 이러한 상황에서는 국가(재무부)가 이윤 폭과 가격 조정 빈도에 제한을 가하는 가격 형성 절차를 시행하는 일이 빈번했다.

이 점에서 [미국(Aglietta, 1976)과 프랑스(Bénassy, Boyer and Gelpi, 1979)를 대상으로 한 장기 역사적 연구가 재확인해주듯이] 경쟁 형태는 시간과 더불어 변화하며 경제적 역동성에 일정한 역할을 한다는 것을 바로 알 수 있다.

노동 수요에서 임노동관계로

교환이론에서 노동은 다른 여타 상품처럼 수요와 공급이 대립해 임금수준이 결정되는 상품으로 간주된다. 여기서 임금은 화폐의 중개 없이 상품과 상품끼리 교환되므로 실질임금이다. 노동을 이런 식으로 다루는 것은 교환이론 내부에서조차 논란을 야기한다. 왜냐하면 이 경우 실업은 자발적 실업(실질임금이 충분하지 않아 여가를 선택하는 경우)이거나 또는 시장 균형임금보다 너무 높게 책정된 최저임금제 같은 임금의 경직성 결과로만 설명될 수 있기 때문이다.

노동은 다른 상품들과 같은 상품이 아니다

사실 정치경제학은 그 시작부터 노동을 일반 상품과는 다른 방식으로 다루어왔다. 우선, 애덤 스미스와 데이비드 리카도 이래 고전파 경제학자들이 주장해왔듯이 노동은 생산 활동과 관련되어서 순수 교환경제 안에서 다룰 수 있는 대상이 아니기 때문이다. 마르크스는 이 전통을 계승·발전시켜 노동(labor)과 노동력(labor power)을 구분하는 가치이론을 정립했다. 여기서 노동은 자본가에 의해 생산에 동원되고, 노동력은 그 재생산의 가치로 교환되는 대상이다. 이윤의 원천인 잉여가치는 노동에 의해 생산된 상품의 가치와 노동력의 가치 간의 차이에서 발생한다. 다음, 폴라니(Polanyi, 1946)의 경제인류학이 제시하듯이 노동은 세 가지 의제 상품 중 하나(나머지 두 가지는 화폐와 자연이다)로서 그 생산을 시장 메커니즘에만 귀속시킬 수는 없기 때문이다(박스 1-3 참조).

그러나 경제학자들에게 극히 중요한 논의가 임노동관계의 이중 요소를 구별하는 '노동시장의 새로운 이론들'에 의해 이루어졌다.

박스 1-3

폴라니의 노동

경제인류학, 발전의 역사적 고찰, 시장 확장 등에 관한 연구는 시장에서 교환될 수 있는 대상을 여러 유형으로 구별하는 것이 중요함을 보여주었다. 이는 폴라니(Polanyi, 1983)의 주요 저서가 기여한 바이기도 하다. 한편으로 '전형적인 상품'은 고객의 요구에 부응하며 이윤 추구를 위해 생산된다. 원료, 중간재, 소비재, 장비 등이 이에 속한다. 다른 한편으로 시장에서 그 가치가 실현되면서도 공급이 순전히 경제적 논리에 의해서만 결정되지 않는 상품이 있다. 토지, 화폐 및 노동이 여기에 해당된다. 이러한 '의제 상품'은 존재 자체가 상품경제의 조건이지만, 그 생산은 시장 논리에 의거해 이루어질 수 없다. 시장이 자연을 침범해왔던 역사적 사건들은 결국 환경적 재앙으로 귀착되었고, 화폐들 간의 경쟁은 대개 중대한 위기를 초래하곤 했다. 마지막으로 노동의 상품화 역시 과거에 경제나 인구 면에서 비극적인 사건을 야기하곤 했다.

노동계약의 핵심을 이루는 전략적 갈등

먼저 노동자는 임금을 매개로 고용되며, 여기서 임금은 기업가 본연의 리스크가 포함되지 않은 보수를 말한다. 이것은 거래의 첫 단계로 우리가 '노동시장'이라고 부르는 곳에서 이루어지지만, 노동은 통상의 다른 거래 대상과 같은 상품이 아니므로 이것으로 모든 과정이 끝나는 것은 아니다.

두 번째 단계에서 노동자는 기업가의 권위에 복종해 그가 배정해주는 생산 업무를 수행한다. 이러한 종속 관계는 생산 내 갈등을 조장한다. 왜냐하면 노동자와 기업가는 노동의 강도와 질에 관해 상반된 이해관계를 가지기 때문이다. 즉, 노동자는 주어진 임금에서 최소한의 노력만 기울이려는 반면, 기업가는 노동력을 최대한 활용하려 한다. 이러한 갈등은 노동시장에서의 경쟁만으로는 해결될 수 없다.

따라서 사회의 역사가 보여주고 이론이 재확인해주듯이 노동에 고유한 갈등은 적어도 일시적으로나마 이를 해결할 수 있는 다양한 법적·조직적·제도적 조치를 필요로 한다. 실제로 근로규칙(Leibenstein, 1976), 통제장치

(출퇴근 기록기, 스톱워치), 유인적 보수(성과급, 이윤 분배 참여, 스톡옵션)뿐만 아니라 노동계약 내용의 틀을 짜는 협약을 통해 노사갈등을 해소하려는 단체교섭이 등장한다. 이리하여 노동계약에는 채용조건, 초임, 승진에 관한 절차, 근무시간, 기업복지, 노동자의 개인적 혹은 집단적 의사표현의 조건 등이 명시된다.

현대 경제에서 회사 내의 이러한 노동에 대한 통제 및 유인 조치는 노동의 가격에 영향을 줄 만큼 매우 중요하다. 예를 들어 기업이 시장임금보다 높은 임금을 책정하면 노동자들이 더 열심히 노력하게 되므로 기업은 비용을 절감할 수 있다. 결국 노동시장의 균형을 보장하는 것은 가격이 아니라 할당이다. 이 할당은 때로는 실업에 의해, 때로는 노동력 부족에 의해 이루어진다. 하지만 왈라스 방식처럼 수요와 공급이 만나 임금이 결정되는 경우는 전혀 없다고 할 수는 없으나 극히 드물다(Boyer, 1999b).

노동계약의 집단적 측면

이러한 노동 자체의 특성 때문에 '임노동관계'라는 개념이 나오게 되는데, 이 개념은 '각 기업'이 작업조직, 근무시간, 임금, 진급, 기업복지, 기타 간접임금 등과 같은 구성요소를 운영하는 방식을 가리킨다. 하지만 이러한 장치들 자체는 이미 노동자의 권리, 기업가의 특권, 노사갈등의 해소 방식을 명시하는 법적·제도적 시스템에 기초한다. 따라서 임금노동에 적용되는 일반 규칙도 포괄적으로 '임노동관계'를 규정한다. 논리적 관점에서 보면 임노동관계는 임노동이 지배적인 지위를 점하는 상품경제의 특징으로서 화폐체제와 경쟁 형태 다음에 오는 세 번째 제도 형태에 해당한다.

생산자에서 조직으로 간주되는 기업으로

시장경제의 핵심 주체들 중 하나인 회사 또는 기업의 활동은 바로 이러한 제도 형태들이 규정하는 틀 속에서 이루어진다. 그러므로 기업은 표준 미시경제학이나 일반균형이론과 다른 틀로 분석된다.

생산요소의 단순한 관리자에서

방금 언급한 두 이론에서 생산자는 상대가격 시스템을 주어진 것으로 받아들이고 사용 가능한 생산기술을 감안해 생산수준이나 요소 수요를 조정할 뿐이다. 이때 극단적으로는 표준 미시경제학의 핵심을 이루는 제약하의 최적화 프로그램의 해(solution)를 찾아주는 컴퓨터 소프트웨어가 생산자를 대체할 수 있다. 따라서 생산요소를 여타 다른 대상과 같은 상품으로 간주하는 순간 소비자 프로그램(소득 제약하의 효용 극대화—옮긴이)과 생산자 프로그램(생산 제약하의 이윤 극대화—옮긴이) 사이에 쌍대성이 나타나게 되고(Varian, 1995), 그 결과 생산경제는 교환경제로 환원된다(Guerrien, 1996).

시행 중인 제도 형태와 양립할 수 있는 조직을 찾아서

이와 대조적으로 기업의 정치경제학적 접근(Eymard-Duvernay, 2004)은 제도 형태가 그 속에서 활동하는 기업들에 제공하는 제약과 기회를 고려한다. 기업이 자신의 전략을 결정하려면 우선 자신이 활동하는 시장에 어떤 '경쟁 유형'이 지배하고 있는지 알아야 한다. 일반적으로 기업은 자신이 속한 산업 부문의 집중도가 높을수록 더 많은 행동의 여지를 가진다. 판매와 마케팅 서비스는 대개 기업의 경쟁적 지위 향상을 목적으로 하며, 기업의 경쟁적 지위는 더 이상 주어진 것이 아니라 전략 수행의 결과다.

또한 기업은 생산의 장(場), 즉 '임노동관계'의 관리가 이루어지는 장이

박스 1-4

제도주의 기업 이론

포드주의 축적체제(2장 참조)를 참고해 사회학자, 역사학자, 경제학자, 자동차 산업 전문가들의 연구가 이어졌다. 연구자 국제 네트워크인 게피사(GERPISA)*가 실행한 이 연구는 한 세기에 걸친 자동차 산업의 발전과 현대 기업조직의 다양성 지속을 보여주는 이론을 정립했다.

기업은 단순히 제약하의 이윤 극대화를 위한 프로그램의 해(solution)를 구하는 것이 아니라 소수의 행동수단(규모의 경제 추구, 다각화, 경기 동향에 대한 대응, 품질과 혁신)에 기초한 '이윤 전략'의 실행에 몰두한다. 이러한 이윤 전략은 '성장체제' 및 국민소득 분배 방식과 양립될 수 있어야 하므로 한 경제 공간에서 성공적이었다고 해서 다른 경제 공간에도 항상 적용될 수 있는 것은 아니다.

기업의 지속적인 발전을 위한 두 번째 조건은 제품 정책, 생산조직 및 임노동관계의 유형 사이에 나타날 수 있는 상호 모순적인 요구들을 양립시켜줄 수 있는 '관리상의 타협'이다.

이렇게 계승되거나 공존해온 몇 가지 생산방식의 사례는 테일러주의(taylorism), 울라드주의(woollardism), 포드주의(fordism), 슬론주의(sloanism), 도요타주의(toyotism), 혼다주의(hondaism)다(Boyer and Freyssenet, 2000).

* 자동차 산업과 노동자에 관한 상설 연구그룹이다(http://www.univ-evry.fr/PagesHtml/laboratoires/gerpisa/index.html).

다. 그런데 임노동관계는 매우 다양한 조치(급여 시스템과 통제 방식)를 필요로 하며, 이에 따라 노동자 중 일부가 인사관리 업무를 전담할 필요가 있다. 기업이 행하는 선택 중 상당 부분은 현행 '임노동관계'를 결정하는 제도들 전체에 순응하거나 아니면 반발하는 것이다.

마지막으로 신용 접근은 기업의 생산과 투자 선택에서 결정적으로 중요하다. 실제로 기업이 살아남고 번영하기 위해서는 투자를 해야 하고 새로운 제품과 기술을 개발해야 한다. 기업 활동의 많은 부분은 '화폐체제'와 연관되어 있으며, 화폐체제는 한편으로는 은행의 신용 공급 정책과 또 다른 한편으로는 주가 변동과 상호작용한다. 따라서 화폐체제와 금융체제의 관계에 대한 질문이 제기된다(Aglietta and Orléan, 1998). 그리고 운전자본의 관리와 일상 업무에서 단기 신용이 수행하는 역할도 고려해야 한다.

이러한 이유로 '기업의 제도주의적 분석'이 등장한다(박스 1-4 참조). 우선, 기업의 지속 발전 가능성은 제도 환경이 제공하는 제약과 인센티브에 자신들의 전략이 얼마나 적합한지에 달려 있다(Boyer and Freyssenet, 2000). 그리고 무엇보다 이러한 환경에 편입되면서 발생하는 관리 과업의 복잡성은 역량들의 특화를 요구하며, 그 결과 기업은 기업가의 지휘 아래 (기술적─옮긴이) 분업이 전개되는 장이 된다(Coriat and Weinstein, 1995). 이러한 점에서 시장과 기업은 자본주의 경제 동학의 핵심이라 할 수 있는 분업의 원리에 참여하게 된다(Boyer and Schméder, 1990; Ragot, 2000).

이러한 제도주의 기업 분석의 마지막 이점은 다음과 같다. 현대의 신제도주의 경제학(Ménard, 2000)은 제도와 조직 그리고 협약을 너무 지나칠 정도로 동일시하는 반면, 제도주의 기업 분석은 세 개의 실체(그림 1-3 참조)를 명확히 구별하면서 기업에 대한 유기적인 관념을 채택한다는 점이다(Berle and Means, 1932). 따라서 이 관념은 주주가치가 널리 퍼지면서 새롭게 관심을 끌었던 관념, 즉 주식회사를 주주의 소유물로 간주하는 표준적인 법적 접근을 정면으로 반박한다. 실제로 주식회사의 정관에는 경영진이 관리하는 생산 활동의 비가역적인 성격과 주주들이 누리는 소유권의 유동적인 성격이 분리되어 있다(Blair, 2003).

조절이론의 중심 질문

자본주의 경제의 핵심을 이루는 제도 형태가 여러 개라면 이 제도 형태들이 일정 기간 정합성과 생명력을 유지하도록 해줄 수 있는 메커니즘은 무엇일까? 이것이 조절이론이 제기하는 핵심 질문이다. 조절이론에서는 신고전파 이론이 말하는 균형에 상응하는 어떤 것도 출현할 수 없다. 조절양식의 생명력 유지에 기여하는 두 가지 중요한 메커니즘이 있다. 그 하나는 다양한 제도 형태들과 연계된 경제 행위들이 양립될 수 있음을 '사후적으로' 관찰할 수 있다는 점이고, 다른 하나는 이와는 반대로 현행의 제도적 구도에서는 해결될 수 없는 불균형이나 갈등이 나타난다면 제도 형태들이 규정하는 게임 규칙 자체가 개정되어야 한다는 점이다. 이 과정에 정치 영역이 직접 동원된다.

조절이론의 기본 개념들을 살펴보면 다음과 같은 두 가지 특징이 있음을 알 수 있다.

먼저 자본주의 관련 제도가 다양하고 복잡하기에 이 제도들의 결합만으로는 경제적 조정이 활기차게 이루어진다는 보장이 전혀 없다는 것이다. 바로 이런 이유로 '조절양식'(2장 참조)이라는 개념은 경제체제의 존립 가능성뿐만 아니라 '그 위기들'도 포함한다. 여기서 위기를 복수로 표현한 까닭은 위기의 유형이 다양하기 때문이다(4장 참조). 이리하여 거의 모든 신고전파 모델이 가정하고 있는, 예컨대 장기에도 존재하는 안정된 균형과 같은 제약은 사라진다.

다음 법적 형태나 정치적 심급을 띠는 어떤 제도도 동반하지 않는 '순수한 경제'는 상상조차 할 수 없다는 것이다. 상품경제의 기초가 되는 제도들은 비경제적인 주체들과 이들의 전략을 전제로 한다. 이것들이 선험적으로 경제의 안정화를 위해 개입하는 것은 아니지만, 바로 이러한 경제 영역과 법·정치 영역이 상호작용한 결과 조절양식이 출현한다. 이로써 정치경제학의 메시지를 되찾고, 이 메시지는 자본주의 역사 관찰에서 얻은 교훈들로 더욱 풍요해진다.

국가·경제 관계

따라서 법과 정치에서 완전히 독립한 순수 경제라는 환상은 방기해야 마땅하다. 일반균형이론에서 국가는 기껏해야 파레토 최적을 달성하기 위한 집단적 선택의 표현에 지나지 않으며, 가격에 대한 개입 같은 국가의 다른 활동은 비효율성만 초래할 뿐이다.

이와 달리 조절이론은 '국가·경제' 관계에 결정적인 중요성을 부여한다 (그림 1-3 참조). 이 관계를 형성하는 제도 형태들 중 몇 가지는 제도 형태에 관한 앞선 논의에서 이미 다룬 바 있다.

화폐체제의 선택은 정치적 영역에서 이루어진다

화폐가 상품경제를 제도화한다면 화폐는 결코 상품경제의 산물로 볼 수 없다. 이러한 관점은 물물교환의 거래비용 상승으로 경제주체 스스로 화폐를 고안했다고 보는 신고전파의 우화 같은 주장을 반박하는 것이다. 사실 경제사를 살펴보면 민간화폐를 발명해 사용한 것은 상인들이며(Braudel, 1979), 왕이나 군주는 자신의 영토에 유통하는 화폐에 법정 시세를 부여함으로써 그 주조권을 가로채려 했음(Le Rider, 2001)을 알 수 있다. 많은 국민 화폐들이 공공부채증서의 형태로 시작되었다는 사실도 강조할 만하다. 역사가 가르쳐주는 또 다른 교훈은 다양한 민간화폐들 간의 경쟁을 토대로 한 은행 시스템은 어느 것이든 오래 가지 못했다는 점이다. 결국 중앙은행이 창설되었다는 것은 위기나 심지어 붕괴의 위협에 항상 노출되어 있는 결제 시스템이 활력을 유지하도록 감시하기 위해 상업적 이익의 논리에 연연하지 않는 (공공—옮긴이) 주체가 필수적이라는 사실을 인정한 것이다. (정부로부터—옮긴이) 독립된 기관으로 간주되는 현대의 중앙은행조차 그 지

그림 1-3

국가·정치·제도 형태 간의 상호 의존

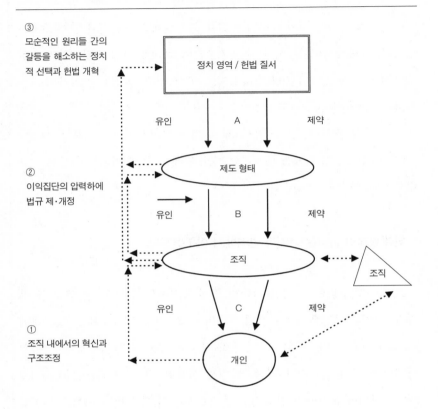

③
모순적인 원리들 간의 갈등을 해소하는 정치적 선택과 헌법 개혁

정치 영역 / 헌법 질서

유인   A   제약

제도 형태

②
이익집단의 압력하에 법규 제·개정

유인   B   제약

조직

조직

①
조직 내에서의 혁신과 구조조정

유인   C   제약

개인

헌법 질서에서 경제 영역까지: 분명한 위계
A ➡ B ➡ C

경제 영역에서 정치 영역까지: 불균형과 갈등이 게임 규칙의 제·개정을 요구한다
1 ➡ 2 ➡ 3

지속도: 헌법적 질서 〉 제도 형태 〉 조직 〉 개인 행동

위는 여전히 정치권력에 의해 결정된다. 따라서 '화폐체제'(개방경제에서는 환율체제를 포함)의 선택은 '반드시' 정치 영역의 개입을 통해 이루어진다.

공공 개입 없이는 경쟁도 없다

기업의 전략적 행동에 의거해 이루어지는 경쟁은 고정비용, 수확 체증, 네트워크 효과, 평판 등이 도입되면서 집중, 담합, 과점 심지어 독점으로 귀착되는 경향이 있다. 이 과정의 피해자는 바로 구매자, 소비자이기 때문에 이 과정에 대해 정치적·법적 절차를 통한 대응이 불가피해진다. 대부분의 선진국에서 경쟁 규칙의 준수 여부를 감시하는 당국을 설립하기에 이르렀던 것도 바로 이 때문이다. 요컨대 자본 집중과 기업 조직의 역사는 입법기관이 기업들의 과도한 시장 지배력 추구를 제한하기 위해 제정한 규칙과 장애물에 적응하고자 대기업들이 전개해온 전략의 산물로 해석될 수 있다 (Fligstein, 1990). 이처럼 '경쟁 형태'는 민간 영역과 공공 영역 간의 중재를 통해 작동한다.

임노동관계와 시민권

선험적으로, 그리고 엄격한 논리적 관점에서 보면 임노동관계는 국가 개입을 가장 적게 필요로 한다. 그런데 대부분의 국가는 정도의 차이가 있으나 노동법에 개입한다. 미국을 포함한 한쪽 극단에서는 노동법을 상법과 동일시하고(Buechtemann, 1993), 독일 등 다른 한쪽 극단에서는 노동자의 집단적 권리를 사회적 시장경제의 기초 중 하나로 여긴다(Labrousse and Weisz, 2001). 더욱이 19세기 초 프랑스의 역사적 경험은 노동과 관련해 경쟁을 조장하는 힘들을 해방시키는 데 강력한 국가 개입이 필요했음을 보여준다(Boyer, 1978). 또한 독재정부가 노동법의 급진적인 개혁을 수행한 일부 개발도상국(칠레, 아르헨티나, 브라질)의 경우도 그러하다(Ominami, 1986; Boyer and Neffa, 2004). 사회보장 분야에서는 국가의 직간접적인 개입 필요성이 더욱 뚜렷이 드러난다. 예컨대 산업재해, 은퇴, 건강 관련 권리의 인정 획득을 위한 노동자 투쟁은 성공할 경우 사회권의 확보로 귀결되며, 이는 시민권의 본질은 물론 조절양식에까지 영향을 미친다. 국가는 베버리지(Beveridge) 방식처럼 사회보장 재원 조달에 직접 개입하거나 또는 비스마르크(Bismarck)의 사회보험 시스템처럼 고용주와 노동조합 간의 협상을 위한 틀을 짜기도 한다. 이처럼 임노동관계는 어떤 방식으로든 정치 영역의 개입을 요구한다.

상호 모순되는 논리에 처한 국가

조절이론은 국가의 행동을 결코 전일적인 것으로 보지 않는다. 왜냐하면 국가의 여러 부처들 사이에 상호 대안적인 원리들을 두고 긴장과 모순이 발생하기 때문이다. 상법을 노동법보다 우선시해야 할까? 사회보장 재원 조달에서 조세의 기여분과 노동자 및 기업가의 기여분을 어떻게 배분할까? 법적·정치적 평등이 기업 차원의 산업민주주의 원리와 같이 갈 수 있을까? 정치권력은 이토록 많은 질문에 그때그때의 상황과 세력관계에 따라 답변을 달리 한다. 이처럼 제도 형태와 국가 역할 사이에는 강한 상호 의존성이 존재하며, 이는 정치 영역과 경제 영역이 상호 중첩되고 있음을 말해주는 것이나 다름없다.

국제경제에 편입된 국민국가

앞선 관념은 국가의 주권이 관철되는 영토 안에서만 유효하다. 순수 경제이론과는 달리 조절이론은 국민국가를 분석의 출발점으로 삼는다. 사실 통화체제와 임노동관계는 여전히 주로 국민적 공간 내에서 결정되며, 그 정도는 더 낮을지라도 경쟁 형태 역시 그러하다. 이 점은 국민국가 간의 상호 의존성이 증대하고 있는 시기에조차 여전히 타당하다. 그러나 이러한 지적은 국민국가가 완전한 주권을 유지하고 있다거나 아니면 이와 정반대로 국민국가의 모든 힘이 국제체제를 움직이는 세력에 의해 박탈당했다는 것을 의미하지 않는다.

따라서 국민국가가 국제경제에 편입되는 방식이라는 마지막 다섯 번째 제도 형태가 도입된다. 사실 신고전파 국제무역이론에서 선택 가능한 것은 관세밖에 없으며, 이 관세마저 자유무역 시스템에 많은 왜곡을 유발한다고 본다. 그러므로 엄격한 경제적 관점에서 보면 국가는 국제적 차원에서의 가격 형성 메커니즘이 스스로 작동할 수 있도록 절대 개입해서는 안 된다. 반면, 조절이론에서는 국민국가가 관세를 구성하는 여러 요소들을 통제하고, 직접투자 유치 방식을 규정하고, 포트폴리오 투자 관련 규칙을 정하고, 심지어 이민을 통제할 수 있다고 본다. 그래서 나머지 세계와의 관계를 관장하는 많은 제도들이 새로 도입된다(Mistral, 1986). 이 제도들은 현 시기 국제화 과정에 따라 변형되거나 재규정될 수는 있지만 결코 소멸하지는 않는다(Boyer, 2000a).

표 1-1

자본주의 경제의 숨겨진 제도들: 일반균형이론에서 조절이론까지

일반균형이론의 가설	가설의 일관성과 타당성	제도 형태의 역할
1. 화폐는 척도일 뿐이다	화폐는 교환 수단이자 가치저장 수단이다	화폐의 창조 및 폐기에 관한 규칙의 필요성
경매인이 모든 거래를 집중시킨다	경매인은 시장경제가 아니라 실은 고스플란(Gosplan)과 같은 계획수립자를 함의한다	'화폐체제'와 신용체제는 상거래 주체를 규정하고, 분권화된 거래를 가능케 한다
2. 모든 경제주체는 가격을 주어진 것으로 간주한다	일반적으로 경제주체들은 전략적으로 행동한다	완전경쟁과 구분되는 '경쟁 형태'의 다양성
3. '노동 서비스'는 상품시장과 동일한 성격을 띠는 시장에서 교환된다	노동의 이중적 구성요소, 즉 상품으로서의 거래 후 '복종' 관계	노동계약은 '임노동관계'를 규정하는 제도 네트워크에 포함된다
4. 국가의 부재	화폐, 경쟁, 공공재 등의 관리를 위해 시장 외부에 있는 당국이 반드시 필요하다	'국가·경제 관계'의 구도
5. 국민국가의 부재	모든 국가는 한정된 영토에 대해 주권을 행사한다	국제체제에의 편입 방식

소결: 다섯 가지 제도 형태

따라서 조절이론에서 말하는 자본주의 경제는 신고전파 이론이 표명하는 이념형적 경제와 구별된다. 그렇지만 이 지적은 제도 형태가 일상의 경제 세계에 대해 개인들이 가지는 직관과 일치한다는 것을 의미하지는 않는다. 고전파 경제학의 창시자들에게서 영감을 받은 이론이 논지 전개에서 사용하는 것은 다름 아닌 '추상화'다. 더욱이 일반균형이론(표 1-1 참조)의 가설이 드러내는 비현실성에 대해 제기된 반론에 대답하는 방식도 추상화다. 결국 제도 형태들의 정확한 성격을 규정하고 이에 따라 조절양식의 생명력을 규명하는 과업은 전적으로 제도적·통계적·역사적 분석에 맡겨지게 된다.

2장

자본주의의 철칙에서 조절양식의 계승으로

조절이론의 기초를 닦은 저작물 중 하나인 아글리에타의 『자본주의의 조절과 위기』(Aglietta, 1976)는 당시의 신고전파 이론에 대한 매우 비판적인 평가에서 출발했다. 신고전파 이론은 남북전쟁 이후 북미 자본주의가 겪어온 변화는 고사하고 미국의 경기 상태조차 분석할 능력이 없는 것처럼 보였기 때문이다. 그러나 아글리에타는 이와 동시에 당시 마르크스주의 이론의 한 변종으로 등장했던 국가독점 자본주의론도 비판했다. 왜냐하면 이 이론은 대규모 기업집단, 단체협약, 케인스식 통화정책 등을 가진 경제를 적절하게 묘사하지 못한 데다 자본주의의 특징인 혁신과 구조 변화를 고려조차 하지 못하는 무능을 드러냈기 때문이다. 그래서 그는 자본주의의 내생적 변형에 관한 법칙을 이론적으로 밝히려 했고, 이것이 바로 그가 조절이라는 단어에 부여한 의미였다(부록의 조절이론 연보 참조).

교조적 마르크스주의에 대한 비판적 독해

마르크스가 『자본론』에서 이룬 이론적 기여는 자본주의를 생산양식으로 다루면서 그 토대와 장기 동학을 밝혀냈다는 데 있다. 마르크스의 후계자들은 다음 두 가지 주요 과제의 수행을 통해 그의 이론을 현실에 좀 더 적합한 것으로 만들고자 했다. 그것은 먼저 20세기 전반에 걸쳐 전개된 변화들을 고려하고, 다음으로 특별히 정치적 투쟁을 위한 도구를 연마하는 것이었다. 이러한 시도를 거쳐 자본주의 분석은 진화를 거듭해왔지만, 20세기 경제 역사에 비추어볼 때 이러한 분석은 한계를 드러냈을 뿐만 아니라 심지어는 잘못된 것도 있었다. 다른 한편으로 경제 분석 도구들이 크게 개선되었고, 그중에는 마르크스가 부닥쳤던 몇 가지 곤란을 극복하는 데 도움을 준 도구도 있었다.

사회적 관계들에 구체적인 형태를 부여하다

공업화가 진행될수록 나타나는 수많은 변형들에 강한 인상을 받고 장기 역사를 중시했던 마르크스는 당시 출현 중이던 자본주의 생산양식의 성격을 규명하기 위해 그것에 선행한 모든 생산양식(아시아적 생산양식, 봉건주의 등)과 대비해보았다. 또한 독일 철학에 매료되었던 이『자본론』의 저자는 자신이 말한 '통속적 경제'를 추상화하려는 노력을 기울였고, 그 결과 하나의 야심찬 개념 체계를 구축했다.

다른 생산양식들과 비교할 때 자본주의의 특징은 다음 두 가지다. 먼저 부(富)의 배분에서 '상품관계가 지배한다'(상품이 아닌 것에도 가격이 설정된다는 점에서)는 것이 다른 생산양식들과 확연한 차이점이다. 다음으로 특히 '생산의 사회적 관계의 성격이 자본과 노동 간의 갈등에 의해 규정된다'는 점이다. 즉, 자본을 갖지 못한 프롤레타리아는 자신의 노동력을 자본가인 '유산자(有産者)'에게 판매할 수밖에 없다. 교환관계(노동 대 임금)라는 외양을 띠고 자본에 의한 노동 착취가 나타난다. 여기서 착취란 노동자에 의해 창조된 가치가 노동력의 재생산에 필요한 가치보다 더 크다는 것을 의미한다(그림 2-1 참조).

그림 2-1

마르크스 이론의 범주에서 조절이론의 범주로

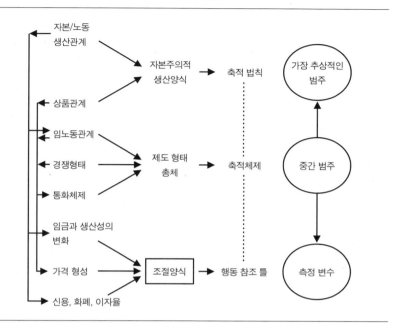

마르크스는 자본주의와 그 장기 경향에 관한 이론을 구축하는 데 이러한 성격 규명만으로도 충분하다고 생각했을 수 있다. 특히 그의 정치적 저작물에서 계급투쟁을 깊이 연구했던 마르크스는 당시에는 계급투쟁의 결과가 자본주의 생산양식의 급속한 붕괴와 다른 (먼저 사회주의적인, 그다음으로는 공산주의적인) 생산양식에 의한 대체로 이어지지 않을 수도 있다고 예상하기는 어려웠을 것이다. 그러나 다른 자본주의 국가들의 역사를 보면 상품관계의 조직과 마찬가지로 생산의 사회적 관계도 상대적으로 다양할 수 있음을 알 수 있다.

동일한 사회적 관계하에서 일어나는 변화

수 세기에 걸친 장기적 관점에서 볼 때 다양한 생산양식들이 계승되어왔으며 각 생산양식이 서로 다른 사회적 관계를 기반으로 하고 있다면, '하나의 동일한 생산양식'을 구성하는 사회적 관계들 역시 진화할 수 있다고 생각할 수 있다. 예컨대 노동자들은 산업위기가 발생했을 때 임금 하락을 저지하기 위해 투쟁했고, 이어서 명목임금의 물가 연동을 요구해 획득했으며, 그럼으로써 그들이 창출에 공헌한 생산성 향상 이득의 분점이라는 원칙을 관철할 수 있었다(Boyer, 1978). 이것이 마르크스의 개념 체계와 관련해 의미하는 바는 더 이상 노동력의 가치가 불변의 사회적 필요에 의해 결정되거나 적어도 노동자 계급의 재생산이라는 지상명령에 의해 설정되는 것이 아니라는 것이다. 즉, 자본·노동 갈등이라는 이슈가 착취 관계의 형태에 영향을 미친다는 것이다.

마찬가지로 화폐체제 역시 금본위가 관장하는 시스템에서 법화가 통용되는 신용경제 시스템으로 이행했다는 점에서 결코 변하지 않는 것으로 볼 수는 없다. 국가·경제 관계의 변화도 이에 못지않게 중요하다. 아주 개략적으로 말해서 경제적 변형들, 특히 정치적 투쟁으로 인해 전통적인 통치 기능(법, 정의, 안보, 외교 등)에 중심을 둔 국가(État, state)가 경쟁, 임노동관계, 화폐체제 등 다수의 제도 형태들에 둘러싸인 국가로 이행한 것이다 (Delorme and André, 1983).

조절이론의 목적은 미국에서든(Aglietta, 1976) 프랑스에서든(Cepremap-Cordés, 1978) 수 세기에 걸쳐 나타난 사회적 관계들이 정확히 어떤 형태를 취하는지, 그리고 얼마나 풍부한 변화를 겪어왔는지를 구체적으로 추적하는 데 있다.

자본주의 생산양식에 거대 동학은 없다

조절이론이 마르크스주의 전통과 구별되는 또 다른 점은 전일적(全一的)인 자본주의 생산양식을 가진 경제에서 도출되는 일반 법칙의 존재 자체를 의심하는 데 있다. 마르크스의 경우 일반 법칙으로 이윤율 저하 경향을 주장했으며, 그의 후계자들은 금융자본의 부상(Hilferding, 1970), 제국주의의 발흥(Luxembourg, 1967), 독점 자본주의의 출현(Baran and Sweezy, 1970)을 내세웠다. 물론 국가의 경제 개입 증대를 포착한 국가독점 자본주의 이론도 빼놓을 수 없다. 그런데 이 논자들은 대부분 이러한 특징들을 이윤율 저하 경향이라는 법칙을 저지하기 위한 전략으로 간주했다. 또 다른 해석은 이 특징들을 경제활동의 집단화가 이루어지는 경제체제로 향해 나아가는 도정에서 거쳐야 하는 단계들로 간주했다.

조절이론의 목적은 국민계정의 통계자료를 사용해 시공간에 걸쳐 관찰되는 다양한 축적체제들의 파라미터를 엄밀하게 추정해내는 데 있다. 이렇게 해서 축적체제라는 개념이 재생산 도식이라는 개념을 대체한다(그림 2-1 참조).

국가는 단지 자본의 대리인이 아니라 제도화된 타협의 시행자다

마르크스주의 이론가들은 국가의 형태를 자본의 본질에서 연역해내려고 시도했고, 이는 파생이론이라 불렀다(Mathias and Salama, 1983). 이러한 국가관에서 먼저 정치 영역은 경제 영역에 의존한다는 생각이, 이어서 국가는 자본의 동학 속에서 주어진 역할만을 수행한다는 기능주의가 나왔다. 예컨대 국가독점 자본주의 이론에서는 이미 사실상 집단적인 성격을 띠는 하나의 시스템으로 전환하는 데 국가를 변화시키는 것으로 족하다는 생각까지 하게 되었다. 그런데 국가 건설의 역사는 물론 사회과학의 진보로 이두 가설은 그릇된 것임이 드러났다.

국가는 대개 전쟁으로 정복한 지역에 통치권을 확립함으로써 탄생한다. 통치자는 경제로부터 필요한 세금을 징수한다. 그래서 그가 상업 및 산업 부르주아지의 발흥을 조장했는지는 확실치 않다. 공공 재정 적자가 누적되자 군주들은 대금융가들에게 의존할 수밖에 없었고, 그 대가는 예컨대 법화의 가치 하락이었다. 제대로 격식을 갖춘 자본주의가 출현하는 데는 이토록 많은 장애물이 있었던 것이다.

학제 간 연구는 사실 경제 영역과 정치 영역의 구별이 필요하다는 것을 보여준다. 가장 높은 추상 수준에서 보면, 경제 영역은 자본주의의 자극하에 부를 축적하는 경향이 있고, 정치 영역은 권력 축적에 집중한다(Théret, 1992). 현실적으로 국가는 경제에서 재원을 징수할 수밖에 없지만, 반대로 국가는 축적에 필요한 제도들의 출현과 시행에 많든 적든 도움을 줄 수 있다. 이와 관련해 정치 영역과 경제 영역 사이에 활기찬 상호작용 방식이 나타나는지 여부는 오로지 사후적으로만 확인된다. 현물 조세 체제의 경우 경제활동이 조세량에 어떻게 반응하는지, 그리고 역으로 입법과 조세 시스템이 어떻게 축적을 유도하는지 잘 알 수 있다.

이 체제들의 활력이 자동적으로 주어지는 것으로 볼 수 없는 이유는 간단하다. 즉, 공공 지출과 조세 시스템은 그 전부는 아닐지라도 대다수 사례에서 일련의 '제도화된 타협'(Delorme and André, 1983)의 산물이며, 이 타협들은 선험적으로 상호 독립적으로 이루어지는 데다가 축적의 안정화를 목적으로 삼는 것이 전혀 아니기 때문이다. 축적의 안정화는 대개 '사후적으로만' 관측될 수 있는 의도하지 않은 결과일 뿐이다. 한 가지만 예로 들어보자. 노동자들이 획득한 사회적 권리의 확장은 그 보장에 필요한 비용의 징수로 이윤율을 하락시키고 그에 따라 축적이 불가능해진다고 인식되었다. 이러한 인식은 특히 기업가들 사이에서 팽배했다. 그런데 제2차 세계대전 이후의 이례적인 성장은 (특히 유럽에서) 실제로 임노동관계의 변화가 적어도 일정 기간 유례없는 활기를 띠었던 축적체제를 지탱해준 요소들 중 하나임을 보여주었다(3장 참조).

위기는 반복되지만 서로 닮지 않았다

'조절'이라는 용어가 주는 함축적인 이미지와는 반대로 조절이론은 거의 안정된 축적체제와 위기를 동시에 다룬다. 그러나 이 점에서도 조절이론은 마르크스주의 관념은 물론 고전파의 관념과도 구별된다(Duménil and Lévy, 2002). 마르크스는 축적이 본성상 경기변동을 동반하며, 성장의 국면과 산업위기 또는 금융위기를 통한 조정 국면이 주기적으로 이어진다고 본다. 그러나 마르크스가 말하는 위기는 조절이론이 말하는 위기와 전혀 다르다. 그것은 자본주의 생산양식에 고유한 모순들(집중의 심화, 이윤율 하락 등)로 인한 자본주의 생산양식의 붕괴를 말한다. 그의 후계자들은 위기에 관한 두 개의 다른 관념을 제시했다.

몇몇 역사가와 경제학자들은 상업 자본주의가 출현한 이래로 거의 반세기에 걸친 장기 파동이 주기적으로 이어져 왔다고 본다. 역동적인 축적과 상대적 번영의 초기 국면에 이어, 경기의 역전이 지속되면서 간혹 디플레이션을 동반한 공황이라는 하강 국면으로 들어섰다는 것이다(Kondratieff, 1992). 이러한 문제의식 덕분에 1970년대의 급격한 변동을 진단하고 분석할 수 있게 되었다(Mandel, 1978; Wallerstein, 1999).

다른 경제학자들, 특히 미국의 급진파 경제학자들은 미국 경제를 붕괴시킬 뻔했던 1929년의 위기에 충격을 받았다. 그런데 역설적인 것은 이 위기에 선행했던 시기에 판로 문제가 제기될 정도로 생산부문의 이윤율이 유달

리 높았다는 점이다. 축적체제에 나타난 이 새로운 불균형으로부터 독점
자본주의에서 수요 관리가 수행하는 역할에 관한 독창적인 해석이 나오게
되었다(Baran and Sweezy, 1970). 좀 더 일반적으로 말해 위기에 관한 전문
가라 할 수 있는 경제사학자들은 미국의 1929~1932년 위기를 20세기 자본
주의 위기의 전형으로 간주하는 경향을 보였다.

　　조절이론은 하나의 표준적인 축적체제가 존재하지 않는다는 점에서 다
양한 결과를 이끌어낸다. 각 축적체제는 그에 고유한 위기 형태를 갖는다
는 가정을 세움으로써 1929년의 위기를 19세기의 경험들과 비교할 수 있었
다. 다른 한편 이러한 분석 방법은 결국 자본주의 이전의 경제들에 대해 아
날학파(Ecole d'Annales)가 고안한 방법과 유사하다. 즉, 아날학파의 작업은
사실 "각 사회는 그 구조에 따른 나름의 위기를 겪는다"라는 교훈을 제공한
다(Labrousse, 1976). 이 관념은 이미 19세기 전체에 걸친 위기들의 형태 변
화를 파악하기 위해 사용된 바 있으며(Bouvier, 1989), 조절이론의 연구들은
이들의 연구 성과를 20세기로 연장해 적용한 것이다. 요컨대 각 경제는 그
축적체제 및 조절양식에 상응하는 위기를 맞는다고 보는 것이다.

제도 형태라는 매개 개념의 고안

　　마르크스주의 자본주의 이론에 대한 이러한 비판적 재검토는 제도 형태
의 성격 규명으로 귀착된다(박스 2-1 참조). 이 제도 형태의 리스트는 신고전
파 이론이 상정하는 것과 같은 시장경제에 숨겨져 있는 제도들을 분석해
얻을 수 있는 리스트와 결과적으로 동일하다(표 1-1 참조). 이 두 접근이 궁
극적으로 상호 보완하게 되는 까닭은 각 접근이 서로 다른 추상 수준에 입
각했기 때문이다. 즉, 일반균형이론에 관한 내부 비판은 '엄격하게 논리적

박스 2-1

다섯 가지 제도 형태와 그 정의

제도(또는 구조) 형태: 한 개 이상의 기본적인 사회적 관계를 어떤 형태로든 코드화한 것으로, 다섯 개의 제도 형태가 구별된다.

화폐형태와 화폐체제: 화폐형태란 특정 국가에서 주어진 시기에 거래 주체들이 맺고 있는 기본적인 사회적 관계를 드러내는 방식이다. 여기서 화폐는 특정 상품이 아니라 축적 거점, 노동자 및 다른 거래 주체들이 관계를 맺는 형태다. '화폐체제'라는 용어는 이에 상응하는 구도를 지칭하며, 이는 흑자와 적자를 조정할 수 있게 해준다.

임노동관계의 형태: 자본·노동 관계의 구도로서 노동의 조직, 생활양식 및 노동자의 재생산방식 간의 관계들로 구성된다. 분석적으로는 다섯 개의 구성요소가 자본·노동 관계의 역사적 구도들의 성격을 규명하기 위해 도입된다. 그것은 생산수단의 유형, 사회적 분업과 기술적 분업의 형태, 노동자를 기업에 동원하고 구속하는 방법, 직간접 임금소득의 결정요인, 그리고 끝으로 임노동자의 생활양식이다. 이 마지막 요소는 상품의 획득 방식이나 시장 외적인 공공 서비스의 이용과 다소간 연관된다.

경쟁 형태: 경쟁 형태는 선험적으로 독립적인 의사결정을 내리는, 파편화된 축적 거점들 간의 관계가 어떻게 조직되는지를 보여주며, 여러 개의 전형적인 형태로 구별된다. 경쟁적 메커니즘은 사적 노동의 유효 여부가 시장에서 여러 상품 간의 대립을 통해 사후적으로 결정될 때 나타난다. 반면, 독점적 메커니즘은 생산이 그와 거의 동등한 총량 및 구성을 가진 사회적 수요에 의해 '사전적으로' 사회화되는 것과 관련한 몇 가지 규정이 관철될 때 나타난다.

국제체제에의 편입 형태: 이는 국민국가와 나머지 세계 간의 관계를 조직하는 규칙들의 총체를 지칭한다. 여기에는 상품 교역, 직접투자를 통한 생산시설의 입지, 대외 수지와 잔고의 자금 조달, 나아가 이민 등에 관한 규칙도 포함된다.

국가 형태: 이는 제도화된 타협들 전체를 지칭하며, 이 타협들이 일단 짜이게 되면 공공 지출과 수입의 변동에 관한 규정을 만들어내고, 또 그 변동의 규칙성을 보장한다.

인 관점에서' 불가피한 제도들을 강조한다. 여기서 분석은 가장 높은 추상 수준을 갖는 이론의 공간에서 시행된다.

　　마르크스주의 접근의 재검토로부터 '역사적 과정'의 산물로 주어지는 특정 사회와 시기에 작동하는 기본적인 사회적 관계들의 성격을 규정하는 과업이 도출된다.

첫 번째 접근이 기능주의적인 것이라면, 두 번째 접근은 역사적인 것이다. 두 번째 접근은 역사 속에서 연마되고 다섯 개의 제도 형태로 귀착되는 일련의 제도화된 타협의 지속 가능성에 관한 질문에 답해야 한다. 실제로 사회적 투쟁, 정치적 갈등, 경제적·재정적 대위기는 결국 국가·경제 관계만이 아니라 임노동 형태와 경쟁 형태에 관한 새로운 제도화된 타협들로 귀착되는 경우가 태반이다. 따라서 조절이론을 기능주의로 보는 것은 자의적인 판단이라 할 수 있다(Jessop, 1997). 제도 환경과 연계된 경제체제의 지속 가능성에 관한 질문은 선험적으로 열려 있는 질문일 수밖에 없다. 그래서 이러한 지속 가능성을 '사후적으로' 관찰한다는 측면만 바라보면 기능주의라는 착각이 나올 수 있다. 이러한 착각은 회고적 성격을 띠며, 유독 이론가들이 그렇다. 왜냐하면 경제 행위자들로서는 제도 변화가 초래하는 결과를 보고 놀라는 경우가 허다하기 때문이다.

이리하여 조절이론은 시공을 불문하고 타당한 이론과 주어진 거시경제 상태의 단순한 관찰 사이에서 양자를 이어줄 '매개 개념들'을 개발한다. 따라서 조절이론은 의도적으로 '과소 결정된' 상태를 유지하면서 주어진 시기의 한 경제를 대상으로 제도 형태들의 성격을 규명하려는 실증 분석의 일환을 이룬다(그림 2-2 참조).

바로 이러한 이론적 비결정성에서 조절양식과 같은 중심 개념이 나온다. 이 조절양식 개념이 다루는 문제들의 핵심이 무엇인지는 다음 세 가지 명제로 요약할 수 있다.

선험적으로 문제가 되는 조절

이처럼 제도화된 타협이 제도 형태를 만들어낸다. 그런데 일반적으로 제도화된 타협들은 상호 독립적인데, 이는 경제활동이 상이한 영역들로 전문

그림 2-2

조절이론의 방법론

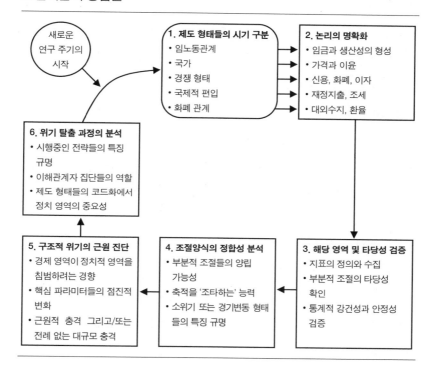

 내용:

새로운 연구 주기의 시작

1. 제도 형태들의 시기 구분
• 임노동관계
• 국가
• 경쟁 형태
• 국제적 편입
• 화폐 관계

2. 논리의 명확화
• 임금과 생산성의 형성
• 가격과 이윤
• 신용, 화폐, 이자
• 재정지출, 조세
• 대외수지, 환율

6. 위기 탈출 과정의 분석
• 시행중인 전략들의 특징 규명
• 이해관계자 집단들의 역할
• 제도 형태들의 코드화에서 정치 영역의 중요성

5. 구조적 위기의 근원 진단
• 경제 영역이 정치적 영역을 침범하려는 경향
• 핵심 파라미터들의 점진적 변화
• 근원적 충격 그리고/또는 전례 없는 대규모 충격

4. 조절양식의 정합성 분석
• 부분적 조절들의 양립 가능성
• 축적을 '조타하는' 능력
• 소위기 또는 경기변동 형태들의 특징 규명

3. 해당 영역 및 타당성 검증
• 지표의 정의와 수집
• 부분적 조절의 타당성 확인
• 통계적 강건성과 안정성 검증

화되어 있기 때문일 것이다. 예를 들어 중앙은행은 정부로부터 통화체제의 특성을 부여받으며, 직종별 관계는 임노동관계를 만들고, 규제와 기업 전략은 경쟁 형태를 결정한다. 이처럼 다양한 제도 형태들이 양립할 수 있도록 '사전에' 감독하는 시스템 엔지니어는 존재하지 않는다. 사실 각 경제주체는 자신이 활동하며 가격 시스템을 고려하는 특정한 제도적 틀 속에서 그에 고유한 제약과 유인에 의거해 자신의 전략을 선택한다. 이러한 화폐경제, 즉 분권화된 경제에는 이러한 개별 주체들의 행동들이 결합해 활기찬 거시경제 구도를 만들어내도록 보장하는 것이 아무것도 없다.

조절이론은 가장 기본적인 수준에 선험적인 부정합이 있고, 그래서 규정,

규칙성 및 질서정연한 변화는 예외적인 현상일 수밖에 없다고 본다. 여기서 조절이라는 용어가 물리학과 생물학에서 처음 사용되었을 때의 문제의식을 상기하게 된다. 그것은 '선험적으로' 독립적인 실체들(확장하면 제도 형태들)이 어떻게 상호 공존하면서 그것들 전체의 변동을 초래할 수 있는가, 요컨대 어떻게 시스템(여기서는 경제적 시스템)을 형성할 수 있는가라는 물음에 답하기 위한 것이었다(Canguihem, 1974). 이 물음에 대한 대답이 긍정적이라면 관련된 경제적 메커니즘들 전체를 '조절양식'으로 지칭할 수 있다. 이제 조절양식의 핵심 특징 가운데 두 가지를 소개하면 다음과 같다.

하나는 시기가 바뀌더라도 현행의 제도적 구도가 중대한 변경 없이 재생산될 수 있어야 한다는 것이다.

다른 하나는 경제주체들이 시스템 전체를 관장하는 규정들을 전부 내재화하고 있다고 가정해서는 안 된다는 것이다. 이 점에서 조절이론은 거시경제학에서 경제주체들이 그들 간의 상호작용을 관장하는 메커니즘을 이론가 못지않게 잘 알고 있다고 가정하는 합리적 기대학파(Lucas, 1984)에 반대한다. 그래서 제도 형태의 역할은 개인의 행동에 필요한 지식을 요약해주고, 그럼으로써 동원되는 정보 및 인지의 내용을 단순화하는 데 있다. 이제 경제주체들은 부분적인 지식과 '제도 의존적 합리성'을 가지고 행동하게 된다.

이러한 관념은 제한적 합리성(Simon, 1983)이라는 관념과 무관하지 않지만 불확실성하에서의 합리적 행동에 따르는 어려움과 관련해 인지적 측면보다는 제도적 구성요인을 더 중시한다는 점에서 다르다. 좀 더 엄밀히 말하자면 제도 형태는 적절하다고 평가되는 정보를 축약해 거기에 초점을 맞추며, 그럼으로써 일군의 전략적 행동들의 결합에서 나오는 내재적인 불확실성을 축소시킨다(Aoki, 2002). 상호 양립 가능한 행동들의 총체로 이해되는 균형의 존재에 관한 질문은 마땅히 사례별로 고찰되어야 한다. 이러한 균형 개념은 왈라시언 균형 개념과 아무런 관계도 없다. 가격 시스템이 모두에게 알려져 있다면 어떤 경제주체도 제약하의 극대화를 추구하지 않을 것이기 때문이다.

조절양식은 어떻게 출현하는가

조절이론의 영감을 받은 수많은 역사적 연구와 정식화 노력 덕분에 많은 과정과 메커니즘이 명료해졌다.

브리콜라주와 우연

제2차 세계대전 이후의 포드주의와 연계된 조절양식을 고찰하는 데 '우연한 발견과 시행착오'가 강조되었다(Lipietz, 1979). 과학적 노동관리 방식, 테일러주의 및 컨베이어 시스템의 도입으로 1920년대부터 유례없는 생산성 향상이 이루어졌다. 그러나 해당 재화의 상대가격이 하락하는데도 불구하고 빠르게 증가하는 생산을 흡수할 수 있을 정도로 수요가 충분하지 않다는 사실이 드러났다. 엄밀하게 논리적 관점에서 보면, 외부의 관찰자는 대량소비가 대량생산과 당연히 짝을 이룰 것으로 생각하기 쉽다. 하지만 경제주체들이 자율적으로 행동하게 되어 있는 한 그러한 일은 결코 일어나지 않는다. 따라서 (양자가 짝을 이루기 위해서는—옮긴이) 어떤 식으로든 집단적 개입이 불가피하며(Boyer and Orléan, 1991), 이러한 일이 제2차 세계대전 이후에 실제로 일어났던 것이다. 즉, 생산성 향상에 비례하는 실질임금의 증가를 법제화하고 또 확산시키는 단체협약이 이루어졌고, 이것이 새로운 조절양식을 '사후에' 확립한 것이다. 다시 말해서 이 시스템의 정합성은 '사전에' 주어져 있지 않았다.

효율성에 의한 선택과 이에 대한 의구심

제도 형태는 '경제적 효율성'에 의거해 '선택되는 것은 아니다.' 실제로 경로 의존성 같은 것이 나타나고 제도 구축 관련 매몰비용도 존재한다. 더욱이 몇몇 네트워크 기술(Arthur, 1994)처럼 수확 체증을 시현하는 제도 형태도 있을 수 있다. 그래서 우월하지만 새로 등장하는 제도 형태가 기존의 잘 확립된 제도 형태에 비해 불리한 조건에 놓이기도 한다. 끝으로 제도 형태들을 공진화하도록 만드는 시스템 엔지니어는 존재하지 않는다는 점도 상기해야 한다. 다양한 목표와 개입 수단을 가진 국가도 그러한 역할을 할 수는 없다. 이러한 관념은 대부분의 신고전파적 관념과 배치된다. 신고전파는 합리적 주체라면 승자가 패자에게 보상해야 하는 일이 있더라도 파레토(Pareto)적 의미의 효율성을 가지는 제도 개혁 협상에 항상 관심을 가질 것이라고 생각한다. 그러나 그런 식의 보상 메커니즘이 실재하지 않는 경우가 많기 때문에 패자가 될 가능성이 높은 사람들이 오히려 제도 개혁에 반대하는 것이다.

진화론적 과정

세 번째 메커니즘은 제도 형태들 상호 간에, 그리고 제도 형태와 기술 변화 사이에 일어나는 '공진화(co-evolution)'와 관련이 있다. 시기마다 제도 형태들의 재편을 둘러싼 다양한 전략이 충돌하거나 공존할 수 있지만, 하나의 조절양식으로 이끌어가는 구도가 구축될 수 있는 것은 제도 형태들이 상호 적합성을 가질 수 있기 때문이다. 요컨대 조절양식은 단지 사후적으로만 해석될 수 있는 것이다. 이 메커니즘 역시 앞선 메커니즘과 마찬가지로 효율성과는 직접적인 관계가 없다. 이 특징은 조절양식들의 끈질긴 '다양성'과 관련해 중요한 함의가 있다.

상호 보완성 가정

지속 가능한 조절양식은 두 개 이상의 제도 형태들 사이에 '상호 보완성'이 있을 때도 나타날 수 있다. 예를 들어 금본위제에서는 국제가격에 비해 약간의 격차만 있어도 생산비가 다시 조정될 수밖에 없는데, 이러한 재조정은 대개 임금의 신축성을 매개로 이루어진다. 이러한 조정을 가능케 하는 것이 바로 화폐제도와 임노동관계의 상호 보완성이다. 나아가 20세기의 여러 경제에서는 이른바 케인스식 경기 안정화 정책이 명목임금의 경직성과 상호 보완 관계에 있음이 판명되었다.

제도 형태들의 위계구조

또한 조절양식은 특정의 한 제도 형태가 다른 제도 형태들에 비해 결정적으로 중요한 역할을 수행할 때 생겨날 수도 있다. 실제 역사를 살펴보면, 제도 형태들이 일종의 '위계구조'를 이루고 그러한 비대칭성이 특정한 정치적 타협의 산물인 경우가 아주 흔했다는 사실을 알 수 있다. 이러한 제도적 구도는 지배적 제도 형태의 구조적 변화가 하나 또는 그 이상의 다른 제도 형태를 변형시키는 속성을 가지고 있다는 관찰로 확인할 수 있다. 예컨대 화폐체제와 케인스식 중앙은행이 통화주의적으로 바뀐다면 평균 이자율의 상승이 기업들의 성과를 압박하고, 이는 고용과 임금에 불리하게 작용할 수 있다. 이러한 정책이 상당 기간 지속되면 임노동관계 자체가 영향을 받을 수도 있다(Boyer, 1986b). 이 경우 위계구조의 요동이 조절양식의 출현과 그 변형 과정을 설명해준다.

조절양식의 지속 가능성을 설명해주는 메커니즘은 이렇게나 많다. 그러나 이 점은 조절양식의 '시공간적 가변성'을 설명해주는 것이기도 하다.

세기에 걸쳐 나타났던 대조적인 조절양식들

프랑스 자본주의의 장기 변동(18세기에서 20세기 마지막 10년에 이르는 기간)에 관한 연구는 적어도 4개의 시기가 계승되어왔음을 뚜렷이 보여준다. 이 3세기에 걸친 장기간에 임노동관계는 변화했고, 이는 명목임금과 실질임금의 변동에 확실한 영향을 미쳤다.

18세기 말까지 계속된 구식 조절

구체제(ancient regime)하의 경제들에서는 대개 구식 조절이 지배했고 농업적인 구조들이 핵심을 이루는 가운데 상업 자본주의가 발전했다. 그래서 경제적 동학은 농업에 타격을 가하는 우발적 사건들에 좌우되었다. 흉년이 되면 생계비에 포함되는 식량의 가격이 폭등하고, 이를 통해 농업 위기는 산업 부문으로 전파된다. 이는 농촌과 농업 부문의 수요 위축이 (산업 부문의-옮긴이) 명목임금을 하락시킬 수 있음을 의미한다. 이때 실질임금이 격감하고 생존 조건이 불안정해지면 사망률이 상승하는데, 이러한 현상은 맬서스 모델의 기본 가설 중 하나를 상기시킬 수밖에 없다. 또한 이는 스태그플레이션적 조절의 사례로서, 그 흔적은 이로부터 거의 두 세기 이후에 나타날 관리된 조절양식에서 재발견될 것이다. 이와 관련해 조절이론은 아날학파의 작업을 재조명한다.

19세기에 전형적으로 나타난 경쟁적 조절양식

이 두 번째 조절양식은 앞선 구식 조절양식과 전혀 다른 경기변동 연쇄를 내포한다. 실제로 19세기 중엽부터 경제의 리듬은 제조업 중심으로 이루어지게 되었는데, 제조업의 경기 리듬은 호황과 불황의 계기적 반복으로 나타난다. 자본 집중의 정도는 미약했고, 이에 따라 가격은 (다수의 생산자들 사이에서—옮긴이) 경쟁적 방식으로 결정된다. 다른 한편으로 노동자들은 축적의 변동에 종속되었고 명목임금의 형성에 거의 영향력을 행사하지 못했다. 그 결과 명목임금, 공산품 가격, 산업 경기는 상호 조화를 이루며 변동했다. 조절이론이 파악하는 이러한 구도는 신고전파 이론의 왈라스 균형이 보여주는 상태와 기본적으로 동등하지만 그럼에도 한 가지 차이는 있다. 바로 축적의 영향을 받는 경제 시스템은 결코 정지 상태(신고전파의 균형)에 머물러 있지 않으며 축적의 과잉과 과소 국면이 교체된다는 점이다. 이러한 유형의 조절은 대부분의 경제이론에 암묵적으로 전제되어 있다. 그럼에도 이 조절양식은 점진적인 변형을 겪어왔다는 점에서 불변성을 가진 것은 아니다.

오랜 변화의 시기: 양차 대전 중간기

실제로 시간이 지날수록 자본은 집중되었고, 이 과정은 위기 때마다 더욱 강화되었다. 이와 동시에 산업노동자 수가 증가하면서 집단적 조직화(노조, 협회, 상호부조 등)가 가능해졌고, 여성과 아동의 야간노동 제한, 작업 중 사고의 산업재해 인정, 나아가 불경기에 임금 하락의 저지 등을 위한 투쟁이 이루어졌다. 이러한 노동운동은 19세기 하반기에 시작되어 제1차 세계대전 이후 급격히 활성화되었다. 이 시기의 특징은 일체의 태환 가능성을 벗어버린 신용화폐로의 이행과 상시적인 인플레이션의 출현이다. 이러한 특징은 금본위제와 연계된 경쟁적 조절의 특징인 일반 물가수준의 주기적인 등락 현상과 대비된다.

이제 임노동관계에 집단적 요소가 등장하게 된다. 예컨대 프랑스에서 퇴

그림 2-3

조절양식의 계승: 임노동관계의 사례

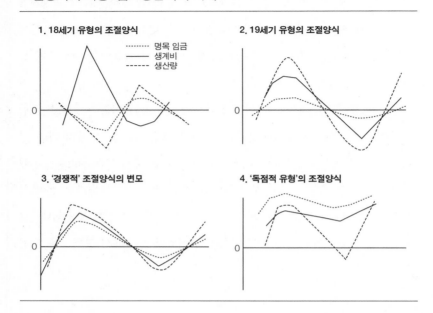

1. 18세기 유형의 조절양식

...... 명목 임금
─── 생계비
---- 생산량

2. 19세기 유형의 조절양식

3. '경쟁적' 조절양식의 변모

4. '독점적 유형'의 조절양식

직 권리가 인정되었던 것처럼 인플레이션이 누적됨에 따라 노동자들은 소비자 물가지수에 연동해 임금 인상을 요구하게 되었다. 이처럼 제도 형태들은 19세기에 비해 상당한 변화를 겪게 되었다. 그러나 임금 조절은 여전히 이전과 동일한 경쟁적 형태에 의해 관장되는데, 이것은 조절이론의 주요 결론들 중 하나를 부각시킨다.

제도의 출현과 그에 따른 인간행동의 수정 사이에 완벽하고도 즉각적인 상관관계가 있다고 가정하는 신제도주의 이론들과는 달리, 장기 역사 연구들은 근본 혁신을 동반하는 제도의 출현과 그에 조응하는 조절양식의 확립 사이에 약 사반세기의 시차가 존재한다는 사실을 밝혀냈다. 조절양식의 변형은 생활양식, 생산기술, 경제활동의 공간화에 변화가 일어나는 장기에 속하는 현상이며, 예측들이 수시로 변하는 단기와는 무관하다. 이것은 더

글러스 노스(North, 1990)를 제외한 대다수 제도주의 경제학 연구 프로그램이 중시하는 가설에 반하는 것이다.

1919~1939년에 나타난 역설적인 제도적 구도는 조절양식의 장기 변동에서 중요한 단계로 기록된다(그림 2-3 참조).

독점적 조절양식: 영광의 30년

'관리된'이라는 수식어를 붙일 수 있는 이 '조절양식'은 1950년대 후반에야 확립되었고, 양차 대전 중간기에는 미국에서도 프랑스에서도 겨우 싹만 틔운 상태였다. 사실 법화로의 이행은 전비 조달을 위해서가 아니라 축적자금의 조달을 위한 것이었으며, 임노동관계는 명목임금이 물가지수에 연동됨으로써 급진적인 변형을 겪었다. 당시 이 현상은 기대되는 생산성 이득을 노사가 나눠 갖는다는 의미에서 일명 '진보의 배당금'이라 불렸다. 이와 병행해 노동자의 생활양식에 속하는 집단적 요소들(교육, 보건, 주거 등에의 접근)이 사회보장 시스템 속에 포함되었다. 이는 비스마르크 방식(노동자들의 사회보장을 위한 자금이 사회적 및 기업 분담금을 통해 조달되는 경우)이나 베버리지 방식(사회적 연대 자금이 일반 조세제도에 의해 조달되는 경우)으로 시행되었다.

이러한 중대한 변화들로부터 임금 변동의 유례없는 추이가 해명된다. 예컨대 실질임금의 거의 연속적인 상승, 실업에 대한 명목임금의 민감도 상실, 불황의 스태그플레이션적 성격 등이 그것이다. 따라서 독점적 조절양식은 경쟁적 조절양식과 현저하게 다르다. 이 점에 대해서도 조절이론은 다른 제도주의 접근들과 차이를 보인다. 이 접근들은 여전히 대칭적 정보하의 완전경쟁 균형을 준거로 삼으며, 이 준거에 비추어 실재하는 제도들이 그만큼 많은 불완전성을 가지고 있다고 본다. 이와는 반대로 조절이론은 독점적 조절양식의 제도적 구도가 정합성을 가지고 있었고 놀랄 만한 성과를 올렸다고 확신한다.

이러한 독점적 조절양식은 1960년대 말부터 위기로 돌입했으며 이 무렵부터 제도 형태들의 재편 과정이 시작되었다. 이러한 재편 과정은 지금까지도 독점적 조절양식만큼 명료하게 식별될 수 있는 후계자를 탄생시키지 못하고 있다.

현대의 조절양식들

그럼에도 불구하고 조절론적 연구들은 새로운 조절양식에 관한 다양한 가설들을 탐색해왔으며, 이 가설들은 제도 형태들의 일정한 위계성에 비추어 조직되었다.

국내 및 국제 경쟁의 심화

첫째로, 1960년대 중엽부터 거의 중단 없이 계속되어온 규제 완화·철폐와 국제 개방으로 인해 '경쟁 형태'는 지배적인 제도 형태까지는 아니더라도 적어도 중요한 제도 형태가 되었다(Petit, 1998). 실제로 경쟁은 임노동관계의 재편에 영향을 주는 경향이 있으며, 그 결과 임금은 더 이상 유효수요의 구성요소에 그치지 않고 경쟁력의 형성에 기여하는 비용으로 부상한다. 반드시라고는 할 수 없을지라도 자본 이동성의 증대는 국민국가들이 조세 분야 등에서 경쟁하게 만들었고 이에 따라 국가·경제 관계도 변화되었다. 하지만 이 잠재적 조절양식은 19세기의 전형적인 경쟁적 조절양식과는 다르다. 왜냐하면 이제는 그것이 사회보장 영역을 비롯해 다방면에 개입하는 특정의 한 국가(État)라는 틀 속에서 작동하기 때문이다.

서비스화에 지배되는 조절양식일까

제2차 세계대전 이후 생산 구조들은 완만하지만 지속적인 변형을 겪어왔다. 제조업이 경제의 동력이었고 그 동학이 경제 전체의 경기를 좌우하는 경향이 관철되기는 했지만, 서비스 산업의 고용이 줄기차게 증가함으로써 경제의 중심이 서비스 산업으로 이동해갈 정도가 되었다(Petit, 1986). 그런데 이 서비스 부문은 제도 형태들의 독특한 접합(근로계약의 상대적 분절화 및 심지어 세분화, 품질 경쟁, 현지화 등)을 보여준다. 따라서 현대 경제에서는 조절양식의 속성 중 상당 부분이 서비스 부문에서 나온다. 예컨대 경제활동은 서비스 부문을 지배하는 관성으로 인해 변동성이 줄어든다. 이 조절양식은 구식 조절양식(농업에 의해 지배되는)에서 경쟁적 조절양식(제조업에 의해 추동되는)으로, 또다시 독점적 조절양식(제조업과 서비스업 간의 독특한 접합이라는 특징을 띠는)으로 바뀌어온 조절양식의 (장기에 걸친─옮긴이) 이행 과정의 연속선상에 위치할 것이다.

금융화된 조절양식일까

세 번째 접근에 따르면 금융 혁신이 강화되고 선진국은 물론 개도국도 국제자본 흐름에 개방되면서 조절양식의 금융화라는 대안적 가설이 제시되었다(Aglietta, 1998). 그렇지만 지난 20여 년 동안 이루어져 온 제도 형태들의 재편 과정은 대단히 복잡해서 1990년대의 미국을 제외하면 금융화된 조절양식을 확립하기는 여전히 불확실하고 또 어려워 보인다. 더욱이 이 조절양식은 인터넷 거품의 붕괴와 함께 한계를 드러냈고, 그래서 더 많은 나라들로 확대 적용될 수 있을 것 같지 않다(Boyer, 2002b).

이렇듯 잠재적 조절양식의 수가 많다는 것은 다음과 같은 조절이론의 기본적인 함의를 예시한다. 즉, 회고적 방식으로 조절양식을 정식화하는 것이 기능주의적 해석이라는 인상을 줄 수는 있지만, 구조적 변형이 실제로 일어나는 기간에는 조절양식의 출현을 둘러싼 불확실성이 뚜렷이 나타난다는 것이다.

소결: 균형, 불균형, 조절

이렇게 해서 우리의 문제의식이 기여한 바와 그 특징을 규정하는 데 조절이라는 용어 선택이 정당하다는 것이 더욱 분명해졌다.

신고전파 이론은 '균형' 개념을 중심으로 삼는데, 이는 경제성장 과정을 탐구할 때조차 그러하다. 왜냐하면 이 이론은 성장 과정이 동태적 안정성을 갖춘 하나의 경로로 수렴되며 이 경로의 성격이 가격 시스템만으로도 충분히 규정될 수 있다고 간주하기 때문이다. 더욱이 이 이론은 화폐의 영향을 경시하며 자본주의 경제에서 전형적으로 나타나는 축적 과정의 동태적 성격마저 무시한다(Sapir, 2000).

'불균형' 이론(Bénassy, 1984)은 왈라시언 가격이라는 가설을 제거하고, 가격 형성은 현대의 경쟁 형태들과 실제로 조응하는 과점적 과정을 통해 이루어진다고 생각한다. 그러나 예외가 없지는 않지만 해당 모형들은 축적의 동학을 고려하지 않으며 경제주체들의 전략의 조정에서 제도가 수행하는 역할도 고려하지 않는다.

'조절'이론은 축적의 동학을 더 이상 상대가격 게임의 결과로만 간주하지 않는다. 그래서 임노동관계, 경쟁 형태, 화폐체제 같은 제도 형태들이 축적의 동학에 미치는 영향을 온전히 수용한다. 임금이나 이자율과 같은 몇몇 가격들이 제도 형태들의 작용을 통해 형성될 수밖에 없다는 점에서 불균형 이론이 조탁한 도구들, 특별히 할당 개념은 조절양식의 정식화에 활용될 수 있다.

3장

축적체제와 역사적 동학

장기 경향에 관심을 갖는 조절이론에서는 또 다른 한 개념이 중요한 역할을 하는데, 축적체제라는 개념이 그것이다. 여기서 중요한 것은 마르크스와 그 후계자들이 제시한 재생산 도식에 비추어 이 개념의 위치를 재정립하는 것이다. 이 재정립의 목적은 한편으로 제도 형태들이 임금과 이윤 사이의 소득분배에 미치는 영향과 다른 한편으로 마르크스의 용어로 가치 증식과 가치 실현(즉, 생산과 소비―옮긴이)이라는 지상 과제 간의 양립 가능성을 명시적으로 고려함으로써 경제 동학을 정식화하는 데 있다. 이로부터 다양한 유형의 축적체제가 나타나는데, 이는 단지 이론적으로만이 아니라 역사적으로도 그러하다. 이러한 축적체제의 다양성은 분석 대상이 구 산업화 경제들에서 후발 산업화 경제들로 확장되어갈수록 더욱 뚜렷하게 나타난다.

재생산 도식에서 축적체제로

조절양식은 경제주체들이 중요하다고 인식하는 거시경제 변수들이 경기 상황에 따라 어떤 관계를 가지는지를 명시해주는 반면, 축적체제는 장기 성장 모형의 윤곽을 묘사해준다. 이러한 개념적 이중성이 몇 가지 해석상의 어려움을 가져다주기에 이것들의 의미를 명시해두고자 한다.

기원과 의미

먼저 축적체제라는 용어는 그 자체로 기본 의미를 가지고 있으므로 조절양식이라는 용어와 중복 사용해서는 안 된다. 이 점은 다른 거시경제이론에서도 마찬가지다. 케인시언 전통에서 IS-LM 모형은 경제정책이 경제활동 수준에 미치는 영향을 묘사하는 기능을 수행하지만, 좀 더 장기적인 다른 모형들은 규칙적인 성장의 조건을 파악하기 위해 사용된다. 오늘날의 신고전파 거시경제학에서도 동일한 이중성이 나타난다. 즉, 실물 경기변동 모형들은 화폐나 기술 관련 혁신이 초래하는 결과를 묘사해주는 반면, 내생적 성장 모형은 − 솔로우(Solow) 모형처럼 − 경기변동의 묘사를 뛰어넘어 장기 성장에 공헌하는 요인들을 파악해낸다.

하지만 축적체제라는 용어를 사용하는 데는 이보다 훨씬 더 근본적인 이유가 있다. 사실 마르크스주의적 직관을 기반으로 삼고 있는 조절이론은 자본주의 생산양식에 준거해 축적이 결정적인 역할을 수행한다는 가설을 끌어낸다. 그러나 축적체제는 그 성격을 규정하는 파라미터들이 주로 임노동관계와 경쟁 형태라는 두 개의 제도 형태에서 도출된다는 점에서 재생산 도식과 다르다. 더욱이 이 파라미터들의 값은 대개 국민소득계정의 장기 시계열 데이터를 사용해 추정된다. 이렇게 해서 영광의 30년(유럽 경제의 회복과 고성장이 이루어졌던 제2차 세계대전 이후부터 1970년대 중반까지의 시기를 말한다−옮긴이) 시기의 프랑스 경제를 대상으로 한 2부문 모형(Bertrand, 1983), 미국 경제에 관한 2부문 모형(Juillard, 1993), 양차 대전 중간기를 대상으로 복수의 축적체제를 가진 모형(Boyer, 1989) 등이 만들어졌다.

박스 3-1에서 축적체제라는 개념을 완벽하게 정의해두었기에 여기서는

제도 형태에서 거시경제학으로

축적체제

축적체제는 자본 축적이 전반적·상대적으로 일관된 방식으로 진행될 수 있도록 만들어주는 규칙성 전체를 지칭한다. 이때 자본 축적 과정 자체에서 항구적으로 나오는 왜곡과 불균형은 흡수되거나 그 발생이 지연될 수 있다.

이 규칙성과 관련 있는 요인들은 다음과 같다.

- 생산조직, 그리고 생산수단과 임노동 간의 관계가 변화하는 유형 [생산의 조직, 기술 등]
- 경영 원리 전개의 기반을 이루는 자본의 가치 증식이 이루어지는 시간대 [생산 기간]
- 상이한 사회 그룹이나 계급의 동태적 재생산을 가능케 하는 가치 분배 [소득분배]
- 생산력의 경향적 변동을 실현시킬 수 있는 사회적 수요의 구성 [수요 구성]
- 탐구 대상이 되는 경제 구성체에서 비자본주의적인 형태들이 중요한 지위를 차지하는 경우 이 형태들과의 접합이 이루어지는 방식 [비자본주의 형태들과의 접합 방식]

조절양식

조절양식은 개별적·집단적 절차와 행동의 총체를 지칭한다. 그 속성은 다음과 같다.

- 역사적으로 결정된 제도 형태들의 접합을 통해서 기본적인 사회관계들을 재생산한다.
- 작동 중인 축적체제를 지탱해주면서 그 진행방향을 '조타한다'.
- 분권적인 의사결정들 전체가 동태적으로 양립될 수 있게 한다. 이때 경제주체들이 시스템 전체의 조정 원리를 반드시 내재화해야 할 이유는 없다.

이 개념이 정량적 측면 못지않게 정성적 측면도 많이 가지고 있음을 강조하는 것으로 충분하다. 예컨대 사실 축적체제가 활력을 보일 때는 제도 형태들의 재생산에 대한 의문이 제기되고, 축적체제가 붕괴될 때는 제도 형태들의 구조가 직접 타격을 받는다는 것이다. 끝으로 명시해둘 것은 축적체제는 매우 추상적인 개념으로서 경제주체들의 행동을 묘사하지는 않는다는 점이다. 즉, 축적체제는 조절론적 연구를 위한 하나의 분석 도구다.

축적체제들의 계기적 이행

미국, 프랑스 등 유럽 국가들과 일본을 대상으로 한 장기 역사 연구들로부터 축적체제가 실제로 변화해왔음을 알 수 있다. 간단히 말해서 두 개의 핵심 파라미터가 세기에 걸쳐 나타난다.

그 하나는 '축적의 성격'이다. '외연적 성격이 지배적인' 축적은 생산구도가 생산기술의 큰 변화 없이 확장되는 경우를 말한다. 반대로 '내포적 성격이 지배적인' 축적은 생산성 이득을 창출하기 위해 생산조직이 항구적으로 변형되는 경우를 말한다.

다른 하나는 '수요의 특징'이다. 이와 관련해 뚜렷이 대조되는 두 개의 구도가 드러난다. 그 하나는 임노동자를 포함하는 '소비양식'이 자본주의적인 제조업 생산에 거의 통합되어 있지 않은 경우다. 이는 소비양식이 소상품 생산이나 지대 관계로 성격이 규정되는 농업 부문에 의해 담보되기 때문일 것이다. 다른 하나는 임노동제가 점진적으로 진행된 결과 임노동화 비율이 높아지고 이에 따라 임노동자의 생활양식 자체가 변형되어 자본주의 부문이 담보하는 생산에 대한 의존이 갈수록 강화되는 경우다.

이 두 개의 특징을 결합하면 선험적으로 네 개의 축적체제를 규정할 수 있고, 이것들은 실제 역사에서 관찰된다(표 3-1 참조). 축적체제의 이러한 변화가 수십 년에 걸쳐 이루어진다는 점은 강조될 필요가 있다. 중요한 것은 축적체제의 변동을 야기하는 요인이 무엇인가를 명시하는 것이다. 특정 축적체제의 한계가 뚜렷이 드러나고 새로운 축적체제의 출현을 예고하는 변형들이 조장되는 것은 대개 대위기의 경우다.

표 3-1

네 개의 주요 축적체제: 이론과 역사

소비의 성격 ＼ 축적의 성격	지배적인 성격 외연적	내포적
자본주의에 거의 통합되지 않음	① 18~19세기 영국 경제	② 19세기 미국 경제
자본주의에 거의 완전히 통합됨	④ 20세기 마지막 1/3의 미국 경제	③ 1945년 이후의 OECD 경제들

발전양식의 특성

이제 이처럼 다양한 축적체제들이 어떻게 이 대시기들 각각에 고유한 제
도 형태들의 속성에서 도출되는지 결정하고, 어떤 조건에서 축적체제가 활
력을 유지할 수 있는지 검토할 때가 왔다. 각 체제를 지탱해주는 조절양식
에 대해서는 필요할 때마다 언급될 것이다. 그리고 편의상 축적체제와 조
절양식의 결합을 발전양식으로 부르고자 한다.

경쟁적 조절하의 외연적 축적

조절이론은 경쟁과 임노동관계의 논리가 관철되는 경제를 대상으로 시
작되었고, 또한 그러한 경제의 해명에 적합함을 보여주었다. 그러한 경제
란 바로 구 공업화 경제들이다. 그런데 19세기 후반으로 거슬러 올라가 보
면 아주 독특한 구도를 발견할 수 있다. 여기서 경쟁은 생산의 방식과 조직
상에서 우월한 자본주의 기업들에 의해 주도되며, 이들은 마르크스의 용어
로 소상품생산과 같은 그 이전의 생산조직 형태들을 대체했다. 생산성 향
상은 당시 성장 동력 부문인 자본주의적 산업 기업들로 구성된 부문에서의

축적 효과로 달성되었다. 바로 이 점에서 당시의 축적체제는 외연적 축적 체제로 규정될 수 있다. 그리고 산업노동자 계층은 수적으로 늘어났으나 여전히 소수를 면치 못했기에 이윤의 형성에는 결정적인 기여를 했지만 수요의 형성에는 전혀 기여하지 못하거나 미약한 기여를 했을 뿐이다. 이에 따라 경제적 재생산 회로는 농민이나 부르주아지 또는 공공 지출에서 나오는 수요로써 완결되었다. 이러한 의미에서 이윤 주도 수요 체제를 말할 수 있다.

그렇다면 이러한 축적은 어떻게 안정될 수 있었던 것일까? 축적의 안정은 주로 산업예비군의 증감, 예를 들어 산업 활동의 변동이 명목임금의 형성에 미치는 역할을 통해 이루어졌다. 사실 당시 임노동자들은 집단으로 조직화되어 있지 않아 협상력이 매우 약했다. 그래서 산업 경기가 상승할 때는 신규 채용으로 고용이 증가하고 이에 따라 임금도 상승할 수 있었지만, 반대로 경기가 하강할 때는 임노동자들이 산업위기의 직격탄을 맞았다. 더욱이 농업 활동에 중심을 둔 구식 조절이 약화되어갔기 때문에 산업 위기는 경제 전체로 파급되는 경향이 있었다.

이 축적체제는 엄청난, 때로는 고통스럽기 짝이 없는 사회적 변동을 동반하는 일이 빈번했지만, 그럼에도 초기 산업 자본주의의 발흥을 가져다준 것이 사실이다.

대량소비 없는 내포적 축적

모든 축적 구도가 반드시 동태적으로 안정된 체제로 귀착되는 것은 아니다. 이 점은 양차 세계대전 중간기에 명료하게 드러났다. 사실 이 시기에는 거의 모든 제도 형태가 중대한 변화를 겪었다. 첫 번째 변화는 과학기술의 발전이 신제품 개발과 생산방식의 합리화를 추동했다는 사실에 기인한다.

전례 없는 생산성 향상은 생산기술의 누적적 개선에 기초한 내포적 축적으로의 이행을 증언한다. 이 시기는 대량생산과 그에 따른 수확 체증의 시대다. 임노동화의 빠른 진행과 더불어 19세기 말에는 존재하지 않았던 두 번째 변화가 일어났다. 이에 따라 임노동자의 수요는 크게 증가하게 되었지만 임노동관계가 여전히 경쟁적인 임금 형성이라는 성격을 띠고 있었다는 사실로 말미암아 임금 수요의 증가는 원천적으로 제한되어 있었다.

이러한 조건에서 생산성 향상이 가속화되면서 이윤 주도 축적이 시작되었으나 곧 생산력과 수요 간의 불균형에 부닥치게 되었다. 실제로 산업생산의 증가가 고용에는 유리한 변동을 동반하지 않았기에 실질임금은 생산성 향상에 맞추어 조정되지 않았다. 결과적으로 임금 총액의 증가 둔화가 수요에 압박을 가했던 것이다.

이로써 1929년 미국에서 시작된 위기의 아주 특이한 성격을 해명할 수 있다. 예컨대 1920년대의 붐과 도취, 그리고 1929~1932년의 대공황이라는 두 가지 현상을 동시에 고려하면 제1차 세계대전 직후 출현했던 축적체제가 왜 활력을 유지할 수 없었는지 이해할 수 있다.

대량소비를 동반한 내포적 축적

제2차 세계대전 이후 당시 사람들이 우려했던 것과는 달리 앞선 사태가 재현되지 않았던 이유는 무엇일까? 그것은 제도화된 수많은 타협들이 거의 동시에 이루어지면서 하나의 활기찬 내포적 축적체제가 출현했다는 데 있다. 특히 1950년대부터 대량생산과 대량소비가 결합되기 시작했는데, 이러한 변화가 가능했던 것은 특히 생산성 이득의 '사전' 분배 원칙을 기반으로 한 포드주의 임노동관계가 제도화되었기 때문이다. 이와 동시에 과학과 기술의 진보가 생산에 체계적으로 적용되었던 반면, 자본의 가치 증식을 위

표 3-2

축적체제들의 개요

축적체제 구성요소	경쟁적 조절하의 외연적 축적체제	대량소비 없는 내포적 축적체제	대량소비를 동반한 내포적 축적체제	불평등을 조장하는 외연적 축적체제
생산조직	대형 매뉴팩처	테일러주의에 뒤이은 조립라인	수확 체증 활용	생산성 이득의 고갈 및 서비스화
임노동관계	경쟁적	임노동의 확산에도 여전히 경쟁적	생산성 이득의 분점 제도화	분권화·개인화 및 집 단적 형태들의 쇠락
부가가치의 분배	산업예비군에 의한 조절	이윤 몫 증가	분배의 사전적 안정화	임금 몫 축소 후 안정
사회적 수요의 구성	농민, 부르주아지, 공 공 지출	임노동자 수요의비중 증가	임노동자 수요의 주 도적 역할	소득별 계층 분화 및 능력에 따른 소득

한 시간대가 늘어났다. 후자의 실현 여부는 활기차고 상대적으로 안정된 경제성장에 달려 있는데, 이러한 성장의 달성에는 국가·경제 관계에 관한 새로운 관점의 출현도 공헌했다. 정부는 생산적 투자를 장려했고, 투자의 효율성에 불가결한 인프라를 구축했으며, 노동자를 보호하는 사회보장제도를 마련했다. 나아가 각 정부는 케인스주의에 입각한 경기 안정화 정책을 시행했다. 이러한 여러 요인이 동시에 작용해 예측이 가능한 시간적 범위가 확장되었고, 수확 체증과 학습 효과의 활용이 가능해졌던 것이다.

이러한 대량소비 중심의 내포적 축적체제가 포드주의 시대를 열었다. 포드주의에 선행했던 축적체제들(표 3-2 참조)에 비해 포드주의가 갖는 특수성은 노동자의 소비와 (기업의—옮긴이) 투자 간의 보완성이 사실상 제도화되었다는 점에 있다. 그 결과 임금과 이윤 사이뿐만 아니라 노동자들 사이에도 소득 배분이 놀라울 정도로 안정되었다. 이 축적체제의 특징은 독점적 또는 관리된 조절양식을 동반했다는 데 있으며, 이러한 조절양식은 경제활동의 불확실성에 대응하는 조정 절차들의 제도화를 통해 조직되었다. 끝으로 국제 환경이 가하는 제약이 강하지 않았다는 점도 이 발전 모델의 성공 조건의 하나다. 이는 브레턴우즈 체제 덕분에 가능했다. 즉, 국민적 조절들의 상이성으로 인해 각국의 인플레이션율 격차는 커질 수밖에 없었지만 대개는 환율의 주기적인 재조정을 통해 성장 잠재력의 회복이 가능했던 것이다.

불평등 심화를 동반한 외연적 축적

미국에서는 이 체제가 포드주의를 계승했다. 생산성 향상을 보장했던 기존 원천들이 고갈되면서 포드주의는 위기로 진입했고, 이는 기술적 이유(제품 차별화라는 요구에 직면해 생산성 향상의 지속이 어려워짐)나 사회적 이유(포드주의 노동의 논리에 대한 항의)와 직접적인 연관이 있다. 한 생산 패러다임의 위기는 그에 비견할 만한 특징을 가진 다른 패러다임으로 이행한다는 보장이 반드시 주어지는 것은 아니므로 1970년대에는 외연적 축적이 지배하는 축적체제의 복귀 현상이 뚜렷이 나타났다(그림 3-1 참조). 이 현상이 더욱 역설적이었던 것은 혁신 노력이 강화되었음에도 생산성이 회복되지 않았기 때문이다. 생산성 향상은 1980년대에 들어서서야 회복되기 시작해 1990년대에는 더욱 강화되었다.

이 축적체제를 구성하는 두 번째 요소는 포드주의 위기로 실업이 증대되었고 이로 말미암은 노조의 교섭력 축소로 포드주의 임노동관계가 침식되거나 심지어 와해되었다는 점이다. 노사협상은 기업 차원으로 분산되었고, 노동계약은 각자의 능력에 준거해 개인별로 이루어지게 되었으며, 임금을 인플레이션율과 생산성 향상에 연동시키는 조항이 폐지됨으로써 노동자 계층 내부의 불평등도 증대했다(그림 3-2 참조). 또한 소득계층 간 투쟁이 계급투쟁을 대체하는 경향이 나타나 이전의 임노동관계의 와해에 일조했다.

따라서 이 축적체제는 소득 불평등의 확대에 따른 제품 차별화의 심화에

그림 3-1

미국의 생산성과 실질임금의 변동

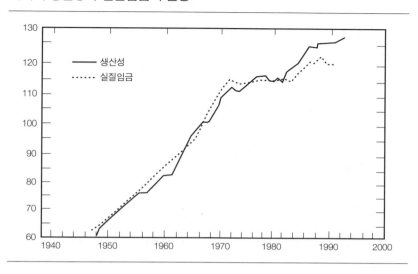

그림 3-2

미국의 소득 불평등 변동 추이(1분위 대 10분위)

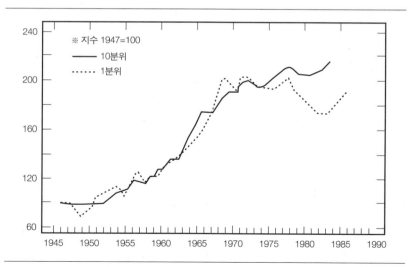

기반을 둔다. 왜냐하면 축적의 연쇄 고리가 완결되는 원리가 그러하기 때문이다. 다른 한편으로 임노동관계의 '유연화'는 임금 증가율의 완화를 통한 비용 감축을 가능하게 했다. 이 점은 실질임금의 지속적인 상승 기대라는 특징을 가진 포드주의에서는 비용 감축이 노동 절약적 기술의 추구로 이루어졌다는 사실과 대비된다. 이처럼 국제경쟁에 대한 개방의 강화가 인건비 증가율을 둔화시키기는 했지만, 그로 인한 부문별·국가별 궤적은 경쟁력 정도에 따라 달랐다.

여기서 강조해야 할 중요한 사항이 나온다. 그것은 이 발전양식이 생활수준 향상 속도의 둔화, 실업률 증가, 이윤 실현의 불확실성 증대, 체제의 수용 가능성에 영향을 미칠 수밖에 없는 사회적 불평등 증대라는 특징을 갖기 때문에 그 성과가 포드주의에 비하면 전반적으로 낮다는 사실이다. 그런데도 이 체제가 포드주의를 계승했다는 사실로부터 축적체제는 가장 높은 효율성을 제공할 수 있는 능력을 가진 체제로 진화해간다는 가설이 그릇된 것임을 알 수 있다. 또한 그것은 경제성장에 생산성이 결정적인 역할을 한다고 보는 신고전파 이론은 물론, 사회관계들의 재편에 생산력이 결정적인 역할을 한다고 가정한 마르크스주의 관념을 반박하는 것이기도 하다. 이에 대한 조절이론의 입장은 제도 형태들이 혁신의 방향과 강도는 물론 이를 포함한 성장체제 자체를 조탁한다는 것이다.

포드주의의 정식화를 통한 축적체제의 지속 가능성과 위기의 탐구

한 발전양식의 지속 가능성 여부를 어떻게 알아낼 수 있을까? 이 질문에 답하기 위해서는 제도적·정성적 분석에서 각각의 제도 형태들의 구도와 연

그림 3-3

포드주의 성장의 선순환과 세 가지 조건

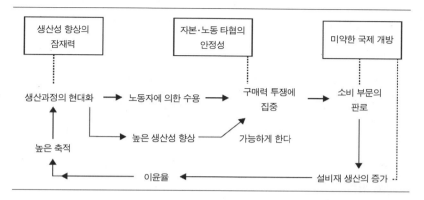

관된 주요 변수들 간의 관계를 정량화하는 작업으로 나아갈 필요가 있다. 교육적 목적을 위해 먼저 포드주의에 관한 정식화를 제시한 후 좀 더 일반화된 모형을 다룰 것이다.

핵심 연쇄

앞서 논의된 포드주의의 특징들로부터 다음과 같은 세 가지 핵심 메커니즘을 명시할 수 있다(그림 3-3 참조). 첫 번째 메커니즘은 생산성 향상의 동학에 관한 것이다. 즉, 경제성장은 수확 체증과 학습 효과를 활용해 생산성 향상을 가능케 한다는 것이다. 두 번째 메커니즘은 임금의 형성을 일반적으로 소비자 물가의 변동 및 생산성 향상에 명시적으로 연계시키는 것이다. 이를 통해 생산성 이득이 이윤과 임금 사이에 분배되는 방식이 규정된다. 세 번째 메커니즘은 주어진 소득분배하에서 수요가 어떻게 형성되는지를 묘사한다. 여기서는 임노동자의 소비가 기업의 투자 결정에 핵심 지표로 가정된다.

끝으로 수요가 생산으로 전환되려면 (국내에—옮긴이) 생산능력들이 구비되어 있어야 하고 또 이 수요의 상당 부분이 수입품으로 흘러가서는 안 된다는 것이다. 이는 경제가 국제경제에 거의 또는 전혀 개방되어 있지 않다고 암묵적으로 가정하는 것이나 다름없다. 이 마지막 가정을 제거하면 전혀 다른 축적체제들이 나타날 수 있다. 이 현상은 특히 1980년대와 1990년대에 잘 나타났고, 무역과 기술 그리고 금융에서 대외 의존이 심각한, 이른바 주변 국가들의 경우에는 더욱 그러했다.

기본 방정식

이처럼 극히 단순화된 경제적 회로도를 기초로 이 축적체제의 핵심 변수들을 묘사하는 모형을 구축할 수 있다(박스 3-2 참조).

생산성 변동은 기술 변화와 자본형성의 강도, 그리고 수확 체증의 함수다. 이 세 가지 요인은 서로 다른 이론들을 취합한 것이다. 먼저 슘페터의 전통은 기술 변화의 외생성을 표현하는 상수로 대변된다. 다음으로 제작연대 모형들은 투자 흐름이 기술 개선에 미치는 영향으로 해석된다. 끝으로 칼도어(Nicholas Kaldor)식 분석은 주로 생산의 역동성이 생산성에 미치는 영향으로 반영된다.

자본형성의 강도는 소비 증가율의 함수이며, 이는 다음과 같은 이중의 의미로 해석된다. 즉, 그것은 포스트 케인시언 전통에 입각한 가속도 메커니즘의 수용을 의미하는 동시에 포드주의에서는 소비재 생산부문의 현대화가 설비재 생산을 추동하는 가장 중요한 요인이라는 사실을 표현하는 것이기도 하다. 그래서 이 두 번째 방정식은 생산부문(소비재 생산의 I 부문과 생산재 생산의 II 부문을 구별하는—옮긴이) 모형의 핵심 특징을 요약해준다 (Bertrand, 1983).

박스 3-2

포드주의 성장 모형

방정식

(1) $\dot{PR} = a + b \cdot (I/Q) + d \cdot \dot{Q}$　　　PR 생산성; Q 생산

(2) $(I/Q) = f + v \cdot \dot{C}$　　　I 투자량; C 소비

(3) $\dot{C} = c \cdot (\dot{N} \cdot SR) + g$　　　N 고용; SR 실질임금

(4) $(\dot{SR}) = k \cdot \dot{PR} + h$　　　k 생산성 향상 이득의 분배계수

(5) $\dot{Q} = \dot{D} \equiv \alpha \cdot \dot{C} + (1-\alpha) \cdot \dot{I}$　　　D 수요; α 장기변수로 $(C/Q)_{-1}$

(6) $\dot{N} \equiv \dot{Q} - \dot{PR}$　　　고용의 결정

˙는 각 변수의 증가율을 가리킴.

그래프를 이용한 설명

상기 모형은 간단히 다음과 같은 이중 과정의 결과로 해석될 수 있다.

　1. 시장의 성장률이 주어질 때 생산성은 어떤 경향을 띠는가[관계 (I)]?

　2. 생산성 변동이 주어졌을 때 임금과 이윤 간의 소득분배, 그리고 소비 및 투자 증가와 그에 따른 총수요의 증가는 어떻게 되는가[관계 (II)]?

　이로부터 다음과 같은 그래프가 도출된다.

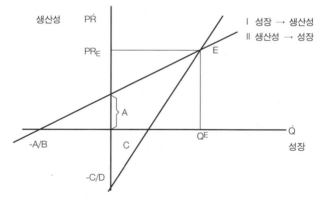

모형의 관계식 중 몇 개를 단순화·선형화한 후 해를 구하면 다음과 같다.

(I) $\dot{PR} = A + B \cdot \dot{Q}$　　　　　　　　　(II) $\dot{Q} = C + D \cdot \dot{PR}$

(III) $\dot{Q}^E = \dfrac{C + D \cdot A}{1 - D \cdot B}$,　　　　　　$\dot{N}^E = \dfrac{C(1-B) + A(D-1)}{1 - D \cdot B}$

여기서, $A = a + bf$,　　　　　　　　$B = bv + d$,

$C = \dfrac{\alpha \cdot (c \cdot h + g) + (1-\alpha) \cdot f}{1 - \alpha \cdot c - (1-\alpha) \cdot v}$　　　그리고　　　$D = \dfrac{\alpha c \cdot (k-1)}{1 - \alpha \cdot c - (1-\alpha) \cdot v}$

소비에 대해서는 케인시언 논리보다는 칼레츠키언 논리를 따른다. 사실 칼레츠키로부터 영감을 받은 칼도어는 "자본가는 그가 지출하는 것을 벌어들이고, 임노동자는 그가 벌어들인 것을 지출한다"라고 말했는데, 이는 임노동관계의 특징인 근본적인 비대칭성을 포착한 것이다. 이에 따라 소비는 임금 총액에 달려 있는 것으로 가정되고, 이 가정은 임노동이 지배적인 활동인 경제일수록 타당성이 더욱 커진다. 노동자와 이윤 수취자가 서로 다른 소비 행태를 보인다는 가정에는 거의 무리가 따르지 않는다. 임금의 형성과 관련해서는 두 개의 중심 가정이 고려된다. 먼저 명목임금은 전적으로 소비자 물가지수에 연동되어 있으므로 실질임금이 적절한 변수라는 것, 그리고 실질임금은 대개 명시적이고 제도화된 방식으로 생산성 향상에 연동된다는 것이다. 그러나 이러한 논지는 고용 또는 실업의 상태를 전혀 고려하지 않는다는 지적을 받을 수 있는데, 이는 포드주의의 경우 실업의 역할이 거의 미미하다는 사실을 보여주는 계량경제학적 연구들을 수용하기 때문이다(Boyer, 1978).

다섯 번째 방정식은 외관상 생산과 소비를 일치시키는 간단한 회계 방정식이다. 하지만 이 방정식은 독특한 경제적 의미를 갖는데, 그것은 생산에 제약을 가하는 것이 수요의 동학이라고 가정하는 것이다. 이는 현대 거시경제학에서 단기에 대해서만 적용하는 가정을 중장기로 확장한 것이다. 이 가정을 장기로 확장 적용하는 것은 거의 모든 거시경제학자들(신고전파, 네오케인시언, 고전파)이 공유하는 단기 가정을 넘어서는 것이기에 비판의 대상이 되기도 했다(Duménil and Lévy, 2002). 그럼에도 이 장기 가정은, 투자와 가속도 메커니즘을 통해서든 기술 변화의 강도가 수요 압박에 의존하기 때문이든 생산력이 수요 변동에 의존한다는 점을 강조한다는 장점이 있다. 마찬가지로, 여섯 번째 마지막 방정식은 고용 증가를 생산의 경향과 생산성의 경향 사이에 나타나는 격차로 규정한다. 사실 이 방정식은 고용이 자본과 노동 간의 대체라는 현상에 달려 있는 것이 아니라 수요의 수준 및 생산성의 결정요인들에 주로 달려 있다는 가정을 내포한다(Boyer, 1999). 이 가정은 지나친 감이 없진 않으나 그렇다고 그 타당성이 계량경제학적 수치들에 의해 반드시 부정되는 것은 아니다. 이 가정은 성장 모형에 관한 포스트 케인시언의 전통을 따른 것이다.

지속 가능성을 위한 세 가지 조건

앞선 방정식들은 포드주의에 적용된 누적적 성장 이론의 전형적인 특징인 다음 이중의 과정을 명시하는 것으로 해석될 수 있다(박스 3-2의 후반부 참조). 그 하나는 수요의 증가율이 주어질 때 생산성이 어떤 경향을 띠게 되는지에 관한 설명이다. 그리고 다른 하나는 생산성이 향상될 때 소득분배는 어떻게 이루어지며, 그 결과 소비와 투자 그리고 이에 따른 생산의 증가가 어떻게 되는지에 관한 설명이다. 비유하자면 포드주의 성장은 두 개의 시간적 차원을 가진 엔진과 같다. 먼저 생산성이 성장을 격발시키고 이어서 성장이 생산성을 자극한다. 이러한 표현은 말 그대로 성장이 마치 폭발성을 띤 과정이라는 인상을 준다. 왜냐하면 성장은 근본적으로 불균형을 동반하는 과정이기 때문이다.

실제로 한 체제가 지속 가능하기 위해서는 경제성장의 궤도가 일시적이나마 외부 교란으로 악영향을 받지 않아야 한다는 점이 중요하다. 이 조건은 생산성에 대한 실질임금의 연동 정도가 생산성 및 수요 체제에 의거해 설정되는 두 개의 임계치(상한과 하한) 사이에 있어야 한다는 것이다. 그 정도가 지나치게 낮으면 경제는 붕괴될 위험이 있고, 반대로 그것이 지나치게 높으면 경제는 폭발할 위험이 있다(박스 3-3 참조).

그러나 이 조건의 충족만으로는 충분하지 않은데, 왜냐하면 이윤이 소비

박스 3-3
포드주의 성장의 선순환을 위한 조건

1950~1967년의 시기를 관찰해보면 다음 세 가지 핵심 특징이 나타난다. 그것은 고용의 미약한 증가 경향과 경기변동의 상대적 안정, 그리고 적어도 초기에는 이윤 몫에 대한 뚜렷한 반대 경향의 부재다. 이 모형을 통해 어떤 기술적·제도적 조건하에서 이 세 가지 특징이 충족될 수 있는지 결정할 수 있다.

고용이 증가하기 위해서는 수요의 자율적인 구성요소들(투자와 소비)의 역동성이 노동 절약적 기술 진보의 경향을 능가해야 한다[조건 C1].

성장 경로가 단기 불균형의 자동 교정 과정에 의해 안정화되기 위해서는 생산성에 임금이 연동되는 정도가 기술의 특징 및 수요 형성에 의해 결정되는 두 개의 임계점 사이에 있어야 한다[조건 C2].

이윤 몫의 불리한 변동을 막으려면 임금의 생산성에 대한 연동의 정도가 기술 파라미터와 수요에 의해 결정되는 또 다른 임계값보다 작아야 한다[조건 C3].

C1 $\dfrac{C(1-B)+A(D-1)}{1-D.B}>0$ 고용 증가의 조건

C2 $1-\dfrac{|1-\alpha c-(1-\alpha)v|}{\alpha c(bv+d)}<k<1+\dfrac{|1-\alpha c-(1-\alpha)v|}{\alpha c(bv+d)}$ 성장 경로의 안정 조건

C3 $A+B.(\dfrac{C+D.A}{1-DB})\geq\dfrac{h}{1-k}$ 이윤 몫이 경향적으로 하락하지 않을 조건

의 동학을 투자를 설명하는 유일한 요인으로 가정하는 방정식 (2)의 유효성을 해칠 정도로 불리하게 변동해서는 안 되기 때문이다. 즉, 생산성에 대한 실질임금의 연동 정도는 생산성 및 수요 체제에 달려 있는 또 다른 임계치보다 작아야 한다는 것이다.

끝으로, 포드주의 시기의 중요한 특징의 하나를 고려하기 위해서는 고용 증가를 확인할 수 있어야 한다. 이 조건은 수요를 구성하는 자율적인 요소들의 역동성이 노동 절약적 기술 진보의 경향을 능가할 때 충족된다. 이 점이 바로 네오슘페터리언이 바라보는 포드주의의 특징으로, 제품 혁신이 공정 혁신을 능가하는 한 고용은 증가한다는 것이다.

이처럼 포드주의 체제의 존재 조건을 명시할 수 있다는 것이야말로 모형화가 갖는 가장 큰 장점이다. 그것이 지극히 단순한 모형이라 하더라도 마찬가지다. 이와는 반대로 이 모형화로부터 포드주의의 위기를 유발하는 요인들을 진단하는 것도 가능하다.

위기의 원천

이 모형에 의거하면 위기 유발 요인은 다음 세 가지다.

첫째, 위기는 포드주의 생산방식과 연계된 '생산성 이득이 고갈'될 때 발생할 수 있다. 이 요인은 미국에서 관찰된 바 있으며(Bowles, Gordon and Weiskopf, 1986), 그보다 좀 더 뒤늦게 프랑스에서도 나타난 바 있다(Coriat, 1995). 다른 조건이 일정하다면 생산성 이득의 고갈은 경제를 불안정의 영역으로 들어가게 만들 수 있다.

둘째, 완전고용이나 심지어 초과고용의 유지로 임노동자들의 협상력이 제고되면 이들은 생산성 향상에 대한 임금의 '연동 강화'를 요구할 수 있게 된다. 그리고 단체협상의 기준이 되는 생산성 향상의 예상 수준에 비해 실제로 실현된 생산성 향상 수준이 낮은 경향을 나타낸다면 '사후적으로' 관찰된 임금-생산성 향상 연동 정도는 결과적으로 더욱 강화된 것으로 나타날 수 있다(Boyer, 1986b). C2에 의해 규정된 상한선이 돌파되는 순간부터 성장체제는 더 이상 안정을 유지할 수 없게 된다.

끝으로, 급진적인 제품 혁신이 지지부진한 상황에서 대량소비가 무르익는 것은 공정 혁신이 제품 혁신을 능가해 고용에 불리한 영향을 미칠 수 있다(Lorenzi, Pastré and Tolédano, 1980; Réal, 1990). 더욱이 포드주의 생산의 성공 자체가 3차 산업으로의 고용 이동을 조장한다(Petit, 1986). 여기에는 교육, 보건, 오락 등이 포함되며, 이 분야들은 포드주의 방식의 도입이 '선험적으로' 부적절하다. 더욱이 이 분야들에서는 조절이론의 초기 저작들(Aglietta, 1976)에서부터 다뤄온 주제인 국가 개입을 통해 수요가 충족되어야 한다는 점에서 더욱 그러하다. 예컨대 이 경우에는 경제가 불안정의 국면으로 들어서기도 전에 경제활동인구의 변동과 고용 동학 사이에 괴리가 나타날 수도 있다.

게다가 만약 이윤이 부정적인 영향을 받게 되면 투자는 둔화되거나 심지어 동결될 수도 있다. 이렇게 되면 경제는 포드주의에 적합한 영역에서 벗어나 이윤의 악화가 경제활동 수준에 부정적 영향을 주는 이른바 고전학파의 영역으로 진입하게 된다.

이토록 많은 정형화된 사실들은 1970년대 미국이나 유럽 국가들에서 관찰된 변동을 상기시킬 수밖에 없다.

다수의 축적체제를 갖는 일반 모형

대다수 경제주체들은 제2차 세계대전 이후의 성장체제들이 1970년대 말부터 한계를 드러내기 시작했음을 분명하게 인식했다. 여기에는 포드주의 위기와 관련된 한계도 있지만, 국제통화제도의 불안정과 연관된 한계도 있었다. 이 때문에 먼저 경제정책이 선회했고, 이어서 몇몇 제도 형태들의 정당성에 의문이 제기되었다. 케인스주의의 정당성을 논박하는 첫 번째 기수로 통화주의가 등장했고, 이어서 고전파 관념이 다시 전면에 나섰다. 예컨대 당시까지 수요의 역동성을 조장하는 요인으로 간주되어왔던 임금이 이제는 기업의 수익성과 국민경제의 경쟁력을 해치는 부담으로 간주되는 경향이 갈수록 농후해졌다. 그 결과 많은 보수주의 정부가 노동 규제를 재개하고, 경쟁과 국제 개방을 촉진했으며, 국가의 역할을 재검토했다. 이리하여 1980년대 초에는, 적어도 정치적 담화에서는, 포드주의와 대척점을 이루는 다음과 같은 관념이 득세하기에 이르렀다. 그것은 오늘의 임금 축소가 이윤을 증가시키고, 증가된 이윤은 내일의 투자와 모래의 고용을 유발한다는 관념이다. '슈미트 정리(Schmidt Theorem)'로 알려진 이 명제는 프랑스에서 경쟁력 강화를 위한 탈인플레이션(competitive disinflation)이라는 이름으로 유명해졌고(Lordon, 1997), 국제적 차원에서는 '신자유주의 보수 정책'이라는 이름으로 알려졌던(Bowles, Gordon and Weiskopf, 1986; Boyer, 1990a) 한 전략의 첫 단계에 해당하는 것일 뿐이다. 그렇다면 이러한 체제의 지속 가능성은 어느 정도일까?

경쟁 관련 요인들의 재도입

이처럼 경제정책에 관한 새로운 담화의 출현 때문에 포드주의 모형에 경쟁 관련 메커니즘을 도입해 이 모형을 일반화하는 과업이 요청되었다. 이 과업은 19세기에 전형적으로 나타났던 경쟁적 조절하의 외연적 축적체제들을 이 일반화된 모형의 극단적인 사례의 하나로 분석하는 것이기도 하다. 다음 두 부류의 일반화를 시행하는 것으로 충분하다. 첫째, 투자는 소비의 변동과 이윤, 둘 다에 동시적으로 의존한다는 것이다. 둘째, 실질임금은 더 이상 생산성에만 달려 있지 않고 '노동시장'의 상황을 보여주는 척도인 고용 증가에도 달려 있다는 것이다(박스 3-4 참조).

축적체제: 일반 모형

경쟁적 조절양식들을 다루기 위해서는 자유주의 전략이 포드주의 축적체제의 변형에 미친 영향을 다룰 때와 마찬가지로 앞선 성장 모형(박스 1-3 참조)을 일반화하는 것이 중요하다. 고전적 연쇄의 기본 사항은 다음과 같다. 경쟁적 임금 형성이 고이윤을 가능케 하고, 고이윤은 투자를 증가시켜 결국 생산성을 제고한다는 것이다. 이어서 성장의 회복(투자에 의해 주도되는, 또는 개방경제라면 수출에 의해 주도되는)은 종국적으로 고용의 역동성을 초래한다. 이상적인 상태라면 고전적 선순환은 아래 그림처럼 제시된다.

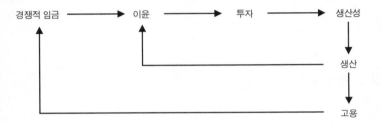

사실 분석의 필요상 이 메커니즘들은 실질임금과 생산성 간의 동기화에 관한 포드주의의 완결 메커니즘들과 결합되어야 한다. 이를 위해서는 다음과 같은 두 개의 일반화를 도입하는 것으로 충분하다.

투자율은 부가가치에서 차지하는 이윤의 몫뿐만 아니라 소비 증가율에도 달려 있다[방정식 2']. 해당 방정식은 특정의 사례로 전형적인 포드주의의 가정(v≫0, u=0)뿐만 아니라 순전히 고전파적인 가정(v=0, u≫0)도 포함한다.

실질임금은 상반되는 두 개의 결정요인을 결합시킨다. 그 하나는 생산성 이득의 명시적인 분배이고, 다른 하나는 경쟁 효과로서 고용에 대해 실질임금이 양의 탄력성을 갖는다는 것이다[관계 4']. 구도들은 전형적인 포드주의 경우(k〉0, l=0)로부터 완전 경쟁적인 경우(k=0, l≫0)에 이르는 순서로 나열된다.

이로부터 앞서의 모형에 비해 다음 세 가지 변화가 도출된다.

(2') $\dfrac{I}{Q} = f + v\dot{C} + u\left(\dfrac{PRO}{Q}\right)$ I: 투자량, $\dot{C}$: 소비 증가율, PRO/Q: 이윤 몫

(4') $\dot{SR} = k\dot{PR} + l\dot{N} + h$ I: 고용에 대한 실질임금의 탄력성

(7) $PRO = Q - SR \cdot N$ 이윤의 결정

단순화와 선형화를 거친 후 얻어지는 해는 앞서와 동일한 일반적 형태를 취하지만 (박스 3-2의 공식 (I)과 (III)] 그 내용은 다음과 같이 새롭게 표현된다.

$$A = \frac{a + bf + vg + b(vc - u)h}{1 - b(vc - u)(k - 1 - l)}$$

$$B = \frac{b[vc(1 - l) - 1] + d}{1 - b(vc - u)(k - 1 - l)}$$

$$C = \frac{(1 - \alpha)f + (ch + g)[\alpha + (1 - \alpha)v] - h(1 - \alpha)u}{1 - [\alpha + (1 - \alpha)v]c(1 + l) + l(1 - \alpha)u}$$

$$D = \frac{[\alpha c + (1 - \alpha)v]vc - (1 - \alpha)u(k - l - 1)}{1 - [\alpha + (1 - \alpha)v]c(1 + l) + l(1 - \alpha)u}$$

다양한 생산성 체제와 수요 체제

이렇게 모형을 확장해본 결과, 생산성 체제와 수요 체제 둘 다 각각이 취할 수 있는 구도가 상당히 풍부해졌다. 생산성 체제의 경우 생산성이 생산과 더불어 향상될 수 있다는 점이 확인되었다. 즉, 생산성 향상은 높은 수확 체증과 임금 형성의 생산성 향상에 대한 연동 정도가 제한적인 포드주의 경우뿐만 아니라, 성장이 이윤을 증가시키고 증가된 이윤이 생산성 향상의 원천인 투자를 조장한다는 전형적으로 고전파적인 경우에도 나타날 수 있다. 수요 체제의 경우, 임금이 주로 경쟁적인 방식으로 형성되고 투자는 거의 이윤에 의존한다는 고전파적인 경우에도 수요는 생산성과 더불어 증가할 수 있다. 따라서 고전파의 직관에 조응하는 축적체제가 가능한 것으로 보인다.

또한 '하이브리드 체제'도 가능한 것으로 보인다. 수확 체증이 존재한다 하더라도 임금의 연동 정도가 지나치게 높을 때는 생산성과 성장 사이에 부정적인 관계가 관찰될 수 있었다. 이와 마찬가지로 생산성에 비례하는 수요 체제가 가능하기 위해서는 임금의 생산성 연동만으로는 충분하지 않다. 왜냐하면 이윤의 역할 강화만으로도 수요 체제는 전복될 수 있기 때문이다.

서로 다른 생산성 체제와 수요 체제를 결합시키면 다양한 구도를 얻을 수 있으며, 그중에는 활력 있는 축적체제와 조응하는 구도도 있고 위기 상황을 조장하는 구도도 있다.

다시 시기 구분으로

이러한 유형화로부터 앞서 제시된 연속된 시기들에 관한 좀 더 분석적인 해석이 가능하다(그림 3-4 참조).

'19세기'의 특징은 자본 축적이 생산성에 강력한 영향을 주지만 수확 체증은 미약했다는 데 있다. 임금 형성은 대체로 경쟁적 방식으로 이루어졌고, 투자는 이윤에 의존했다. 파라미터에 적절한 수치가 주어진다면 앞에서 경쟁적 조절하의 외연적 축적으로 규정된 한 축적체제가 확립되어 '완만하지만 안정된 성장'을 이끌어낼 수 있었다.

'양차 대전 중간기'에는 대량생산에서 전형적으로 나타나는 막대한 수확 체증이 부각된다. 임금은 그 직전 시기에서와 마찬가지로 주로 경쟁적인 기반 위에서 형성되었다. 반면 새로운 점은 투자가 수요에 대해 민감해졌고, 이 수요에는 대폭 늘어난 임노동자들의 수요도 추가되었다는 사실이다. 그 결과 성장률은 높아졌으나 성장의 과정은 불안정해졌는데, 이는 주로 실질임금이 더 이상 생산성에 연동되지 않아 수요와 생산성 간의 관계가 부정적으로 되었기 때문이다. 바로 이 점에서 1929~1932년의 위기는 대량소비 없는 내포적 축적체제의 위기로 해석될 수 있다.

'영광의 30년'은 어떤 의미에서 보면 양차 대전 중간기의 연장으로 볼 수 있다. 그 이유는 과학적 노동관리 방법의 실행이 더욱 강화되었고, 수요 동

그림 3-4

축적과 위기의 시기 구분

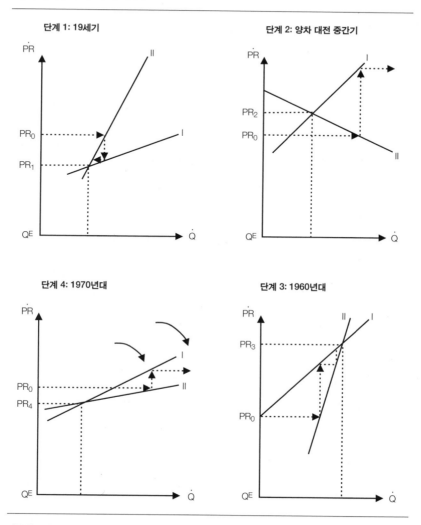

단계 1: 19세기

단계 2: 양차 대전 중간기

단계 4: 1970년대

단계 3: 1960년대

자료: Boyer(1988a: 619).

학에 대한 투자의 의존성이 심화되었기 때문이다. 모형화를 통해 알게 된 또 하나의 중대한 변화는 임노동자들이 '진보의 배당금'으로 불린 생산성 향상 이득의 분배에 참여할 수 있도록 만들어준 포드주의적 임노동 타협이 이루어졌다는 점이다. 미국을 대상으로 한 계량경제학적 추정(Leroy, 2002) 은 이 변화가 대량소비에 기초한 활기찬 내포적 축적체제인 포드주의로 이 행했다고 볼 수 있을 정도로 충분한 것이었음을 재확인해준다.

'고통의 20년'(1970~1980년대) 시기는 서로 다른 변화들이 결합적으로 작 용해 포드주의 체제가 소멸되고 있음을 보여준다. 결정적으로 중요한 현상 은 포드주의 산업들이 성숙 단계에 도달하면서 수확 체증 효과가 거의 소 멸해 생산성 향상이 크게 둔화되었다는 것이다. 미국에서 먼저 뚜렷이 나 타났던 이 현상은 뒤이어 다른 공업국들로도 확산되었다. 몇몇 유럽 국가 에서는 임금의 과도한 연동이 이윤을 압박해 기존의 선순환을 와해시키는 데 기여했다. 끝으로 자유화 전략은 국제적·국내적 차원의 경쟁을 심화시 켰고, 이는 투자의 결정요인에도 영향을 미쳤다. 즉, 투자 결정에서 이윤이 임노동자들의 수요보다 더 큰 비중을 차지하게 되었는데, 이러한 현상은 국민경제의 국제무역에 대한 개방이 진전되고 이어서 자본 이동의 자유화 가 진행될수록 더욱 현저해졌다. 그 결과 경제성장은 대폭 둔화되었고, 영 광의 30년 시기와는 전혀 다른 경기변동 연쇄가 나타나 공권력의 지속적인 개입을 요청했다. 하지만 이 개입의 목적은 반복적으로 재현되는 불안정을 통제하고, 특히 제2차 세계대전 이후의 시기에 정착된 제도적 유산들을 혁 파하는 데 있었다.

소결: 포드주의, 중요하지만 유일무이한 개념은 아니다

지금까지의 개관으로부터 조절이론이 포드주의에 어떤 지위를 부여하고 있는지 이해할 수 있을 것이다. 포드주의라는 용어 덕분에 성장의 속도와 안전성 면에서는 물론 생활수준의 향상 면에서도 그 예외적인 성격이 갈수록 두드러져 보이는 특정한 시기를 제대로 파악할 수 있었기 때문이다. 이 시기는 장기 역사의 흐름과는 단절된 시기로 기록될 수 있으며, 더욱이 1980~1990년대의 왜소하기 짝이 없는 성과와 명백하게 대조되는 성과를 거두었던 시기라는 점에서 이 축적체제의 독특함에 관한 진단이 더욱 강화되었다. 실제로 이 축적체제는 안정적이고 높은 이윤 수준과 임노동자들의 소득 증가 간의 조화, 동태적 효율성과 불평등 완화 간의 결합, 그리고 역동적인 민간 부문과 광범위한 공공 개입 간의 결합을 가능하게 했다.

그러나 이러한 해석은 이론적 구축을 통해 얻은 여러 결과 중 하나일 뿐이다. 이 결과들에는 포드주의 체제가 상이한 속성들을 가진 다른 선행 체제들을 계승했다는 점, 그리고 바로 그 성공으로 인해 위기에 봉착했다는 점 등이 포함된다. 이후 조절이론은 어떤 체제가 포드주의 체제를 계승할 수 있을 것인지를 진단하는 데 거의 모든 노력을 투입해왔다. 끝으로, 서론에서 지적했다시피 이러한 문제의식은 바로 포드주의 위기에 대한 관찰에서 나왔다는 것이다. 이제 이러한 문제의식을 바탕으로 그동안의 위기 분석에서 얻은 성과에 대한 잠정적인 결산이 필요하다.

4장

위기이론

이 장의 주제인 위기는 앞선 장들에서 이미 다루어진 바 있기에 여기서는 위기들의 정의와 원인, 그리고 그 전개를 중심으로 좀 더 체계적인 분석을 제시하고자 한다. 사실 조절이론의 개념들은 특정 조절양식과 축적체제의 '작동'을 보장하는 요인은 물론, 이것들을 '불안정하게' 만드는 요인도 함께 고려할 수 있도록 구상되었다. 이 점은 조절이론이 다른 현대 거시경제학 이론에 비해 매우 독창적인 방식으로 구축되었음을 보여준다. 조절이론은 아날학파로부터 영감을 받기는 했지만, 경제사 연구를 단순히 반복하는 데 그치지 않았다. 위기가 '다양한 형태'로 발생한다는 사실을 증명했지만, 그렇다고 해서 위기를 유발하는 몇 가지 '기본 메커니즘'을 해명할 수 없는 것은 아니다. 왜냐하면 위기들은 특정의 추상 수준에서는 불변적인 요소들을 가지고 있기 때문이다.

성장·위기의 변증법

사실 활발한 축적을 가능케 하는 조건에 대한 중시는 그와 동시에 해당 축적체제를 불안정하게 만드는 요인에 대한 관심을 유발했다. 마르크스주의 계보에 충실한 조절이론은 경기변동의 양상이 다름 아닌 경쟁과 임노동

표 4-1

표준이론과의 대비

	표준이론	조절이론
일반 개념	상호 의존적인 시장 전체	제도 형태들의 총체로서의 자본주의
성장 요인	기술 진보(외생적·내생적)	축적체제의 (국지적·일시적) 지속 가능성
위기의 원천	시장의 불완전성 경제정책의 오류	조절양식과 축적체제의 경향들 그 자체

관계와 같은 제도 형태들의 특징에 의해 결정된다고 본다. 경기변동의 양상은 경기 확장기에 과잉 축적 경향이 나타나고 뒤이어 경기가 반전되며, 이 과정에서 생겨난 불균형들이 불황이나 공황 또는 위기의 국면에서 조정되는 식으로 전개된다.

일반적인 관념

일반적인 관념을 고찰한다는 것은 생산양식 개념을 다시 준거로 삼는다는 것을 의미한다. 생산양식 개념이 핵심적인 까닭은 그럼으로써 시장들 전체에 걸쳐 작동하는 경쟁만이 아니라 축적을 결정하는 또 다른 한 요인을 추가로 고려할 수 있기 때문이다. 그것은 바로 임노동관계의 형태에 미치는 영향이라는 요인이다. 이와 마찬가지로 경제성장은 기술 진보에 따른 당연한 결과로 간주되는 것이 아니라 제도 형태들 전체의 정합성을 드러내 주는 것으로 해석된다. 이러한 해석상의 차이는 위기를 해석할 때 더욱 뚜렷이 드러난다. 대부분의 거시경제학에서 위기는 시장의 불완전성이나 위기 예방 정책의 부적절성에 기인하는 것으로 파악되지만, 조절이론은 위기를 조절양식과 축적체제의 특성들이 발현된 것에 지나지 않는다고 본다(표 4-1 참조).

조절이론이 위기 해명에 기여한 바를 그것이 영감을 받은 세 가지 원천에 준거해 제시하고자 한다.

좀 더 완전해진 위기 분류

시장이 더 이상 교환을 조직하는 유일무이한 형태가 아닌 경제라면 다양한 유형의 조정 불능을 구상할 수 있다(박스 4-1 참조). 우선 국제적 위기의 영향, 분쟁, 자연재해처럼 익히 알려진 외생적 충격 때문에 조정이 불가능해질 수 있다. 그러나 통상의 거시경제 변수들의 변동이 '경기변동적 양상'을 띠고 있다면, 이는 현행 조절양식이 제대로 작동하고 있으며, 그래서 대체로 과잉 축적 경향이 주기적으로 흡수될 수 있음을 말해준다. 이처럼 불균형들이 심각한 상태로 발전하지 않고 '동일한 조절양식하에서' 흡수되고 있다는 점에서 경제의 활력을 문제 삼을 이유가 없음에도 이러한 현상은 언론이나 당대인들에게는 일종의 위기로 보일 수도 있다.

그러나 위기의 형태에 이것만 있는 것은 아니다. 현실에서는 축적 사이클이 반복되면서 작동 중인 축적체제의 파라미터들이 서서히 변경되고, 그래서 축적체제에 조응하는 메커니즘들이 더 이상 교정자가 아니라 오히려 불균형을 야기하는 요인으로 반전되는 일이 있을 수 있다. 이런 위기적 상황은 축적이 둔화되거나 심지어 중단되어도 경기가 자생적으로 회복되지 않는다는 사실로 확인될 수 있다. 조절론자들은 초기 작업에서 이러한 상황을 '대위기' 또는 '구조적 위기'로 규정한 바 있다.

이러한 최초의 구별에서 시작된 연구가 진전되어가면서 위기의 분류는 갈수록 풍부해졌다. 특히 '조절양식의 위기'와 '축적체제의 위기'의 구별이 유용한 것으로 밝혀졌다. 조절양식의 위기에서는 경제성장에 불리한 일련의 경기변동이 전개되어도 축적체제는 활력을 유지할 수 있다. 이와는 반

동일한 제도 환경하에서 발생하는 위기의 다섯 가지 유형

조절이론은 위기를 다섯 가지 유형으로 구별한다. 심각성이 커지는 순으로 나열해보면 다음과 같다. 이는 위기가 심각할수록 좀 더 핵심적인 제도 형태들이 연루됨을 의미한다.

1. 외적 교란으로서의 위기

자연재해나 기상이변과 연계된 물자 부족 사태 또는 외국, 특히 국제적 공간에서 발생한 경제적 붕괴나 심지어 전쟁의 발발 등으로 인해 특정 지리적 단위의 경제적 재생산 과정이 중단되는 위기를 말한다.

2. 조절양식이 건재함을 말해주는 내생적 혹은 경기변동적 위기

특정 시기, 특정 국가에서 지배적인 조절양식(즉, 경제적 메커니즘과 사회적 규칙성)하에서 확장기에 누적된 긴장과 불균형이 흡수되는 국면을 말한다. 이러한 의미에서 축적에 유리한 국면과 불리한 국면이 반복되는 것은 현행 제도 형태들로부터 직접 발생하는 결과이며, 이 제도 형태들은 이러한 경기변동적 위기로부터 아주 완만하게 그리고 부분적으로 침해를 받을 뿐이다.

3. 조절양식의 위기

작동 중인 '조절양식'과 연계된 메커니즘들이 경제성장에 불리한 일련의 경기변동을 역전시킬 수 없다는 사실이 드러나는 현상을 말한다. 그러나 적어도 이 위기의 초기에는 '축적체제'가 활력을 유지하는 경우도 있다.

4. 축적체제의 위기

'축적체제'를 조건 짓는 가장 핵심적인 제도 형태들이 한계에 부딪힘으로써 모순들이 급속하게 심화되는 현상을 지칭한다. 축적체제의 위기는 조절양식의 위기를 내포한다는 점에서 결국 총체적인 발전양식의 위기이기도 하다.

5. 생산양식의 위기

이 위기는 특정 '생산양식'에 고유한 사회관계 전체가 붕괴되는 경우를 말한다. 달리말해 제도 형태들의 구도 전체가 한계에 부닥침으로써 현행 사회관계들이 위태로워지면서 그 폐지가 촉진되는 경우가 그러하다.

표 4-2

위기의 유형화

유형	과거의 예	현대의 예
1. 명백한 외적 충격	조달 위기	1973년 및 1979년의 석유위기, 제1~2차 이라크 전쟁
2. 조절의 일환을 이루는 위기	19세기의 경기변동	독점적 조절하의 '스톱 앤드 고'
3. 조절양식의 위기	미국의 1929~1932년처럼 재생산이 불가능한 경기변동	1960년대 가속화된 인플레이션과 소득의 물가 연동 요구
4. 축적체제의 위기	대량소비 없는 내포적 축적	1990년대 일본의 위기, 1997년 아시아 위기
5. 생산양식의 위기	봉건주의의 위기	소비에트 경제의 붕괴

대로 축적체제의 위기에서는 축적체제의 원리 자체가 문제시되기 때문에 그 심각성이 조절양식의 위기보다 더 크다. 끝으로 제도 형태들의 재편 시도가 실패하게 되면 생산양식을 형성하는 기본적인 사회관계들이 위태로워지는데, 이런 경우를 '생산양식의 위기'라 부를 수 있다.

조절이론이 조탁한 기본 개념들로부터 도출되는 이러한 위기 유형론이 추상적인 것으로 보일지도 모른다. 하지만 이와 유사한 개념 구상은 아날 학파로부터 영감을 받은 수많은 경제사 작업에도 함축되어 있다. 나아가 1970년대부터 반복해서 발생하고 있는 위기들은 조절이론이 제시하는 위기 유형론이 현실 설명력을 가지고 있음을 보여준다.

위기의 역사를 읽는 틀

앞서 제시된 위기의 각 유형은 지난 역사 속에서 실제로 관찰되며, 이 위기 유형론은 현대 위기들의 성격을 규명하는 데도 도움을 준다(표 4-2 참조).

항상 존재하는 충격

기후 변동으로 대변되어온 외부 충격은 현대 경제에서는 원자재(특히 석유) 가격, 이자율 또는 환율의 급등락 등 국제경제로부터 가해지는 교란으로 나타나기도 한다. 따라서 이 '첫 번째' 유형의 위기는 계속해서 관찰되고 있지만, 그것이 미치는 영향은 각국에서 작동 중인 조절양식의 성격에 따라 다르다. 1973년 이래 '석유 파동'이 여러 차례 발생했지만 매번 불황의 심도가 동일하지 않았다는 사실은 주목할 만하다. 왜냐하면 그 사이에 에너지 소비율이 전반적으로 줄어들었고, 경쟁의 격화로 각국 정부의 에너지 관리 방식도 크게 바뀌었기 때문이다.

포드주의 조절의 표현인 '스톱 앤드 고'

이처럼 '외부에서 가해지는' 충격이 없더라도 특정 조절양식의 작동하에서 축적은 호황과 불황의 계기적 반복이라는 경제적 동학을 동반한다. '영광의 30년'이라 불리는 시기에도 이러한 경기변동은 나타났고, 이는 이른바 '스톱 앤드 고(stop-and-go)'로 불리는 경기부양과 안정화라는 전통적인 경제정책의 운용에 반향을 일으켰다. 그래서 경쟁적 조절하에 경기변동의 형태로 나타났던 축적의 리듬은 포드주의적 조절에서는 다른 형태를 취하게 되었다. 그럼에도 주목해야 할 점은 이 두 위기 모두 제도 형태들의 변경 또는 예외적인 정치적 개입 없이도 극복될 수 있기에 '조절양식 작동하의 위기'로 간주될 수 있다는 것이다.

재생산이 불가능한 경기변동, 즉 조절양식의 위기

이와는 반대로 기존의 조절양식하에서는 경기가 쇠퇴 국면에서 회복 국면으로 전환되는 것이 내생적 방식으로 이루어질 수 없는 상황이 역사적으로 존재했다. 예를 들어 사회적 축적 구조(Social Structure of Accumulation:

SSA)라는 개념을 사용하는 경제학자들은 1929~1932년 미국의 대공황을 설명하면서(Bowles, Gordon and Weiskopf, 1986) 이 위기를 재생산이 불가능한 위기로 규정했다. 왜냐하면 그들은 이 위기에서 경제활동의 침체가 이윤을 증가시키기는커녕 오히려 더 축소시켰고, 이는 어떤 내생적 회복 과정도 작동하지 않았음을 의미한다고 보았기 때문이다. 이것이야말로 조절양식의 위기라고 할 수 있다. 그러나 엄밀히 말하면 1929년의 대공황은 경쟁적 조절양식의 위기다. 이 유형의 위기는 나중에 독점적 조절의 경우에도 관측되지만, 양자 사이에는 차이점이 있다. 독점적 조절의 위기에서는 축적의 긴장이 인플레이션으로 드러났으며, 인플레이션의 심화와 더불어 소득을 인플레이션에 연동해달라는 요구가 거의 모든 소득계층으로 확산되었다(Boyer and Mistral, 1982). 인플레이션은 일정 한도를 넘어서면 조절자로서의 능력을 상실하게 되고 이때부터 조절양식의 위기가 전개된다.

1929년의 대공황과 포드주의의 위기: 축적체제의 위기

조절양식의 위기가 축적체제의 활력을 해치는 경우도 있을 수 있다. 이러한 상황은 1929년 이후의 미국에서 실제로 일어났고, 현대에 들어와서는 포드주의의 위기에서 관측된 바 있다. 전자에서는 대량소비 없는 내포적 축적체제의 부정합이 문제가 되었지만, 후자에서는 적절한 제도 환경을 만들어낼 능력이 없었다는 점이 위기를 초래했다. 이 두 사례는 3장에서 이미 살펴보았다(그림 3-4 참조). 이론적으로 '축적체제의 위기'는 조절양식의 위기보다 훨씬 더 장대한 영향을 미친다. 앞선 두 실제 사례가 증언하듯이 조절양식의 위기가 해소되지 못할 때 축적체제의 위기로 이어질 수 있다.

소비에트 생산양식의 대위기

끝으로 통상 정치 영역에서 제도화된 타협을 위한 재협상이 불가능해질 때는 발전양식의 위기가 발생할 수 있다. 이 위기에서는 구체적인 제도 형태들만이 아니라 이것들이 대변하는 기본적인 사회관계들마저 위태로워진다. 에르네스트 라브루스(Ernest Labrousse)가 분석한 것처럼 봉건주의의 위기는 소비에트 체제하에 있던 경제들의 붕괴와 놀라운 유사성을 보여준다. 미하일 고르바초프 전 대통령이 시도한 개혁들이 성공하지 못했기 때문에 소비에트 체제를 떠받치고 있던 두 기둥이 흔들리게 되었다. 그 하나는 생산수단의 집단적 소유 및 고스플란(Gosplan: 구소련의 국가적 계획경제를 주도하던 '소비에트 각료회의 국가계획위원회'를 가리키는 용어—옮긴이)에 의한 경제의 관리이고, 다른 하나는 정치 영역의 공산당에 의한 독점이다. 이러한 점에서 '생산양식의 위기'가 거론될 수 있다.

이처럼 조절이론은 이러한 다섯 가지 위기 유형의 구분을 기본으로 삼는다. 왜냐하면 이러한 유형화를 통해 당대의 위기만이 아니라 역사상 존재했던 모든 위기의 성격을 명료하게 드러낼 수 있기 때문이다. 나아가 위기 연구가 지속되면서 위기를 초래하는 몇 가지 보편적인 메커니즘도 도출하게 되었다.

발전양식이 가진 활력의 내생적 고갈

조절양식의 작동하에서 이루어지는 축적 과정의 특징은 호황과 불황 국면의 반복이다. 이때 축적의 회복을 보장하는 것은 바로 제도 형태들의 지원하에 시행되는 조정 게임이다. 하지만 경기변동이 계속됨에 따라 이 조정 과정에 다양한 변화가 초래되는데, 중요한 것은 이러한 변화가 다름 아닌 조절양식의 성공적인 작동에 기인한다는 점이다.

포드주의의 위기

포드주의 체제의 위기는 바로 이러한 방식으로 해석될 수 있다. 1930년 대 위기의 경우는 근본적으로 대량소비 없는 내포적 축적체제의 부정합성에 기인한 것으로, 이 위기가 보여준 잔혹성도 바로 이 점 때문이다. 포드주의 체제에서는 위기의 발생 메커니즘이 이와 전혀 다르다. 포드주의 체제는 '독점적 조절' 덕분에 수십 년 동안 정합성을 유지해왔으나, 소소한 변형들이 누적되면서 취약해졌고, 명백히 외생적인 충격(유가 폭등)에 대응하는 과정에서 흔들리는 상태에까지 이르렀기 때문이다.

1950년대 중반부터 고속 경제성장이 이어지자 1930년대와 같은 대공황의 재발 우려는 서서히 사라졌다. 왜냐하면 성장의 단순한 둔화, 즉 불황만 볼 수 있었기 때문이다. 그러나 이 조절양식의 성공이 인정되는 순간부터 완만한 구조적 변화가 일어나기 시작했다. 이러한 변화가 처음에는 소소해서 그다지 큰 영향을 주는 것은 아니라고 생각되었지만, 이것이 누적될 경우 조절양식의 활력을 저해할 가능성도 있었다. 이 조절양식에서는 속성상 인플레이션이 거시경제적 조정의 핵심 변수 역할을 하기 때문에 소비자 물가지수와 같은 일반적 물가지수에 소득을 연동시켜 인상해달라는 요구가 일반화된다고 해서 놀랄 일은 아니다. 그러나 그런 일이 현실화되어 임금의 물가 연동이 거의 완벽하고 즉각적으로 이루어지게 되는 순간 인플레이션은 조절자로서의 능력을 완전히 상실하게 된다(Boyer and Mistral, 1978). 그 결과 인플레이션은 가속화되고 통화금융 시스템은 불안정해질 수 있다.

위기의 두 번째 요인은 생산성 향상을 둔화시키는 경향을 가진 메커니즘들이 작동하고 있는데도, 과거처럼 생산성 향상이 지속될 것이라는 예상하에 임금 협상이 이루어진다는 사실에 있다. 한편으로 경제는 대량생산 패러다임이 가진 순전히 기술적인 한계에 부닥칠 수 있고(Boyer and Juillard,

2002), 다른 한편으로는 경제가 완전고용 상태에 가까워지면 노동강도의 약화 경향이 나타나, 이를 보상하기 위한 노동 통제 관련 비용이 증가할 수 있다(Bowles, Gordon and Weiskopf, 1986). 이 메커니즘들은 결국 포드주의 축적체제의 활력을 저해할 수 있는 요인들로서 1960년대 말부터 실제로 작동하기 시작했다. 조절양식의 성격을 결정하는 파라미터들의 점진적인 변화를 감안하면 축적체제가 활력 상태에서 불안정 상태로 바뀌는 이유를 설명할 수 있다(그림 3-4 참조).

내적 신진대사: 정식화

조절이론의 핵심 목적에 부응하기 위해서는 성장의 시기와 위기의 시기를 동일한 틀로 분석하는 것이 중요하다.

두 개의 시간대

이것이 가능하게 된 것은 바로 다음과 같은 두 개의 시간대를 구별하는 정식화를 통해서다. 그 하나는 조절양식에 의해 조정이 이루어지는 단기고, 다른 하나는 제도 형태들의 변형과 기술 변화가 일어나는 장기다(Lordon, 1996). 포드주의가 성숙해감에 따라 소득이 증대하고, 소득 증대에 따른 제품 차별화는 로지스틱 함수(S자 커브—옮긴이)의 형태로 생산성에 악영향을 준다는 아이디어가 채택된다. 이로부터 다음과 같은 경제적 가설들이 제시된다. 첫 번째 가설은 처음에는 용이했던 제품 차별화가 갈수록 어려워져 생산성 향상이 일정한 한계에 부닥친다는 것이다. 두 번째 가설은 여러 가지 시간대를 구별하는 순간 경제 변동의 경기순환적 양상을 고려하는 것이 중요해진다는 것이다. 끝으로, 마지막 가설은 이러한 단기 동학에 다음과 같은 완만한 (장기—옮긴이) 동학이 부가된다는 것이다. 그것은

제품 차별화가 생산성 동학과 포드주의 위기에 미치는 영향

1. 단기 동학

(1) $\dot{PR} = f(\dot{Q}, \beta)$ 생산성은 로지스틱 함수 모양을 띤다.

(2) $\dot{Q} = C \cdot \dot{PR} + D$ 수요는 생산성의 선형함수이다.

2. 생산성 체제의 장기에 걸친 변형

(3) $N(t) = \Omega[\overline{R}(t)] \; \Omega' > 0$ 제품의 수 N(t)는 가계의 항상소득[$\overline{R}(t)$]에 비례한다.

(4) $[\overline{R}(t)] = \int_{-\infty}^{t} \mu(t-\tau)[\int_{-\infty}^{\tau} Q(s)ds]d\tau$ 항상소득은 과거소득의 이동평균이다.

(5) $\beta(t) = T[N(t)] \; T' < 0$ 제품 차별화는 생산성에 불리하게 작용한다.

이로부터 $\beta(t)$의 동학은 생산성, 소득 및 성장의 동학보다 훨씬 더 느리다는 결과가 나온다. 이때 T는 항상소득 형성에서의 평균 시차다.

(6) $\dot{\beta} = \frac{1}{T}[R - \overline{R}] \cdot \Omega'(\overline{R}) \cdot T'[\Omega(\overline{R})]$

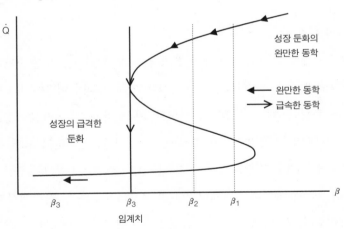

자료: Lordon(1996).

소득이 증가할수록 제품 차별화 요구도 증대되고, 이에 따라 생산성 이득의 창출 역시 갈수록 어려워진다는 것이다(박스 4-2 참조).

불연속으로서의 위기

중기의 속성은 선형 모형(박스 3-2 참조)의 속성과 거의 동일하다. 즉, 강력하고 안정된 성장이 이루어지지만 경기변동이 동반된다는 것이다. 이와 달리 장기에는 생산의 비선형성으로 인해 다음과 같은 독특한 동학이 나타난다. 해당 시기의 초기에는 소득의 증가가 소비와 생산의 차별화를 촉진해 생산성 둔화가 완화된다. 그러나 성장의 리듬이 계속 약화되면 제품 차별화가 일정한 임계점에 도달해 대량생산을 가능케 하는 조건이 위태로워진다. 이리하여 성장의 리듬이 급속히 약화되고, 이에 따라 고용의 리듬도 동일한 양상을 나타내게 된다. 이처럼 일련의 소소한 변형이 이어져 결과적으로 성장 리듬의 급격한 하락이라는 중대한 변동이 초래되는 것이다.

외부 충격이 수행하는 역할을 넘어서

또한 이 모델의 독창성은 강력한 성장에서 미약한 성장으로의 이행이 비가역적인 성격을 띤다고 제시하는 데 있다. 심지어 위기와 소득 감소의 효과로 제품 차별화가 후퇴한다고 가정해도 경제가 높은 성장률을 회복할 수 없음을 보여준다. 질적 측면에서 보면 이 모델의 속성은 포드주의 위기에서 관찰되는 급격한 변화들과 조응한다. 이 변화들은 석유 가격의 급등과 연계되어 있었고, 당연히 이 요인이 매우 중요한 역할을 했다. 그럼에도 이 모델의 장점은 외부 충격이 전혀 없었다 하더라도 생산성 둔화 경향이 충분히 강력해 발전 모델이 순전히 내생적으로 위기에 빠질 수 있었음을 보여준다는 데 있다. 이 분석이 포드주의 위기에서 실제로 나타났던 연쇄들의 모습을 반영한다고 단언하기는 어렵지만, 그런데도 그것은 다음과 같은 대단히 일반적인 속성을 명확하게 보여준다. 바로 발전 모델의 성공 자체가 일련의 구조적 변형을 유발하고, 그 결과 발전 모델이 불안정해진다는 점이다.

일반적인 속성

역사적 검토와 국제 비교 연구들을 통해 이전의 경기변동 사이클에서 이룬 축적의 성공 그 자체가 대다수 경제주체로 하여금 축적에 유리한 경향들이 계속될 것으로 예상하게 만드는 바로 그 시점에, 축적체제가 위기로 진입한다는 것을 보여주는 사례가 많다는 것을 알 수 있다.

성공의 희생양이 된 일본 모델

1970년대 이래 '일본 경제'의 변동은 발전 모델이 성공하면서 위기로 돌입하게 된 또 다른 사례를 보여준다. 실제로 일본의 준조합주의적(meso-corporatist) 조절양식은 대량생산과 대량소비의 공시적 연계라는 특징을 갖는 발전 모델을 출현시켰다(Boyer and Yamada, 2000).

1980년대의 국제 환경에서 일본의 이러한 제도적 구도는 놀랄 만한 거시경제 성과를 가져다주었고, 일본 모델이 위기에 처한 포드주의를 계승할 대안적 체제가 될 수 있다는 믿음까지 생겼다. 사실 일본의 제도 형태들은 독특하다. 기업 차원에서 결정되는 노사관계는 노동자에게 고용 안정을 보장하는 대신 기업에는 노동시간과 보수의 유연성이라는 보상을 가져다준다. 매우 다각화된 복합기업집단인 게이레쓰(系列)들은 부분적으로 중장기 전략의 상호 조율을 통해 과점적 경쟁을 확보한다. 국가는 생산이나 소득 분배에 직접 개입하기보다 경제주체들의 기대가 동시에 이루어지도록 만드는 데 치중한다. 이처럼 일본 모델의 특징은 성장을 추동하고 준완전고용을 조장하는 데 있다. 그러나 확장기가 지속됨에 따라 노동시간이 길어지고 노동강도도 강화되자 노사관계에는 중대한 긴장이 조성된다. 이렇게 해서 일본이 그동안 누려왔던 경쟁 우위의 한 요소가 점차 침식되어갔다.

이 메커니즘은 앞에서 포드주의로 명명된 생산 모델의 위기에 대해 언급한 것과 일치한다. 이 두 모델의 또 다른 유사성은 일본의 위기를 격발시킨 직접적인 요인이 내생적인 것이 아니라는 점에 있다. 다시 말해서 일본의 위기는 '일본 모델'이 가져다준 또 다른 성과에 기인한다. 일본은 무역 흑자가 누적되어 수입뿐만 아니라 금융 부문도 개방할 수밖에 없었다. 이에 상응하는 개혁, 특히 금융 부문의 개혁은 투기 거품이 주도하는 경제적 붐을 야기했다. 이 투기 거품이 꺼진 것이 위기로 진입하는 계기가 되었고, 이는 결국 경제성장의 지속적인 둔화와 실업 증대로 이어졌다.

공공 지출의 확대와 거의 제로에 가까운 금리를 유지하는 통화정책 등 모든 경기부양책을 동원했는데도 일본 경제가 1980년대의 성과를 회복하지 못하고 있다는 사실은 조절양식의 위기로, 그리고 결국 축적체제의 위기로 진입했다는 증거다. 대부분의 다른 이론들은 일본의 경제위기를 경제정책의 오류나 일본 경제의 구태의연함에 따른 결과로 해석하지만, 조절이론은 위기의 격발 요인이 충격이나 갑작스러운 교란이 아니라 오히려 해당 발전양식의 한계 봉착에 있다고 본다.

수입 대체 전략의 위기

대부분의 라틴아메리카 나라들은 수입 대체 전략에 입각한 경제발전을 추구해왔다. 다시 말해 대외무역을 통제해 국내 기업들이 기존에 수입하던 품목들을 점차 더 많이 생산해내도록 장려해왔다(Ominami, 1986). 이러한 발전양식 덕분에 1950~1960년대에 라틴아메리카 경제들은 그 이전 시기보다 훨씬 빠른 성장을 달성하고 국제 경기변동에 대한 의존도 완화시킬 수 있었다. 하지만 수입 대체의 대상이 갈수록 더 기술집약적이거나 수확 체증이 적용되는 재화들로 옮겨감에 따라 이 전략의 효율성은 감소했다. 왜냐하면 국내시장의 규모가 너무 제한적인 데다가 세계적 규모의 신기술 혁신 물결이 도래하자 (기술—옮긴이) 추격의 가능성도 거의 사라져버렸기 때문이다. 이런 한계들로 인해 금융위기나 경제위기뿐만 아니라 정치위기마저 조장되었다. 이처럼 반복되는 위기는 1990년대를 지배해왔던 해석처럼 이 발전 모델의 지속 불가능성이라는 부정합성에 기인한 것이 아니라 오히려 발전 모델의 성공으로 인해 부닥칠 수밖에 없게 된 한계에서 발생한 것임을 다시금 확인시켜준다.

축적은 조절의 공간을 초월하려는 경향이 있다

축적이 조절의 공간을 초월하려는 경향이야말로 수많은 축적체제의 위기를 초래한 두 번째 메커니즘이다.

자본주의의 기원에서부터

상업 자본주의의 출현 이래 교환은 국내 공간을 초월해 전개되는 경향을 띠었다. 그 시기에 이미 일종의 세계경제가 형성된 것으로 간주되기도 했다(Wallerstein, 1978). 이러한 축적의 외부 지향성은 제1차 산업혁명의 시기와 19세기의 외연적 축적체제의 시기에도 나타났다. 실제로 자본주의 기업들의 급성장으로 초래된 생산의 과잉 증대는 국내 시장의 흡수력을 초과했고, 그래서 발전이 지체된 지역이나 국가들로 수출이 조장되었다. 더욱이 그로 인해 국내 제도 형태들과 국제체제 사이에는 새로운 상호 의존이 창조되었고, 그 결과 자본주의의 위기는 한 나라에서 다른 나라로 전파될 수 있게 되었다. 이러한 상호 의존이 국제무역에 의해서만 창출된 것은 아니다. 무역에 뒤이어 생산 투자와 금융자본도 국제화 경향을 나타냈기 때문이다. 일국 차원의 분석에서 세계경제 차원의 분석으로 나아갈 때 이전에는 외부 충격으로 간주되었던 것이 이제는 무역, 생산, 투자 및 금융의 국제화가 창조하는 국가 간 상호 의존의 표현으로 간주된다.

국제화로 불안정해진 포드주의

포드주의 역시 예외가 아니다. 초기에는 포드주의가 주로 일국적 공간에서 대량생산과 대량소비의 공시성을 바탕으로 작동했지만 곧 외부 지향적인 과정을 시작했다. 사실 인프라나 기간산업의 투자가 재구축될 때 수확 체증의 추구는 더 이상 국내 시장만으로는 충족될 수 없기 때문에 수출 증대는 수확 체증에 기반을 둔 생산성 체제의 잠재력을 확대할 수 있는 수단으로 간주된다. 나아가 소득 증대에 따른 차별화 요구가 국제무역을 증가시키는 또 다른 요인으로 작용한다.

수요 체제가 국제화의 영향을 받게 되는 것은 이제는 수요에 노동자의 소비와 기업의 투자만이 아니라 순수출도 부가되기 때문이다. 여기서 수출이 세계경제의 성장과 수입품 대비 국내 생산물의 상대가격에 달려 있다면, 수입은 국내의 경제성장과 상기의 상대가격에 달려 있다. 그래서 국제무역의 비중이 증가함에 따라 경쟁력(이 자체는 이윤 몫과 직접 연계된다)을 대변하는 한 요소가 수요 체제 속에 부가된다(Bowles and Boyer, 1990).

포드주의의 거시경제 연쇄가 완결되고 있는 한 실질임금이 수요에 미치는 영향은 근소하나마 긍정적이다. 이것이 바로 독점적 조절의 중요하고도 놀라운 속성이다. 그러나 대외 개방도에는 일종의 임계점이 존재하며, 대외 개방도가 이 임계점을 넘어서면 실질임금의 외생적 증가가 수요에 미치

그림 4-1

국제화의 영향에 따른 수요 체제의 하방운동

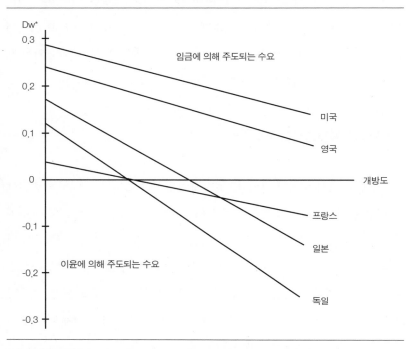

* 세로축의 Dw는 실질임금 대비 수요의 도함수다. 모델의 추정 기간은 1961~1987년이다.
자료: Bowles and Boyer(1995).

는 영향이 긍정적 영향에서 부정적 영향으로 역전된다. 몇몇 계량경제학적 분석에 따르면 독일과 프랑스 경제는 1980년대에 이 임계점을 넘어섰을 것으로 추정된다(그림 4-1 참조).

이처럼 무역 자유화는 초기에 생산성 체제의 수명 연장에 기여하지만 결국에는 수요 체제에 악영향을 미치게 되고, 이에 따라 포드주의가 함의하는 거시경제 규칙성들은 더 이상 작동하지 않게 된다. 이것은 내적 신진대사의 한 형태로부터 도출되는 위기의 또 다른 사례다.

선진국 간의 무역은 제품 차별화를 통해 동일 산업 내에서 이루어지는 경향이 있다. 이러한 산업 내 무역은 더 이상 각국이 서로 상이한 부문에 특화함으로써 초래된 결과가 아니다. 그럼에도 19세기에 전형적으로 나타났던 산업 간 특화라는 구도는 오늘날에도 남북(개도국과 선진국을 상징하는 용어-옮긴이) 무역에 상당히 남아 있다.

대외 의존적 경제: 수출 주도 발전양식의 위기

고전파적인 체제(수요가 이윤에 의해 주도되는)와 국제 개방(경쟁력에 연계된 체제를 가능하게 함)의 결합이 어떤 체제를 가져다줄 수 있는지를 고찰하기 위해 앞선 모델(박스 3-4 참조)을 다음 두 가지 측면에서 일반화해보면 이른바 대외 의존적 경제의 위기가 갖는 특수성을 고찰할 수 있다.

대외 의존적 경제는 포드주의와 대척을 이룬다

사실 대외 의존적 경제들은 포드주의 체제의 세 가지 성립 조건 중 어느 하나도 충족시키지 않는다.

먼저, 생산성의 변동은 주로 선진국에서 생산된 설비 및 중간재의 수입과 그 속에 체화된 기술의 소화에 달려 있다. 이에 따른 잠재적 이득은 해당 기술이 수출 부문에서 이용되는 한 더욱 크게 나타난다. 이때 중요한 것은 수출 부문이 외국인 직접투자에 의해 주도되는지, 아니면 국내 기업에 의해 주도되는지다.

다음으로 국제적 편입은 수요 체제에 악영향을 미친다. 왜냐하면 이 경우 임금은 국내 수요의 형성뿐만 아니라 특별히 경쟁력의 형성에도 영향을 주기 때문이다. 그래서 대외 개방으로 축적의 연쇄가 더 이상 국내 공간에서 완결되지 못하는 결과가 초래될 수 있다. 이것이 이 경제를 포드주의 축적체제와 달라지게 만드는 두 번째 점이다.

끝으로, 특히 이들 경제에서는 노사관계의 제도화가 제대로 이루어지지 않기 때문에 임금 형성에 경쟁 메커니즘이 지배한다는 점이다(Bertoldi, 1989; Boyer, 1994).

이러한 점들을 고려하면 수출 주도 축적체제가 실제로 활력을 가질 수 있는 조건이 무엇인지 밝힐 수 있다. 우선 경제는 충분히 개방되어야 하고 가격의 탄력성은 일정한 임계값보다 커야 한다. 이 조건을 충족할 경우 생산성 향상, 경쟁력 제고, 수출 증대, 소득 분배, 국내 수요 증가 사이에 선순환 메커니즘이 작동한다. 그리고 광범위한 산업예비군의 존재는 경제의 역동성에도 불구하고 실질임금을 안정시킬 수 있다는 점에서 이러한 모델의 출현에 유리한 조건이 된다.

위기의 두 가지 독자적인 형태

그러나 수출 주도 체제에는 이와는 달리 훨씬 만족스럽지 못한 변동을 유발하는 두 개의 다른 구도가 있다. 먼저, 실제로 임금 형성이 대단히 경쟁적인 성격을 띠기 때문에 생산성 체제가 수요 체제의 변동에 의존하게 되는데, 이는 성장이 생산성 하락을 동반할 수 있음을 의미한다. 이러한 상황은 특히 임금의 강력한 상승이 수출 부문의 이윤과 경쟁력이 발목을 잡는 순간에 나타난다. 이러한 구도는 당연히 1980년대 중엽의 한국 경제위기를 상기시킨다.

다음으로는 가장 불리한 경우로서, 이는 임금 형성 방식이 경쟁적인 데다가 미미한 대외 개방과 수출품에 대한 (세계 수요의—옮긴이) 낮은 탄력성 중 어느 하나 또는 둘 다를 가진 나라에서 나타난다. 실제로 이러한 임금 규율하에서는 수출이 조장되는 정도 이상으로 국내 수요가 억제된다. 게다가 이 경우 수출품은 대개 세계 가격을 따를 수밖에 없는 상품들에 한정되어 있다. 라틴아메리카의 여러 나라가 이러한 체제로 규정될 수 있고, 이 나라들이 공산품이 아니라 일차산품을 주로 수출한다는 점에서 더욱 그러하다. 이 나라들은 축적의 정체와 구조적 불안정이라는 특징 중 어느 하나 또는 둘 다를 가지고 있다.

아시아와 라틴아메리카의 뚜렷한 차이점

이렇게 해서 대외 의존적 경제들에 고유한 축적의 봉쇄나 위기의 발생 요인들이 도출된다. 예컨대 해당 경제가 (교육이나 학습동학 등을 구현하지 못해—옮긴이) 세계경제에 대한 생산성 격차를 충분히 빠른 속도로 축소하지 못하는 경우 또는 임노동관계의 경쟁적 성격이 (필요한 제도개혁을 이루지 못해—옮긴이) 기술 추격으로 가능해진 수확 체증의 활용을 저해하는 경우가 그러하다. 대다수 대외 의존적 경제의 위기는 무엇보다 이 두 가지 형태로 나타난다. 이들 요인이 현실화되는 순간부터 경제는 제도 형태들의 유지에 필요한 성장률을 달성하지 못하게 되는데, 많은 라틴아메리카 국가가 이 사례에 해당하는 것으로 보인다. 또한 대외 개방에 이은 급속한 확장 국면이 중대한 위기로 귀착되는 경우도 있는데, 1997년 이후의 아시아 국가들이 그러하다.

따라서 대외 의존적 경제들의 위기가 드러내는 독특성은 그 축적체제가 결코 포드주의의 변종이 될 수 없다는 사실에 있다. 이러한 독특성이 더욱 부각되는 이유는 이 나라들이 국제 금융 중개 활동에서 거의 존재감이 없으며, 그래서 외환위기가 은행위기와 연계되는 경우가 빈번하다는 데 있다 (Boyer, Dehove and Plihon, 2004).

어떤 축적체제의 경우에는 이러한 위기의 원천들이 축적체제의 비활력성과 연관된 위기의 원천들에 중첩되어 나타나기도 한다. 아르헨티나는 이처럼 위기의 상이한 원천들이 중첩되어 나타났음을 보여주는 대표적인 사례다(Miotti and Quenan, 2004)(박스 4-3 참조).

2001~2002년의 아르헨티나 위기

아르헨티나의 성장 궤적이 보여주는 특수성은 수많은 연구의 대상이 되었고, 부아예와 네파(Boyer and Neffa, 2004)가 이를 종합적으로 검토한 바 있다. 위기 유형론(박스 4-1 참조)은 금융·사회·경제 위기로 귀착되었던 1990년대 아르헨티나 경제의 동학을 설명하는 데 특히 잘 적용된다.

우선 일련의 '불리한 충격'이 연이어 발생했다. 아르헨티나는 멕시코 위기(1994~1995), 아시아 위기(1997), 러시아 위기(1998), 그리고 주요 무역 파트너인 브라질의 평가절하(1999)에 전염되어 피해를 입었다.

그러나 이 충격들만으로는 그토록 심대했던 아르헨티나의 위기를 충분히 설명할 수 없다. 그래서 비가역적인 조치로 평가받았던 페소화의 완벽한 달러 태환 조치로 유발된 제도 형태들의 변형이 가져다준 '조절양식'의 특징을 살펴보아야 한다. 무역과 금융의 급격한 대외 개방은 막대한 자본 유입을 조장했고, 이에 따른 신용 팽창이 확장 국면을 조성했다.

아르헨티나 정부는 '내생적 방식으로' 경기가 불황으로 반전될 때 그동안 누적된 불균형을 흡수하기 위해 사용해왔던 통화정책과 환율정책 어느 것도 더 이상 자율적으로 구사할 수 없는 처지가 되었다. 정부 부채의 누적으로 인해 재정정책이 경기 동행적으로 운용될 수밖에 없었다는 점에서 정책 운용의 자율성은 더욱 저해되었다. 실질임금이 생산성과 완전히 단절되었는데도 경기 확장기에 누적된 불균형들은 해소될 수 없었다. 1998년부터 시작된 불황이 2001년까지 이어졌고, 이는 '조절양식의 위기'를 보여주는 징표였다.

그러나 이 위기는 '축적체제의 위기'이기도 했다. 농산물을 주축으로 하는 수출 부문이 근대화되기는 했지만 무역수지를 흑자로 반전시켜 민간과 정부가 달러 표시 채무를 상환할 수 있게 해줄 정도는 아니었다. 직접투자는 이미 민영화된 공공 서비스 같은 보호된 부문들에 유독 집중되었다. 이러한 자본 배분은 1976년 쿠데타 이래 수출 주도 성장체제를 안착시키기 위해 필사적으로 추진해왔던 전략의 발목을 잡았다.

이처럼 위기의 여러 요인이 결합적으로 작용했다는 사실은 이 위기가 '대위기'나 '시스템 위기'임을 가리키는 동시에 왜 '금융'위기(정부의 대외 채무 상환불능), '은행' 위기(은행 폐쇄), '외환'위기(국제통화와의 교환성 격감), '사회'위기(실업 급증과 빈곤화의 급진전, 저축을 동결당한 중간계층의 분노)가 동시에 발생했는지 설명해준다. 위기는 '정치' 영역에서 거의 폭력적인 형태로 진행되었다. 예컨대 정부는 불안정에 빠졌고, 제도들은 합법성을 상실했으며, 대중적 항의 운동이 배가되었고, 심지어 사회적 폭동을 방지하기 위해 자체 통화를 발행할 수밖에 없게 된 지방정부들과의 갈등마저 초래되었다.

축적체제의 불안정을 초래하는 금융 자유화

시장금융 주도 조절양식이 독점적 조절양식의 계승자가 될 수도 있다는 점은 앞서 지적한 바 있다. 분명한 것은 금융 우위가 함의하는 제도 형태들의 구도가 포드주의의 경우와 정반대의 모습을 띤다는 점이다(Aglietta, 1998). 주주가치에 관한 담화들이 외형상 일관성을 보인다 하더라도 그러한 체제가 과연 지속 가능한지, 그리고 일반화될 수 있는지 검토해보는 것은 중요하다.

금융 주도 축적체제의 개요

금융 자유화와 금융 혁신으로 점철된 1980년대 이후의 미국 경제를 관찰해보면 주가가 투자는 물론 부(富)의 효과를 매개로 소비까지 관장하는 핵심 거시경제 지표로 부상했다는 사실을 알 수 있다. 이윤과 주가가 서로 영향을 주고받는 동학이 생산성과 실질임금 그리고 생산과 대량소비를 조정하던 동학을 대체한 것이다(그림 4-2 참조).

포드주의 체제와 비교해보면 금융 주도 체제는 금융 관련 스톡 변수들과 재산 운용 관련 결정에 영향을 미치는 금융 수익률에 결정적인 역할을 부여한다(박스 4-4 참조). 이 체제의 가장 뚜렷한 특징은 투자 결정이 수요의 변동뿐만 아니라 금융시장에서 설정된 수익률 목표를 반드시 감안해 이루어져야 한다는 데 있다. 소비는 여전히 임금소득에 달려 있기는 하지만, 이제는 가계 보유 증권 자산의 가치를 결정하는 요인에도 영향을 받는다.

이 증권 자산들의 가치는 중앙은행의 기준금리를 할인율로 적용해 산정된, 미래 이윤의 현재 가치로 결정된다고 가정한다. 이러한 소비 함수는 금융 자산이 임금소득에 비해 미미할 때는 소비가 임금 증가에 비례한다는

박스 4-4

금융 주도 체제

(1) $D = C + I$	국가도 대외무역도 없는 폐쇄경제.	
(2) $I = aK_{-1}(\gamma - \rho) + b(D - D_{-1}) + i_0$	투자는 금융 규범 대비 수익률 격차와 가속도원리의 함수다.	**수요의 형성**
(3) $C = \alpha MSR + \beta W + c_0$	소비는 실질임금 총액과 가계의 부에 의해 결정된다.	
(4) $K = K_{-1}(1 - \delta) + I$	자본스톡은 감가상각율과 투자의 함수다.	
(5) $\overline{Q} = \nu K$	생산능력은 자본스톡에 의해 결정된다.	**수요와 공급의 상호작용**
(6) $Q = Inf(\overline{Q}, D)$	생산수준은 단기에는 생산능력이나 유효수요에 의해 결정된다.	
(7) $\gamma = \dfrac{Q - MSR}{K_{-1}}$	이윤율은 자본스톡 대비 총이윤의 비율이다.	
(8) $W = q\dfrac{Q - MSR}{i}$	부는 이자율과 토빈의 q를 감안해 이윤으로부터 평가된다.	**소득 배분**
(9) $MSR = fQ - e\rho + w_0$	실질임금 총액은 수요에 비례하고 금융 규범에는 반비례한다.	
(10) $\rho = \overline{\rho}$	수익률 규범은 금융시장에 의해 결정된다.	
(11) $q = \overline{q}$	토빈의 q는 외생변수로 간주된다.	**금융통화 변수**
(12) $i = j_0 + \psi\left(\dfrac{W}{Q} - r^*\right)$	통화 당국은 금융 거품이 형성되지 않도록 금리를 조정한다.	
(13) $\gamma^* = (Q, \psi)$	부·소득 비율은 경제발전 수준 및 통화 당국의 재량에 의해 평가되는 한 변수의 함수다.	

내생변수 (11): $D, C, I, r, MSR, W, K, \overline{Q}, Q, i, r^*$

외생변수 (2): $\overline{\rho}, \overline{q}$

모든 파라미터 $a, b, \alpha, \beta, \nu, \delta, f, e, \psi$는 0 이상이다.

그림 4-2

금융 주도 체제의 연쇄

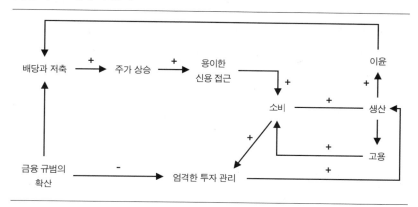

칼레츠키언 정리를 표현한다. 이와는 반대로 금융화가 대단히 진전된 경우에는 임금 상승 억제가 기업 수익성에 유리하게 작용해 주가를 상승시키고, 이렇게 상승한 주가가 결국 부의 효과를 통해 소비를 조장할 수 있다. 실제로는 부의 효과가 신용 접근의 편의성을 매개로 작용하는데, 이 점이 이 단순화된 정식화에는 고려되지 않지만 그림 4-2의 도식에는 반영되어 있다.

이리하여 다음과 같은 하나의 선순환이 개시될 수 있다. 즉, 금융 투자 수익률의 상승이 주가를 상승시키고, 이는 소비 증가를 부추긴다. 소비 증가는 투자를 조장함과 동시에 수익률 규범의 강화가 '선험적으로' 투자에 가하는 부정적인 효과를 상쇄시킨다. 따라서 생산의 수준은 금융적 평가의 결과로 나타난다. 이는 포드주의에서 관철되던 실물 영역과 금융 영역 간의 관계가 역전되었음을 보여준다.

생명력은 유지할 수 있어도 결국 불안정해질 체제

금융 주도 축적체제는 낙관적인 예측에 기반을 둔다는 점에서 과연 이 체제가 안정성을 가질 수 있을까 하는 의구심이 선험적으로 제기될 수 있다. 이와는 반대로 일단 금융에 의해 추동되는 확장 국면이 나타나게 되면 (1990년대의 미국) 금융 분석가들처럼 금융의 유연성 덕분에 위기를 유발할 수 있는 위험 요인이 모두 사라진다는 결론을 내릴 수도 있다. 그런데 이 모형의 해(solution)는 이 체제가 가진 잠재력과 함께 그 한계를 보여준다는 점에서 이 상반된 두 견해 모두 틀렸음을 알 수 있다.

한편 부의 효과가 매우 크고 거의 수익률에만 의거해 결정되는 투자 행위가 금융시장에서 일반화된다면 '금융화된 성장의 선순환 체제'가 존재할 수 있다. 이러한 체제에서는 가계의 부가 주식시장에서 평가되므로 수익률 규범의 상승은 가계의 부에 반영된다. 이는 또다시 소비를 증가시킨다. 이때 기업이 수요 증가에 충분히 반응한다면 가속도 효과를 매개로 투자에 긍정적인 영향을 줄 것이고, 이 가속도 효과는 금융 공동체가 강제하는 수익률 규범의 강화에 따른 투자 위축 효과를 상쇄할 만큼 클 수도 있다. 따라서 적당한 변형을 거친다면, 이러한 금융 주도 체제는 포드주의 발전 모델의 잠재적 계승자가 될 소지가 다분히 있다. 즉, 주가 동학이 임금을 대신해 누적적 성장의 원천이 된다면 말이다. 이는 제도 형태들의 위계구조가 금융제도가 핵심 지위를 차지하는 방향으로 변동한다는 것을 의미한다.

지나친 임금 유연성은 부정적인 효과를 낳는다

그러나 이 체제가 활력을 유지하기 위해서는 몇 가지 조건을 충족해야 하는데, 특히 '임노동관계가 지나치게 경쟁적이어서는 안 된다'는 것이다. 다시 말해 노동자들의 실질보수가 수요의 변동에만 달려 있어서는 안 된다는 것이다. 실제로 지나친 임금 유연성은 거시경제 안정을 해친다. 그런데 제도들의 위계구조가 금융제도를 중심에 두는 것으로 바뀐다는 것 자체가 노동자들의 협상력 상실을 반영하는 것이기 때문에 임금의 형성에 경쟁 요인들이 재도입되도록 만드는 씨앗을 잉태한 것이나 다름없다. 따라서 금융화가 노동과 사회보장에 관한 규제의 상당한 완화를 동반하는 순간 위기의 유발 요인 하나가 탄생하는 셈이다.

내적 신진대사에 의한 위기

다른 한편으로 금융시장의 발전은 금융 주도 체제의 영역을 기계적으로 확장하지만, 이와 동시에 경제를 구조적 불안정의 영역으로 접근하게 만든다. 따라서 금융화 과정에는 '임계점'이 존재하고, 금융화가 '이를 넘어서 진행되면 거시경제 균형은 불안정해진다'. 여기서 위기에 관한 조절이론의 일반적인 해석 하나를 다시 볼 수 있다. 사실 완전시장을 전제하는 한, 이러한 유형의 위기가 경제주체들의 불완전하거나 비합리적인 행동의 결과로 나타나는 경우는 결코 있을 수 없다. 따라서 이 경우에는 조절양식의 성격을 결정하는 파라미터들의 점진적인 변화, 즉 내적 신진대사가 결국 성장체제를 불안정으로 이끌어간다고 볼 수밖에 없다. 경제주체들이 이러한 내적 신진대사를 성공의 증좌로, 그래서 영속될 수밖에 없는 것으로 인식한다 하더라도 이 사실에는 변함이 없다. 이 점에서 금융화가 추동하는 체제를 위기로 이끌어가는 것은 다름 아닌 금융화의 성공 그 자체라는 사실이 재확인된다.

금융 안정의 수호자, 중앙은행

끝으로 이러한 금융화된 성장체제는 통화정책의 목표 변경을 전제조건으로 한다. 사실 금융화된 경제의 안정을 위해서는 '통화 발행 당국의 충분하고도 신속한 대응'을 통해 성장의 폭주가 위기로 이어지는 것을 사전에 예방할 수 있어야 한다는 점이 중요하다. 이러한 맥락에서 이자율의 변동이 경제 안정에 결정적으로 중요해진다.

이 모형의 결과는 1990년대 미국의 경기 상황을 명료하게 보여준다. 이 모형의 실체를 살펴보면, 아마 미국이야말로 금융화된 성장체제에 편입될 수 있는 사실상 유일한 나라일 것이라는 점, 그래서 미국은 새로운 유형의 위기를 경험할 최초의 나라가 될 것이라는 점을 알 수 있다(Boyer, 2000b). 이에 못지않게 강조해야 할 것은 통화정책의 역할이 결정적으로 중요하다는 사실이다. 예컨대 금융적 열광의 조성을 미연에 방지하기 위해서는, 그리고 이것이 불가능해 불황이 왔다면 경기 부양을 위해 이자율의 신속하고 급격한 인하가 이루어져야 한다는 것이다.

금융, 위기의 전파 요인

금융 주도 체제의 위기를 초래하는 요인은 다양하지만, 어떤 요인이 실제로 작용하는지는 금융 자유화가 어떤 제도적 맥락에서 시행되느냐에 달려 있다. 가장 중요한 요인 중 하나는 자본의 경제적 수익률과 몇몇 금융 자산이 올리는 금융 수익률 간의 격차가 벌어지는 경향에서 나온다.

과도한 수익률 요구

예컨대 이자율이 아주 낮아 높은 수익률이 예상되면 경제주체들은 이 양자 간의 격차를 활용해 이득을 누리기 위해 합리적인 수준 이상으로 차입하도록 유인될 수 있다. 지렛대 효과를 활용한 이러한 행동은 1990년대에 뚜렷이 나타난 바 있다(Plihon, 2002). 이렇게 해서 높은 수익률 규범이 '실물'경제의 이윤 창출력과 무관하게 일반화될 수도 있다. 앞선 정식화(박스 4-4 참조)는 각각의 경우에 '금융시장에 의해 강제되는 수익률에는 임계점'이 존재한다는 것을 보여주었다. 즉, 투자의 가속도 효과가 미약할 경우에는 상한점이 존재하고, 이와 반대로 가속도 효과가 클 경우에는 하한점이 존재한다. 이러한 이유로 금융시장의 권력에는 한계가 주어지는데, 만약 이러한 한계가 지켜지지 않는다면 일련의 거시경제적 병리 현상(균형의 부재 또는 불안정)이 야기된다.

포드주의 체제는 금융화로 불구가 된다

모델이 주는 두 번째 함의는 모든 경제가 금융 주도 성장체제를 채택해야 할 이유는 없다는 점이다. 실제로 여전히 '임금 사회에 의해 지배되는', 즉 근로소득이 소비양식의 핵심적인 결정요인인 '경제'가 금융화되면 수익률 규범의 상승은 오히려 부정적인 영향을 미친다.

이 결과를 통해 1980년대 일본의 위기를 해석할 수 있다. 국제금융에 대한 개방이 수익률이나 실질임금 상승률과 같은 지표들을 상승시켰을 뿐만 아니라 거시경제 성과를 악화시켰던 것도 사실이기 때문이다. 2000년대의 독일 경제도 여전히 임노동관계의 중심성과 '산업 특화의 지배'를 특징으로 하는 체제였기에 금융화는 한계에 부닥칠 수밖에 없었다.

대외 의존적인 경제의 위기를 유발하는 금융 세계화

대부분의 경제에서 금융화는 '자본의 국제적 흐름에 대한 개방'과 연계해, 그리고 이보다 연계의 정도는 낮지만 국내 은행의 근대화와 연계해 진행되었기에 자금 조달원의 탄력성이 놀랄 정도로 커졌다. 이는 이전의 경향들과는 완전히 다른 새로운 현상이다. 그 결과 1990년대에는 (풍부한 신용에 의해 추동된) 전례 없는 경제적 확장기와 자본 유출로 인한 불황기가 반복되는 일이 훨씬 빈번해졌다.

그래서 은행위기와 외환위기, 부동산위기와 증시위기, 은행 파산과 국가채무 위기가 결합해 나타났고, 이러한 결합의 강도와 심각성은 위기마다 서로 달랐다. 이처럼 금융 세계화 자체가 발전양식들을 교란했던 것이다.

그림 4-3

대외 의존적 국가의 금융 자유화: 대다수 성장체제의 불안정화

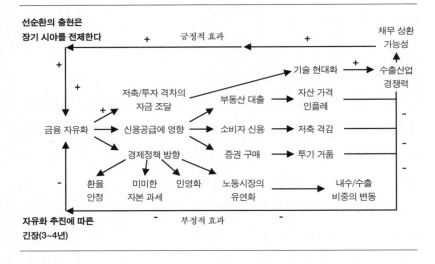

물론 이 발전양식들 내부에 고유한 긴장이나 모순이 전혀 없었던 것은 아니지만, 금융화가 가져다준 새롭고 막강한 충격에 직면해 대다수 제도 형태들은 침식당하고 조절양식은 한계를 드러냄으로써 발전양식의 활력은 급속히 위축되었다(그림 4-3 참조).

글로벌 금융의 유연성이 축적체제의 부정합을 은폐한 시기

금융이 대위기의 출현에 영향을 주는 방식은 또 있다. 사실 한 나라가 국제금융에 완전하게 개방될 때, 그리고 그 경제정책이 예컨대 워싱턴 컨센서스 같은 교조적인 교리에 부응하는 것일 때 자본은 가장 수익률이 높은 부문으로 쇄도해가는 경향이 있다. 그것은 대개 국제경쟁으로부터 보호된 집단적 서비스, 부동산, 공공 채무 보전 자금 조달 관련 부문들이다. 따라서 신용의 급증 덕분에 보호된 부문들의 생산력이 확대되고 소비가 촉진될 수 있다 해도 국내 경제주체들은 외화 표시 채무를 지게 된다. 국제무역에 개방된 경제에서는 이로 인해 수입이 조장된다.

자본 유입과 연계된 왜곡 현상들

이와는 달리 직접투자는 장기적으로는 수출 능력을 증대시킬 수 있지만 단기나 중기에는 장비와 중간재의 수입을 조장한다. 더욱이 국제경쟁에 노출됨으로써 당장 경쟁력이 약한 국내 기업들의 파산이나 구조조정이 불가 피해진다면 무역수지는 더욱 악화될 수 있다. 이러한 상황에서 단순히 금융시장(금융시장 참여자들−옮긴이)의 견해가 바뀌는 것만으로도 자본 유입은 순식간에 유출로 반전되고 은행과 외환시장을 동시에 강타하는 금융위기가 발생할 수도 있다.

그러나 이러한 사태가 반드시 잘못된 은행 관리나 방만한 통화·재정 정책 때문에 발생하는 것은 아니다. 사실 금융 세계화에 복종하는 수출 주도 체제의 경우 거시경제 연쇄들이 (국내적으로−옮긴이) 완결될 수 없다는 사실이야말로 위기의 심각성을 설명해준다. 이 위기가 시스템 위기로 나타나는 이유는 환율 폭등, 은행 시스템의 파산이나 폐쇄, 그리고 때로 공공 채무 위기와 결합되는 데 있다.

아르헨티나의 붕괴

아르헨티나 경제를 붕괴시킨 것이 바로 방금 위에서 거론된 연쇄들이다. 외관상 이 나라는 1990년대에 자유무역과 금융 세계화에 조응하는 성장체제를 구현했던 것으로 보인다. 1990년대 후반에 워싱턴 컨센서스의 모범생으로 간주되었던 아르헨티나는 근대적인 은행 감독 시스템을 갖추고 있었고, 달러화에 고착된 비가역적인 고정환율의 선택으로 신뢰라는 혜택도 누리고 있었다.

사실 국제경쟁에 노출됨으로써 아르헨티나는 경쟁력이 강화된 것이 아니라 오히려 약화된 것으로 드러났다. 그래서 수출 부문의 규모가 빈약한 나라에서 발생하는 금융위기는 축적체제의 부정합성을 반영한다. 이러한 체제를 지탱하려면 채무는 누적될 수밖에 없다. 어떻게 보면 아르헨티나가 보여준 1993~1997년의 놀라운 경제적 성과로 인해 자유화 조치로 극복될 수 없었던 구조적 불균형들이 은폐되어왔다고 볼 수 있다.

이리하여 아르헨티나의 궤적은 위기의 독자적인 형태를 보여준다(박스 4-3 참조). 자본 유입이 경기에 동행해 이루어짐으로써 신용 팽창으로 확장 국면이 개시되거나 더욱 조장되었을 뿐만 아니라 이러한 신용 접근의 용이성 때문에 전례 없는 제도적 구도가 함의하는 축적체제의 활력 상실이 일정 기간 은폐되었던 것이다. 통화위원회(currency board) 도입, 자본 이동의 완벽한 자유, 국내 시장의 자유화로 인해 국제경제의 부침에 대한 대응력이 사라져버렸다. 더욱이 이러한 제도 변화로 아르헨티나 경제의 축적체제 내부에 불균형이 점진적으로 증대해왔는데도 막대한 자본 유입이 이러한 사실을 은폐했던 것이다.

소결: 위기의 반복과 형태 변화

조절이론은 처음부터 위기 분석을 핵심 과제의 하나로 삼았다. 포드주의 성장체제의 탈선을 관찰하는 것으로 시작된 연구는 대위기의 계기적 출현의 역사를 집중 분석하는 것으로 나아갔다. 1980~1990년대에 위기들의 끊임없는 반복과 그 독특성에 놀란 경제학자들은 다시 위기에 주목했다. 금융위기를 정식화하고 위기의 역사를 다시 고찰함으로써 수많은 결론과 직관이 얻어졌다. 그럼에도 불구하고 조절론적 문제의식은 여전히 그 독창성을 견지해왔다.

먼저, 조절이론은 위기를 조절양식과 축적체제 중 어느 하나 또는 둘 다가 한계에 봉착한 것으로 간주함으로써 일군의 독자적인 정의를 제시한다. 어떤 위기든 균형을 이루는 시장경제와 대비해 어떤 불완전성을 확인해주는 현상이 아니라 시간적 과정의 산물로 간주된다. 위기에 대한 평가가 이토록 다른 것은 조절이론이 상호 의존된 시장들로 구성되는 특정의 경제를 준거로 삼지 않고 자본주의라는 개념을 출발점으로 삼기 때문이다.

다음, 조절이론은 제도적·역사적 거시경제 프로젝트의 일환이다. 대부분의 거시경제학자들은 증시위기가 계기적으로 발생하면서도 서로 닮지 않은 것, 그리고 심지어 아시아 위기의 원인이 1980년대 라틴아메리카의 그것과 동일하지 않다는 사실을 확인하고 당혹스러워했다. 이와는 달리 조절이론은 경제적·금융적 역사에 관한 연구에서 "각 경제는 그 나름의 구조에서 기인한 위기를 겪게 마련"이라고 생각하는 계보에 속한다. 좀 더 자세히 말해서 각 조절양식은 크고 작은 위기들의 매우 구체적인 형태들과 조응한다는 것이다. 마찬가지로 만약 위기들이 반복해서 발생하면서도 서로 닮지 않았다면, 이는 제도적·기술적 혁신으로서의 자본주의에는 서로 다른 축적체제들이 시간적으로 승계되거나 공간적으로 공존할 수 있다는 것을 의미한다.

끝으로, 새로운 거시경제이론들은 일단 달성된 경제적 균형은 안정적이라는 가정에서 출발하기 때문에 위기를 비정상적이거나 호기심을 유발하는 현상으로 간주할 수밖에 없다. 조절이론은 제도 형태들이 경제적 조정의 성격에 미치는 영향을 분석하기 때문에 경제체제의 생명력에 대해, 또는 반대로 그 부정합성이나 향후 위기로의 진입 가능성에 대해 항상 의문을 품고 있다(그림 4-4 참조). 왜냐하면 조절과 위기는 동일한 문제의식의 양면이기 때문이다.

그림 4-4

조절이론의 기본 개념들 간의 구도

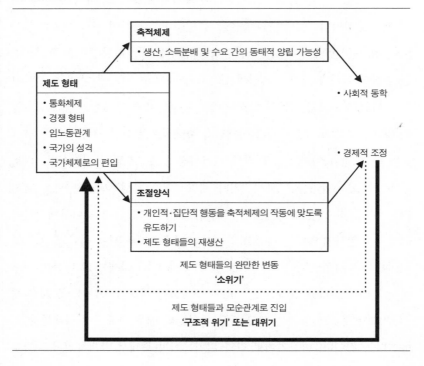

축적체제

• 생산, 소득분배 및 수요 간의 동태적 양립 가능성

• 사회적 동학

제도 형태

• 통화체제
• 경쟁 형태
• 임노동관계
• 국가의 성격
• 국가체제로의 편입

• 경제적 조정

조절양식

• 개인적·집단적 행동을 축적체제의 작동에 맞도록
  유도하기
• 제도 형태들의 재생산

제도 형태들의 완만한 변동
'소위기'

제도 형태들과 모순관계로 진입
'구조적 위기' 또는 대위기

2부

발전

5장

행동의 논리, 조직 및 제도

이 책은 왈라시언 균형이라는 용어에 의한 접근이 가진 결함과 비정합성을 증명하는 것으로 시작했다(1장). 이제 분석의 방향을 역전시켜 각 제도적 구도에 어떤 미시경제학이 연계되어 있는지 명시하려 한다. 이 과업은 다음의 순서로 수행된다. 먼저 자본주의의 유기체인 기업이라는 개념을 진중하게 다룸으로써 대안적인 생산자 이론을 구축한다. 이어서 '실체적' 합리성 원리를 '맥락적' 합리성 원리로 대체한다. 끝으로 특히 조정 메커니즘으로 시장만 있는 것은 (결코) 아님을 보일 것이다. 역설적으로 시장의 생명력을 보장하는 것은 (시장이 아니라—옮긴이) 다양한 제도적 장치들이다. 이렇게 해서 대규모 조직체가 존재하고 다양한 공공 개입이 이루어지고 있는 세계에 적절한 미시경제학을 갖춘 거시경제적·제도적 기반이라는 관점이 열리게 된다.

모든 합리성은 제도 의존적이다

순수한 경제 영역이 폐쇄될까 우려하는 경제학자들은 대개 기업의 본질이 이윤 극대화에 있다고 생각한다. 그러나 기업사 연구자들은 이와 상당히 다른 기업관을 가지고 있으며(Chandler, 1977; Hatchuel, 2004), 현대의 기업을 대상으로 한 국제 비교 연구들도 이 기업들이 추구하는 구체적인 목적이 매우 다양하다는 사실을 강조한다(Aoki, 1988; Boyer and Freyssenet, 2000).

기업 목적의 다중성

이 문헌들을 검토해보면 기업은 이윤 극대화가 아닌 다른 중간 목적을 추구해도 생존에 필요한 충분한 이윤을 획득할 수 있다는 사실을 알 수 있다(표 5-1).

예컨대 최근 연구들은 금융 영역에서든 산업이나 사회 영역에서든 일반적으로 가족기업의 성과가 주식회사의 성과보다 더 높다는 사실을 보여준다(Allouche and Amann, 2000). 이러한 가족기업의 놀라운 회복력은 그 목적이 노하우와 재산의 세대 간 이전에 있으며, 그래서 리스크에 노출되는 것을 최대한 삼가면서 가족 관계를 최대한 활용할 수 있는 조직을 꾸린다는 사실에서 나온다. 두 번째 예외는 자영업이다. 현대 경제에서 자영업은 여전히 실업자가 근로소득을 획득할 수 있는 수단이며, 정부는 실업수당 부담을 줄일 수 있는 요인이다.

가족기업과 자영업의 두 사례는 조절이론이 미시경제학으로 확장해갈 때 핵심 쟁점이 무엇인지 보여준다. 그것은 기업의 합리성이 주로 제도적 맥락의 제약을 받으며, 이 제도적 맥락이 어찌 보면 복잡성과 불확실성을 감소시켜준다는 것이다. 제2차 세계대전 이후의 제도 개혁이 성과를 거둠으로써 노동자를 포함한 대량소비 시장이 발전하자 포드주의 기업은 자본주의 장기 역사에서 극히 비전형적인 현상인 자본·노동 타협을 기반으로 규모의 경제를 최대한 활용하고자 했고, 이를 계기로 근대적인 경영 기법도 발명했다. 1945년 이후 일본 기업가들이 포드주의 모델을 도입하고자

표 5-1

기업 유형만큼이나 다양한 기업 목적

	목적	거버넌스 양식	경영 방식
가족기업	재산의 이전	가부장적	자본의 안정, 신중한 선택
소기업	생존과 소득	임시적	노동강도
포드주의 기업	규모의 경제 극대화	자본·노동 타협	기술의 지배성 + 마케팅
일본 기업	품질 차별화	메조·미크로 코포라티즘	노사관계의 유연성 + 하청
실리콘밸리 스타트업	근본 혁신을 통한 초과 이윤	카리스마적	위험 분담, 종업원의 내재적 동기 부여
월 스트리트 투자은행	금융 자산의 가치	트레이더와 퀀트 간 이윤 분점	선진 금융공학, 리스크 최대한 추구
노동자 협동조합	임노동관계로부터의 해방	민주적 토의	참여 모델

했을 때 시장의 협소라는 제약에 부닥치자 차별화와 품질을 이윤 추구의 핵심 전략으로 삼게 되었다. 이 전략의 성공 요인은 무엇보다 일본식 임노동관계에 고유한 유연성과 하청의 집약적인 활용이었다.

이러한 분석 틀을 활용함으로써 산업화의 첫 단계부터 존재해온 노동자 생산협동조합이라는 이상적인 기업 조직이 왜 일정한 시장 점유율을 확보하는 데 그토록 많은 어려움을 겪었는지 알 수 있다. 그 이유는 그 생명력을 보장해줄 수 있었을 국가적 차원의 제도가 없었다는 데 있다. 그러한 제도의 사례로 시중 은행과의 경쟁을 버텨낼 수 있을 정도로 강력한 신용협동조합 제도를 들 수 있다. 분명한 것은 생산조직의 유형과 제도 형태는 상호 보완까지는 아니더라도 어떤 식으로든 양립 가능해야 한다는 점이다. 왜냐하면 제도 형태들은 (기업의-옮긴이) 이윤 전략에 제약을 가하는 동시에 기회를 만들어주기 때문이다.

제도적 맥락만큼 다양한 개인의 합리성

소비의 경우에도 동일한 원리를 적용해 기존의 소비자 이론을 대체할 수 있는 대안 이론의 모색이 가능하다. 기존의 소비자 이론은 다음 두 가지 가정을 깔고 있다. 하나는 개인의 선호가 사회적 맥락과 독립적으로 존재한다는 것이고, 다른 하나는 효용의 극대화는 소비된 재화만을 대상으로 한다는 것이다. 그러나 이 두 개의 가정은 타당하지 않다. 현대사회에서는 소비 규범이 치밀한 모방 과정을 대상으로 삼으며, 기업이 이윤 폭 증대를 위해 만들어내는 혁신 제품이 이러한 모방 과정을 더욱 부추기기 때문이다(Frank, 2010). 심지어 제도주의의 한 분파는 개인이 설정하는 목적이 (제도적―옮긴이) 맥락에 의해 거의 완벽하게 결정된다고 가정할 정도다(Douglas, 1986).

다시 경제사로 되돌아가보면 여러 가지 전형적인 구도를 볼 수 있다. 예를 들어 중세의 농민들은 왜 자신의 경작지를 여러 곳으로 분산시켰던 것일까? 현대 농업을 연구하는 경제학자의 눈으로 보면 무조건 비합리적인 행태가 아닐 수 없다. 규모의 경제를 활용하려면 경작지들을 가급적 같은 장소로 집결시켜야 마땅하기 때문이다. 이유를 말하자면, 그것은 중세의 가난한 농민들이 빈번한 기후 불순에 따른 리스크(강변 지역의 범람이나 언덕 위 농지의 동결 등)를 최대한 다변화해서 가족의 생존을 보장하고자 했기 때문이다. 따라서 그들의 행동은 결코 비합리적인 것이 아니었을 뿐만 아니라 기근이 주기적으로 반복되는 상황에 구식 조절 방식을 적용해 대처하려는 시도였던 것이다(Boyer, 1991). 이처럼 개인적 합리성이 다양한 모습을 띤다는 것은 중요한 현상이며, 이는 19세기의 직업 근로자, 헨리 포드의 노동자, 도요타의 샐러리맨이나 실리콘밸리의 모험자본가 등이 각자 추구하는 목적과 사용하는 수단을 비교해보면 더욱 잘 드러난다. 이 현상은 트레이더(trader)나 퀀트(quant: 금융시장 분석가)의 경우에도 당연히 나타난다.

이들의 행태는 다른 사람 눈에는 비합리적인 것으로 보일 수 있지만 실은 가능한 한 최대의 리스크를 감수해야 더 큰 이윤을 나누어가질 수 있다는 보수 시스템에 의거하면 당연한 결과가 아닐 수 없다(Godechot, 2001).

역설적이게도 합리성 원리가 가장 명확하게 적용되는 것은 근대적인 공공행정 분야다. 공공행정의 주요 관심사는 가격 메커니즘을 통해 자본주의 경제에 통합되는 것이 아니라 오히려 자본주의 경제를 번창하게 만들 수 있는 규칙과 관행을 창출하고 조정하는 데 있다(Weber, 1921). 이러한 분석을 현대로 연장해 적용해보면, 정치 영역이 경제의 조직화를 주도하는 능력을 과시했던 과거 체제에서와는 달리 오늘날의 금융화 시대에는 공공행정기관의 기능적인 개혁을 위해 민간 부문에서 사용되는 방법들이 동원된다는 사실이 놀라울 따름이다. 이것이 현대 자유주의 전략의 핵심이며, 그 상징적인 사례를 영국에서 볼 수 있다(Faucher-King and Le Galés, 2010).

이처럼 합리성 원리의 내용이 엄밀히 밝혀지는 순간, 보편적으로 적용될 수 있는 미시경제학이 존재할 가능성은 낮아진다. 표준 미시경제이론이 경제사가 제공하는 정형화된 사실들과 상충된다는 사실이야말로 이 이론의 현실 적합성을 부정하는 동시에 그 규범성을 증언한다.

시장: 사회적 구축물

대안적인 소비자 이론을 구성할 세 번째 기둥인 조정 형태에 대해서도 동일한 논지가 적용될 수 있다. 기존 소비자 이론에서는 예컨대 시장이 자율적이라고 간주되는 주체들 간의 행동을 조정하는 유일무이한 형태다. 사실 기업과 가계(또는 개인)에 관한 미시경제이론에서 거시경제의 유일하게 엄정한 표상으로 간주되는 일반균형이론으로 이행하는 과정은 '시장'이라는 하나의 제도의 존재를 전제로 한다. 이 시장에서는 각각 상호 독립된 원자로 간주되는 수없이 많은 참여자들에게서 나오는 공급과 수요가 동시에 대치한다.

이미 강조한 바 있듯이 표준 미시경제학 교과서에 나오는 증명은 시장에서 이루어지는 모든 거래를 중앙에 집결시킨 후 암중모색 과정을 거쳐 균형 가격이 발견될 때에만 이 거래들을 승인하는 일종의 경매인의 존재에 바탕을 둔다(1장).

가장 복잡한 조정 형태

이러한 허구를 유지하기에는 반론이 너무 많다. 첫째, 오스트리아학파는 물물교환의 일반화에 따르는 곤란에서 – 개인들의 합리적 대응으로서 – 시장이 도출된다고 설명하지만, 화폐에 관한 수많은 역사적 사례는 이러한 설명을 전혀 지지하지 않는다. 즉, 방식이야 어떻든 화폐는 신용을 기반으로 발명되었고, 이렇게 출현한 화폐가 상품 거래의 발전을 가능케 했기 때문이다(Alrary, 2009). 이와는 반대로 일반균형 모델에 화폐를 도입하려는 시도는 번번이 실패했다. 왜냐하면 개인들이 재화와 서비스로 구성된 바구니를 교환하므로 거래가 실행된 후 화폐는 사라져버리기 때문이다. 이 점과 관련해서는 고전파 정치경제학이 오히려 훨씬 더 만족스러운 해답을 제공한다. 이에 따르면 경제주체들은 가격의 시공간적 차이를 활용하는 교환의 중개자가 되기로 결정해 이로부터 이득을 취하고 또 자신의 존재를 정당화한다(Marshall, 1890). 따라서 시장은 조직의 표현이며, 이 조직들이 결합해 하나의 독자적인 제도적 체제를 규정한다. 표준이론은 '자연'이라는 수식어를 남발하지만('자연'실업, '자연'이자율 등), 시장은 결코 어떤 자연적인 상태의 표현도 아니다. 끝으로 시장의 창조만이 공급과 수요 전체를 양립시킬 수 있는 유일무이한, 시공을 초월하는 해법은 아니다. 품질과 수확 체증이 작용하는 구도에서는 안정된 구조를 갖춘 시장이 성립할 수 없기 때문이다(White, 2002).

이러한 사색에서 출발하는 이론적·역사적 작업들 덕분에 시장의 작동에 필요한 제도적·조직적 조건들이 도출될 수 있게 되었다. 먼저 사회적 수준에서 시장의 구축에 불가결한 조건들의 목록을 만들 수 있다. 제도적 관점에서 보면 시장 거래는 무엇보다 소유권의 이전이므로 거래의 원활한 진행을 보장할 수 있을 정도로 신뢰와 상호성 관계가 충분하지 않은 경우를 대비해 계약을 보장하는 사법 시스템이 필요하다. 마찬가지로 재화나 서비스는 대금 지불과 교환되므로 이에 필요한 계산 단위와 지불 시스템이 사전에 존재해야 한다. 끝으로 다양한 유형의 거래를 규제하는 조세 체제를 고려해야 한다. 만약 어떤 시장이 이러한 일반적인 조건 중 어느 하나라도 충족하지 못한다면 해당 시장은 원활하게 작동하기 어렵다.

제품과 서비스의 특수성과 관련해 또 다른 일련의 조건이 필요하다. 재화의 본질에 대한 이해관계자들의 의견이 일치해야 하는데, 이것은 일정 기간 제공되는 복잡한 서비스의 경우라면 달성하기가 매우 어려울 수 있다. 정보가 불완전한 경우를 다룬 미시경제학이 보여주었듯이 품질에서 의견 일치를 보지 못하면 시장 자체가 개설되지 못할 수 있다[아켈로프(Akelof, 1984)는 중고자동차 시장의 사례를 연구한 바 있다]. 또한 사전에 독립적인 제삼자가 제품의 질을 보증하기 위해 개입하는 시장도 많다. 그러나 대기업이 자신이 발행한 금융증권의 평가를 신용평가회사에 유료로 의뢰하는 것은 여기에 해당되지 않으며, 이는 오히려 이른바 파생상품 시장의 위기를 야기한 요인의 하나였다. 그리고 시장의 개설과 작동을 관장하는 절차에서 시장 참여자들을 최대한 공평하게 대우함으로써 이들의 신뢰를 유지할 수 있어야 한다. 예컨대 어떤 식으로든 내부 정보의 유출은 증권시장에 대한 신뢰를 무너뜨리게 마련이다. 매우 빈번하게 이루어지는 거래에는 불공평한 대우가 잠재되어 있고, 이러한 대우가 현실화되면 체면이 깎일 수밖에 없다. 이러한 조건들은 그것이 일반적인 조건이든 특수한 조건이든 새로운 시장이 생길 때마다 적응을 통해 또는 사전에 충족되어야 한다.

예컨대 도서 편집이나 음악 창작, 영화 산업에 디지털 기술이 도입되었을 때 지적재산권 문제가 대두되었다. 이때 '창작자의 소득 보장'이라는 당연한 필요성과 '한계비용이 제로에 가까운 재화의 확산에 따르는 대중의 혜택'이라는 요청이 오랫동안 대치해오다가 결국 양자의 타협을 통해 관련 규칙들이 만들어졌다. 마찬가지로 전자상거래의 경우 이 거래의 초국적성으로 인해 법적 분쟁 발생 시 어느 나라에서 관장할 것인가라는 사법권 소재지 결정과 디지털 지불수단의 안전성은 물론 조세 징수권의 귀속 등 다양한 문제가 제기되었다. 이 문제들이 여전히 완벽한 해결책을 찾지 못하고 있다는 사실은 전자상거래가 아직 안정된 구도를 갖추지 못했음을 의미한다. 전자상거래의 발전으로 시장들 간의 시공적 관계가 변하고 있다. 역사적으로 시장들은 국지적으로, 또 짧은 주기로 출현한 반면, 높은 관세 장벽의 사실상 소멸과 연계된 전자상거래는 계속해서 개방되고 있는 잠재적인 세계시장을 대상으로 한다. 거래가 매우 빈번하게 이루어지는 전자상거래에서는 (금융시장이 가장 완성된 형태를 보여준다) 투자의 실행에 단기주의가 횡행하며, 이는 특히 혁신의 완수에는 상당한 기간이 필요하다는 사실과 상반되는 현상이다. 요컨대 시장을 가장 단순하고도 가장 명료한 조정 형태로 간주하는 견해는 의문시되어 마땅하다. 이와는 정반대로 시장은 가장 취약한 조정 형태 중 하나이며, 이는 시장이 경제의 다양한 영역과 관련된 규칙들로 보완되어야 한다는 것을 함의한다.

제도 형태는 제도적 장치들의 결합체다

세포는 원자들의 일정한 배치로 구성된다는 이미지에 비추어 앞선 다섯 가지 제도 형태의 기원과 본질을 재검토할 수 있다.

이익 대 의무, 수평성 대 수직성

시장의 결함을 다룬 문헌들은 대개 국가의 개입을 대안적인 조정 원리로 제시한다. 이러한 (시장 대 국가라는—옮긴이) 이분성은 새 고전학파와 케인 시언 학파를 구별하는 근본적인 기준이다. 네오코포라티즘(Schmitter, 1990)과 경제사회학(Hollingsworth, Schmitter and Streeck, 1994)에 관한 문헌들이 기여한 바는 시장 대 국가의 이분성을 넘어 네 개의 다른 중간적인 조정 형태를 포함한 분류학을 제시한 데 있다(Hollingsworth and Boyer, 1997)(그림 5-1).

첫째, '제휴'는 시장과 동일한 자격을 가진 조정 양식(영어로 governance)의 하나로서 경제적 논리에 따라 활동하는 이해관계자들 간의 합의로 유지된다. 여기서 참가자들의 주된 관심은 혁신 및 신기술의 시행과 연계된 불확실성(및 그에 따른 리스크—옮긴이)을 분담하는 데 있다.

둘째, 수직적으로 통합된 대기업 방식을 취하는 '민간적 위계구조'는 또 다른 조정 형태로서 자본주의의 오랜 역사를 통해 그 역할이 꾸준히 증대해왔다. 이 형태는 생산 및 거래 비용을 동태적으로 최적화할 수 있을 뿐만 아니라 혁신을 조장할 수도 있다.

셋째, '공동체'는 자치단체, 동족, 구역, 클럽 등을 포함해 그 크기는 가변적일 수 있지만 대개 제한된 규모를 갖는 집단에서 작동 가능한 게임 규칙을 가맹자들이 승인함으로써 일종의 응집 형태를 띤다. 그 장점은 대다수

그림 5-1

다양한 조정 원리의 분류학

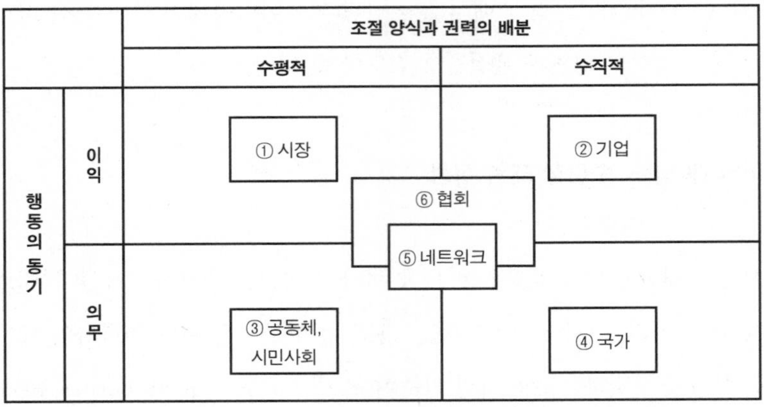

		조절 양식과 권력의 배분	
		수평적	수직적
행동의 동기	이익	① 시장	② 기업
		⑥ 협회 ⑤ 네트워크	
	의무	③ 공동체, 시민사회	④ 국가

자료: Hollingsworth and Boyer(1997)에 의거함.

경제활동에 불가결한 신뢰의 확립에 있고, 특히 시장 거래와 대출의 경우
에 그러하다.

넷째, '네트워크'는 직종별 협회, 노동조합, 사적 이익을 추구하는 준공공
기관(이는 전통적으로 중앙집권적인 국가에 귀속되었던 몇몇 활동의 이양을 통해
생겨난다) 등에 해당한다. 그러나 네트워크는 사회적 관계의 공간(가족, 사회
집단 등)에서도 구축될 수 있다. 두 경우 모두에서 네트워크는 경제적 경주
와 혁신을 위해 동원될 수 있다.

다소 도식적이기는 하지만 시장 대 국가라는 이분법은 다음 두 개의 기
준을 근거로 삼는다. 하나는 행동의 동기가 경제학자들에게 친숙한 개인의
이익과 사회학자들이 강조하는 의무감 중 어느 것인지이고, 다른 하나는
조정 과정의 성격이 수평적이고 공평한지 아니면 위계적이고 불공평한지
다. 더욱이 이 제도적 장치들은 각각 특정한 조건을 요구하며 일반적으로

강점 못지않게 많은 약점이 있다. 따라서 제기된 문제의 구도가 무엇이든 그것에 최적인 제도적 장치가 무엇인지는 사전에 정해져 있지 않다. 이 점은 경험적 관찰과 비교 연구를 통해 거의 확인된 사실이다.

이 분류법이 가진 다음과 같은 장점은 강조될 만하다. 그것은 조정 원리가 미시에서 거시로의 이행과 동시에 그 역방향으로의 이행도 보장한다는 것이다. 왜냐하면 조정 원리는 행위자들과 가장 일반적인 수준의 경제 시스템 사이, 즉 중간 수준에서 작동하기 때문이다. 끝으로, 이 점 덕분에 조절이론의 개념들은 거시경제 수준에서 작동하는 체제뿐만 아니라 부문별 수준에서 작동하는 체제에 관한 분석에도 사용될 수 있다(6장).

제도경제학: 분류의 필요성

1990년대에 폭발적으로 증가한 제도주의 문헌은 대부분 시장 대 제도라는 이분법적 대치를 기반으로 했다. 이 문헌들은 순수한 경제적 조정에 해당하지 않는 것은 모두 제도이며, 이 제도는 비시장적 성격을 띠는 하나의 동일한 논리에 복종한다는 암묵적인 가정을 깔고 있었다(Hall and Soskice, 2001; Yamamura and Streeck, 2003). 이 가정은 각각의 조정 원리와 연계되는 제도적 장치들이 다양하다는 사실로 인해 이미 틀린 것으로 밝혀졌다. 따라서 관련 용어들의 의미를 엄밀하게 규정할 필요가 생겼고, 1990년대에 이루어진 연구들이 상호 접합된 일련의 정의를 제시했다. 가장 일반적인 것에서 가장 특수한 것에 이르기까지 여섯 개의 구도가 구별되었다(표 5-2).

'헌법적 질서'라는 개념은 정치학(Sabel, 1997)과 경제사(North, 1990) 분야의 작업에서 하이에크(Hayek, 1973)의 반(反)구조주의 개념이 가진 의미를 약간 변형한 것이다. 헌법적 질서는 합법성 영역에서 작동하며 토의를 끌어들임으로써 다양한 질서와 영역에서 상호 모순되는 부분 논리들 간의

표 5-2

제도적 질서에서 아비투스까지

구성요소 / 성격	정의	행동 원리	변화 요인
헌법적 질서	• 하위 수준의 심급들(제도, 조직, 개인) 간의 갈등을 해소할 수 있는 일군의 '일반 규칙들'	• 협의에 의한 '정당성'	• 일반적으로 민주주의에서 큰 관심 • 사법적 재편에서 '정치적' 과정의 역할
제도	• 조직(및 개인) 간 '상호작용을 구조화할' 수 있도록 해주는 비물질적인 절차	• 전략적 행동에 연계된 '불확실성'의 축소 또는 제거	• 구조적 '위기' • 미약한 효율성은 변화의 충분한 이유가 됨
조직	• 조정 문제와 기회주의적 행동을 극복하기 위한 '권력' 구조와 일군의 '관행'	• '당근'과 '채찍'(즉, 보수와 통제 시스템)은 제도와 협약에 연계되어 있음	• 경쟁 대비 결과의 불충분성 • 대위기는 구조 재편을 촉진
관행	• 암묵적 지식의 '코드화'로부터 나오는 행동 규칙들 전체	• '표준화'로 복잡한 절차가 단순화되고, 공동의 이해와 반작용이 용이해짐	• 환경의 '불리한' 변동 • 일련의 관행 간 비정합성 또는 테크네(techné)에서 에피스테메(epistémé)로의 진화
협약	• '기대와 행동 전체가 상호 강화하며', 일련의 분권화된 상호작용에서 출현함	• 그래서 '자연적인 것으로' 나타나는 협약의 원천들이 망각된다	• '전반적 위기', '침략', '발현' • 효율성이 선택의 기준이 되는 경우는 드묾
아비투스	• '개인에게 내포된 일체의 행동', 이 행동들은 개인의 사회화 과정에서 길러짐	• 특정한 장(場)에 대한 '적응', 그러나 다른 장과의 중첩으로 불균형해질 수 있음	• 다른 장으로 아비투스 이전 • 새로운 '학습', 대개는 어려움

자료: Boyer and Saillard(2002)에서 확장함.

갈등을 해결할 수 있는 규칙들을 규정한다. 이것은 주로 정치적 과정이며 사후적으로는 법률로 제정된다.

'제도'는 대개 비물질적인 수단으로서 종종 법률의 개입을 필요로 하며, 그 효과는 조직(및 때로는 개인) 간의 상호작용의 틀을 짜는 데 있다. 제도는 식별 기준과 규칙이 없는 공간에서 수행되는 수많은 전략적 행동의 전개에 동반되는 불확실성의 감소에 기여한다. 제도는 정치 영역과 경제 영역에 동시에 관계하며, 많은 역사적 작업은 제도가 '헌법적 질서'에 상당히 의존하고 있음을 보여준다(North, 1990). 이 점은 공공 개입과 시장의 관계에서도 확인된 바 있다(Fligstein, 2001).

'조직'이 제도와 근본적으로 다른 점은 명시적인 권력 구조물이 존재해 개인의 전략과 행동(때로는 기회주의적인)을 조직 내에서 조화시킬 목적으로 일련의 관행을 시행한다는 사실에 있다. 그 실체는 기업일 수도 있고 비영리조직일 수도 있다. 각 조직은 정합성을 확보하기 위해 통제 과정과 경제적 유인을 결합해 사용한다. 이렇게 해서 거래비용 이론(Coase, 1937)과 그 최근의 발전(Williamson, 1975, 1985)이 강조하는 기업과 시장 간의 대치라는 관점이 일반화된다.

'관행'은 대개 암묵적인 노하우를 코드화하고, 코드화된 노하우를 정식화된 지식으로 변형시킴으로써 획득된 행동 규칙이다. 따라서 관행은 동일한 조직에 소속된 주체들이나 동일한 문제에 직면한 주체들 모두에게 이전될 수 있으며 또 이들이 획득할 수도 있다. 행동 원리는 주로 인식적인 것으로 개인들 사이에 적용되지만 비물질적이다. 이 점에서 관행은 아비투스는 물론 조직과도 구별된다. 이 개념은 진화주의 이론들이 특히 기업의 성격을 일군의 역량으로 규정하기 위해 강조한 바 있다(Nelson and Winter, 1982; Dosi and Salvatore, 1992: 51장).

'협약'은 일련의 기대와 상호 의존적인 행동들이, 대개는 비의도적으로, 수렴된 결과로 나타난다. 여기서 수렴은 어떤 명시적인 조정 절차 없이 완전히 분권화된 상호작용을 통해 이루어진다. 따라서 이 과정은 직접적으로 사회적인 과정이지 인식적인 과정이 아니다. 일단 확립된 협약은 관련 주체 모두에게 '당연한' 것으로 나타난다는 점에서 그 행동 원리는 협약의 원천이 망각되는 데 있다. 조절이론은 협약주의 연구들을 인정했고 양자의 관계는 이미 수없이 강조된 바 있다(Favereau, 1989, 1993a, 1993b, 1997; Boltanski and Thévenot, 1991; Orléan, 1994; Salais and Storper, 1994; Batifoulier, 2001). 관행과 달리 협약은 그것이 출현한 공간의 외부로 이전되기가 쉽지 않다. 따라서 이 두 형태의 동학은 선험적으로 다르다.

끝으로, '아비투스'는 사회화 과정이 개인의 표상과 행동의 형성에 미치는 영향을 포착한다. 피에르 부르디외(Bourdieu, 1980) 사회학의 핵심인 이 개념은 대단히 유용하다. 개인들이 어떤 강제력이나 명시적인 조직으로부터 거의 독립되어 활동하더라도, 동일한 사회적 그룹에 속해 있고 또 특정의 주어진 장에서 그들의 행동이 왜 일정한 규칙성을 드러낼 수 있는지를 보여주기 때문이다. 이렇게 해서 제도적 질서는 개인 자체에 내재화되고(Douglas, 1986), 경제학자들이 선호라고 부르는 것은 외생적으로 주어진 것이 아니라 과거에 이루어진 상호작용의 결과로 된다(Bowles, 1998; Gintis, 2000). 아비투스가 그 생명력의 핵심 요소가 되는 제도 형태들도 있다. 예컨대 일본의 노사관계(성별 분업)나 분데스방크(Bundesbank: 독일 중앙은행 명칭—옮긴이)의 통화체제(초인플레이션이라는 정신적 외상)가 그러한 경우에 해당한다.

이렇게 정의된 '기초 벽돌들'을 결합시킴으로써 조절이론의 제도 형태들을 재구성하거나 일반화하는 것은 새로운 연구과제다. 이 점과 관련해 협약 경제학의 최근 발전도 이와 동일한 목적을 표방한다. 말하자면 거시사회와 거시경제를 만드는 제도들을 창출하는 것이다. 이는 전체론적 개체론의 연구 프로그램을 다시 활성화하는 것과 다르지 않다(Defalvard, 1992, 2000). 더욱이 조절이론의 연구 프로젝트 관점에서 보면 이러한 과업은 여러 제도들이 탄생해 성숙해가면서, 결국 위기를 맞아 소멸되는 과정을 이해하기 위해 거쳐야 할 하나의 단계다.

임노동관계: 상반되는 조정 원리들을 결합시키는 제도 형태의 하나

이러한 이론적 성과 덕분에 임노동관계라는 개념을 재검토하고, 이 접근이 노동시장이라는 용어를 사용하는 접근과 다른 점을 부각시킬 수 있게 되었다. 먼저, 임노동관계는 한 명의 노동자와 한 기업의 이해관계가 상호작용한 결과인 계약에 의해 관장된다. 여기서 계약은 교조주의 이론이 특권시하는 수평적 관계에서 나온다. 그러나 임노동관계는 노동 조직의 대표라는 이름하에 위계적인 관계도 포함한다. 여기서는 권력관계가 시장관계와 결합된다. 그렇다면 임금을 시장 조정의 산물로 생각하는 것은 환상이다. 왜냐하면 조직과 관련된 조치들 전체(채용 조건, 승진, 보수 결정 절차 등)는 고용관계(임노동관계를 개별 기업 수준에서 파악한 것)의 관리를 상업적 관계가 드러내는 전형적인 경쟁 메커니즘과 우연한 경제적 사정들로부터 가급적 완벽하게 분리시키려는 시도이기 때문이다. 이러한 시각에서 보면 차별화된 노동계약들이 지속적으로 공존하며, 단일한 임노동 지위의 작동에 조응하는 단일 임금으로의 수렴 현상은 확인되지 않는다.

그러나 이러한 시장관계와 권력관계, 그리고 양자의 결합 외에 임노동관계의 집단적 성격에서 나오는 세 번째 조정 원리가 있다. 민간 계약에 관한 사항은 거의 일반적으로 노동법 규정을 따르게 되어 있고, 노동법의 제·개정에는 노조와 사용자 단체 같은 협회들이 참여한다. 끝으로, 임노동관계에 내재된 갈등적인 성격을 고려하면 최소한의 사회적 평화를 보장하는 것은 국가의 특권적인 과업이라는 점이다. 또한 생산물시장과 노동시장을 동일시할 수 없는 것은 임노동관계를 관장하는 복잡한 장치들을 완전시장의 작동에 마찰을 일으키는 단순한 장애물로 간주할 수는 없기 때문이다. 이는 신자유주의 전략이 지배하는 시대에도 여전히 타당하다. 또한 케인스는 물론 칼레츠키가 보여주듯 기업가와 노동자 간의 비대칭적인 세력관계로 인해 고용 수준은 투자 결정에 달려 있다는 것, 다시 말해 노동은 위계적으로 경제적 동학에 달려 있다는 사실도 잊어서는 안 된다. 어떤 의미에서 임노동관계의 제도적 법제화는 이러한 권력의 불평등을 부분적으로나마 상쇄하려는 시도다. 이러한 점은 노동계약의 유연화 정책이 왜 실패를 반복하는지 설명해준다. 그것은 한편으로는 기업의 관점에서조차 임금을 유일한 조정 변수로 삼는 것이 공상적이기 때문이고, 다른 한편으로는 노동법 개혁이 통상 기업에 대한 충성심의 상실을 가져오거나 심지어 수요가 임금에 달려 있는 경우에는 수요 감소와 같은 모순적인 경향을 유발하기 때문이다.

시장 금융 시스템: 자기 조직화라는 환상

금융시장은 표준이론의 기본 가정들이 가장 잘 충족되어 있다는 이유로 상징적인 대표 시장으로 제시되곤 한다. 그러나 이는 금융시장의 틀을 잡아주는 제도적 장치들이 얼마나 촘촘한지를 망각하고 금융시장의 안정성을 지나치게 과대평가한 것이다. 대위기를 계기로 경제정책 담당자들은 금융시장이 얼마나 취약하고 불안정한지 절실히 깨달았다. 금융시장들이 모방 과정의 효과로 투기 열풍과 비극적인 붕괴를 반복했기 때문이다(Orléan, 2004). 그래서 이 위기의 역사가 전개되는 동안 각국 정부는 위기의 규모와 빈도를 제한할 수 있는 통제 과정을 개발하려고 무던히 애썼다.

뉴욕 증권시장을 살펴보면 그 전모를 뚜렷이 알 수 있다. 우선, 한 민간 기업이 있고 그 사회적 사명은 이 시장의 관리운영을 담당하는 것이다. 금융 자산의 질적 평가에 따르는 어려움을 감안해 행정 당국인 증권거래위원회(Securities and Exchange Commission: SEC)가 거래의 투명성과 공정성을 유지하는 책임을 맡는다. 그러나 증권거래위원회는 구좌의 진실성이나 주주에게 제공되는 정보의 질을 속이려는 유혹을 강하게 받는 금융인들에 의해 포섭될 수 있다. 예컨대 인터넷 관련 주가에 거품이 형성되던 시기에 어떤 기업(Enron)은 '창조적인 회계'를 개발해 수입은 공식 계정에, 손실은 부속 계정에 집중시켰다. 위기가 발발하자 공권력은 이런 식의 작태에 대한 처벌을 강화하는 방향으로 법률을 제·개정해야 했다.

좀 더 일반적으로 보면 내부정보 유출을 알아낸다는 것은 쉬운 일이 아니며, 금융인들은 수익성은 있으나 독성을 가진 새로운 금융 수단을 항상 먼저 창조해낸다. 한 분석가가 신규 고객의 불입금으로 기존 고객의 보수를 지급하는 폰지(Ponzi)식 투기를 탐지했다 하더라도, 카리스마 있는 한 금융인이 가진 권력은 차치하고 적어도 그의 영향력만으로도 분쟁을 불식하는 데 충분하다. 금융시장의 생명력이 장기적으로 불완전하게나마 보장되어왔던 것은 바로 이러한 탈규제, 금융 혁신, 위기, 공권력의 통제 강화로 이어지는 사이클이 연속적으로 반복되어왔기 때문이다(Shleifer, 2000). 이처럼 조직과 시장, 규제가 상호 결합해 금융 시스템의 안정성을 규정한다.

조직과 제도: 동형성에서 위계성으로

시장에 의한 조정의 대안으로서 조직과 제도를 차별 없이 다루는 분석가들이 많다. 그런데 제도주의 연구들은 두 개의 상반된 인과관계를 부각시켰다. 자본주의 다양성 학파는 기업이 제도를 구축한다고 보는 반면, 조절이론은 그 역의 인과관계가 성립한다고 본다.

자본주의 다양성 이론: 기업이 제도적 환경을 만든다

실제로 피터 홀과 데이비드 소스키스(Hall and Soskice, 2002)는 기업 조직의 슈퍼모듈(모듈성은 장치를 조립할 때 구성요소가 어느 정도의 총체적 기능을 하는지 나타낸 지표임—옮긴이) 이론을 자본주의의 제도들에까지 확장한다(Milgrom and Roberts, 1990). 이 연구 방법은 경영 장치들이 대조적인 구도를 형성할 수 있다는 사실에 기반을 두며, 단순한 벤치마킹 관념을 거부한다. 벤치마킹 관념은 각 경영 장치의 공헌은 엄격하게 부가적인 방식으로 이루어지므로 '한 최선의 방식(one best way)'에서 다른 한 최선의 방식으로 나아가는 것은 쉬운 일이라고 간주한다.

대표적인 사례로 적시(just-in-time) 생산과 전사적 품질 관리 모델의 경우를 들어보자. 이 모델에서는 부품 조달에 따르는 시간적 제약을 해결하기 위한 공단 유형의 조직화와 한 재화의 생산에서 다른 재화의 생산으로 쉽게 옮겨갈 수 있는 다기능 인력이 중요하다. 그뿐만 아니라 아주 작은 노동 집단의 파업 위협으로 가치 연쇄 전체가 중단되지 않도록 충분히 평화로운 산업관계를 유지하는 것도 중요한 전제조건이다.

따라서 이론적으로는 다음 두 가지 가설의 결합을 통해 자본주의의 다양성이 창출된다고 생각할 수 있다. 그 하나는 노동·설비·생산물 간의 기술적·조직적 유형의 보완성이고, 다른 하나는 기업 조직과 총괄적인 경제제도들 간의 동형성이다.

조절이론: 제도가 조직을 만든다

조절이론에서는 주요 인과관계가 거시경제적인 것에서 미시경제적인 것으로 나아간다고 본다. 물론 총체적 동학이 단지 다양한 기업들의 변동이 결합되어 만든 결과에 지나지 않는다 하더라도 그러하다. 왜 그럴까? 제도 형태들은 경제활동을 관장하는 수준과는 다른 수준, 즉 전체로서의 사회의 수준에서 일어나는 집단행동의 산물이기 때문이다. 다른 한편으로 거시경제 속성들이 한 대표 기업이 만날 수 있는 제약들을 표현해야 할 이유도 전혀 없다. 이 두 접근 간의 논쟁은 그림 5-2처럼 요약될 수 있다.

그림 5-2

조직 간 보완성, 조직과 제도 간 동형성, 제도 간 보완성

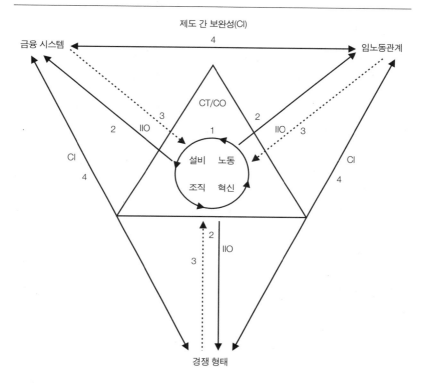

1	CT / CO	기술적 보완성 / 조직적 보완성
		(예: 적시 생산, 전사적 품질 관리, 다기능)
2와 3	IIO	제도와 조직 간 동형성
		(예: 적시 생산과 공단, 다기능과 훈련 시스템)
4	CI	제도 간 보완성
		(예: 공단, 고용 안정성, 인내하는 금융시장)

자료: Boyer(2002c: 182).

미시와 거시의 접합으로서의 생산 모델

이 두 관념은 상호 대안적일까, 아니면 서로 결합될 수 있을까? 하나의 해법은 거시에서 미시로의 이행과 그 역방향의 이행이라는 두 개의 희망을 모두 포기하고 제도 형태들 속에 등재되는 하나의 중간 수준을 세운 뒤 이것이 역으로 집단적·개인적 행동을 만들어낸다고 보는 것이다. 이것이 게피사(GERPISA)가 자동차 부문의 임노동관계를 분석하면서 도입했던 생산 모델이라는 개념의 장점이다(Boyer and Freyssenet, 2000: 24).

기업의 환경이 가격 시스템만으로 구성되지 않는 이유는 금융, 경쟁 및 임노동관계를 관장하는 제도 형태들이 기업들에 적절한 정보를 집중시키고(Aoki, 2001) 이들의 조직 관련 선택에 필요한 정보를 제공하기 때문이다. '발전양식'과 소득 분배의 특징을 규명함으로써 이 제도 형태들의 영향을 총괄할 수 있다.

따라서 기업에 적합한 '이윤 전략'은 핵심적으로 이러한 제도적·거시경제적 특징에 달려 있으며, 제품과 생산조직 그리고 임노동관계의 코드화와 산업별 임노동관계를 기업별 임노동관계로 끌어내리기 등에 관한 정책의 선택은 기업들이 직면하는 불확실성과 변동의 유형에 따라 달라진다(Billaudot, 1996).

끝으로, 기업이 중장기에 걸친 활력을 유지하려면 환경의 신호와 채택된 이윤 전략이 요청하는 바에 따라 항상 경영을 조정할 수 있게 해주는 일종의 '거버넌스 타협'이 필요하다. 이는 생산부문들이 서로 다른 특징을 가진다는 점에서 더욱 그러하다.

이러한 시각에서 보면 (기업에―옮긴이) 그토록 많은 제약과 유인을 가져다주는 제도적 구축물이 기업의 조직 관련 선택에도 지배적인 영향을 미친다는 점을 인정할 수 있다. 그렇지만 제도 형태들의 보완성과 기업의 경영 장치들의 보완성 사이에 일대일 조응 관계를 가정할 필요는 없다. 이 점에서 포드주의 성장체제와 그 자체로 포드주의적인 기업 사이에 마치 일대일 조응 관계가 있다고 보았던 조절이론의 초기 작업들에 중대한 수정이 가해지는 셈이다.

현실주의 미시경제학의 제도적 기초

이러한 분석 틀에서 보면 규범적 성격을 띤 왈라시언 미시경제이론은 특정 사회와 시대를 지배하는 제도적 구축물에 관한 고찰로 대체되어야 한다.

제도 형태가 행동을 조탁한다

불완전한 노동시장에 준거하는 대신 임노동관계를 분석함으로써 많은 연구 성과를 올렸다.

역사와 국제 비교를 통한 접근

프랑스에서의 임금 형성 과정에 관한 장기적인 분석을 통해 고용과 실업의 변동을 관장하는 규율을 바탕으로 하나의 철칙이 존재하고 또 이 철칙이 영속적으로 작용한다고 보는 견해는 잘못된 것임이 밝혀졌다(Boyer, 1978). 이 철칙은 자신들의 이익을 집단적으로 방어할 권리가 없었던 산업 노동자군이 형성되던 시기에 관철된 바 있다. 이러한 경쟁적 조절에서는 고용과 임금이 축적의 리듬에 따라 경기에 동행해 변동한다. 그러나 집적된 노동자들은 임금을 코드화된 변수로 삼는 규칙의 제정을 요구하는 사회적 투쟁을 벌인 끝에 요구를 관철했다. 자본·노동 타협을 통해 마련된 이러

그림 5-3

임노동관계의 네 가지 형태, 네 가지 고용·임금 관계의 교차

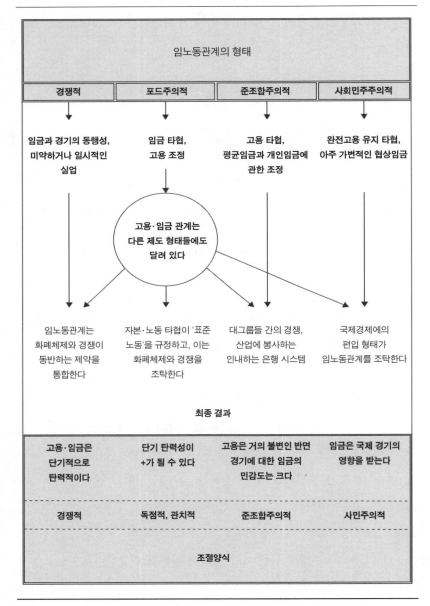

자료: Boyer(1999c).

한 규칙은 갈수록 확장되었고, 이에 따라 갈등과 불확실성은 감소했다. 포드주의 임노동관계는 이러한 새로운 조절의 전형을 보여주며, 수요를 자극하고 생산의 근대화를 심화하는 효과를 창출함으로써 임금 상승에 이어 고용의 유리한 변동도 가능케 했다. 이리하여 당시 유가 폭등으로 유발된 불황에도 불구하고 명목임금은 물론 실질임금도 계속 증가했고, 이는 결국 실업 증대를 가져왔다. 이렇게 해서 등장한 스태그플레이션은 독점적 또는 관치 조절에 새로운 특징을 부각시키는 동시에 이 조절양식이 위기로 진입했음을 알리는 신호였다(그림 5-3).

하지만 미국과 프랑스에서 관찰되었던 이 구도가 다른 나라들에서도 확인될 정도로 보편적인 현상은 아니었다. 예컨대 일본에서는 타협이 신속한 고용 조정을 저해하는 임금의 코드화가 아니라 반대로 핵심 노동자들의 고용을 암묵적으로 보장하는 대신 임노동관계를 구성하는 다른 모든 부분은 유연화하는 방식으로 이루어졌다(Boyer and Yamada, 2000).

사회민주주의 사회에서는 또 다른 구도가 모색되었다. 강력한 노조로 인해 임노동관계는 기본 타협의 주기적인 갱신으로 귀착되었고, 이를 통해 임노동자의 이동성 증대를 조직하는 일군의 절차가 구체화되었다. 이와는 반대로 남유럽에서는 기존 고용의 방어가 지금까지도 이 지역의 특징으로 남아 있다(Boyer, 2002d). 그리고 '신경제' 기업들과 금융 그룹들에서는 전혀 다른 형태의 임노동관계가 관철된다. 여기서는 보수와 이동성이 금융성과 관련 지표들에 달려 있다.

정식화를 통한 분석적 접근

임노동관계의 핵심은 권력관계이므로 임금은 노동자의 노력을 최적화하는 방식으로 설정된다. 그렇다면 임금은 노동의 수요와 공급이 균형을 이루도록 만드는 역할을 더 이상 할 수 없다. 효율성 임금 이론에 따른 비자발적 실업이 예외적인 것이 아니라 지배적인 현상이 된다. 이제 기업가와 노동자의 전략은 각각 양측 간의 조정이 자신에게 유리하도록 만드는 것이다. 이로부터 도출되는 임노동관계의 전형적인 구도는 다음 세 가지다.

기업들이 경쟁적으로 이윤을 최적화하는 임금을 공여하려 든다면 완전고용은 달성할 수 없게 된다. 왜냐하면 그러한 접근은 노동의 강도와 질을 악화시키기 때문이다. 이 경우 고용과 임금 사이에 필립스(Philips) 곡선과 유사한 관계가 나타나고, 완전고용이 지속될 수 없음을 보여주는 이미 제기되었던 논지가 다시 나타난다(Kalecki, 1943).

만약 반대로 기업들이 임노동관계 정책을 조화시키기로 상호 합의한다면 노동강도를 완화해야 할 제약은 약화될 수 있고 극단적인 경우에 고용수준이 어떻게 변하더라도 임금은 일정할 수 있다.

다른 한쪽 극단에서는 단일 노조가 상당한 힘을 비축해 역시 다소간에 통일된 사용자 협회와 협상 파트너를 형성할 수 있다. 이때 노조는 임금 형성이 경쟁력을 매개로 수요 형성에 영향을 미침으로써 초래될 수 있는 거시경제 결과까지 통합적으로 고려할 필요가 있다. 이 필요성은 경제의 국제경쟁 개방도가 클수록 더욱 커진다. 이러한 맥락에서는 노조가 어떤 목표를 설정하는가가 중요하다. 만약 노조가 노동자 전체의 고용을 중시한다면 이 협상 모델은 각자도생(各自圖生)의 경쟁 모델보다 훨씬 우월한 결과를 가져다줄 것이다. 이와는 달리 만약 노조가 자기 노조원들의 이익만 방어하기로 한다면 고용 할당은 확보할 수 있을지 모르지만, 더 나은 일자리와 임금에 접근할 수 없는 노동자 분파가 희생당할 수 있다(Boyer, 1995).

제도 형태들의 시간대 불일치는 경제적 동학을 출현시키고 위기를 조장한다

이것은 신고전파 거시경제학이 숨기고 있는 가설이다. 이에 따르면 왈라시언 일반균형 모델에서처럼 모든 거래는 단일한 시간대에서 전개된다. 거래의 대상이 재화와 서비스, 노동, 심지어 신용이나 금융 자산이든 상관없이 그러하다. 그러나 이러한 가설이 유지될 수 없다는 것은 각 제도 형태가 그것에 고유한 시간대 속에서 전개된다는 것을 보여줄 수 있기 때문이다. 이러한 제도 형태들의 시간대 불일치로 말미암아 경제적 동학이 출현하고, 경제적 동학은 사회의 다양한 영역을 연결시키는 과정들의 접합으로 시행된다.

금융체제는 반응 시간이 가장 짧은 체제다. 금융체제가 가진 이 특징은 위기의 역사에서 오래전부터 관찰되어왔으며 다양한 금융 자산들의 가격형성이 글로벌화·디지털화되면서 더욱 강화되었다. 경쟁 형태는 축적체제를 움직이게 만들고 축적 과정은 임노동관계보다 더 긴 시간대와 충돌할 수밖에 없다. 이 두 제도 형태 간의 상호작용을 정식화해보면 표준이론이 가정하는 균형이 실제로 불안정해지는 모델을 얻을 수 있다. 이로부터 도출되는 결과는 경제 변동의 전형적인 과정이 내생적인 사이클로서 구조적으로 안정된 균형을 교란시키는 외부 충격을 전혀 필요로 하지 않는다는 것이다(Goodwin, 1967).

자본주의 논리가 심화되어감에 따라 비용 감소를 통한 경쟁은 한계에 부닥치고 이에 따라 혁신이 이윤 몫의 회복 전략으로 활성화된다. 그런데 혁신의 시간대는 표준 제품의 가격 인하를 통한 경쟁이 갖는 시간대보다 훨씬 더 길다. 그래서 각각의 혁신 시스템과 연계된 사이클이 나타날 수 있다(6장). 인구 변동은 세대교체와 관련된 또 다른 시간대를 도입하고, 이 시간대는 아비투스, 표상, 규범 등의 형성과 관련해 대단히 중요하다. 인프라, 주택, 교육, 건강 분야의 지출과 관련해 시간대가 훨씬 더 긴 동학이 나타난다. 끝으로 생태적 과정들의 시간대는 앞선 시간대들의 위계에 또 하나의 차원을 추가한다. 이로부터 다음과 같은 직관이 나온다. 오염 배출권과 같은 현대적인 가격 시스템은 끝없는 경제성장 과정이 미래에 부닥치게 될 한계들을 제대로 드러내줄 수 없다는 신호를 제공한다.

이러한 시간대 접근은 위기의 기원에 관한 다른 해석을 가능하게 한다. 그것은 위기를 서로 다른 시간대들 간의 불협화음의 표현으로 간주하는 것이다(Boyer, 2013a). 금융의 사례만 본다면 금융의 단기적 시간대는 투기 거품의 반복적인 발생을 조장하며, 이 거품들은 근본 혁신이 그 기대수확을 실현하는 데 필요한 시간대를 과소평가한다는 공통점이 있다.

장기 변형: 폴라니로의 복귀

나아가 이러한 문제의식을 확장함으로써 장기 역사에 대한 재해석이 가능해졌다.

과거의 위기들이 주는 교훈처럼 제도 형태들에 일정한 위계의 확립을 통한 정치적 통제의 필요성이 재확인되는 시기들이 있다. 예컨대 제2차 세계대전 이후의 시기가 그러하다. 전후 복구와 근대화라는 지상 과제를 수행하기 위해 국가는 신용 시스템 조직이라는 분야에서 자신의 절대적인 권한을 재확인했다. 국가는 노동자 대변 조직과 보수 그리고 사회보장 접근이라는 분야에서 노동자의 권리를 강화했다. 국가는 혁신을 장려하고 공공연구 시스템의 성과를 민간에 이전함으로써 산업 부문과의 관계를 쇄신했다. 그리고 국내 경쟁에 관한 독트린을 구상했다. 이러한 제도적 정비가 사전적으로는 기업의 발흥과 성과를 해치는 제약으로 보였으나 사후적으로는 생산의 근대화와 대다수 국민의 생활수준 개선이라는 측면에서 특히 효율적인 것으로 드러났다(Streeck, 1997).

그렇다면 이러한 구도는 무한정 지속될 수 있을까? 조절이론은 한 제도적 체제가 성숙해감에 따라 그 성공 자체가 그에 반하는 경향들을 창출한다는 것을 보여주었다. 상기의 사례에서 기업은 이윤의 원천인 새로운 판로를 찾기 위해 국민적 영토로부터 탈출을 시도한다(Boyer, 2002c: 180). 이로 인해 기업은 노동자들과 이전에 맺었던 타협을 파기하고, 국가가 제정한 규칙과 조세 시스템을 수락하기 어려운 제약으로 느낄 수 있다. 어쨌든 시장관계와 경쟁은 국경을 초월해가고, 이에 따라 기업의 힘은 증대된다. 이와 마찬가지로 은행을 비롯한 금융 시스템은 국가적 규제에서 해방된다. 결국 시장경제의 자기 규율이라는 관념이 다시 득세한다. 기업가들은 공공 행정과 정치권이 이 관념을 수용하도록 설득하는 데 성공한다. 결국 대다수 행위자들은 이전의 규제들이 왜 필요했는지를 ― 파멸적인 위기의 반복을 방지한다 ― 망각한 채, 경제의 조직화를 민간 기업가와 투자자들의 손에 맡겨야 한다는 주장에 설복당한 것이다.

1945년부터 2010년대에 이르는 새로운 장기 사이클을 대상으로 한 이러한 해석은 폴라니(Polanyi, 1944)의 해석을 이 시기에 적용한 것이나 다름없다. 화폐는 공적인 것에서 거의 사적인 것이나 다름없게 되었고, 임노동관계는 갈등을 유발하게 마련인 전형적인 시장관계로 와해되는 경향이 있으며, 환경 서비스는 상품화가 유일한 합리적인 선택지로 제시된다. 이렇게 본다면 현대 경제가 다시금 금융 불안정과 대위기를 맞고 있는 것은 전혀 놀라운 일이 아니다. 이른바 노동시장의 유연성이 임노동 사회의 응집성을 깨뜨려버리고, 끝내는 첨예한 생태위기를 창출하고 있는 것이다.

소결: 제도, 거시와 미시를 연결하는 불가결한 매개물

조절 용어에 의한 접근은 누차 제도적·역사적 거시경제학을 지향하는 것으로 제시되어왔고, 이것은 이 책 1부의 분석이 따랐던 노선이기도 하다. 시간이 지나면서 조절이론은 새로운 영역을 개척해나갔고, 이 과정에서 전통적인 미시경제이론이든 정보의 비대칭에 기반을 둔 새로운 미시경제이론이든, 미시경제이론의 전유물로 간주되었던 문제들도 다룰 수 있는 이론의 구축이라는 전망이 열렸다.

여기서 핵심 가정은 제도 형태야말로 거시경제 규칙성과 개인 및 집단의 행동 사이에 위치한 필수 통과점이라는 것이다.

6장

<h1>현대 자본주의의 새로운 제도적 장치들</h1>

조절이론의 적용 범위가 확장되면서 거시경제와 무관한 문제들도 나타났고, 이 문제들을 제대로 다루기 위해 또 다른 개념들을 조탁해야 할 필요가 커졌다.

생산 모델의 다양성, 자본주의의 차별화

거시에서 미시로 이행하는 전략을 설명하려면 중간 수준의 설정이 불가피한데, 여기서 생산 모델이라는 용어가 핵심으로 부각되었다(5장). 따라서 이 새로운 용어의 타당성을 개념적·경험적으로 검토하는 것이 중요하다.

제도적 장치들의 일관성 유지와 관리 수단

많은 경험적 연구로 모든 기업이 최첨단 기술을 사용하게 된다는 가설의 타당성이 부정되자 X-효율성 이론(Leibenstein, 1966, 1982)˚을 비롯한 새로

˚ X-효율성이란 통상의 배분적 효율성으로 포착할 수 없는 근로자의 의욕 등에 기인하는 측정하기 어려운 효율성이다. 이 개념은 독점 기업의 경우에 경쟁 압력의 부재로 비용 극소화 노력의 유

운 이론들이 곧장 등장했다. 어떤 의미에서 생산 모델이라는 개념은 이러한 접근의 연장선상에 위치한다. 왜냐하면 이 개념은 기업이 조직 관련 선택을 할 때 고려하는 기업 내부 요인과 거시경제 요인을 함께 명시하기 때문이다. 첫째는 생산조직의 선택이 기업의 이윤 전략에 따르는 것이지 가능한 선택지들로 이루어진 공간에서 최적의 선택지를 추구하는 식으로 이루어지는 것은 아니라는 점이다. 둘째는 잠재적으로 가능한 조직 관련 선택은 다양한 이해관계자들의 이익과 유인을 조화시키려는 거버넌스 타협으로 현실화된다는 점이다. 여기서 이해관계자에는 경영자, 엔지니어, 기술자, 작업자는 물론 소비자와 하청업자도 포함된다. 셋째는 각 기업이 성장 모델의 일반적인 특징을 감안해 생산조직을 선택할 수밖에 없다는 점이다. 예컨대 기업은 분배의 상태가 저비용 표준 제품의 공급과 품질 차별화 중 어느 것에 유리한지 고려해야 한다. 이처럼 다양한 요인들이 관련되어 있어 모든 제도적 장치들이 생산 모델 개념의 구축에 기여하게 된다. 그래서 생산 모델 개념은 생산에서 사용되는 기술 지식은 물론 고용관계와 경쟁 유형의 표현도 동원한다(Boyer and Freyssenet, 2000).

시공간적으로 유의미한 변종

이러한 문제의식을 적용해 많은 경험적 성과를 낳았던 부문이 바로 자동차 부문이다(표 6-1). 주어진 시기와 사회에서 수요의 구조, 임노동관계의 구도, 경쟁 형태 및 하청 개발 능력 여부에 따라 특수한 생산 모델이 나타났다. 미국에서는 20세기 초에 노동 통제와 표준화에 기반을 둔 테일러

인이 없거나 적기 때문에 발생할 수 있는 비효율성을 지칭하는 X-비효율성(X-ineficency)에 대응한다.—옮긴이

표 6-1

생산 모델의 파노라마

생산 모델	이윤 전략	기업 거버넌스 타협	성장 모델과 소득 분배	사례
테일러	노동 통제 및 표준화	값싼 인력의 이동성	완만한 성장, 경쟁적 조절	미국, 20세기 초
울라드	다양성과 유연성	노동 자율성 대 높은 자본 수익성	약한 성장, 경쟁적 조절	영국, 19세기 초
포드	수량과 수확 체증	고임금 대 생산성	대량생산, 그러나 대량소비는 아님	미국, 양차 대전 중 간기
슬론	규모의 경제와 품계	기업에 대한 노동자의 지속적인 동화	대량생산과 대량소비의 동기화를 제도화함	미국과 프랑스, 제2차 세계대전 이후
도요타	수량 대비 비용의 항상적인 감소	기업의 영속성과 다기능 노동자의 안정성	내수 주도에 뒤이은 수출 주도의 강력한 성장	일본, 1970~1990
혼다	혁신과 유연성	개인의 승진 대 반응과 이니셔티브	좀 더 불평등한 성장과 시장 쇄신의 필요성	일본, 1980~2000

자료: Gerpisa(http://Gerpisa.org/biblio)의 연구 프로그램에서 구상되고 Boyer and Freyssenet(2000)에서 종합됨.

(Taylor) 모델이 출현해 확산되었다. 같은 시기에 영국에서는 직업 노동자들에게 항구적인 노동 자율성을 부여하고 자본의 통제에 관한 다른 관념을 가진 울라드(Woollard) 모델이 나타났다.

포드(Ford) 모델은 작업들이 조립용 컨베이어를 통해 동기화되고 수확 체증을 추구한다는 점에서 앞선 두 모델과 또 다르다. 그러나 사회의 풍요화 그리고 임노동자 위계의 안정과 연계된 사회적 계층화 덕분에 슬론(Sloan) 모델은 수확 체증과 제품의 품계 효과를 결합시킬 수 있었다. 요컨대 포드주의 축적체제와 연계되었던 것은 바로 이 슬론 생산 모델이었다.

바로 이러한 생산 모델과 축적체제의 구별 덕분에 일본 사례가 분석될 수 있었다. 국제 전문가들은 간반(看板)* 생산을 일본 자동차 산업의 표준

● 간반은 공정 간 정보 교환을 위해 물건과 정보의 흐름을 보여주는 간판을 지칭하며, 도요타의 적시(just-in-time: JIT) 생산의 실천을 위한 주요 수단이다. 이는 비용 절감을 위한 생산성 향상 혁

모델로 간주했다(Womack et al., 1990). 나아가 이를 일본 성장 모델의 핵심으로 삼아 슬론 모델의 후계 모델로 지목하기도 했다. 이와는 반대로 게피사는 일정한 생산량에 지출되는 비용의 항구적인 감축을 추구하는 도요타 모델이 비전형적인 성격을 가지며, 나아가 일본의 다른 자동차 제조사들이 이와 동일한 이윤 전략을 채택한 것도 아니라고 분석했다. 게피사는 그 중 거로 혼다(Honda) 생산 모델을 제시했는데, 혁신과 유연성에 기반을 둔 이 모델은 시장 환경이 신규 수요가 아니라 대체 수요가 지배하고 있어 혁신을 통한 차별화가 중시되고 불평등이 조장되는 성장체제와 조응해 등장한 것으로 본다.

동일한 국민적 공간 내 생산 모델들의 이종성

이러한 일본의 사례가 주는 중대한 교훈은 또 있다. 그것은 일본에서 도요타 모델과 혼다 모델이 서로 다를 뿐만 아니라 지속적으로 공존해왔다는 점이다. 이와 마찬가지로 현대 미국 시장에는 적어도 세 가지 모델이 공존한다. 그것은 제너럴 모터스(General Motors)와 어떤 의미에서는 포드 (Ford)를 통한 슬론 모델과 북미에 자회사를 통해 이식된 도요타 모델 그리고 혼다 모델이다. 이 현상이 나름의 일반성을 갖는 까닭은 심지어 1960년 대에도 다음 세 개의 모델이 상호작용하며 공존했기 때문이다. 그것은 표준화를 통한 생산량 증대와 수확 체증을 추구한 포드 모델, 수확 체증과 품계 효과 간의 시너지 효과를 추구한 지엠 모델 그리고 혁신과 유연성을 중시한 크라이슬러 모델이다.

신을 지칭하는 가이젠(改善)과 함께 도요타의 놀라운 발전을 가져다준 원동력으로 평가되었다.―옮긴이 이로부터 결국 다음과 같은 흥미로운 해석이 도출되었다. 동일한 제도적 구도 내에서도 시장과 분업이 복잡하게 발전함에 따라 서로 다른 이윤 전략이 전개될 여지가 생긴다는 것이다. 각 이윤 전략이 나름의 비교우위를 가지고 있으며 다른 전략들의 약점을 활용하지만, 그중 어느 전략도 시장 전체를 장악할 수는 없다. 반면 이처럼 다양한 조직 모델들의 분포 양상은 시간과 더불어 제도적 환경이 변함에 따라 달라진다(Boyer, 2002c: 184).

대표 기업이라는 가정이 함의하는 바와는 반대로 거시 수준을 지배하는 제도적 구도가 다양한 생산 모델들의 분포 양상을 결정한다는 점이 확인된 것이다.

부문별 및 국지적인 제도적 장치들

부문을 다룰 때도 바로 이러한 이종성에 관한 동일한 의문이 제기된다. 조절이론의 초기 연구들은 다음 두 가지 전략을 세웠다. 하나는 동일한 논리가 모든 부문에 동등하게 투사된다고 보는 전략이고, 다른 하나는 각 부문이 포드주의의 산업적 논리가 요구하는 바를 보완한다고 간주하는 전략이다. 그러나 이 두 전략 모두 유효하지 않은 것으로 판명되었다. 대부분의 다른 부문에서는 조립 라인이 발견되지 않았을 뿐만 아니라 매우 정형화된 몇몇 부문(건설, 포도주 산업 등)에서는 각 부문에 고유한 생산조직과 고용관계가 발전하고 있다는 사실이 밝혀졌기 때문이다.

포도 재배 부문의 본보기

그래서 조절이론가들은 부문을 적절한 분석 수준으로 간주했다. 이것은

그림 6-1
전체와 부문 간의 복잡한 접합

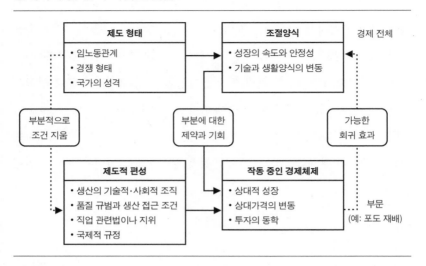

자료: Boyer(1990b: 69).

분석을 제품의 동질성(왈라시언 관념)에서가 아니라 역사적으로 식별 가능한 생산 영역의 복잡한 사회적 구축물에서 시작한다는 것을 의미한다. 이러한 생각이 구체화될 수 있었던 것은 프랑스의 포도·포도주 생산부문의 장기 변동에 관한 기초 작업 덕분이었다(Bartoli and Boulet, 1990). 사실 이 생산부문은 고품질 제품 시장과 일상 소비품 시장으로 뚜렷이 나뉘어 있었다. 시장을 조직하는 바탕이 되는 제도적 장치들이 전자의 시장에서는 높은 가격을 보장하는 산지에 기반을 둔 반면, 후자의 시장에서는 상업적 브랜드 논리의 실행이 가능한 수확 체증의 추구에 기반을 두었음이 밝혀졌다. 또한 이 연구는 그랑 크뤼(grands crus: 프랑스의 오래 숙성된 최고급 포도주 등급－옮긴이) 포도주들의 위계구조가 장기적으로 안정되어왔고, 산지와 국가 차원의 입법이 상호작용해 왔으며, 그리고 국가 차원의 입법은 농업부문에 관한 유럽 차원의 규정 속에 편입되어 있었음을 강조했다. 이에 따라 다음 사항에 관한 고려가 필요했다.

- 사회적 노동관계는 엄밀한 생산구도의 시행으로 뒷받침된다.
- 개별 자본들은 조직된 경쟁의 틀 속에서 상호 대치한다.
- 국제 규정들이 국제체제 내에서의 부문 동학의 틀을 형성한다.

이에 따라 포드주의에 대한 동질성이나 보완성이라는 가설을 포기하더라도 중요한 것은 각 부문이 거시경제 동학과 맺는 관계의 성격을 밝히는 것이다(그림 6-1).

부문별 구도들의 이종성 인정하기

이러한 역사적·사회적·경제적 관념은 서로 다른 생산 활동들을 어떻게 분할할 것인가에 관한 연구와 논쟁을 불러일으켰다. 이러한 부문 분할의 문제는 새로 출현한 석유화학 부문(Du Tertre, 1989)과 농업 분야에 대해 유독 뚜렷이 제기된 바 있다. 예컨대 농업의 경우 농업을 그 전체로 포착할 것인지(Lacroix and Mollard, 1994), 아니면 AOC(Appelation d'Origine Controlé: 프랑스의 최고 등급 포도주 라벨―옮긴이) 포도주 부문과 보통 포도주 부문의 구별에 이르기까지 더 세분된 수준에서 다룰 것인지(Bartoli and Boulet, 1989, 1990)라는 문제다. 서비스의 경우에는 부문 분할의 문제가 더욱 복잡하다. 시장 서비스와 비시장 서비스, 대(對)가계 서비스와 대(對)기업 서비스(Petit, 1988)의 구별로 경쟁 형태의 분석에 필요한 요소들은 확보했지만 이것들을 엄밀히 규정하는 데까지는 미치지 못했다. 이는 바로 비물질적 유형의 구도를 시행하는 경쟁 형태들의 경우에 해당된다(Du Tertre, 1994).

사회적 혁신 시스템

생산 모델이든 부문별 장치든 이 개념들은 대체로 정태적인 것으로 나타난다. 그렇다면 이 개념들은 제도 형태들의 네트워크에 어떻게 편입되는 것일까? 조절이론은 이 문제를 네오슘페터리언 분석이 제시한 국가 혁신 시스템(national innovation system: NIS)이라는 개념을 일반화한 사회적 혁신 시스템(social innovation system: SIS)이라는 개념으로 다루려 한다.

자본주의는 반복이 아니라 혁신과 이종교배의 산물이다

'조절'이라는 용어는 일부 분석가들이 흔히 생각하는 것과 달리 경제적·사회적 재생산뿐만 아니라 재생산 조건들의 변화까지 포함한다(Aglietta, 1976). 사실 경쟁은 표준 재화의 좀 더 효과적인 생산기술을 연구하도록 만들지만, 이 연구 과정이 한계에 봉착하면 경쟁은 혁신에 의거해 이루어진다. 슘페터는 혁신 활동을 기업가 정신의 산물로 생각했으며 중간 계급의 출현이 혁신의 역동성을 저해할지 모른다고 우려했다. 그러나 실제 역사에서 혁신은 집단적으로 조직될 수 있었고 주기적으로 성장을 회복시켜주기도 했는데, 이러한 혁신을 통한 성장 회복은 연속적인 금융 거품을 동반하는 경우도 간혹 있었다. 이것이 바로 슘페터의 제자들이 국가 혁신 시스템(NIS)의 분석을 통해 포착해낸 점이다(Freeman, 1987; Nelson, 1993). 이들의 연구는 다음 두 가지 방향으로 확장되었는데, 하나는 생산 관련 혁신을 넘어서는 방향이고, 다른 하나는 분석 수준을 일국적 차원에 한정하지 않고 적절한 모든 수준에 대해 열어두는 방향이다.

혁신 개념의 확대: 조직·제도·금융·국가 주도 혁신

네오슘페터리언 접근이 다양한 방향으로 확장된 덕분에 혁신 시스템을 어떻게 조절이론의 개념으로 편입시킬 것인지에 관한 연구가 가능해졌다 (Amable et al., 1997; Amable, 2003). 먼저 자본주의를 대시기들로 구분해준 덕분에 포드주의 시기에는 혁신이 생산기술은 물론 제품에 대해서도 결정적인 역할을 하게 되었음을 알 수 있었다. 다음으로 혁신을 생산조직 면에서 진지하게 다룸으로써 생산 모델과 같은 개념이 조탁될 수 있었다. 끝으로 제도 혁신에 특별히 주목함으로써 집단 협약 덕분에 대량생산과 불가결한 짝을 이루는 대량소비가 발전할 수 있었다는 사실을 깨닫게 되었다.

혁신 시스템과 발전양식의 접합이라는 프로젝트를 수행하면서, 2008년까지 금융 주도 축적을 활성화했던 금융 혁신도 어떻게 동일한 분석 플랜으로 다룰 수 있는지가 핵심 문제로 부각되었다(Boyer, 2011b). 금융 혁신 중 어떤 것들(모험자본, 스톡옵션의 지불, 스타트업의 공공 매입 도입 등)은 (생산—옮긴이) 혁신을 조장하기 위해 구상된 것이었기에 더욱 그러했다. 이와 마찬가지로 소득의 3분의 1 내지 2분의 1 정도가 조세와 사회보장 분담금을 통해 재분배되는 경제에서는 국가의 다양한 활동의 합리화를 도모하는 혁신이나 국가에 새로운 자원을 제공하는 혁신(예컨대 녹색 조세)도 감안해야 한다. 이것이 바로 경제의 구조적 경쟁력을 구축하거나 확대할 목적으로 국가 개혁을 구상해온 북유럽 경제가 사용한 비법 중 하나다(Pedersen, 2008).

사회적 혁신 시스템의 수준: 경험적 질문

혁신 과정이 작동하는 수준에 관한 문제가 열려 있다는 사실로부터 국가 혁신 시스템이라는 개념의 또 다른 일반화가 가능했고, 그 결과 사회적 혁신 시스템(SIS)이라는 개념이 등장했다. 국민적 영토의 구조적 경쟁력을 방어하기 위해 사회적 혁신 시스템의 효과적인 활용에 치중하는 나라들(일본, 한국, 독일)이 있는 반면, 혁신이 주로 그 내부에서만 순환하는 대규모 다국적 그룹의 연구실을 유치하는 데 열을 올리는 나라들도 있다. 끝으로 실리콘밸리 모델에 의거해 쇄신된 이탈리아식 산업 구역처럼 비록 잠재적 목표는 세계시장이라 하더라도 상호작용 네트워크가 전통적으로 작은 영토에 극단적으로 집중되는 경우도 있다. 이러한 국가 혁신 시스템의 다양성은 조절의 규모와 수준에 관한 물음을 제기할 수 있다(9장).

혁신 시스템의 다양성, 일국적 차원에서의 보완성 표현

다양한 국가 혁신 시스템들은 국제적으로 수렴되는 경향을 보일까? 경영의 관점을 취하는 문헌들은 최선의 실천들을 장려하고 또 이 실천들을 결합하는 것만으로 다양한 시스템들이 최선의 한 시스템으로 수렴하도록 만드는 데 충분할 것이라고 생각하는 경향이 있다. 그러나 국가 혁신 시스템을 형성하는 여러 구성요소에 관한 지표를 모색했던 연구자들은 이와 다른 결론을 내렸다(Amable et al., 1997; Amable, 2003). 실제로 특유의 보완성을 가진 소수의 구도들이 나타났고(표 6-2), 각 사회는 오랜 역사를 거치면서 제도의 출현에 관한 나름의 관념과 노하우를 발전시켜왔다는 것이다.

첫 번째 국가 혁신 시스템 그룹에서는 시장이 혁신을 용솟음치게 만들고 그 성과는 사회 전체로 확산된다. 경쟁 원리가 지배하는 세상에서 혁신은 지적재산권의 보호를 받고, 교육 시스템은 혁신자와 생산자 간의 배분을 담당한다. 이로부터 근본 혁신의 파도가 연속해 일어난다는 대단히 슘페터적인 메커니즘이 등장했고, 이로써 부의 양극화가 조장되었다. 이러한 사

표 6-2

네 개의 혁신 시스템

	구도			
	시장적	메조코포라티스트	국가의 자극	사회민주주의적
1. 일반 원리	시장이 혁신의 핵심 추동자다	대기업은 혁신과 역량을 내재화한다	혁신과 조절양식의 핵심에 공공이 있다	제도에 의한 사회화와 혁신의 원천 및 결과에 대한 협상
2. ~에 대한 함의				
과학	경쟁 기반 연구 시스템, 공공자금 획득 포함(국방, 건강)	기술 응용에 대한 학술 시스템의 상대적 단절	공공의 근본 혁신 연구, 제품 개발과는 거의 무관하다	부존자원과 사회적 필요에 의해 지향된다
기술	혁신의 유인과 보장으로서 특허 및 저작권의 중요성	일부 혁신은 암묵적이고 코드화될 수 없어 기업 내부에 분점된다	공공 발주 및 설비재의 학습에 의해 추동된다	기술적 계열의 점진적인 상승: 자연 자원에서 정보 기술까지
인적 자원	고숙련/혁신과 저숙련/생산 활동 간의 양극화 심화	일반적이고 동질적인 교육의 확산, 그리고 기업에서 개발된 특수한 역량	숙련의 양극화에서 교육의 역할: 행정과 혁신 대 생산	교육과 보수에서 평등주의적 이상, '진보에 따른 피해'는 공공기관에 의한 재숙련으로 보상
금융	금융 수단의 복잡화, 혁신 지향 모험자본 포함	금융 참여의 안정, 신용 경제, 장기주의	은행의 역할, 혁신 자금 조달의 상대적 곤란	상대적으로 미발전된 금융시장
3. ~에 대한 결과				
혁신	슘페터리언 근본 혁신의 파도, 특허 논리의 지배, 혁신 혜택의 개인화	한계적이지만 수익성 있는 혁신을 통한 제품과 제조법의 복제 및 응용 능력	대형 투자와 장기 지평을 전제하는 근본 혁신 상대적으로 중앙집중적인 포드주의 유형의 혁신 응용	사회경제적 문제와 연계된 혁신, 한계적일 수도 근본적일 수도 있음
특화	근본 혁신 연계 부문들: 전산, 우주, 의약, 금융, 여가 산업	대규모 조정이 필요하며 국지적이지만 누적적인 역량을 동원하는 부문: 자동차, 전자, 로봇	대규모 공공 인프라 연계 부문: 수송, 통신, 항공, 우주, 무기 등	사회적 수요에 부응하거나(보건, 안전, 환경 등) 기술 상승을 통해 천연자원을 활용하는 부문
사례	미국, 영국	일본, 한국	프랑스	스웨덴, 핀란드, 덴마크

자료: Amable et al.(1997)에 의거함.

회적 혁신 시스템은 전산, 의약, 금융, 여가 관련 산업들에서 번성했다.

또한 일본의 대기업이나 한국의 재벌 같은 기업집단은 자신의 내부에서 혁신을 조직해 이를 자신이 통제하는 다른 부문들로 전파시킨다는 또 다른 구도를 보여준다. 이 구도에서는 개인에게 체화된 암묵적 지식이 결정적인 역할을 한다. 기업집단은 아주 널리 확산되어 있는 일반적인 역량들을 기반으로 혁신을 시작한 후 이 역량들의 전문화를 통해 동원한다. 이러한 전문화가 다양한 전문 영역들(자동차, 전자, 로봇 등)로 확산되면서 이 영역들 사이에서도 혁신의 조정이 필요하게 된다.

진정한 슘페터적 민간 기업이 없을 때, 그리고 시장 경쟁에 대한 일정한 불신이 존재할 때는 공공 부문이 주도하는 국가 혁신 시스템의 세 번째 유형이 있을 수 있다. 이 경우에 연구는 주로 공공성을 띠므로 수익성을 위한 제품 개발과는 거의 무관하며, 초기 수요는 흔히 공공 발주로 주어진다. 자금 조달은 과거에 관치금융하에 있던 은행 신용에서 나오며, 교육 시스템은 확실히 보편적 성격을 띠지만 그 궁극적인 목적은 공학, 혁신, 행정 분야의 인재를 양성하는 데 있다. 따라서 이 국가 혁신 시스템은 공공 인프라, 수송, 항공, 우주 및 무기 분야에 특화된다.

끝으로, 네 번째 전통은 혁신과 같은 경제활동의 조직화 관련 문제들을 모든 이해관계자가 참여하는 협상을 통한 타협으로 해결하는 것이다. 여기서 목적은 천연자원의 활용을 비롯해 교육, 평생 훈련, 안전, 건강 등과 관련된 사회적 필요의 충족에 이르기까지 관련 산업 계열들을 구축하는 데 있다. 그래서 이 유형에서 핵심은 공평하고 질 높은 교육에 있다. 이러한 교육을 바탕으로 혁신가는 물론 적극적이고 까다로운 소비자가 출현하기 때문이다.

국가 혁신 시스템들의 공존, 즉 보완성

이러한 네 개의 국가 혁신 시스템은 각국의 특수한 맥락을 강하게 반영하고 있기 때문에 세계화 과정은 이 시스템들의 지속성을 위협하는 요인이라는 가설이 제시되기도 했다. 그러나 이 가설은 제도적으로 구축된 우위라는 용어를 사용하는 접근에 의해 반박되었다. 왜냐하면 이 시스템들이 금융화로 인한 실질환율의 변동성 증대로 교란된 것은 사실이지만 국제화 덕분에 그것들은 각자의 경쟁 우위를 심화시킬 수 있었기 때문이다(Amable et al., 1997). 요컨대 앞선 네 개의 구도들 각각이 특화한 부문들이 상호 경쟁적이라기보다 상호 보완적이라는 사실을 안다면 이러한 주장이 놀랍지 않을 것이다(표 6-2).

훈련관계: 임노동관계와 교육 시스템 간의 상호작용

임노동관계에 관한 초기 연구들은 연속적으로 등장했던 다양한 축적체제들과 관련된 몇 개의 전형적인 임노동관계의 구도를 명시했다. 자본주의라는 사회경제체제의 유별난 특징으로서 혁신 과정이 가진 중요성에 비추어볼 때 기술 변화와 임노동관계가 갖는 연관을 고려해 분석을 완성하는 것이 핵심 과업으로 부상했다. 각 사회에서 숙련과 역량은 어떻게 창출되는 것일까? 그리고 역으로 생산 패러다임의 변경이 어떻게 훈련 관련 조직과 제도를 변화시키는 것일까?

사회적 효과에서 훈련관계로

포드주의가 생산 패러다임으로서의 역동성을 상실했음을 인정한 조절이론가들은 포드주의를 뒤이을 대안 체제의 탐구라는 문제를 제기했다. 그결과 오퍼레이터들의 역량을 가장 잘 동원하는 체제가 가장 유력할 것으로 간주되었다. 예컨대 포드주의 원리를 시행한 경제들이 일종의 관성을 드러낸 것과는 달리 일본은 새로운 노동 조직을 모색 중인 것으로 가정되었다. 바로 이러한 맥락에서 훈련·노동 관계라는 개념이 제시되었고, 이것은 교육 시스템에서 역량이 어떻게 창조되는지, 그리고 기업이 이 역량을 어떻게 동원하는지를 묘사하는 개념이다(Caroli, 1993; Boyer and Caroli, 1993).

그러나 동일한 부문에 속하는 독일과 프랑스의 기업들을 비교해 얻은 중대한 성과를 상기할 필요가 있다(Maurice et al., 1982). 이 기업들은 동일한 유럽 시장에서 경쟁 관계에 있었는데도 서로 다른 노동 조직을 채택했다. 독일은 다기능 노동 조직이었던 반면, 프랑스는 과학적 노동 조직의 원리에 가까운 조직이었다. 이러한 차이는 독일이 직업 훈련을 중시하는 반면, 프랑스는 일반 교육에 의한 선별을 중시하는 교육 시스템을 가진 것에서 기인한 것으로 평가되었다. 이리하여 훈련·노동 관계라는 개념의 도입 덕분에 가능해진 역량 생산 시스템과 임노동관계 간의 상호작용을 더욱 엄밀하게 명시할 필요성이 제기되었다. 그 결과 양자를 구성하는 요소들이 (일대일 관계가 아니라—옮긴이) 교차 관계를 유지한다는 사실, 그리고 외형적인 노동 생산성 측면이 아니라 해당 제품의 가격 형성에 미치는 힘이라는 측면에서 측정된 대부분의 경제적 성과가 이 두 영역 사이에서 획득 가능한 시너지 효과에 달려 있다는 사실이 분명하게 드러났다.

따라서 이처럼 귀납적 방식으로 관찰된 결과들이 분석적인 정식화로도 획득될 수 있는지 확인하는 전략이 필요하다.

역량의 배분은 혁신의 방향 결정에 기여한다

기본 아이디어는 생산성 진보가 대량생산에서 전형적으로 나타나는 수확 체증을 활용하는 것뿐만 아니라 새로운 생산 절차와 방식을 제안하는 오퍼레이터의 능력에도 달려 있다고 생각하는 것이다. 또한 충분히 효과적인 교육이나 학습 시스템을 활용해 유능한 오퍼레이터를 충분히 양성하는 것도 중요하다(Caroli, 1993). 한편 다소간 상당수의 역량을 양성하기로 결정하기 전에, 출현 중인 생산 패러다임이 요청하는 역량의 수준과 국민의 평균적인 역량 수준 간의 격차가 어느 정도인지 살펴봐야 하며, 기업이든 공권력이든 앞으로 늘어날 훈련비용을 지불하려는 의도가 어느 정도인지도 고려해야 한다. 마지막으로, 생산이 내생적 성장 이론이 가정하듯이 장기 수확 불변 현상에 빠지지 않고 로지스틱(logistic) 형태로 계속 전개될지 여부는 사회적 기술 패러다임의 성격에 달려 있다.

또한 이 모델은 해당 생산 패러다임이 가진 잠재력과 이 패러다임의 변화에 대한 훈련 시스템의 반응력 간의 상호작용으로 작동한다고 요약할 수 있다. 잠재적 이득만 있으면 자동적으로 혁신이 전개되는 일은 절대 없다. 오히려 훈련에 소요되는 수단을 충분히 배분하는 것이 사회적으로 수락되고, 또 훈련이 충분한 성과를 낼 수 있도록 조직화되어야 비로소 열매를 맺을 수 있다. 주어진 조건이 이와 상반된다면 해당 경제는 새로운 패러다임을 채택하지 않을 것이다.

임노동관계라는 개념의 이러한 일반화가 완전한 의미를 갖게 되는 것은 분석가들이 대안적 패러다임들의 채택 가능성을 가늠해보고자 하는 시기들에 대해서다. 교육훈련 시스템이 부적절하거나 관성에 사로잡혀 있다면 (대안적 패러다임의 채택은―옮긴이) 봉쇄될 수 있다. 두 개의 안정된 균형과 한 개의 불안정한 중간 균형이 공존한다는 것을 감안할 때 막대한 노력을

표 6-3

프랑스와 독일: 역량 형성의 두 시스템

구성요소	독일	프랑스
기술 훈련 시스템의 효율성	• 학습 시스템의 질과 기술전문학교 • 지자체와 기업 간의 상시적인 대화	• 기술 및 직업 훈련의 낮은 위신 • 학교에서 가르치는 역량과 기업의 필요 간 격차
역량 개발에 대한 기업의 관여	• 이중 학습 시스템을 통한 깊은 관여 • 지속적인 훈련에 대한 관심	• 기술 훈련의 파편화 • 지속적인 훈련은 고숙련자에게만 집중된다
역량 형성에 지불 조치	• 지자체와 기업이 투입하는 자금의 풍부성	• 공공 자금의 투입은 유의미할 정도이지만 효율성이 낮음
기술 훈련 및 학습의 제도화의 양적 확대 및 질적 심화	• 숙련의 제도화 및 코드화의 높은 수준 • 숙련들의 주기적인 재검토	• 제도화, 그러나 기업의 기대수준보다는 매우 낮음 • 새로운 패러다임에 대한 상대적 지체
역량이 경제 성과에 미치는 영향	• 수출 및 제품 가격 제어 능력 면에서 유의미함	• 포드주의 모델의 관성 때문에 수출에는 미미한 영향, 가격 제어에 거의 기여 못 함

자료: Caroli(1993)을 참조해 작성함.

기울이지 않는 한 해당 경제는 출현 중인 기술들을 채택할 수 없는 상태가 지속될 수 있다. 이 점은 교육수준이 낮은 사회들이 왜 저발전 상태를 여전히 벗어나지 못하고 있는지, 그리고 이와 동시에 한국 같은 나라에서 강력한 교육 근대화가 경제적 도약에 얼마나 결정적인 역할을 했는지 설명해준다(Seo, 1998).

독일과 프랑스의 궤적 차이를 설명해주는 한 원인

사회학자들이 훈련·노동 관계가 사회에 미친 효과를 진단한 후(Maurice et al., 1982) 30년이 넘는 세월이 지났는데도, '훈련·노동 관계'라는 개념은 프랑스와 독일의 거시경제가 2000년대 초반 이래 상반된 궤적을 거쳐왔다는 사실을 설명하는 데 여전히 적합하다(Boyer, 2011a, 2015a). 또한 이것은 노동·제품의 질과 시장 지배력 사이에 보완성이 있음을 강조한 분석들이 내린 결론이기도 하다(Salais and Storper, 1994). 놀랍게도 프랑스와 독일의 교육 시스템은 둘 다 거의 변하지 않았으며(표 6-3), 이 점은 이 모델이 주는 교훈들 중 하나와 일치하는 것이기도 하다.

국가 사회보장 시스템

임노동관계를 규정하는 요소에는 간접 임금과 노동자들이 맞닥뜨리는 리스크에 대한 보장 방법이 포함된다. 그런데 이 요소들이 제2차 세계대전 이후 결정적으로 중요해졌고, 이는 특히 GDP에서 차지하는 사회적 지출의 비중 증가로 반영되었다. 이러한 변화로 다음과 같은 의문들이 제기되었다. 사회보장은 노동자들 간의 연대 사업이어야 할까, 아니면 반대로 시민성의 징표여야 할까? 민간 보험 시장이 결국 집단적인 사회보장제도를 대체할 수 있을까? 혹은 반대로 일국적 공간에서 전형적으로 나타나는 연대성 관계가 '보살핌'의 사회로 전환될 것으로 생각할 수 있을까?

세 가지 논리의 상호작용이 초래한 결과

사회보장은 제도주의 연구들 내에서조차 간단히 다루어질 수 있는 개념이 아니다. 국제 비교 연구들은 매우 다양한 정의를 도출했고, 그 결과 극히 다양한 분류가 나타났다. 이는 많은 분석가들이 요스타 에스핑 안데르센(Esping-Andersen, 1990)의 분류를 공통 준거로 삼았음에도 그러했다. 구조주의 접근의 장점은 일반적인 독해의 열쇠를 제공하는 동시에 다양한 국가적 사회보장 시스템들이 지속되고 있다는 사실을 반영하는 독자적인 분

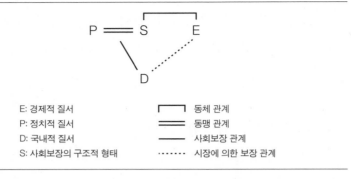

그림 6-2

사회보장의 기본 구조

P ══ S   E

D

E: 경제적 질서	┌─┐ 동체 관계
P: 정치적 질서	══ 동맹 관계
D: 국내적 질서	── 사회보장 관계
S: 사회보장의 구조적 형태	⋯⋯ 시장에 의한 보장 관계

자료: Théret(1997).

류법을 제공한다는 데 있다. 사실 브뤼노 테레(Théret, 1996a)에 의거해 사회보장은 한 국민의 재생산 조건을 경제활동과 정치권력이라는 두 가지 측면을 동시에 충족시킨다고 규정할 수 있다. "'정치 영역'은 노동자의 사회보장이라는 '경제 영역'과 동체를 이루기 때문에 전자는 이 관계를 후자와 동맹하는 수단으로 삼을 수밖에 없다. 경제 영역 덕분에 정치 영역은 노동시장을 거치는 임노동관계에 대해 보완 관계와 동시에 대체 관계에 있는 '국내 질서'의 보장이라는 행정적 연관을 재구축할 수 있기 때문이다"(Théret, 1996a: 204). 이처럼 사회보장은 ― 구조적인 형태로서 ― 경제적·정치적·국내적 질서라는 세 개의 질서가 합류하는 지점에 위치하며, 이 세 개의 질서 사이에 다양한 동맹 관계와 대체 관계 중 어느 하나 또는 둘 다가 이루어질 수 있다.

이 세 가지 질서에 속하는 활동과 논리를 고려함으로써 사회보장이 갖는 혼합적 특징을 알 수 있다(그림 6-2).

그림 6-3

국가 사회보장 시스템은 네 가지 원리의 서로 다른 결합에서 나온다

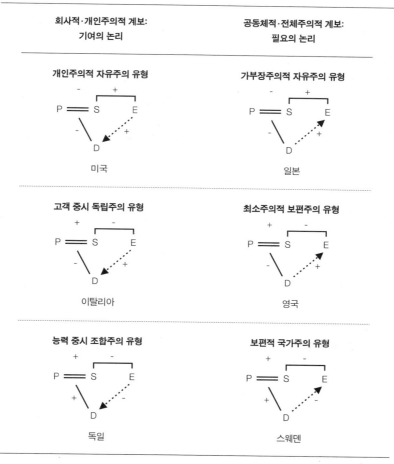

회사적·개인주의적 계보:
기여의 논리

공동체적·전체주의적 계보:
필요의 논리

개인주의적 자유주의 유형

미국

가부장주의적 자유주의 유형

일본

고객 중시 독립주의 유형

이탈리아

최소주의적 보편주의 유형

영국

능력 중시 조합주의 유형

독일

보편적 국가주의 유형

스웨덴

자료: Théret(1997: 210).

매우 다양한 구도들

해당 연관들이 작용하는 힘의 크기와 방향에 따라 각국의 사회보장 시스템에 관한 여덟 가지 이념형이 제시될 수 있다(그림 6-3). 예컨대 자유주의 시스템은 두 개의 변종으로 나타난다. 국내 질서가 경제적 질서에 의해 지배될 때는 개인주의 변종이 나타나지만(미국), 역으로 국내 차원의 재생산이라는 지상 과제가 노동자의 리스크 보장에서 기업이 수행하는 역할을 매개로 경제 영역으로 이전되는 경우에는 가부장주의 변종이 나타난다(일본). 반대로 만약 정치 영역이 사회보장에 깊이 관여하고 국내 재생산에 깊이 개입하게 되면, 이 자체가 경제적 논리에 제약을 강제한다는 점에서 국가 사회보장 시스템은 보편주의적 국가주의 유형이 된다(스웨덴). 그러나 최소주의적 국가주의(영국)나 능력 중시 조합주의 유형(독일)은 경제적·국내적 질서 간의 위계를 흔듦으로써 앞선 두 유형과는 매우 다른 구도를 드러낸다. 요컨대 어떤 결합은 활력 없는 구도로 귀착될 수 있기 때문에 실재하는 국가 사회보장 시스템의 수효는 그만큼 줄어든다. 이 접근이 가진 마지막 장점은 앞서 제시된 것들을 비롯한 많은 분류들이 나름의 타당성을 가지고 있으며, 그래서 상호 비교가 가능하다는 데 있다.

축적에 따른 불균형을 교정하는 사회보장

이 분류는 구조주의적이고 정태적인 접근에서 나온 것이다. 그래서 국가 사회보장 시스템이 정합성을 갖는 구도는 어떤 것인가라는 의문이 제기된다. 이 의문은 해당 시스템의 출현과 성숙을 가능하게 하는 요인 또는 조건이 무엇인가라는 질문이기도 하다. 경제 영역과 사회 영역, 정치 영역이라는 세 개의 심급이 서로 결합해 하나의 과정을 이루며, 이 과정은 다음과 같은 세 가지 공통된 특징을 드러낸다.

첫째, 생산 구조가 변화할 때 그것이 농업이나 산업 또는 서비스 등 어디에 영향을 주느냐에 따라 안전이라는 필요가 나타나고 이 필요는 재편 중인 구질서에 비하면 새롭게 등장한 것이다. 산업혁명이 이러한 불안정을 강화시키지만 역으로 집단적 보장이라는 요구를 야기하기도 한다.

둘째, 이 집단적 보장이라는 요구는 이익집단이나 사회계급에 의해 제시될 수밖에 없고, 그 결과 사회보장을 구성하는 이런저런 영역에 관한 제안들이 집중 논의되고 선별된다. 산업재해로부터의 보호나 퇴직체제 확립의 요구 등 연구 대상이 무엇이냐에 따라 압력집단은 상당히 달라진다. 이로부터 왜 사회보장체제가 그토록 다양한지, 그리고 왜 그것들이 서로 얽혀 있고 상호 의존적인지 이해할 수 있다.

셋째, 처음에는 각각의 리스크와 관련된 집단들이 상호부조 원리를 방어하려 했지만, 임노동제가 확장되어가면서 더욱 세분화된 다양한 체제들을 초월하는 (보편적인—옮긴이) 사회보장이 필요해졌다. 바로 이 때문에 활력을 유지하면서 가급적 효율적인 시스템을 구축하기 위해 정치적 중개와 행정 노하우가 개입하게 되었다. 예컨대 유럽에서는 농본주의 정당과 세력이 국가 사회보장 시스템의 구조화를 설명해주는 한 요인이며(Manow, 2009), 민간 보험회사가 운영하는 확정기여형(defined-contribution)[확정급여형(defined-benefit)과 대비됨—옮긴이] 퇴직연금 시스템도 관련 법률에 의거해 설치된다(Montagne, 2000; Fellman et al., 2009).

이처럼 각국의 사회보장 역사는 이 세 가지 메커니즘 간 상호작용을 매개로 전개되었다. 경제적 특화와 구조가 상이하고, 이익관계가 구조화되는 형태가 다양하며, 정치체제가 최종적으로 사회적 요구들을 선별해 처방을 내린다는 점에서 사회보장체제의 형태가 아주 다양하게 나타나는 것은 전혀 놀라운 일이 아니다. 이 점은 체계적인 국제 비교의 발전 과정에서도 여전히 유효하다. 예컨대 유럽 차원의 국제 비교가 그러하고(Emmenegger et al., 2012), 건강 보장 분야에서는 특히 더 그러하다(André, 2007, 2014). 라틴아메리카에 적용되었던 사회적 권리라는 용어에 의한 분석에서도 국가 사회보장 시스템이 아주 다양하다는 결론이 도출된 바 있다(Lautier, 2012).

복지 자본주의로서의 사회민주주의 경제

이러한 발전 과정과 더불어 사회보장은 자본주의 논리가 확장되면서 전형적으로 나타나는 불안정, 위기, 불평등 증대를 상쇄시키는 메커니즘의 한 형태로 나타난다. 북유럽 경제들의 궤적(Fellman et al., 2009)은 사회민주주의적 자본주의의 전형적인 구도로 귀착되었고, 이에 관한 독창적인 이론화가 이루어졌다(Visser and Hemerijck, 1997). 사실 표준이론에서는 사회보장 비용이 민간 기업의 경쟁력을 약화시키는 강제 징수금으로 분석되지만, 그 반대급부로 경제의 성과에 기여하는 일종의 사회적 자본이 형성된다. 크게 보면, 사회 정의라는 목적의 추구가 사회보장을 구성하는 다양한 요소에 대한 투자를 가능하게 만듦으로써 종국적으로는 동태적 효율성의 증대에 기여할 수 있다는 것이다(그림 6-4).

최저 임금제가 노동시장의 단기 조정을 교란할 수 있음은 확실하다. 그러나 이 제도는 노동을 절약하고 생산성을 개선하려는 생산조직이 발전되도록 만드는 유인이기도 하다. 다른 한편으로 임노동이 지배하는 사회에서는 더 많은 보수가 수요를 증가시킬 수 있으며, 이는 기업의 일자리 공급 증가로 이어진다. 노조 권리를 인정하고 노동자 대표의 경영 참여를 북돋는 것은 사회적 갈등을 축소시켜 기업이 경쟁과 기술 변화에 적응하는 능력을 강화시킨다. 또한 교육의 양적 확대와 질적 개선은 노동자의 일반적인 역량을 배양시키며 기업들은 향후 증대된 일반 역량을 활용할 수 있다. 이 점은 물질의 변형과 관련된 노동보다 문제 해결을 도모하는 지적 노동의 경우에 더욱 타당하다. 실업수당의 지급이 실업 기간의 연장을 초래하는 것은 확실하지만, 빈곤화를 억제하고, 수요를 지지하며, 유지 또는 확대된 숙련에 부응하는 일자리를 다시 찾는 데 필요한 시간을 벌도록 해줄 수 있다.

이처럼 사회보장의 확대는 경제의 단기적 대응 능력에는 부정적인 영향

그림 6-4

경제적 역동성을 조장하는 사회민주주의 국가들의 사회보장

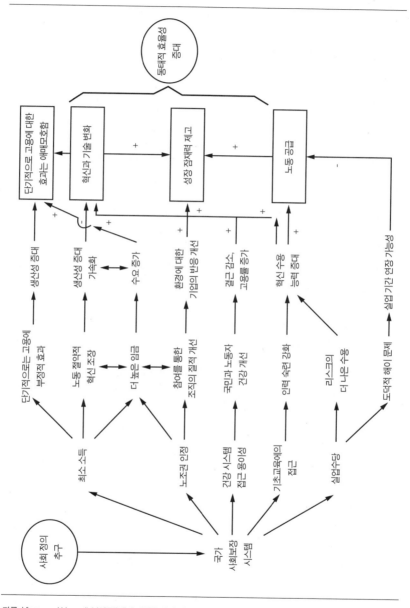

자료: Visser and Hemerijck(1977)에서 영감을 받아 자유롭게 작성함.

을 줄 수 있으나 동태적 효율성에 기여하는 일종의 사회적 자본의 형성을 추동하는 요인이 될 수도 있다.

사회민주주의 체제 회복력의 비밀

어쨌든 각국의 사회보장 시스템의 성격은 정태적이지 않은데, 이는 사회보장 시스템 자체가 갈등과 불균형으로 점철되어왔고 이것이 대위기의 시기에 유독 더 심했기 때문이다. 실제로 사회민주주의 경제에서는 사회보장제도와 관련된 중대한 개혁들이 시행되었고, 그 개혁 방향을 본 관찰자들은 이 경제가 조만간 사회민주주의 '복지(welfare)' 모델이 아니라 앵글로색슨 유형의 '근로 연계 복지(workfare)' 모델로 수렴해갈 것이라고 생각했다(Andersson, 2006). 스웨덴은 1990년대 초에 잔혹할 정도로 심각한 금융위기를 겪으면서 기본적인 제도화된 타협의 방향을 지속적으로 바꾸어온 것처럼 보이기도 했다(Notermans, 1995). 금융화가 조장하는 불안정 효과와 사회민주주의 체제의 회복력 간 싸움에 대해 좀 더 호의적인 진단을 내린 논자도 있다(Aglietta and Rebérioux, 2004a). 한 회고적인 역사적 연구가 내린 결론에 따르면, 전후 스웨덴 모델을 위태롭게 만든 것은 사회보장 시스템의 비효율성과 기본 타협의 내생적 부식이 아니라 1991~1992년의 금융위기이며 이 위기 때문에 사회적 지출 계정이 악화되고 실업이 증가했다. 또한 이에 따라 권력관계도 지속적으로 이동했다(Vidal, 2010). 그렇다고 스웨덴의 복지 자본주의가 앵글로색슨 모델로 수렴된 것은 아니라는 것이다.

조절론적 접근에 의거해 대략 한 세기에 걸친 북유럽 국가들의 궤적을 비교 분석한 한 연구는 이 복지 자본주의가 생존할 수 있었던 이유를 복지 시스템이 국가 혁신 시스템의 역동성을 쇄신하는 데 보완 역할을 한 데서 찾았다(Boyer, 2015b). 이론가들은 자본주의에 관한 마르크스주의 접근과 슘페터의 혁신 비전 그리고 사회보장의 확대가 주는 이점에 관한 이론을 서로 대척적인 것으로 간주하는 습관이 있지만, 덴마크와 같은 나라는 이 이론들이 강조하는 세 개의 메커니즘이 양립될 수 있음을 보여주었다. 예컨대 교육 시스템과 국가 행정기관이 국제경제에의 편입에 따라 경제의 근대화가 지속될 수 있도록 만드는 것을 목적으로 삼아 이를 달성한다면, 그러한 경제는 사회보장을 구성하는 요소들의 유지에 필요한 자금을 조달할 수 있을 정도로 충분한 가치를 창조할 수 있다는 것이다(Boyer, 2015b). 북유럽처럼 확장된 사회보장제도를 가진 다른 사회들이 없는 것은 아니지만, 이들 사회에서는 사회보장이 산업 기반을 쇠약하게 만들거나 수출 부문을 위축시키는 등 갈등을 유발하고 있다. 바로 이러한 국가 사회보장 시스템과 국가 혁신 시스템 간의 시너지 효과의 구현이야말로 북유럽 국가들이 보여주는 회복력을 설명해주는 핵심 요인이다.

시장과 경쟁에 의한 조절: 소수이며 낭비적이다

방금 다룬 사례는 공공 조직이 본성상 항상 비효율적일 수밖에 없는 반면에 시장은 집단적 개입이 전혀 없어도 그 자체로 최적 균형을 가져다줄 수 있다는 믿음에 바탕을 둔 개혁 전략이 가진 한계를 보여준다. 좀 더 일반적으로 말하면 영국이나 미국에서는 의도적으로 사회보장제도의 합리화, 즉 축소를 시도했지만 그렇다고 GDP에서 사회적 이전이 차지하는 비중이 감소한 것은 아니다. 왜냐하면 실업 증가와 빈곤 심화로 관련 프로그램들의 지출이 오히려 늘어났거나 아니면 건강 분야에서의 기술 변화와 인구 변동의 성격 때문이다(Boyer, 2015c).

이러한 실패는 제도주의 접근의 관점에서 보면 그다지 놀라운 일이 아니다. 왜냐하면 사회보장이 제공하는 서비스와 제품의 복잡성을 감안하면 시장 경쟁을 조직할 수 있을 정도로 이 상품들을 표준화한다는 것은 사실상 불가능에 가까울 정도로 어렵기 때문이다. 더욱이 이 점은 그림 6-3이 보여주는 것과 같은 복잡한 구축물들이 시간의 흐름과 더불어 발전하고 가시적인 회복력을 보여주고 있는 이유이기도 하다(Boyer, 2002c).

이리하여 제도는 순수한 시장 메커니즘의 작동을 방해하는 마찰물이 아니라 가공할 만한 조정 문제를 극복할 수 있게 해주는 대안적인 제도적 장치다. 요컨대 국가 사회보장 시스템은 이 범주에 속하는 제도다.

불평등 체제와 발전양식

임금 불평등의 축소는 대량생산과 대량소비 체제의 출현에 기여했다. 그러나 이러한 (포드주의─옮긴이) 체제의 활력이 소진되자 불평등의 심화를 체제의 성립 조건으로 삼는 관념의 복귀가 용이해졌다. 이 체제의 기반은 국내의 자유화와 무역 개방 그리고 자본 이동 자유화를 통해 경쟁을 연속적으로 강화하는 데 있다(Boyer, 2014).

경쟁하는 이론들

20년이 넘도록 불평등의 확대가 계속되자 이 현상을 다룬 문헌이 엄청나게 쏟아져 나왔다. 이 문헌들의 공통점은 소득 형성 전반을 조건 짓는 것으로 가정되는 한 핵심 요인을 중시하는 것이다.

첫 번째 이론화는 경제발전이 먼저 불평등을 유발한 후 나중에 이를 완화시킨다는 사실의 관찰에서 나온다. 경제발전의 이러한 (시간적─옮긴이) 특성은 기술 혁명이 먼저 소득을 분산시킨 후 나중에 그 효과를 경제 전체로 확산시킨다는 사실에 기인한다(Kuznets, 1955).

둘째로, 기술 변화 전문가들은 이와 유사한 가설을 발전시켰다. 이들은 정보통신기술과 같은 일반 기술의 확산이 기술 진보가 고숙련에 유리한 방향으로 이루어지도록 만든다고 강조한다(Aghion et al., 1999). 이때 중요한 것은 기술 혁명 그 자체가 아니라 그로 인한 역량의 양극화다.

셋째로, 경제의 국제 개방이 항상적인 현상으로 되면서 가장 포괄적인 광의의 세계화가 핵심 설명 요인으로 부상한다. 예컨대 표준 제품의 생산에서 중국을 선두로 한 신흥공업국과의 경쟁을 감안하면 세계화는 포드주의의 유산인 저숙련 및 중간숙련 노동자들에게 마치 벌칙처럼 작용한다는 것이다. 이 점과 관련해 경험적 연구들은 각국 내부나 국가 간 불평등을 감안하면 세계화의 영향이 모호해진다는 점을 강조한다(Milanovic, 2005).

넷째로, 금융 혁신 주도 축적체제의 특징인 금융소득의 폭발적인 증대(4장)가 독자적인 이론화를 요청했다. 예컨대 자본의 보수율이 경제성장률보다 높아지면 지대소득과 근로소득 간의 괴리가 커져서 불평등이 심화된다 (Piketty, 2013). 장기 역사에 관한 연구들은 1930년대의 구도뿐만 아니라 심지어 프랑스와 영국의 구체제(앙시앵레짐)와 유사한 구도가 다시 등장하고 있음을 보여준다.

다섯째로, 제도주의 접근들은 다음과 같은 일반적인 가설을 제시한다. 그것은 보수나 금리 결정 같은 경제적 게임 규칙을 코드화하는 제도적 장치들이 '만인의 만인에 대한 투쟁'이라는 구도로 대체되면 불평등 현상은 논리적으로 불가피한 결과라는 것이다. 이 가설은 일본 사례에 적용되었고 (Uni, 2011), 동일 부문 내에서 생산성 향상의 이질성이 증가할수록 더욱 심화되는 것으로 나타났다(Lechevalier, 2011).

이러한 목록을 보고 다음과 같은 의문을 제기하는 것은 당연한 일일 것이다. 그것은 다름 아니라 각각의 이론이 보편적으로 적용될 수 있는 일반

이론을 제시하는 것인지, 아니면 불평등의 창출 및 재생산에 관한 특정한 메커니즘을 중시하는 것인지에 관한 의문이다.

불평등을 창출하고 강화하는 과정의 식별

경제학자들은 흔히 특별한 모델을 지칭하기 위해 '이론'이라는 용어를 남용한다. 이 용어는 (그 모델이 관찰로부터 도출된 정형화된 사실과 조응하는 경우) 올바른 의미로 사용되거나 (그 모델이 특정 사회관에 기초해 주관적으로 선택된 경우) 비꼬는 의미로 사용된다. 제도주의 접근에서 조절양식뿐만 아니라 성장체제까지 만드는 것은 과정들이며, 이 과정들의 상대적 강도와 상호 접합은 제도적 구도에 달려 있다. 또한 이 관념에서 불평등 체제라는 개념이 조탁될 수 있었다. 이 개념에 따르면 불평등 조장 과정들은 모든 장소와 시기에 나타날 수 있지만 주어진 장소와 시기에 따라 서로 아주 다른 방식으로 결합되어 나타난다. 즉, 사례마다 이 과정들의 특수한 결합으로 분석된다는 것이다. 다음은 이러한 메커니즘을 보여주는 몇 가지 사례.

노자(勞資) 갈등은 기능별 소득 분배 면에서 불평등을 창출하는 첫 번째 요인이다. 이 갈등은 임노동자의 지위에 따른 소득의 개인별 분포로 반영되는데, 예컨대 중간 계층에 속한 사람은 임금과 이자 소득은 물론 심지어 지대소득까지 가질 수 있다. 그리고 논리적으로는 부가가치 대비 이윤 몫의 비중이 증가할 때 개인 간 불평등 관련 지표는 악화된다.

둘째, 영광의 30년 시기에 형성된 임노동 사회에서는 계층 투쟁이 전통적인 계급투쟁 위에 중첩되었다. 계층 투쟁은 교육 및 정보에 대한 접근과 이에 따른 고액 보수 일자리에 대한 접근을 둘러싸고 벌어진다. 이 메커니즘은 시장 경쟁이 위계와 임금 변동에 관한 집단 협약을 대체할수록 더욱 강력해진다. 이 점은 앞서 언급한 제도주의 해석과도 일치한다.

셋째, 금융화와 더불어 자본·노동 갈등은 이자 수입자와 과중한 채무를 진 생산 활동 종사자(기업이나 개인) 간의 세력 대립이라는 방향으로 이동해 간다. 후자에는 본성상 신제품 개발을 위해 채무를 질 수밖에 없는 슘페터리언 혁신가도 있을 수 있다. 이와는 반대로 혁신 소득이 결국에는 상황 지대로 전환된다는 점도 주목할 만하다. 따라서 이러한 불평등의 원천은 생산자본과 노동 소득 간의 갈등에서 나오는 것과 다르다. 이것이 바로 토마 피케티(Thomas Piketty)의 저서가 암묵적으로 섭렵한 불평등이지만, 기술 변화 분야의 전문가들은 이 메커니즘이 일련의 근본 혁신에 뒤이은 경제 조정 시기에만 나타난다고 본다(Perez, 2002).

네 번째 과정은 연대성과 개인주의 간의 변증법을 중심으로 전개되는 역사적 변동으로서 일종의 장기 파동에 해당한다. 시장과 경쟁의 발흥에 뒤이은 위기의 시기에 새로운 세대들은 특히 조세의 재분배적 성격을 강화해 연대성의 기반을 회복하자는 데 동의한다. 이와는 반대로 번영의 시기에는 기존의 연대성 기반을 위태롭게 만드는 요인인 개인주의가 조장되고 진보성이 무력화되는 경향이 있다. 1950년대에서 2010년대까지는 사태가 이 논리에 따라 전개되었다.

만약 교육, 건강, 여가, 품위 있는 일자리 등 기초재에 해당하는 재화들 대다수에 대한 접근이 시장 논리를 따르지 않고 사회보장을 매개로 보장된다면 불평등은 소득이나 재산 또는 영향력의 격차로만 결정되지 않는다. 이러한 과정의 일환을 이루는 것이 국가 사회보장 시스템의 점진적인 구축이다. 사회보장 시스템의 확장이 불평등의 축소 경향을 동반하는 것이 매우 일반적인 현상이라면, 대위기와 연계된 재정적 곤란에 직면해 이루어지는 사회보장 시스템의 '합리화'는 불평등 강화 효과를 창출한다. 1990~2000년대에 이러한 역전이 다시 나타났지만, 앞서 지적된 이론들과 마찬가지로 이러한 여러 메커니즘과 과정들 역시 불평등에 관한 보편적 양상이라고 볼 수는 없다.

이 과정들은 각 사회경제체제 내부에서 재결합된다

사실 이 구성요소들은 역사적 시기에 따라, 그리고 사회적·국민적 공간이 가진 고유한 제도적 구도에 따라 불평등하게 나타나며 그 강도도 아주 다르다(표 6-4). 농업의 동학과 구식 조절이 지배하는 경제에서 불평등 체제는 구체제의 사회적 신분제에서 기인한다. 산업혁명 및 축적의 발흥과 더불어 불평등의 원천은 주로 노자 갈등에 있게 된다. 이것이 전형적인 마르크스주의 체제를 규정하며 부분적으로 쿠즈네츠(Kuznets) 유형의 체제와 동일시된다. 후자의 경우 적어도 생산의 변형과 불평등이 연계되는 쿠즈네츠 곡선의 상승 부분에서 그러하다.

포드주의를 활짝 꽃피우게 만들었던 혼합경제체제는 그보다 앞선 모든 체제들과 완전히 다르다. 왜냐하면 불평등의 다양한 원천을 일시적으로 안정시키는 타협이 조직되는 경향이 있기 때문이다. 즉, 임노동 타협은 임금·이윤 분할을 안정시키고, 노동자 내부의 계층 투쟁을 완화시키며, 인플레이션으로 기업가는 유리해지고 지대수입자의 세력은 약화된다. 이러한 움직임은 축적의 역동성은 전혀 해치지 않으면서 강력한 재분배 효과를 낳는 조세제도에 의해 촉진된다. 끝으로 가족 유형의 변화와 도시화는 공공 지출과 사회적 이전의 증가로 가능해진 집단적 기반 위에서 연대성을 재구축하도록 만드는 동인으로 작용한다.

제2차 세계대전 이후 사회민주주의 체제가 이런 변화를 체계적으로 추진했고, 이는 '복지 자본주의'(Fellman et al., 2008)나 '협상 자본주의'(Pedersen, 2008)라는 용어를 정당화했다. 이와는 대조적으로, 금융화된 축적에서는 부의 양극화를 심화시키는 지대 수취 논리가 지배력을 회복하게 되는데, 이

표 6-4

발전양식과 연계된 불평등 체제들

발전양식	불평등 체제의 구성요소					일반적인 특징	역사적·현대적 사례
	자본·노동	노동자 간	지대·자산	개인주의·연대성	인간재·공공재(사회보장)		
농업·지대적 정체와 구식 조절	부차적	부차적	지대수입자의 지배	미약하고 역진적인 조세	가족 연대성을 통한 보장	지주의 불평등 체제	구체제의 프랑스
내포적 축적과 경쟁적 조절	중심적인 것으로 되다	활동에 따른 발산	지대수입자에 대항하는 기업가의 부상	미약한 조세, 오히려 역진적인	새로 등장한 문제	쿠즈네츠(Kuznets)식 불평등	유럽의 산업혁명기, 현대의 중국
내포적 축적과 대량 소비, 관리 조절	임금·이윤 분배의 안정화	제도화는 임금 불평등 등을 안정시킨다	지대수입자의 안락사	소득과 유산에 대한 강력한 누진세	공공재(보건, 교육) 접근의 중요성	숀필드(Shonfield)식 혼합경제체제	영광의 30년(프랑스), 황금기(미국)
전후 시민주의 체제	기본 타협의 표현	연대성 임금제(grille)라는 이념형	혁신가를 장려함	매우 재분배적인 조세 시스템	보편적이고 포섭적인 사명	마이드너(Meidner)식 복지 자본주의	북유럽 국가들 (1950~1990)
금융화된 축적	중심은: 금융가 대 나머지	유의미하지만 부차적인 질서	혁신가의 지대수입자로의 전환 경향	단일한 낮은 세율이라는 이상	이러한 부상은 크게 민간적임	1 대 99의 사회(월스트리트 점령 운동)	영국, 미국, 아이슬란드, 아일랜드(1990~2007)
지대 및 일차산품 수출 체제	주기적으로 의미 있음	공식·비공식 노동의 대치	중심 갈등: 지대수입자, 기업가	제한적이고 재분배 성격이 거의 없는 조세	초보적이고 세분됨	주변부, 불안정, 불평등 등(Prebisch)	라틴아메리카(양차 대전 중간기)

번에는 그것이 근대적인 형태를 취하게 된다.

끝으로, 라틴아메리카 사회들은 경제의 금융화로부터 타격을 받았음이 확실하다(Bruno, 2008). 그러나 임금 불평등은 공식 일자리에 대한 접근의 어려움에 기인하며, 이것이 사회적·정치적 양극화를 초래한 주요인이다. 여기서는 통상 원자재나 농산물 수출에 기반을 둔 사회경제체제가 동반되며, 민주주의로의 이행과 사회안전망에 의해 소득 집중도가 완화되는 정도는 아주 미미하다. 물론 사회안전망을 비롯한 사회보장 시스템의 발전 정도도 나라에 따라 상당한 차이가 있다(Jimenez and Lopez-Azcunaga, 2012).

환경 관련 제도적 장치들

불평등의 심화 원인에 대한 경제학자와 정부의 관심이 최근 들어 늘어나고 있다면, 환경문제는 2000년대 이후로 기후 변화의 속도가 얼마나 빠른지를 보여주는 여러 과학적 연구들의 영향을 받아 국내 정치와 국제적 회의의 주요 이슈로 등장했다. 이 문제는 1970년대 초 에너지의 상대가격이 급등하면서 제기되기 시작했다. 즉, 에너지 가격 상승은 재생 불가능한 천연자원의 고갈로 성장이 제한되는 국면에 진입했음을 보여주는 것이 아닐까 하는 문제가 제기된 것이다.

이론적 도전

각 학파는 자신의 이론적 기반을 해치지 않으면서 환경 관련 제약들을 포함할 수 있는 수단을 강구해왔고, 그 결과 다양한 진단과 분석이 나왔다.

표준 경제이론의 관점에서 보면 경제가 그 비용을 감수할 필요가 없는 환경 자원을 남용하는 것은 논리적이다. 따라서 해법은 이 자원에 관한 권리를 창조하고 그 가격을 설정하는 책임을 시장에 맡기는 데 있다. 그러려면 공공 행동이 이 권리의 총량 설정에 그쳐야 한다. 예컨대 이러한 제안은 '생물 다양성에 관한 협약'을 계기로 대단히 많은 정치 책임자들에 의해 채택된 바 있다(Boisvert and Vivien, 2012). 이에 따라 오염 물질 방출권 세계 시장의 설치는 기후 변화의 위험에 대응할 수 있는 논리적인 방법이 된다.

거래비용 이론에 따르면 이해관계자들 각자의 권리와 의무를 관장하는 규칙을 협상으로 설정하면 부정적 외부효과를 내부화할 수 있는 경우가 많다. 예를 들어 공해와 연계된 부정적 외부효과가 그러하다. 이 이론이 앞의 접근과 구별되는 지점은 재산권을 명확하게 규정할 수 없을 때에도 이러한 합의가 가능하다고 보는 데 있다. 그러나 공해가 초래하는 비극적인 사건과 연계된 갈등은 해결하기 어렵다는 사실 때문에 이 해법은 실효성이 없거나 일반화되기 어려운 것으로 보인다.

공유재 이론은 역사적이고 귀납적인 접근에서 출발한다. 이 이론은 공동체들이 어떤 이론에 준거해 사유 재산권이나 위계적인 당국을 창설하지 않더라도 어떻게 공유재의 관리 규칙을 발견하기에 이르는지를 보여준다. 특히 농촌 공동체가 그러한데, 이 경우 상보성 관계 덕분에 근접해 있는 구성원들 간의 진지한 토의는 물론 상호 신뢰까지 가능하기 때문이다. 국제화가 새로운 공유재를 창조했다고 생각하는 것이 지적으로는 틀린 것이 아니라 하더라도 이 작은 공동체들의 학습 메커니즘을 국제적인 경우에까지 일반화하기는 어려운 일이다. 이 점은 기후 온난화 제한 관련 국제 협약 체결이 계속해서 실패하고 있다는 사실로 웅변된다.

협약이론은 바로 이처럼 다양한 정당화 논리나 원리(상품적·산업적·시민적)가 대치한다는 사실 그 자체에서 출발한다. 이 이론은 이러한 대치로부터 서로에게 이익이 되는 방향으로 여러 표상들 간의 타협이라는 협약이 시련을 거쳐 나올 수 있음을 보여준다. 여기서 협약은 다양한 행위자들의 행동에 가해지는 불확실성을 감소시켜 조정이 가능하게 만드는 역할을 한다. 부분적인 사례이기는 하지만, '생물 다양성에 관한 협약'이 확립된 것은 바로 이러한 과정을 통해 결국 하나의 표상을 공유할 수 있었기 때문이다 (Boisvert and Vivien, 2012).

이 문제와 관련해 조절이론이 기여한 바는 사회적 계급이나 집단들 간의 이해 갈등을 재도입한 데 있다. 예컨대 공해 유발자와 피해자 간의 갈등을 따져볼 때는 경제, 사회, 정치 간의 관계는 물론 그것에 내포된 권력관계도 고려해야 한다는 것이다. 또한 조절이론은 타협의 가능성은 물론 제도화의 가능성도 강조하지만, 이것이 의미하는 바는 표상과 이해관계에 관한 합의가 이루어진다는 것이 아니라 단지 지배당하는 이해관계자가 그에게 양도되는 것 이상의 것을 획득할 수 없다는 사실을 수락한다는 것이다. 이렇게 해서 제도화되는 타협은 그 실효성을 위해 도덕적 정당화나 정치적 정당성을 전혀 필요로 하지 않는다(Amable and Palombarini, 2005).

여섯 번째 제도 형태인가, 일련의 제도적 장치인가

이 타협들은 여섯 번째 제도 형태로 제시될 수 있을 정도로 충분히 강력한 것일까? 이 물음에 대해 여러 논지가 제시되었다(Becker and Raza, 2000). 첫 번째 논지는 이러한 (경제와─옮긴이) 생태의 관계는 다섯 개의 제도 형태 중 어느 것에도 해당될 수 없으므로 예컨대 '자연에 대한 사회적 관계'처럼 현대의 사회경제체제들을 지탱하는 하나의 새로운 기둥으로 제시하는 것이 논리적으로 타당하다는 것이다. 이 논자들이 제시하는 두 번째 논지는 아글리에타(Aglietta, 1976)가 애초에 화폐체제를 '화폐적 제약'이라는 표현으로 도입했다는 사실을 강조한다. 그래서 재생산에 대한 생태적 제약과 이 제약을 조직하는 방식을 하나의 제도 형태로 전환시켜서 안 될 이유가 없다고 보는 것이다. 마지막 논지는 대단히 유혹적인 것으로 폴라니가 말한 화폐, 노동, 자연이라는 세 개의 의제 상품에 준거하는 것이다. 어느 공동체든 이 세 가지를 통제하지 않고 상품화되도록 방치한다면 그 존재 자체가 위태로워질 것이다. 조절이론의 관점에서 보면 화폐가 화폐 질서 담당 기관에 의해 관장되고, 노동이 순수한 시장관계로 환원될 수 없는 임노동관계의 대상이듯이, 자연은 '경제와 환경의 관계'일 수 있다.

그러나 조절론자들의 개념적 연구와 경험적 작업들은 대부분 이러한 관점을 채택하지 않고 오히려 부문별 제도 장치 같은 것으로 간주하는 경향이 있었다(Rousseau and Zuindeau, 2007; Elie et al., 2012). 이 문제를 처음으로 다루었던 알랭 리피에츠(Lipietz, 1999)는 리우 정상회담에 참가한 여러 나라들의 입장을 논평하면서 환경 분야에서 각국의 개입 방식이 축적체제에 달려 있다는 가설을 제시했다. 이는 공업화의 정도에 따라 구분된 북과 남(각각 개발 세계와 개발 도상 세계를 지리적 관점에서 비유적으로 표현한 단어—옮긴이)의 대치로 잘 드러난다는 것이다. 물론 그는 이러한 상관관계가 완벽하게 확인되지는 않는다는 것을 인정했다. 어떤 의미에서 보면 '환경 관련 제도적 장치들'은 제도 형태들이 경제·환경 관계의 공간에 투사된 것일 수 있다. 예컨대 임노동관계의 제도적 코드화의 진전이 환경 관련 제도적 장치의 발전을 동반한다는 것은 선험적으로는 틀림없는 사실이라 할 수 있다. 이와 마찬가지로 경쟁 형태는 환경적 제약들을 통합시키는 과정을 전개하는 능력의 크기를 결정할 수 있고, 국가와 경제정책 스타일은 규범과 보조금, 규정과 세금, 교정과 예방의 선택에 관한 정보를 제공한다. 그리고 통화금융 체제는 기업이 생태적 혁신 관련 연구 프로젝트의 수행에 필요한 자금 조달을 용이하게 만들 수도 있음이 확실하다. 끝으로 경제적 특화의 유형과 국제적 편입도 환경 관련 제도적 장치들의 발전에 관여한다(Elie et al., 2012).

자본주의 유형에 대한 의존

자본주의 다양성에 관한 연구(Amable, 2003)의 연장선상에서 공해·쓰레기·수질 관리를 위한 노력, 생태 관련 규정의 적용 범위와 강도, 환경 조세의 수준, 환경 관련 혁신 노력 등에 관한 국제 통계를 비교 검토해보면 무엇보다도 이 조치들이 적용되는 지점이 다양하다는 사실을 알 수 있다. 이는 이 조치들을 일반성을 띠는 한 제도화된 타협이 다양한 영역에서 굴절되어 나타난 하나의 파생물에 지나지 않는 것으로 간주할 수 없음을 보여주는 또 다른 논거다.

우선 수평축을 따라 다양한 나라가 분포한다. 한쪽에 개입주의적이고 사회화된 관리를 시행하는 북유럽과 중앙유럽이 있다면, 다른 한쪽에는 공공적으로든 시장 도구를 활용하든 환경 관련 개입이 제한적으로 이루어지는 남유럽이 있다(그림 6-5). 다음 수직축을 분석해보면 환경 관리에서도 자유주의 논리가 뚜렷이 부각되는데, 이 논리의 특징은 관련 세율과 규제적 제약 모두 미미하다는 점이다. 앵글로색슨 나라들은 모두 이 그룹에 속한다는 점에서 환경 관리 체제 역시 각 자본주의 형태에 고유한 조절양식의 기본 원리와 조응한다는 사실을 알 수 있다. 이러한 기본 원리가 국가 혁신 시스템에 미치는 영향에 대해서는 앞서 살펴본 바와 같다(표 6-2).

서로 다른 자본주의 형태들이 녹색 조세의 수준과 환경 관련 혁신에 미치는 영향의 정도를 직접 검증해보아도 양자 간의 완벽한 일치는 결코 발견되지 않는다. 이는 환경 관련 제도적 장치와 발전양식이 연결되는 관계가 대단히 복잡하다는 것을 보여주는 사례다.

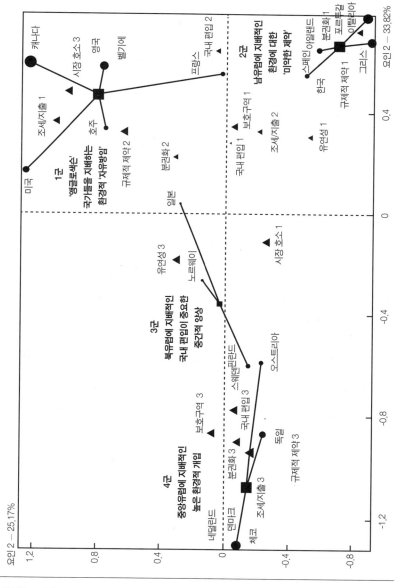

그림 6-5

환경 관련 제도적 장치와 자본주의 유형의 관계

자료: Elie et al.(2012).

시간대 갈등, 임계 효과 및 비가역성

다양한 '환경 관련 제도적 장치들'이 통제 대상으로 삼는 생태적 과정들은 각각 그것에 고유한 시간대에 따라 변동한다. 생태적 과정이 전개되는 시간대와 경제적 결정이 이루어지는 시간대가 일치해야 할 선험적인 이유는 전혀 없다. 예컨대 축적은 중대한 생태적 불균형을 유발하고, 이 불균형이 나중에 성장의 지속을 저해하게 되면 기업이나 사회집단 또는 국가는 이 불균형을 교정하는 조치를 취할 수밖에 없다. 요컨대 이러한 시간대는 물의 관리, 산업 및 도시 공해에 대한 투쟁, 생물 다양성의 변동 또는 기후 온난화 등 탐구 대상에 따라 매우 다르게 나타난다. 이처럼 생태적 제약들은 결국 스스로 드러나게 마련이고 급격한 위기를 매개로 경제적 동학에 영향을 준다.

경제와 생태의 관계가 비선형적인 동학을 나타낸다는 사실은 특정 생태 시스템의 급격한 붕괴를 보여주는 수많은 사례를 통해 밝혀진 바 있다(Muradian, 2001). 이에 따라 그러한 붕괴를 초래한 요인이 무엇인지를 밝히기 위한 이론화·정식화 노력이 뒤따랐다(Good and Reuveny, 2009). 직관적인 대답은 행위자들의 근시안 혹은 단기주의가 임계치를 넘어서게 만든 원인이라는 것, 그리고 과학의 진보가 결국에는 이 재난들을 피할 수 있게 해줄 것이라는 내용이었다. "현재의 지식 상태에서 생태학은 전환의 임계점 추정보다는 변화의 정도를 더 잘 예측할 수 있을 뿐이다. 가격 시스템도 생태 시스템이 불연속점에 얼마나 근접해 있는지 평가해줄 수 없기 때문에 전문가든 소비자든 생태적 임계점이 어디인지를 정확하게 예언할 수 있는 능력을 가진 사람은 아무도 없는 것 같다"(Muradian, 2001).

신고전파 이론은 가격 시스템이 생태적 붕괴가 일어날 수 있는 시점을 탐지할 수 있게 해준다고 단언한다. 그런데 이러한 낙관주의는 단지 합리적 기대 가설, 그리고 경제와 환경을 연결하는 과정들에 관한 지식이 완비되어 있다는 가설뿐만 아니라, 주로 또한 특히 (가격 시스템이—옮긴이) 해당 성장 모델들의 선형화와 그 필연적 결과인 총체적 가역성의 도입을 완벽하게 대체할 수 있다는 가설에도 바탕을 둔다. 그런데 생태적 불균형이 누적되어 임계 효과가 드러날 수 있다면 이 가설들은 틀린 것이다. 이 점은 재생 불가능한 자원이 생산에 불가결한 것일 경우에 더욱 타당하다(Arrow et al., 1995).

이처럼 환경 제약에 의한 성장의 제한이 다가오고 있다는 전망과 관련해 조절이론이 기여할 수 있는 바는 다음 두 가지 점이다. 그 하나는 모든 이론화에서 다양한 형태의 비가역성을 감안하자는 것이고(Boyer, Chavance and Godard, 1994), 다른 하나는 장기 균형으로의 수렴보다 과정과 궤적에 관한 이해가 더 중요함을 강조하는 것이다.

역사적 접근: 경제-환경 위계의 동요

실제로 성장에 관한 이론가와 계량경제학자들은 성장과 공해가 맺어온 관계에 관심을 기울여왔다. 이들은 국제 횡단면 연구를 통해 쿠즈네츠 곡선과 유사한 곡선을 얻었다. 즉, 저소득 국가들은 애당초 공해를 유발하지 않는 기술을 채택하는 데 필요한 수단을 가지지 못한 반면, 부국들은 성장의 추구가 공해의 감소를 동반하는 임계점을 넘어섰다는 것이다(Grossman and Krueger, 1995). 수많은 통계 작업이 이루어졌지만 경제 법칙을 확립하는 데까지는 결코 이르지 못했던 까닭은 사실 너무나 많은 다른 요인들이 개입해 인과관계 메커니즘의 검증을 어렵게 만들기 때문이다. 그리고 엄격하게 경제적인 결정론이 결코 확립될 수 없는 까닭은 부유화로 인해 개인의 (선호상의—옮긴이) 우선순위가 어떻게 바뀌게 되는지도 고려해야 하기 때문이다. 다른 한편으로 공해의 감축이 혁신 덕분인지, 아니면 생산 구조가 공해를 덜 유발하는 활동으로 바뀐 덕분인지도 알 수 없다(Carson, 2010). 따라서 이토록 취약한 이론적 지위를 갖는 하나의 관계가 성장에 관한 낙관적인 비전을 전파시키고 환경 조항이 없는 자유무역협정의 협상을 조장하는 등 2000년대에 각국의 경제정책과 국제경제에 그토록 큰 영향력을 행사해왔다는 것이 놀라울 따름이다.

조절론적 접근과 제도주의 접근은 또 다른 비판을 제기한다. 한편으로 국제 횡단면 분석은 서로 아주 다른 역사적 궤적을 거쳐온 나라들의 현대적 상황을 드러내주며, 오늘날 개도국들이 결국에는 구 산업국들과 동일한 구도를 갖게 될 것으로 가정한다. 그러나 이 가설은 국제관계와 특화, 혁신의 면에서 개도국들이 동일한 방식으로 추격해오지 못하게 만드는 변화가 일어나고 있다는 사실을 감안하면 그 신뢰성이 상당히 떨어진다(Chang, 2002). 다른 한편으로 사회집단들의 경제적 이해관계와 전략을 둘러싼 게임이 환경문제를 어떻게 다루도록 유도하는가라는 문제의식을 도입하는 것, 그리고 이에 따라 '환경 관련 제도적 장치들'의 형성에 관한 연표를 설명변수로 고려하는 것이 중요하다(그림 6-5).

일본의 성장체제는 환경 제약들이 점진적으로 고려되어왔음을 보여주는 좋은 사례다(Okuma, 2012). 근대화 시기 이후 공권력은 환경 재해에 대한 주목을 강화해왔고, 기업들은 그에 따른 결과를 투자에 반영해왔다. 또한 가장 최근 단계에는 교토 회의의 연장선상에서 환경 규범의 국제화가 다뤄지고 있다.

소결: 자본주의의 진화는 제도적 장치들의 복잡화로 나타난다

조절이론의 개념적 진보에 관한 이러한 재검토로부터 조절이론은 더 이상 하나의 거시경제이론에 머물지 않는다는 사실이 뚜렷이 부각된다. 사실 조절이론은 수많은 새로운 영역과 대상으로 확대 적용을 통해 오늘날 제도적 기반을 갖춘 미시경제학과 역사적 거시경제학의 중간에 위치하는 문제들을 다룰 수 있는 하나의 일반화를 모색해왔다.

두 번째 일반적인 교훈은 자본주의 경제의 장기 동학이 갖는 특징의 규명과 관련된다. 자유화 정책이 성공을 거두면서 많은 관찰자들이 미래에도 시장 영역이 연속적으로 확장될 것으로 생각하게 되었다 하더라도 이와 동시에 이루어지고 있는 역방향의 움직임에도 주목해야 한다는 것이다. 이 움직임은 말하자면 경쟁 메커니즘의 활력 유지에 불가결한 새로운 제도적 장치들을 적절한 방식으로 창조하는 것이다. 이를 위해서는 국제 분업을 비롯한 분업의 심화뿐만 아니라 혁신, 다양한 생산부문, 사회보장, 환경 등을 관장하는 제도적 장치들의 복잡성 증대도 고려해야 할 것이다.

7장

정치 영역과 경제 영역
근대 세계의 정치경제학

지금까지의 논지로부터 다음과 같은 중대한 의문이 제기된다. 이토록 다양한 제도적 장치들이 어떻게 일시적으로나마 안정된 체제를 규정할 수 있게 되는 것일까라는 의문이 그것이다. 이와 관련해 진화주의 이론은 경쟁과 시장에 의한 선별이라는 과정을 강조하며, 이 메커니즘들은 기술을 선택하거나 신제품의 성공 여부를 판단할 때 실행되고 있다. 그러나 기본적인 사회적 관계를 코드화한 제도 형태들은 정치 영역, 즉 권력의 문제와도 관련된다. 이 장에서는 사회정치체제 내부에서 정합성을 갖춘 제도 형태를 창출하는 집단적 과정에 대해 설명할 것이다.

경제적 분석에 의한 공공 개입의 정당화

제2차 세계대전 종식과 더불어 국가의 경제 개입 필요성이 증대된 것은 경기 안정화와 시장이 제공할 수 없는 공공재의 공급 그리고 사회 정의에 대한 공동의 비전을 기초로 한 소득 재분배 실시라는 세 가지 이유에서다 (Musgrave, 1959). 그런데 1990년대부터 학계와 정계의 지형이 크게 변했기에 지난 20여 년 전부터 수행되어온 경제정책들을 근거로 이러한 '쇄신'이 이루어진 이유를 이해해둘 필요가 있다.

정치 영역에 관한 현대적 관념

시간의 흐름과 더불어 제2차 세계대전 이후의 성장 모델이 점진적으로 한계를 드러내면서 공공 경제를 떠받치던 세 가지 기둥이 의문시되기 시작했다.

첫째, 통화주의 이론이 나타나 경기변동의 안정화와 관련해 중앙은행과 재무부의 능력에 의구심을 표명하면서 통화 공급 증가에 관한 규칙을 명시하는 조항을 헌법에 삽입할 것을 제안했다. 이처럼 신고전파 경제학은 거시경제 안정화를 위한 적극적인 정책의 수행 가능성을 부정하는 견해를 강화하고 또 확산시켰다.

둘째, 공공 부문에 의한 공공재의 생산은 문제시된 반면 여러 민간 공급자들이 경쟁하는 모델은 권장되었다.

셋째, 유인이론이 새로 등장해 불평등 확대를 정당화했다. 이에 따르면 불평등은 근로 의욕과 기업가 정신, 혁신을 조장할 수 있으며 투자의 결정 요인으로 가정되는 저축을 증대시키는 데도 유리하게 작용하는 것으로 평가된다. 이러한 생각은 당시까지 지배적인 영향력을 행사해왔던 케인시언 관념과 결별하는 것이다.

2000년대부터 이 세 가지 문제의식을 결합한 새로운 교조주의가 탄생했다. 이 교조주의는 시장 메커니즘을 경제 효율성을 제고할 수 있는 유일한 원천으로 간주하고, 공권력에 시장 메커니즘의 강화라는 경제 개혁 과업을 부과했다. 놀라운 것은 미국에서는 이러한 관념을 공화당은 물론 민주당도 공유했다는 사실이다(Council of Economic Advisers, 1996: 39~42).

이처럼 상품시장과 노동시장 그리고 금융시장까지 자유화하는 정책을 시행한 결과 불평등이 심화되었고, 그래서 소득 재분배와 누진세로의 복귀라는 문제가 다시 불거지게 된 것은 전혀 놀라운 일이 아니다. 이러한 문제의식은 학계(Piketty, 2013)는 물론 정치적 담화에도 나타났다. 예컨대 2014년 오바마 대통령의 연두교서 내용이 그러하고, 통화정책이 부분적으로나마 불평등의 증대에 기여했음을 인정한 재닛 옐런(Janet Yellen) 미국 연방준비제도이사회 의장의 입장도 마찬가지였다(Federal Reserve, 2014). 이처럼 경제정책은 경제적 효율성과 사회 정의 간의 재정(裁定)을 통해 선택되며, 어떤 정책이 선택되느냐는 집권당의 선호에 달려 있다.

규범적 비전: 시장의 효율성 및 사회 정의 추구

광범위한 동의를 얻고 있는 규범적 입장은 특정한 정치관에서 나오는 것이기에 먼저 이 '정치관'의 내용을 명확히 해둘 필요가 있다. 정치적 의사결정을 내리는 자들은 다음 두 개의 지상명령을 염두에 둘 수밖에 없다. 하나는 시장 이론이 그들에게 설정해주는 경제적 효율성이라는 명령이고, 다른 하나는 도덕 철학이 제시하는 사회 정의라는 보편적 원리의 추구라는 명령이다(Rawls, 1971). 이 두 기준을 동시에 충족하는 것이 가장 이상적이지만, 일부 경제학자들은 그것이 거의 불가능에 가깝다고 말한다. 역설적이게도 사회 정의를 경제적 효율성의 벡터로 간주하는 복지 자본주의 이론(6장)은 결국 완벽한 시장이라면 그 작동의 결과가 무엇이든 모두 정당하다고 보는 시장 근본주의와 통한다는 점이다.

이러한 정치관에서 보면 정치 영역은 국가와 행정기관의 행동을 통해 경제 영역과 사회 영역에 봉사하는 것이 될 수밖에 없고, 또 정치 영역은 경제 영역과 사회 영역의 투영에 지나지 않으므로 그 자체로 어떤 고유한 특수성도 갖지 못한다.

정치 영역의 토대를 이루는 사회적 갈등의 망각

프랑스의 공공 개입 역사에 비추어볼 때 이 아름다운 구축물은 과연 어떤 적합성을 가질까? 결산은 상당히 복잡하다. 실제로 (앞서 제시된—옮긴이) 두 개의 논리가 개입한다. 유의할 점은 효율성과 사회 정의라는 두 논리가 매우 특정한 형태를 취한다는 것 그리고 이것들은 언제나 정치 영역에서 집단적 행위자들이 벌이는 투쟁의 산물이지 군주의 현명한 조언자들이 숙의를 통해 낳은 결과는 아니라는 점이다.

한편으로, 정치 영역이 개입할 수밖에 없도록 만든 것은 바로 위기와 공황이다. 더욱이 이러한 개입이 불가피했던 것은 효율성이라는 추상적인 원리를 방어하기 위해서가 아니라 간단히 말해서 구조적으로 또는 주기적으로 불안정성을 드러내는 시장경제의 작동 가능성 자체를 회복하기 위해서였다. 바로 이러한 이유로 애초 민간 지위로 출발했던 중앙은행이 공공기관으로 변모했고(Bouvier, 1973), 제2차 세계대전 이후 대다수 정부들은 양차 대전 중간기에 결정적인 역할을 수행했던 농산물 가격 불안정을 해소하기 위해 특정한 제도의 설치가 필요하다고 판단했던 것이다.

다른 한편으로, 도덕적 요청이 있었음은 당연하지만 어쨌든 법률을 변경하기 위해서는 다양한 사회집단들이 동맹을 구축하고, 또 정치적 공간에서 진지한 논쟁을 전개할 수밖에 없었다. 이 과정에서 서로 다른 여러 세력들이 어떻게 결합하느냐가 다양한 요구들이 사회 정의론과 같은 이론에 얼마나 확고한 기반을 두고 있느냐보다 훨씬 더 중요하게 작용한다.

이러한 과정을 통해 공공 개입 영역이 노동 안전의 강화, 상법이 아닌 노동법의 제정, 제도 및 공권력의 속성으로서 통화에 대한 이해와 관리, 퇴직 권리의 인정이나 건강 시스템에의 접근 등 여러 분야로 확장되고 또 그 정당성이 확보된다. 마찬가지로 기초교육의 의무화를 규정한 법률은 애당초

— 경제학자들의 기능주의 비전이 가정하듯이 — 인적 자본의 형성을 위해서가 아니라 새로운 정치 질서와 결부된 시민권의 확립을 위한 것이었다.

이처럼 정치라는 공간은 경제와 사회에서 작용하는 힘들이 단순히 투영되는 피사체가 아니라 자신의 고유한 논리가 작동하는 공간이다. 이 논리란 특정 영토를 대상으로 경제적 규칙을 비롯해 일체의 게임 규칙들을 제도화하는 권력 행사의 논리다.

경제 영역과 정치 영역은 상호 분리된 후 재결합한다

경제학과 정치학이 분리되었다고 해서 현대 세계를 이해하기가 더 쉬워진 것은 아니다. 경제학자들은 정치인들이 '이론적 교훈'에 무지하거나 비합리적이라고 비난하기 바쁘고, 반대로 정치학자들은 경제적 변동이 정부의 선택과 결정에 미치는 영향을 경시하는 경향이 있다. (경제학에서 만들어진—옮긴이) 합리적 선택 이론이 정치 영역의 분석에 확대 적용된다고 해서 이 두 학문의 분리가 의문시되는 것은 아니다. 왜냐하면 이 두 학문이 동일한 방법론을 사용한다 해도 각각의 특화 영역이 달라 서로 작용을 주고받지 않는다고 보기 때문이다. 그런데 역사적 분석은 이러한 양자의 분리 가능성이라는 가설 자체를 부정한다.

시장은 정치 영역에 대해 자율성을 획득함으로써 탄생한다

사회적·경제적 관계가 여전히 분화되지 않은 사회들도 있다. 하지만 이러한 사회도 시장 교환이 침투하면 정치 영역과 경제 영역이 분리될 수밖에 없는데, 그 이유는 시장 교환이 이 두 영역의 분리를 불가피하게 만드는 동학을 창출하는 데 있다(Braudel, 1979). 이러한 분리 움직임이 일어나는 시기는 사회에 따라 다를 수 있지만, 소비에트 체제의 붕괴를 보면 이러한 분리가 자동적인 것은 아니라는 사실을 알 수 있다. 오래전에 산업화한 자본주의 경제에서 정치 영역과 경제 영역이 분리된 것은 약 4세기 전이다. 당시 출현 중이던 정치경제학은 기껏해야 상인의 번영과 공장제수공업(manufacture) 내부의 기술적 분업을 조장하기 위한 것이기는 했지만 이를 위해 군주의 정책이 유의해야 할 연관성들을 포착하려는 시도를 이미 하고 있었다.

하지만 이 시점부터 정치 영역과 경제 영역은 논리적으로 분리되었다. 정치 영역이 특정 영토에 거주하는 개인들에 대한 권력의 문제를 다룬다면, 경제 영역은 상품과 부의 유통에 관심을 가진다. 단, 경제 영역은 정치 영역이 설정한 국경을 초월하려는 경향을 항구적으로 드러낸다. 그러나 여기서 당장 제기되는 핵심적인 의문은 권력 추구의 지배를 받는 정치적 질서와 부의 끝없는 추구라는 동기로 움직이는 경제적 질서가 과연 양립할 수 있을까라는 것이다.

예컨대 군주가 제정하는 통화 규칙은 상품의 이동을 원활하게 해주는 민간 신용의 유통을 저해하지 않아야 한다는 것이 중요하다. 정치 당국이 치부를 위해 현지 통화의 가치 하락을 유도하는 기회주의적 처신을 한다면 무역과 국내 생산 활동이 왜곡될 수도 있다. 이에 따라 정치 영역과 경제 영역 사이에 상보적 의존 관계가 도입된다. 예컨대 경제적 조건이 지나치게 불리해지면 정치인들은 자신들의 절대 권력을 행사하는 데 필요한 세금 징수가 대단히 어려워지기 때문이다.

국가와 자본주의의 공진화

이러한 (정치 영역과 경제 영역 간의—옮긴이) 상호 의존은 자본주의의 전역사를 통해 끊임없이 그 형태가 바뀌어왔고, 또 어떤 의미에서는 상호 강화해왔다. 산업 자본주의의 발흥은 특정 유형의 국가를 요청했는데, 그 주요 과업은 수송망 확충을 통해 국내 영토의 통합을 조장하는 것이었다. 세계대전이 종식될 때마다 국가가 생산을 조직하고 금융을 통제하며 사회정책을 개발하는 등 국가의 경제 개입은 정당화되어왔다. 민간 소득에 대한 국가의 징수 증대가 그만큼 더 쉽게 수락될 수 있었던 것은 국가가 추가적인 부를 창조하는 내포적 축적의 확립에 공헌했기 때문이다. 이렇게 해서 국가는 '야경 국가'를 벗어나 '삽입 국가'가 되었다(Delorme and André, 1983).

현대사회: 정치 영역과 경제 영역의 착종

먼저 정치 당국은 자본 축적에 필요한 몇 가지 조건을 충족시킨다. 그중에서도 특히 재산권의 규정과 준수, 지불 시스템, 통화체제 등이 중요하다.

다음으로 정치 영역이 물질적으로 조직화되고 중개 역할을 수행하기 위해서는 경제 영역이 창조한 가치에 대한 징수가 전제조건이 될 수밖에 없고, 이것이 이 두 영역 간의 두 번째 연관이다. 따라서 재정 금융 체제와 발전양식 사이에는 일정한 관계가 존재한다(Théret, 1992, 1999).

이 파노라마를 완성하려면 민주주의 정치체제가 일반화되어야 한다. 형식상 민주주의 체제는 선거 과정, 여론 조사, 압력집단의 발전 등 시민과 정부 간의 상호작용이 이루어지는 새로운 절차들을 포함한다. 이제 정부는 더 이상 경제 및 금융 세력의 기대에 부응하는 데 그치지 않고 선거 기간 중

그림 7-1

음양(陰陽): 정치 영역과 경제 영역

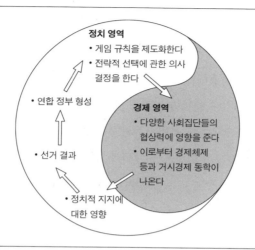

자료: Palombarini(2001: 서문).

국민에게 제시했던 공약 준수를 시도할 수밖에 없다. 이렇게 경제정책의 결정 과정은 (외부의─옮긴이) 영향을 받게 되고 그만큼 복잡해진다. 그래서 타협이 이루어지지 않으면 이러한 과정 자체가 중단될 수도 있다(그림 7-1).

정치 영역과 경제 영역 간의 시간대 갈등

이러한 착종이 초래하는 또 다른 중요한 결과는 사회 변환이라는 동학이 항구적으로 재활성화된다는 점이다. 정치 영역의 리듬이 선거 일정과 연합 정부의 형성에 의해 좌우된다면, 경제 영역의 변동은 생산, 투자, 혁신, 심지어는 인구 변화가 일어나는 시간대와도 연관된다. 이 두 가지 시간대가 일치해야 할 이유는 하나도 없다. 이 점은 정치·경제 시스템이 내생적으로 변동한다는 것을 함의한다. 통상 두 영역 중 어느 한 영역은 다른 영역의 행위자들에게 외생적인 것으로 나타나는 것 같지만, 이 두 영역은 사실은 상호작용한다.

이러한 동학의 매우 특수한 사례는 이른바 '정치적 사이클' 모델들이다 (Nordhaus, 1975). 선거철이 다가오면 정부는 유권자들의 환심을 사기 위해 경기부양 정책을 시행하는데, 그래서 현 정부나 다음 정부는 누적된 재정 적자를 교정하기 위해 안정화 정책을 채택할 수밖에 없다. 이런 식의 사이클은 미국에서 포드주의와 케인스주의의 동맹 시기에 실제로 관찰된 바 있고, 다른 사례들도 많이 있음은 물론이다. 예컨대 유로존 가입을 원했던 정부들은 유럽 조약이 요구하는 기준을 충족하기 위해 엄격한 조정 정책을 시행했으나 가입한 후에는 이 정책을 완화하곤 했다. 경제적 사이클은 어떤 의미에서는 정치적 조직이 가진 일정한 비합리성을 표현하거나 적어도 정치적 조직이 자기 규제적인 경제적 과정들에 간섭하고 있음을 표현하는 것일 수 있다.

조절이론은 경제적 사이클이 정치 영역과 경제 영역 모두에 동시에 영향을 준다고 보는데, 이는 이 두 영역 각각의 시간대가 구조적인 이유로 다르기 때문이다. 개혁 프로그램은 당장에라도 공지될 수 있지만 시행 결과는 모든 행위자들의 행동이 점진적으로 재조정된 후에야 비로소 드러난다. 더욱이 개혁이 성과를 거두기 위해서는 일련의 보완적인 개혁이 불가결한 경우도 있을 수 있다. (오늘날처럼—옮긴이) 금융에 의한 신용등급 평가가 주가와 공공 채무 금리의 변동을 좌우하는 시대에는 이러한 시간대 차이가 정부에 대한 신뢰와 거시경제 안정에 파멸적인 영향을 줄 수도 있다(Boyer, 2013a).

그람시와 풀란차스로의 복귀

이러한 논지에 비추어볼 때 시간이 흐르면 일정한 안정성을 구비한 정치경제체제가 저절로 출현한다고 생각하기는 선험적으로 어려운 일이다. 여기서 조절이론의 기본 질문이 다시 등장한다. 즉, 위기의 가능성이 상존한다면 포드주의처럼 상당 기간 안정된 구도나 금융화된 축적체제처럼 일시적으로나마 상당히 안정된 구도는 어떻게 출현할 수 있었던 것일까?

헤게모니 블록 가설과 정치적 해석

앞서 축적체제의 출현을 설명하기 위해 임의의 땜질과 우연, 진화를 통한 선별, 보완성 또는 위계 등 여러 가지 메커니즘을 다룬 바 있다(2장). 그러나 경제 영역에서 지속적으로 빈약한 성과(막대한 실업, 완만한 성장 등)만 내는 제도적 구도들이 존재한다는 점에서 효율성에 의한 선별의 타당성에 의문을 품게 되었고, 한 정치경제체제의 존립을 위한 충분조건은 정치적 동맹의 형성이 아닐까라는 아이디어에 천착하게 만들었다. 이러한 문제의식은 니코스 풀란차스(Poulantzas, 1968)와 안토니오 그람시(Gramsci, 1978)의 분석에서 구현되었고, 이들의 분석은 나중에 정치적 동맹의 형성과 정합성 있는 조절양식 간의 관계를 탐구하는 데 다시 사용되기도 했다(Palombarini, 2001).

엄밀한 의미의 경제적 질서에서는 선험적으로 정합성을 가지는 조절양식이 정치적 질서에서는 정당성을 확보하지 못해 해당 (이 조절양식을 포함한 성장—옮긴이) 체제가 붕괴되는 경우가 있다. 이와는 반대로 강력한 헤게모니 블록이 적절한 표상을 통해 위기 탈출 전략의 정당성을 확보함으로써 이미 전개되고 있는 경제위기를 제어하거나 극복하는 경우도 있다(Lordon,

1997, 1999). 끝으로 정치적 동맹이 중장기적으로 안정된 결과 내생적으로 성장이 위기로 이행하는 과정이 개시되는 경우도 있다. 이때 위기는 경제적 질서에서뿐만 아니라 정치적 질서에서도 나타날 수 있다.

정치적 동맹의 표현인 제도

방금 예시된 구도들 중 어느 것이 실제로 출현하는가를 분석할 때 중요한 것은 제도들의 창설과 경제정책 중 어느 하나 또는 둘 다를 내생적인 것으로 간주하는 것이다. 이것은 헤게모니 집단이 유효하면서도 활기찬 조절양식을 시행할 수 있는 동맹을 정치적 공간에서 형성할 수 있는 조건을 명시하기 위해 필요하다(Amable, 2003). 경제적 상황과 정치적 지향에 따라 상호 이질적인 이해관계를 갖는 주체들은 향후 지배력을 행사하게 될 정치적 동맹에서 영향력을 행사하기 위해 (가능하다면 이 동맹의 일원이 되기 위해) 의견을 조정하고 무리 짓기를 시도한다. 이렇게 해서 일단 동맹이 형성되면 새로운 기관이나 제도 형태의 설치에 관한 결정이 이루어지고, 이렇게 탄생한 기관이나 제도 형태에 여러 주체들이 반응한다. 이제 새로운 경제적 구도에 맞추어 정치적 대변 구조가 조정되도록 만드는 새로운 도정이 시작된다. 이 도정이 하나의 정치경제체제로 귀착될 수 있다면 그것은 다름 아닌 두 영역의 양립을 보장하는 구도에서 성립할 것이다.

독특한 헤게모니 블록과 그 위기: 2000년대의 이탈리아

이러한 문헌에 의거한 논지 전개는 추론이 순환하고 이렇게 묘사된 상호작용들이 상대적으로 복잡하게, 그것도 여러 수준에 걸쳐 나타난다는 점에서 한계가 있다. 따라서 이러한 상이한 상호작용들을 구체적인 맥락에 의거해 정식화할 필요가 있다(Palombarini, 2001).

첫 번째 단계로 집권 정치 연합체가 환율과 공공 적자의 수준을 설정하는 등 경제정책을 결정한다. 다음 두 번째 단계에서 이를 기반으로 기업 단체와 노조가 임금과 고용 수준의 결정을 위해 협상하며, 그 결과는 노동자, 기업가 및 국공채 이자 소득으로 살아가는 지대수입자 등 경제를 구성하는 다양한 집단의 경제적 입장에 영향을 미친다. 세 번째 단계에서 다양한 사회경제적 집단들은 각자의 정치적·이념적 선호를 고려해 정부에 대한 지지 여부를 표명한다. 이제 정부가 다시 지지층과 양립할 수 있는 정책을 결정하는데, 이때 단기와 중기 간의 재정(裁定)이 특별히 중요하다.

이탈리아에서는 거시경제 특징과 사회경제적 집단들(노동자와 기업가 그리고 지대수입자-옮긴이)의 정치적 선호 분포에 의거해 독특한 연합이 출현했다. 이 연합에서 기업가와 지대수입자가 동맹을 맺어 환율과 공공 적자의 설정을 경제정책의 두 가지 핵심 도구로 삼았다. 이 연합에서 노동자는 지속적으로 배제되어왔다는 점을 감안하면 계속 교체되면서도 동일한 헤게모니 블록을 대변한 일련의 정부들이 왜 실업 문제를 중시하지 않았는지 이해할 수 있다.

그렇다면 이러한 상황을 (변화가 없는-옮긴이) 정상(定常) 상태로 볼 수 있을까? 그렇다고 답할 수 없는 이유는 공공 적자가 누적되고 GDP 대비 공공 채무의 비율이 상승함에 따라 이자율도 점차 상승하며, 이것이 결국 기업가의 이익과 지대수입자의 이익이 상충되도록 만들기 때문이다. 이에 따라 내생적 신진대사라는 메커니즘이 작동한다. 즉, 공공 채무 비율이 완만하게 변동함에 따라 조절양식이 안정성의 구역을 벗어나기에 이른다는 것이다. 경험적으로 보면 이탈리아 정부에 의한 유로존 가입 결정은 기업가와 지대수입자 간의 연합을 위한 기반을 제공했던 공공 채무가 더 이상 팽창할 수 없는 상태를 조성했다. 이에 따라 정치위기와 경제위기가 동시에 촉진된다.

이러한 과정은 몇 가지 차이점은 있지만 포드주의 위기가 거쳤던 과정과 유사하다. 즉, 포드주의 위기에서는 포드주의 생산 모델의 활력 고갈로 이미 싹트고 있던 위기의 발발이 석유와 원자재 가격의 폭등에 의해 촉진되었던 것이다(4장). 이제 이러한 문제의식으로부터 다음과 같은 일반적인 가설을 제안할 수 있다. 그것은 바로 한 주요 사회경제적 집단(여기서는 지대 수입자가 아니라 노동자)이 정치적 동맹에서 지속적으로 배제되는 경우, 해당 사회경제체제의 발전은 결국 구조적 불안정의 증대를 동반한다는 가설이다. 이 결론은 민주주의 원리(모든 이해관계자가 정치적 공간에 포섭되는 것으로 이해되는)가 거시경제 안정성은 물론 심지어 효율성과도 양립할 뿐만 아니라 때로는 이러한 관계를 조장하기도 한다고 보는 협약이론의 직관과 조응한다(Favereau, 1993b).

정치경제체제의 형성

중기적으로 일정한 안정성을 갖는 구도의 출현에 기여하는 몇 가지 메커니즘을 명시할 수 있다.

실천들의 추상화 및 확산 과정

먼저 '정치' 영역부터 살펴보자. 권위주의 체제는 비대칭적인 권력 배분 덕분에 사전에 일정한 정합성을 추구할 수 있다. 예컨대 브라질과 한국의 역사는 비민주적인 정부가 경제발전 과정의 개시에 필요한 제도 개혁을 시행할 능력을 가질 수도 있음을 보여주는 좋은 사례다. 그러나 민주주의 체제에서도 종종 다양한 이익집단들의 상호 이익을 위해 협상을 통해 타협하는 것이 제도 형태들의 지속 가능한 구도를 형성하는 데 좋은 전략이 되는 경우가 있음이 확인된다. 마지막으로 앞선 두 사례 못지않게 중요한 것은 일단 확립된 정치경제체제가 다양한 반성 노력을 통해 하나의 거버넌스(지배구조) 패러다임 또는 통치 패러다임으로 전환될 수 있다는 점이다. 이 패러다임은 나중에 다른 사회들을 위한 준거로도 될 수 있는데, 덴마크의 유연안정성 모델이 그 좋은 사례다.

'경제' 영역에서도 이와 유사한 일들이 있을 수 있다. 우선 이해관계자들은 조직화를 통해 정치 영역에 영향을 미치는 세력으로 전환될 수 있다. 예컨대 노동과 자본 간의 협상은 포드주의 단체협약의 경우처럼 강력한 조정 메커니즘을 창출할 수 있다. 이러한 경제적인 버팀목(예컨대 포드주의 단체협약—옮긴이)은 정치적 중개 구조에 영향을 미침으로써 노동과 사회보장의 조직화에 우호적인 정책이 수립되도록 만들 수 있다. 두 번째 메커니즘은 경제 영역과 정치 영역 간의 보완성을 조직하는 것이다. 예컨대 미국의 군산 복합체는 민간의 경제적 이익과 공공 정책의 결합을 추구했다. 그리고 정치경제체제가 정합성을 가질 수 있도록 만드는 세 번째 접합제는 과거의 성공을 다른 많은 영역에 적용 가능한 일반 원칙으로 추상화시키는 과정과 관련된다. 예컨대 테일러리즘이 제조업에서 시행했던 합리화는 서비스 부문은 물론 공공 행정에까지 확산되었다. 좀 더 최근 사례로는 민간 기업의 경영 모델이 건강, 교육 등 공공 서비스 공급의 재편을 위한 준거로 사용되는 것이다.

접합과 중재의 네 가지 형태

첫째, 정치 영역과 경제 영역 중 어느 한 영역이 다른 영역에 '자신의 논리의 강제'를 시도할 수 있고, 또 이것이 간혹 성공한다는 것이다. 구 소비에트 체제는 공산당의 정치적 의지가 권위주의적 계획화를 통해 경제적 조직화 전반을 조정하는 것으로 간주되었다. 그러나 이 시스템은 스스로 창출한 불리한 장기 경향을 극복할 수 없었다. 반면 대규모 경제적 이익단체들이 국가를 포섭한 후 보조금 지급이나 조세 삭감 등에 관한 일군의 법률 제정(또는 폐지!)이라는 목적을 달성할 수도 있다. 이에 따라 정치적·경제적 책임자들로 구성된 한 줌의 '보이는 손'이 시장 메커니즘이라는 '보이지 않는 손'의 익명성을 대체한다. 이러한 체제의 생명력이 보장될 수 없음은 2008년 미국 금융 시스템의 놀라운 붕괴로 증언된 바 있다. 왜냐하면 이 붕괴는 당국의 미약한 금융 규제 의향을 물리친 월스트리트의 권력 장악이 초래한 직접적인 결과이기 때문이다.

둘째, '상응 원리'가 정치적 과정과 경제적인 과정을 동시에 지배할 수 있다. 그 좋은 사례는 산유국들이다. 지대소득의 압도적 비중으로 인해 경제활동은 공업화에 불리한 방식으로 특화되고, 국가는 이 지대를 재분배하는 대중영합주의 국가로 변신한다. 이러한 사정은 시민들이 조세 납부에 동의하고 이를 근거로 정치 책임자들을 통제하는 이른바 민주적 과정과는 거리가 멀다. 현대 중국은 정치 영역과 경제 영역 간의 놀라운 융합을 보여주는 사례다(Boyer, 2011d). 정치 지도자들과 민간 및 공공 부문의 기업가들 간 사실상의 동맹관계를 바탕으로 형성된 무수한 지방 코포라티즘이 존재하며, 이들의 공통된 목표는 고용을 지속적으로 창출하고 인민들에게 최소한의 재분배를 보장하기 위해 성장을 극대화하는 데 있다. 국가적 차원에서는 공산당이 정당성을 확보하기 위해 국민의 생활수준을 제고하고 자신의 권력 독점을 위태롭게 만들 수 있는 사회적 폭발을 방지할 수 있을 정도로 충분히 빠른 성장을 추구한다(8장). 공산당은 전체 인민의 이익 수호자로 자리매김함으로써 경제계와 학계의 지도자들을 당 내부로 포섭했다. 이러한 중국 체제가 소비에트 체제와 다르다는 것은 쉽게 알 수 있지만, 그렇다고 이 체제가 중대한 모순을 가지고 있지 않다고 말할 수는 없다(8장).

'학습'과 '협상'은 경제적 과정과 정치적 과정의 상호 인정 및 양립 가능성을 달성할 수 있는 세 번째 형태다. 한쪽에서는 정치인들이 경제적 번영이라는 목적을 추구한다. 왜냐하면 경제적 번영이 조세 수입의 증가와 지출능력의 증대를 가져다주기 때문이다. 다른 한쪽에서는 경제 행위자들이 세금 납부 등 몇몇 집단적 규칙의 준수를 수락한다. 왜냐하면 이들은 특정 영토에서 사업을 영위하고 제도적으로 구축된 이점들을 국제 경쟁에서 활용하고자 하기 때문이다(6장). 이러한 기본 타협이 새로운 문제가 부각될 때마다 주기적으로 적절히 재구축된다면 이러한 정치경제체제를 '협상 자본주의'로 규정할 수 있다(Pedersen, 2008). 문제는 그러한 타협이 결코 자동적으로 획득되지 않는다는 데 있다. 말하자면 경제 및 정치 영역에서의 세력관계로 인해 이러한 타협 전략의 달성이 지속적으로 저지되는 경우도 있기 때문이다. 영국이 19세기 말부터 1970년대까지 오랜 세월 동안 쇠퇴를 면치 못했던 것은 이러한 상황을 보여주는 좋은 사례다. 결국 이러한 상황은 전방위 자유화의 (잔혹한) '강제 시행'을 통해 비로소 해결될 수 있었다(Elbaum and Lazonick, 1984).

정치경제체제의 출현과 관련해 땜질과 우연, 즉 능력과 행운이 수행하는 역할은 좀 더 불확실하다. 예컨대 미국에서 장기간에 걸쳐 이루어진 뉴딜 정책의 시행 과정을 재검토해보면, 놀랍게도 매우 신중한 숙고를 통해 마련된 대형 프로젝트의 실행이 아니라 위기의 진단과 해법을 둘러싼 시행착오의 연속이라는 모순된 사실을 발견하게 된다(Blyth, 2002). 결국 미국에서 위기는 제2차 세계대전의 종식과 더불어, 또는 그 이후에야 극복되었던 것이다. 정합성과 활력을 가질 것으로 구상된 야심찬 개혁이 실제 시행한 결과 제대로 기능할 수 없는 체제로 판명되어 그 결함을 보정하기 위해 땜질이 동원되는 경우도 있다. 그 사례로 2010년에 시작된 유로존 위기를 들 수 있다. 이 위기로 타격을 입은 금융과 은행의 안정성을 확보하기 위해 수많은 새로운 보완 장치가 구상되어왔다(9장).

각 발전양식은 그에 걸맞은 경제정책 체제를 가진다

이러한 분석을 바탕으로 조절이론은 경제정책 체제라는 개념을 조탁했고, 이로써 기본 개념 리스트는 더욱 풍부해졌다(Boyer, 2015d). 경제정책 체제라는 개념은 헤게모니 블록과 이것이 추구하는 핵심 목표, 정책 도구 및 정책 시행기관으로 규정된다. 장기 역사 분석과 국제 비교 연구를 종합해보면 다음과 같은 세 가지 핵심 교훈을 얻을 수 있다(그림 7-2).

경제정책 체제는 한편으로는 발전양식, 다른 한편으로는 정치체제의 성격과 양립 가능해야 하며, 통상적으로는 이것들을 보완한다. 그리고 발전양식과 정치체제라는 두 개념은 결국 헤게모니 블록의 성격으로 귀착되는데, 이 헤게모니 블록은 정치적 공간만이 아니라 경제적 공간에서도 작동한다.

경제정책 체제의 첫 번째 이념형은 '케인시언 개입주의' 체제다. 이 경제정책 체제는 경제활동의 안정과 완전고용을 유지하기 위해 통화 및 재정정책의 사용에 기반을 둔다. 이 체제는 강력한 조세 누진성을 전제하며, 광범위한 사회보장을 발전시킨다. 이 체제는 독자적인, 심지어 전례 없는 세력관계의 구도와 조응한다. 왜냐하면 노동자들이 암묵적인 헤게모니를 가지면서 성장 과실의 분배는 물론 근대적인 조직과 기술의 도입에도 이해관계자로 참여가 인정되기 때문이다. 이처럼 임노동관계가 제도 형태의 위계 구조에서 지배적인 위치를 차지하게 된 데에 소비에트 유형의 체제와의 경쟁이 막중한 역할을 했다는 점은 배제될 수 없다. 다른 한편으로 완전고용

그림 7-2

경제정책 체제와 개혁 전략

A. 제도적 구축물과 민주주의 유형에 대한 의존

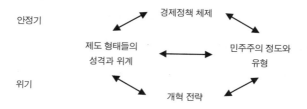

B. 케인스주의와 개입주의

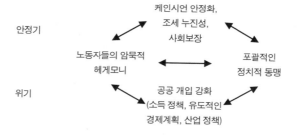

C. 통화주의와 자유화

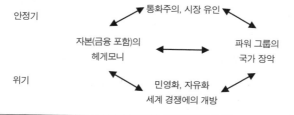

의 유지 역시 필요조건 중 하나였지만, 여기에는 인플레이션의 점진적인 가속화가 내포되어 있었다. 이로 인해 이 발전양식이 위태로워지자 케인스 이론에 대한 통화주의의 반박이 가능해졌으며, 결국 새 고전파 이론이 득세하고 케인스 이론은 방기되었다.

두 번째 이념형은 '통화주의'와 '신자유주의'다. 이에 따르면 인플레이션과 고용 간의 재정(裁定) 대신 물가 안정의 유지가 더 중시되고, 재정정책은 비효율적인 것으로 치부되며, 통화정책은 독립된 중앙은행의 소관 사항이 되어야 한다. 새 고전파 이론은 모든 정책이 경쟁과 시장 유인을 재확립하는 데 집중되어야 한다고 생각하며, 이로 인해 사회보장 시스템도 '복지(welfare)'에서 '근로 연계 복지(workfare)'로 변형되어야 한다. 이제 생산자본이 아니라 금융자본이 주도하는 헤게모니 블록에 노동자가 더 이상 이해관계자로 참여할 수 없음은 명백하다. 과거의 민주적 절차들이 여전히 작동은 하지만 경제정책에는 더 이상 영향력을 행사하지 못한다. 왜냐하면 국가는 국내 파워 그룹에 의해 포섭되었거나(예컨대 미국) 상당한 규모로 증가한 공공 채무의 보전 자금을 조달하기 위해 국제 금융가들에게 복종할 수밖에 없기(예컨대 유럽연합) 때문이다.

이와 관련해 조절이론은 다양한 다른 학문 분야들의 성과, 특히 경제사회학의 몇몇 작업의 성과를 흡수한다(Streeck, 2012). 이들에 따르면 1970년대의 고전적인 '조세' 국가가 사회적 반목과 해결되지 않은 경제문제에 대해 채무화로 대응함으로써 '부채' 국가로 이행했으며, 2000년대 중반부터는 이른바 '재정 건전화' 국가가 부담금과 이자를 지불하고 채무 원금을 상환하기 위해 개혁과 긴축 정책을 시행하고 있다. 이제 국가는 국민보다 채권자들에게 더 많은 빚을 진 처지가 되었다. 이리하여 민주적 자본주의는 위험에 처할 수밖에 없다. 왜냐하면 부의 무한 축적은 국제적 차원으로 이동해 갔는데도 정치권력들은 여전히 자국 영토에서 시민 공동체의 관리라는 과업을 수행해야 하기 때문이다.

위기 해법도 제도적 유산의 제약을 받는다

대위기, 즉 발전양식의 위기는 이전 규칙성들과의 단절을 함의한다. 이

때 정부들은 기존의 경제정책들이 더 이상 효과가 없다는 사실을 깨닫게 된다. 바로 이러한 맥락에서 '개혁'이라는 용어는 무소불위의 힘을 가진다. 놀라운 것은 개혁 전략이 위기의 첫 국면에서부터 계속해서 현행 헤게모니 블록에 의해 좌우되며, 정치 시스템은 이를 허용하고 있다는 점이다. 바로 이 점에서 경로 의존성이 거론될 수 있는데, 그 이유는 또 다른 발전양식을 모색하는 데에 그것에 앞선 발전양식이 남긴 유산을 고려하지 않을 수 없기 때문이다(그림 7-2).

프랑스의 경우를 보면 좌파와 우파를 막론하고 무엇보다 포드주의 제도적 타협을 준수해왔음을 알 수 있다. 그래서 정부들은 당시 '위로부터의' 위기 탈출 해법으로 규정되었던 공공 개입을 다시 강화하고자 했다. 소득의 범위를 설정하려는 노력과 효과적인 산업 정책을 회복하려는 시도, 심지어 유도적인 경제계획의 재도입 등 여러 시도는 이 개혁 정책을 이끌어가는 표상과 아이디어들이 이러한 관성을 가지고 있었음을 보여주는 증거다. 위기 해법의 모색에서 나타난 이러한 신중함은 임노동이 지배적 활동 형태인 사회에서는 국민들, 특히 유권자들의 정치적 지지가 불가결하다는 점으로 설명할 수 있다. '낡은 것이 새로운 것의 출현을 방해하는 시기'가 프랑스에서는 유독 길었던 반면, 미국이나 영국은 물론 독일까지도 그 기간이 프랑스보다 훨씬 짧았다. 이 점은 각국이 추구하는 개혁 정책이 서로 다른 맥락의 제약을 받는다는 사실을 예증하며, 이는 국제기구들이 보편적 해법의 담지자를 자처하며 일률적인 정책을 권고한다는 사실과 모순된다.

이처럼 개혁 정책이 과거의 구도에 의존하는 현상은 통화주의·신자유주의 체제에서도 발견된다. 2010년에 시작된 유럽연합의 위기는 부동산과 주식 투기 거품을 초래한 금융 자유화(스페인, 아일랜드, 영국)가 아니라 방만한 재정 운용(그리스)의 결과로 해석된다. 실업 증대는 노동시장의 제도적 경직성을 보여주는 증거로 재해석되었고, 이에 따라 유럽연합 당국은 노동시장의 유연화라는 정책을 권고할 수 있었다. 유연화 조치가 1980년대 중엽 이래 보잘것없는 성과나 고통스러운 결과(빈곤 확대)만 초래했는데도 유연화라는 단어는 줄기차게 반복해 강조되는 금과옥조다(Boyer, 1986b).

이것은 유럽연합 내부에 안정된 헤게모니 블록이 건재함을 보여주는 것이지만, 그와 동시에 경제적 아이디어의 형성에 대해 숙고하라는 요청이기도 하다.

자본주의 유형에 따른 경제정책 체제의 굴절

정치경제체제들의 형성 과정에 주목한 결과 중요한 사실이 드러났다. 바로 공통의 메커니즘이 적용되더라도 정치경제체제는 선험적으로 시공간에 따라 다양한 특수성을 드러낼 수밖에 없다는 점이다. 이 점은 사회적 혁신 시스템과 관련해 이미 지적한 바 있지만(6장), 경제정책 체제와 관련해 더욱 타당한 것으로 드러났다(표 7-1).

현대 정치 영역의 새로운 역할에 관한 합의가 가장 완결된 구도로 나타난 사례 중 하나는 바로 시장 지배 자본주의다. 특히 주목할 점은 이 모델이 다양한 시장의 작동을 감독하고 경쟁의 효율성을 보장하는 일을 담당하는 다양한 기관과 연계되어 있다는 것이다. 그러나 통제 대상인 이해관계자들이 이 기관들을 포섭해버리는 경우가 빈번하다. 다시 말해 이해관계자들이 정부에 압력을 행사하기 때문에 현실의 모습은 이론가들이 꿈꾸는 자본주의의 이상적인 모델과는 상당히 다를 수밖에 없다. 게다가 수많은 다른 사회들로 수출되었던 것은 자본주의의 신화이지 현실이 아니다. 또한 이 점은 경제적 아이디어와 개혁 전략은 국지적으로 그리고 역사적으로 만들어지며 그 후 이것들이 다른 시공간으로 옮겨가 현지에서 채택되는 담화에 영감을 줄 수 있음을 함의한다.

표 7-1

경제정책 체제와 자본주의 유형 간의 관계

특징 \ 자본주의 유형	시장 주도	코포라티스트	국가적 (대륙유럽)	가족적 (지중해)	시민주의
기본 원리	모든 문제에 대해 오직 시장만 존재한다	대기업은 외부효과를 내부화 한다	중앙집권적 또는 분권화된 국가가 개입 조치의 보완성을 조직한다	대중영합적 국가와 가족기업 간의 상호작용	모든 이해관계자들이 개입과 개혁을 협상한다
경제정책 관련 행위자	압력집단, 싱크 탱크	정당, 행정기관 및 대규모 기업집단	일반 이익을 담보하는 공공 행정기관	다양한 이익을 대변하는 정당들 간의 상호작용	행정기관과 시민사회의 대표
반권력·반파벌의 성격	• 시장 통제 담당 기관 • 강력한 연방 기관	• 거대 그룹 간의 경쟁 • 국제적 협력	• 사회적 합의 운동 • 국제화 과정에 있는 거대 그룹들의 압력	• 공공 채무증권 보유자의 힘 • 유럽연합에 대한 지불능 상실	• 금융 세계화와 연계된 불안 정과 위기 • 사회의 이질성 확대, 개인 주의
~에 대한 결과					
경제정책 체제	위기에 직면해 실용주의와 혁신 능력	위기 대응 정책이 지속적이 로 봉쇄될 수 있음	국제화·유럽화의 효과로 효 율성 상실	개혁이 어려움, 공공 채무의 파행 지속	위기 해법의 신속성과 상대 적 특수성
발전양식	진화론적 선별 과정의 결과	회복력, 그러나 보수주의 (일본)	경기변동 순환, 그러나 위기 출구는 아님(프랑스)	경제적 정체, 불확실한 제도 개편	공공 행정과 사회보장의 두 럿한 재편 그러나 일정한 회 복

두 번째 교훈은 이러한 결론을 완화한다. 즉, 신자유주의 관련 실천들이 계속해서 현저한 차이를 보여주고 있는데도 신자유주의에 대한 준거는 거의 보편적인 현상이라는 점이다. 예컨대 준코포라티즘이 주도하는 자본주의에서도 지배적인 행위자는 여전히 지배적인 정당이나 고위 공공 행정기관과 동맹 관계를 유지하는 대그룹들이다.

그러나 상호 대척적인 이 두 개의 전형적인 구도만 있는 것은 아니다. 왜냐하면 적어도 다음 세 개의 다른 경제정책 체제가 공존하기 때문이다. 먼저, 국가 주도 자본주의의 경우 핵심 행위자인 국가는 자신의 개입을 정당화하기 위해 일반 이익이라는 개념에 기대려 한다. 국가가 국제 경쟁에 경제를 개방하는 결정을 내리거나 공공 채무 보전 자금의 조달의 원활화라는 목적하에 금융시장의 자유화라는 결정을 내릴 때도 마찬가지다. 다음, 가족적 소유의 강고한 잔존을 특징으로 하는 자본주의는 기술관료적인 국가보다는 대중영합적인 국가를 동반하는 것으로 보인다. 이 경우 경제적 이익의 다양성은 파편화된 정치적 조직들로 대변된다. 해소되지 않는 갈등들이 결국 채무 증대로 귀착되고, 이로 인해 위기 상황이 오면 국제 금융가들이 중요한 행위자로 개입하게 된다.

끝으로, 사회민주주의 성격의 자본주의는 오랫동안 시장 자본주의의 대안 모델로 제시되어왔다. 이 모델이 경제 영역에서도 민주주의를 효과적으로 시행함으로써 다양한 이해관계자들을 화해시키는 데 효과적이었기 때문이다. 세계화와 연계된 금융위기의 영향을 받아 이 모델의 기본 원리들의 엄정성이 약화되고 있음은 확실하다. 그러나 수많은 공공 서비스의 민영화에도 불구하고 이 정치경제체제는 여전히 그 특수성을 견지하고 있다. 특히 새롭게 등장한 경제적 문제들에 대한 해법이 신속하게 모색되고 그 과정이 상대적으로 투명하게 이루어진다는 점에서 그러하다. 이것이 시장 자본주의와 중대한 차이점이 될 수밖에 없는 것은, 시장 자본주의에서는 정치가 주로 평범한 시민들의 이익과 기대를 거의 대변하지 않는 강력한 압력집단들 간의 게임과 상호작용으로 이루어지기 때문이다.

이 간략한 파노라마로부터 다음과 같은 역설이 부각된다. 그것은 정치경제체제들 간의 차이가 뚜렷이 나타나고 있음에도 경제정책 관련 담화들이 획일화 경향을 보인다는 점이다. 이로부터 현대 자본주의의 변동에서 아이디어가 수행하는 역할을 분석해볼 필요가 있다.

아이디어의 역할: 케인스가 옳았던 것일까

케인스는 『일반이론』을 마무리하면서 사회의 변형에서 사상가와 이론가들의 아이디어가 수행하는 역할에 대해 언급했다. 그는 아이디어가 심지어 이해관계보다 앞서 영향을 준다고 주장했다. 이러한 케인스의 주장은 사회과학의 다양한 학제들에서 완벽한 연구 프로그램들로 발전되었고(Hall, 1989; Blyth, 2002), 새로운 교조주의가 경제정책에 관한 연구에서 시행착오를 거듭하는 동안 조절론적 영감을 받은 연구자들이 동일한 주제를 다루기도 했다(Lordon, 2002).

시스템적이고 순환적인 인과관계

경제적 교리와 이론의 역사, 그리고 자본주의 제도와 조직의 역사를 같이 검토해보면 단순한 선형적 인과관계 가설은 오류임을 알 수 있다. 얼핏 드는 생각과는 달리 애덤 스미스가 자본주의의 조건들을 창조한 것은 아니다. 그는 단지, 당시 확실하게 모습을 드러내고 있던, 그러나 사실은 이미 도래해 있던 하나의 사회경제체제에서 시행 중인 과정들을 분석하고 이론

그림 7-3

경제와 경제 영역에서 아이디어의 역할: 개관

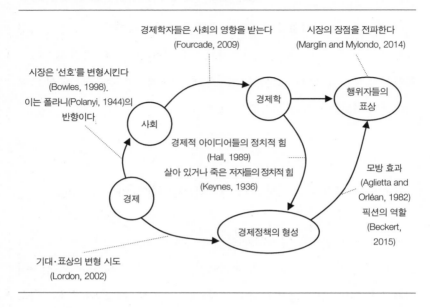

화했을 뿐이다. 케인스는 미국의 뉴딜 정책에 영감을 제공한 사람이 아니다. 밀턴 프리드먼이 가진 논쟁자로서의 재능에도 불구하고 케인시언 유산을 소멸시키는 데는 그 혼자만으로 충분하지 않았다. 왜냐하면 다른 아이디어들과 수많은 조직된 이해관계자들이 이러한 결과를 낳는 데 가담했기 때문이다.

따라서 학술 이론, 일반적인 아이디어, 경제주체들의 표상이 상호작용하면서 사회생활과 경제를 조직하는 새로운 방식의 출현 과정에 온전히 참여하는 다양한 통로들에 대해 개략적으로나마 살펴보아야 한다(그림 7-3).

경제학자는 사회와 시대의 이해관계자다

자본주의 형태의 다양성을 강조한 앞선 논지에 비추어보면 경제학자는 물론 이론가들도 그들이 소속된 사회 속에 침잠되어 있다는 사실에 주목해야 한다. 왜냐하면 이론가들의 지적 구축물은 명시적으로든 암묵적으로든 그 사회의 흔적을 간직하기 때문이다. 이러한 점은 1890~1990년을 대상으로 미국, 영국, 프랑스 소속 경제학자들의 지위를 비교했던 한 연구에서 증명되었다(Fourcade, 2009). 그럼에도 불구하고 영국의 주요 경제학자들이 미국으로 이민을 간 것이 정치경제학이 경제적 분석으로 되었다가 이어서 경제과학으로 이행하도록 만든 원인들 중 하나라는 사실은 부정되지 않는다. 물론 이 경제학자라는 직업은 지난 30년 동안 초국가적 기반 위에서 조직되어왔지만, 경제학자들이 현지의 사회화 네트워크로부터 영향을 받는다는 사실은 그들의 저작물에서 명료하게 드러난다(Fourcade et al., 2015).

두 번째는 경제학의 성과에서 경제정책의 형성이나 영감의 제공으로 나아가는 인과관계다. 이는 특히 케인스의 아이디어에 타당한데, 그의 아이디어를 거부한 나라들도 있기는 했지만, 거의 모든 나라에서 강의를 통해 전파되어왔다(Hall, 1989). 난해하기 짝이 없는 동태 확률 일반균형 모델은 그 지위가 학술지 게재 논문에서 오늘날에는 중앙은행의 분석 도구로 격상되었다. 이와 마찬가지로 경쟁의 존중이라는 과업을 수행하는 당국은 어떤 인수합병안의 기각 결정을 정당화하기 위해 산업 경제학의 성과를 동원하기도 했다. 교조주의 경제학자들은 경제적 성과가 좋을 때는 그것이 자신들의 이론에서 기인한 것으로 자평하면서 모든 것이 자신들의 덕이라고 자랑하지만, 막상 더 이상 자신들의 이론을 지지하지 않는 중대한 금융위기가 발발하면 이에 대해 어떤 책임도 없다며 발뺌하려는 유혹을 강하게 받는다.

경제주체에게 경제학자처럼 처신하도록 가르치다

세 번째 인과관계는 경제학 성과의 경제주체들로의 확산과 관련된다. 실제로 실험 심리학 연구는 대부분의 경제적 의사결정이 경험을 통해 획득된 관행에 따라 이루어지는 것이지, 미시경제학자라는 직업을 자랑스럽게 만들어주기 위해 논리적이고 합리적인 사색에 의거해 이루어지는 것이 아니라는 사실을 여실히 보여주었다(Kahneman, 2011). 그래서 경제학자들이 시민들이 잘못된 의사결정을 내리지 않도록 경제학을 가르치자고 제안하는 것은 거의 일상화된 일이다. 경제학자들은 공동체가 발전시켜왔던 조직을 비롯해 시장 이외의 모든 조직 형태가 파괴되는 위험에는 무관심한 채 분석가에서 경제적 합리성의 예언자로, 그리고 최상의 조정 형태라는 시장의 옹호자로 변신해왔다(Marglin and Mylondo, 2014).

네 번째 인과관계는 완전히 정반대 방향으로 작용하는 영향을 탐색한다. 주체들은 자신이 가진 욕망의 불확실성과 미래를 내다볼 수 없는 무능 때문에 모방 행태를 드러내며, 이 모방 행태는 논리 정연한 경제정책이 가능할 때조차 결정적인 역할을 수행한다(Aglietta and Orléan, 1982). 금융 협약이라는 개념을 사용한 케인스 역시 표상의 형성에 열려 있었다. 왜냐하면 가장 사려 깊은 전문가조차 자신의 결정이 합리적임을 확신할 수 있게 해줄 수학적 모형을 만들어낼 수 없기 때문이다. 그래서 합리적 기대라는 개념을 허구와 상상이라는 개념으로 대체해야 한다는 주장마저 있다(Beckert, 2015).

경제정책의 새로운 기법

이제 경제정책 책임자들이 구사하는 전략은 과거의 규칙성에 기초한 시뮬레이션 모형을 구축하는 데 있는 것이 아니라 대중들의 기대와 표상에 영향을 주는 데 있다. 그래서 하나의 초점(point focal)을 제공해 대단히 이질적인 주체들의 전략들이 한 방향으로 수렴될 수 있도록 유도한다. 이때 상상을 유발하는 표현이 큰 역할을 하며, 그 사례로 '경쟁력을 강화시키는 탈인플레이션'(Lordon, 2002), '엄격한 긴축 정책이 자극하는 성장'(Boyer, 2012b), '녹색 경제', '탈성장에의 호소' 등을 들 수 있다. 아이디어에 힘을 부여하려고 시도한 사례는 이토록 많다.

끝으로, 이처럼 복잡하게 중첩된 인과관계를 완결하기 위해 마지막 구성 요소를 첨가하는 것이 중요하다. 정책들이 경제적 유인을 배가시킬수록 경제주체들은 외부에서 주어지는 (즉, 시장이 제공하는 보수와 연계된) 동기를 중시하고 자신의 내적 동기는 무시하게 된다. 이 때문에 경제주체들의 선호는 내생적인 것이 되고, 그 결과 이들은 적어도 근사적으로는 표준이론이 말하는 '경제인(homo oeconomicus)'으로 변신해 이 이론의 정당화에 기여하게 된다(Bowles, 1998).

추론의 이 단계에서 폴라니를 다시 등장시킬 수밖에 없다. 왜냐하면 이 전략은 실제로 한 사회의 기반 자체를 파괴하며 대개 시장의 폭력에 대항하는 정치적 저항 운동을 불러일으키기 때문이다. 이 과정에서 공동체의 중요성이 재확인되지만, 이로부터 야기되는 문제들은 새로운 세대의 지식인과 이론가를 요청한다.

금융은 허상의 투사에 근거한다

케인스 시대에 아이디어의 역할을 다룬 문헌은 상대적으로 드물었지만 2000년대 이후에는 눈에 띄게 늘어났다. 이 사실은 경제적 아이디어와 정치경제체제 간의 관계가 역사성을 띤다는 것을 예시한다.

먼저 제2차 세계대전 직후 국민계정의 개발, 경기 분석, 최초의 거시경제 모델의 구축을 위해 케인스의 『일반이론』을 동원한 것은 학계와 정계의 엘리트들이었다. 이 현상은 프랑스 사례가 증언하듯이(Boyer, 1985), (아이디어가—옮긴이) 국가로부터 경제와 사회로 확산되어가는 경로를 따른 것이다. 문제는 오히려 케인스주의의 이론적 쾌거를 어떻게 실행할 것인가에 있었다. 조절이론의 관점에서 보면 케인스주의는 제도화된 포드주의 타협의 보완물이다.

그다음으로 1990년대부터 (아이디어를 창출하는-옮긴이) 주도권은 훨씬 더 분산되었는데, 이는 경제들의 변형과 금융의 세력 증대를 둘러싸고 상충된 해석들이 다양하게 나왔기 때문이다(Orléan, 1999). 사실 어떤 발전양식이 출현할지에 대한 예상은 너무나 불확실한 것이었기에 투자자들은 미래에 대한 분명한 아이디어와 개발할 만한 가치가 있는 전략을 가지고 있음을 보여줄 목적으로 수많은 이야기를 만들어냈다(West and Mitch, 2000; Thrift, 2001). 상업 자본주의와 그 뒤를 이은 산업 자본주의가 출현한 이후로 미래에 대한 투사(즉, 예측-옮긴이) 가능성 여부는 언제나 핵심 사안이었다. 그러나 미래에 대한 투사가 모든 기업가 활동의 핵심이 되도록 만든 것은 다름 아닌 금융 혁신과 경쟁 심화, 가치 창조 사슬의 초국적화였다(Froud et al., 2012; Boyer, 2012a; Beckert, 2015).

주도권은 미래의 담지자(생산자라고 할 수는 없기에)로 자처할 수 있을 정도로 충분히 강력한 행위자들이 가지고 있다. 이 점은 정보통신기술의 영향과 관련해 실리콘밸리가 차지하고 있는 위상으로 예시된다. 그래서 공공 당국들은 미래 이야기들을 취합한 후 나름대로 분석한 결과에 따라 정책을 채택한다. 예컨대 혁신의 조장을 목적으로 삼았던 새로운 금융 수단들에 대한 정책이 그러했다. 중앙은행 역시 이러한 거대한 변화를 감안하면 민간 부문의 기대를 유도하는 시도를 할 수밖에 없다는 것을 깨달았다. 거시경제학자의 경우는 승수와 경제 순환의 피드백이라는 '수력적인' 케인스주의를 방기하고 '동물적 본능'의 케인스주의를 채택할 수밖에 없게 되었고, 후자의 케인스주의는 강도 높은 구조 변화가 시행되고 근본적인 불확실성이 상존하는 시대에 케케묵은 합리적 기대 가설을 대신할 것이 틀림없을 것이다(Akerlof and Shiller, 2009).

따라서 경제를 움직이게 만드는 아이디어의 생산에서 공공과 민간 의사 결정자들 간의 위계구조에 엄청난 변화가 일고 있다. 이에 따라 통화정책은 단순한 기법이 아니라 하나의 예술로 변신했고, 앨런 그린스펀(Greenspan, 2007, 2013) 같은 인물은 현대의 대스승으로 부각되기도 했다. 예컨대 그는 통화정책 수행의 새로운 방식을 발명한 사람으로 간주되기도 하지만, 과거의 기록을 살펴보면 그것은 중앙은행과 금융인들 간의 오랜 상호 적응 과정 끝에 이루어진 예기치 못한 발견이었음을 알 수 있다(Krippner, 2011).

표상들을 변형시키는 과정으로서의 신자유주의

이단적 문헌들은 흔히 현대 자본주의를 신자유주의와 동일시한다. 그런데 자본주의는 사회경제체제의 하나인 반면에 자유주의, 질서자유주의, 신자유주의는 교리들이므로 양자는 결코 동일한 의미를 가질 수 없다. 역사적 자유주의는 정치와 경제로부터 개인의 해방이라는 이데올로기로 나타났다. 질서자유주의는 경쟁이 공동체에 의해 규제되고 행위자들에게서 독립된 규칙에 따라 이루어져야 한다는 것을 전제로 한다. 그리고 신자유주의는 경제의 장에서 경쟁의 승리자가 자신에게 유리한 방향으로 게임 규칙을 바꿀 수 있는, 즉 사회에서든(Frank and Cook, 2010) 정치에서든(Hacker and Pierson, 2011) '승자독식'이라는 금과옥조에 따라 정치적 헤게모니를 행사하는 것을 허용하는 이데올로기로 규정될 수 있다.

하나의 교리가 하나의 자본주의 형태로 전환된 것을 어떻게 설명할 수 있을까? 조절 연구 프로그램이 이 질문을 다루고 나름의 대답을 할 수 있게 된 것은 마크 블라이스(Blyth, 2002, 2008)가 제공한 일반적인 분석틀 덕분이다. 이 분석틀은 대위기를 맞아 행위자들이 직면할 수밖에 없는 불확실성이다. 불확실성하에서 행위자들은 미래 사회의 여러 상태들이 나타날 확률을 추정할 능력이 없을 뿐만 아니라 극복해야 할 위기를 유발시킨 복잡한 과정들을 해명할 능력도 없다. (이러한 상황에서－옮긴이) 복잡한 현실을 간명하게 정리해주면서 행위자들이 의사결정을 내릴 때 준거로 삼아야 할 간단명료한 해석을 제시하는 하나의 아이디어(즉, 신자유주의－옮긴이)가 득세할 수 있었던 것이다.

신자유주의는 모든 문제가 과거의 유산인 제도적 경직성에 기인하므로 시장 메커니즘의 재구축을 통해서만 극복될 수 있다고 본다. 이러한 아이디어가 이해관계들의 분포와 결합해 새로운 구도에 따른 집단행동의 가능성을 열어준다. 신자유주의를 수락함으로써 한편으로는 위기에 책임이 있는 제도적 유산의 정당성을 부정할 수 있고, 다른 한편으로는 과거의 경제적 질서를 재편한다는 것은 쉬운 일이 아니라면서 아예 이 질서를 시장과 경쟁이 주도하는 질서로 대체하자고 제안할 수 있게 된다. 나아가 이러한 대체는 오히려 사회경제적으로 지배당하는 집단들과 새로운 진입자들에게 적합한 전략이라고 주장된다.

이러한 이데올로기가 결국 승리를 거두었고, 신봉자들은 거기서 역사의 종언에 상응하는 것을 보려는 시도까지 했다.* 그것의 좋은 사례가 미국에서 나타났던 인플레이션 없는 성장, 즉 '대완화(Great Moderation)'**로서,

---

• 예컨대 프랜시스 후쿠야마(Francis Fukuyama)는 1992년에 출간한 『역사의 종언과 최후의 인간(The End of History and the Last Man)』이라는 저술에서 헤겔과 마르크스적 의미의 역사는 끝났으며 유일하게 살아남은 자유민주주의 시장경제체제를 대체할 어떤 것도 존재하지 않는다고 주장했다.—옮긴이

•• 1980년대 중엽에서 2000년대 전반까지 미국 경제에 나타났던 실질 GDP, 물가상승률, 실업률 등 주요 거시지표의 연간 변동성이 상대적으로 축소되었던 현상을 지칭한다.—옮긴이

이는 신자유주의의 우월성을 보여주는 증거로 간주되었다. 하지만 미시경제 수준에서, 그리고 국지적으로 과도한 투자가 진행되었고, 그 결과가 먼저 e-경제에서, 그리고 뒤이어 부동산 시장에서 연속해 형성된 투기 거품에 지나지 않는 것으로 드러나자 이 모든 상황은 끝장날 수밖에 없었다. 신자유주의 아이디어의 확산과 성공이 바로 그 자신의 위기를 초래한 직접적인 원인이었던 것이다. 이 점은 조절이론의 핵심인 내생적 신진대사 과정과 부합한다(4장).

대위기에서의 정치 영역

2008년 9월 리먼브러더스 은행의 파산으로 시작된 국제 금융·경제 위기는 이 장에서 제시한 분석틀의 현실 적합성 여부를 검증할 수 있게 해주었다(Boyer, 2015d). 이 검증은 이러한 글로벌 위기에 대한 대응에 정치 조직이 영향을 미쳤음을 증명할 수 있을지, 만약 그럴 수 있다면 세계적인 대(大)경제들의 동학이 강력한 경로 의존성을 띠고 있음을 강조하는 것이 얼마나 근거 있는 것인지라는 두 가지 의문을 중심으로 이루어졌다.

첫째, 표상의 관성

이 대경제들 각각에 대한 진단들이 일치하지 않는 것은 놀라운 일이다. 미국 경제에 대한 전문가 의견과 여론은 두 개의 진영, 즉 이 위기가 과도한 금융 자유화에서 비롯되었다고 보는 진영과 부동산 담보 대출에 대한 공적 보증과 관련된 도덕적 해이를 지적하는 진영으로 나뉜다. 그리고 유럽연합의 경우는 남유럽 나라들의 국가 채무 위기가 유럽 협정들이 공공 부문 적자 관련 강제 규정을 위반한 데 기인한다는 생각이 지배적인 반면, 금융 탈규제가 부동산 투기 거품을 야기하는 동시에 방만한 공공 정책의 시행을 가능하게 했다는 가설을 지지하는 사람은 소수에 불과하다. 끝으로 중국의 경우는 공산당 내부에서조차 두 개의 노선이 대립하고 있다. 하나는 강력한 공공 개입주의를 지지하는 노선이고, 다른 하나는 이와 정반대로 시장 메커니즘의 강화를 통한 근대화를 지지하는 노선이다.

사실 위기 발발 이전까지 이 세 국가(또는 국가집단)의 경제정책 체제가 추구해왔던 목적은 아주 다르다(Boyer, 2015d). 미국에서는 금융적 부의 창조에 중심을 둔 주주가치 모델이 지배했고, 유럽연합에서는 목적이 단일 시장의 확장에 있었다. 중국에서는 활기찬 성장과 고용 창출의 역동성이 공산당의 정당성을 보장하는 원천이었다. 각각의 핵심 행위자도 서로 달랐다. 미국에서는 금융시장과 중앙은행을 비롯한 공권력 간의 대화였고, 유럽연합에서는 유럽 차원의 다양한 심급들 사이에서 어렵사리 이루어지는 조정이었으며, 중국에서는 사회적·경제적 생활의 모든 수준에 편재하는 공산당이었다.

경제정책 체제 면에서 드러나는 이러한 차이는 경제 영역과 정치 영역의 구조화, 그리고 그 결과로 나타나는 두 영역 간의 상호작용에 기인한다.

먼저 금융과 혁신에 의해 추동되는 북미의 발전양식은 금융인과 고위 경제 지도자 그리고 소수의 극도로 부유한 지대수입자들이 모여 점진적으로 형성한 강력한 헤게모니 그룹의 의사를 반영한다. 이 발전양식은 중간 계급 상위층의 동의도 얻을 수 있었는데, 이들은 금융의 탈규제가 가져다준 엄청난 기회를 각자의 소득 규모에 따라 활용할 수 있었기 때문이다.

그다음 유로화라는 단일통화로의 통합은 처음에는 다음과 같은 두 개의 상이한 발전양식 간의 상보성을 기반으로 유럽 대륙의 성장을 조장했다. 그 하나는 북유럽의 혁신과 수출 주도 발전양식이고, 다른 하나는 남유럽의 소비 그리고/또는 공공 지출 주도 발전양식이다.

마지막으로 중국은 중앙권력이 거시경제활동의 주요 지렛대들을 통제하기 때문에 독자적인 발전양식을 탐험하고 있다. 이 발전양식에서 지배적인 제도 형태는 경쟁 형태이며, 투자가 성장을 추동한다.

둘째, 당장 시스템을 만들지는 않는 혁신

사실 2008년 이래 이 세 개의 국가(또는 국가집단) 중 어느 것도 이전의 성장체제를 되찾지 못했다. 이러한 상황은 조절론적 시각에서 보면 대위기인데, 이는 경기를 통제하는 능력만이 아니라 성장 동력 자체가 문제시되기 때문이다. 상기 세 국가(또는 국가집단)의 비교로부터 몇 가지 일반적인 교훈을 도출할 수 있다(Boyer, 2015d).

정치 조직이 중요하다

사실 미국의 연방주의는 위기 대응의 신속성과 규모 면에서 효율적임을 보여주었다. 유럽연합은 경제정책 체제의 비정합성과 불완전성 때문에 위기 대응이 지체되었다고 보고 과거에는 적용될 수 없었던 규칙들을 더욱 강화하기로 결정했으며, 그 결과 2011년에 경제활동이 또다시 추락했다. 중국의 책임자들은 경제성장의 신속한 회복을 위해 당시 시행 중이던 자유화 과정마저 중단한 채 가능한 모든 수단을 다시 동원했다. 이들은 심지어 내수를 진작하고 건강·퇴직·교육 분야의 사회적 필요를 충족시킬 수 있는 발전양식으로 이행한다는 전략 프로젝트를 지연시키는 것도 마다하지 않았다.

혁신은 앞선 체제의 흔적을 동반한다

미국에서는 헤게모니 블록이 저항을 함으로써 금융 시스템 전체를 조건 없이 구제하는 방향으로 공적 개입이 시행되도록 만드는 능력을 발휘했다. 이는 통화 교조주의를 방기하고 지불 및 신용 시스템이라는 근대 경제의 기본 제도 회복이라는 절체절명의 과업을 수행하기 위해서는 공공 적자의 확대를 수용할 수밖에 없었다는 사실을 의미한다. 위기로 야기된 혁신들이 과거와 동일한 세력장의 산물인 셈이다.

일정 기간의 잠복기를 거친 후 유럽의 책임자들은 유럽이 금융 규제 분야에서 뒤처져 있음을 깨닫고 질서자유주의에서 영감을 받은 관념에 의거한 일련의 개혁을 시행하기로 결정한다. 그 한 예는 연대와 재분배의 원리에 의거하지 않고 규칙에 의거해 연방주의를 구축하는 것이다. 각국의 국민 여론이 유럽의 건설을 신뢰하지 않음을 드러냈는데도 대기업과 정치인을 비롯해 위기 이전과 동일한 초국적 엘리트들은 유럽 건설이라는 자신들의 프로젝트를 밀어붙였다. 이것은 과거로부터 물려받은 구도에 대한 의존을 보여주는 두 번째 사례다.

2000년대부터 중국 당국은 투자에 덜 의존하고 소비를 좀 더 조장하는 성장으로 점진적으로 이행해가겠다는 프로젝트를 공표해왔다. 하지만 예상되는 경제 공황을 방지해야 한다는 필요성 때문에 공산당은 경기 부양을 위한 지렛대로 공기업과 사회기반시설 분야에 막대한 투자를 할 수밖에 없었다. 이로 인해 중국의 축적체제를 괴롭히고 있던 구조적 불균형이 더욱 악화되었음은 당연하다. 이러한 상황은 새로운 정책이 극복하고자 했던 구조적 결정요인이 다시 부각되었다는 의미에서 죽은 자가 산 자의 발목을 잡고 있는 격이라고 할 수 있다.

조절이론에서 경제정책의 역설적 지위

모든 경제적 아이디어가 사회 변형 과정에서 동일한 힘을 가질까?

정당화가 필요한 정치인들과 단순한 아이디어의 만남

처음부터 자본주의 경제의 조절에 관한 연구는 경제정책 논쟁과 관련해 배중률* 논리에 부딪혔다(Boyer and Mistral, 1978). 1970년대에 자유주의자들은 공공 개입이 한계를 드러냈다고 보고 그 대안으로 시장 메커니즘의 회복을 제안했다. 반면 당시의 경제위기에 대해 케네지언들은 전방위 탈규제 전략이 경제를 불안정에 빠뜨리고 불평등을 심화시켰음이 분명하게 드러났다고 보았고, 그래서 국가의 역할 쇄신을 제안했다. 그러나 조절이론은 이러한 상호 배제적인 두 개의 해법만 있는 것은 아니라고 보았다.

우선 근대 경제의 조절을 보장하는 제도적 장치로서 국가와 시장만 있는 것은 아니며(5장), 경제정책 체제가 확실한 위기로 돌입했음을 확인하는 것이 새로운 맥락에 부응하는 다른 경제정책 체제가 구상될 수 없음을 의미하지는 않는다는 것이다. 특정 시장이 붕괴했다고 해서 시장 메커니즘이 적합한 모든 부문에 대해 이를 거부하는 것이 정당화될 수 없는 것처럼 국가·경제 관계의 한 형태가 위기에 빠졌다고 해서 국가의 역할이 끝났다는 식으로 볼 수는 없기 때문이다.

단순한 아이디어만이 사회적·정치적 논쟁을 불러일으킬 정도의 충분한 영향력을 가지는 것처럼 보인다. 우선 제도주의자는 시스템적 인과관계를

---

* 형식 논리학에서 사유 법칙의 하나로서 어떤 명제와 그것의 부정 가운데 하나는 반드시 참이라는 법칙이다. 즉, 서로 모순되는 두 가지의 판단이 모두 참이 아닐 수는 없다는 원리다.－옮긴이

지지하지만, 이는 공론의 대상이 되기 어렵다. 더욱이 생명력 있는 제도의 구축은 권위적인 의사결정에 의해서라기보다는 오히려 이해관계자들 간의 장기간에 걸친 상호작용과 협상 과정을 통해 이루어지는 경우가 더 많다. 마지막으로 경제학자는 정치적 의사결정자를 효율성과 정의의 문제에만 몰두하는 일종의 시스템 엔지니어로 간주하려 들지만, 정치적 의사결정자는 경제학자가 그에게 부여하지 않는 다른 이유도 가지고 있다. 어쨌든 정부의 한 책임자는 애초 권력이라는 용어를 사용하는 정치적 분석에서 시작된 어떤 의사결정의 타당성을 강화하기 위해 이런저런 경제학자의 작업에서 논지를 빌려올 수 있다. 이러한 맥락에서 보면 조절이론의 영감을 받은 제안들이 정책에 반향을 일으키는 데에 왜 전통적으로 많은 어려움을 겪어왔는지 이해할 수 있다.

불확실한 상황에서 규범적인 일반 이론이 주는 편안함

경제정책에 대해 앞선 세 가지 접근이 취하는 입장을 하나씩, 좀 더 분석적인 방식으로 비교할 수 있다.

첫째, 새 고전파 경제학의 비전은 시장경제의 기적 같은 속성인 '보이지 않는 손'이라는 가설에 기원을 두는 오랜 전통을 계승한다. 새 고전파 경제학이 규범적인 목적을 가지고 있음이 분명한 이유는 그 지지자들이 제안하는 개혁(자유화, 민영화, 국제 개방, 경쟁 강화)이 이론적 모델에 적합한 세계를 현실에서 구현하는 것을 목표로 삼기 때문이다. 이러한 비전은 정치인들이 제로섬 게임의 경우처럼 의사결정을 내리기 곤란한 정치적 문제를 시장의 힘에 기대어 해결하려는 시대에 환영받는다. 예컨대 미국에서 생산성 이득이 고갈되었을 때가 그러한 상황이었다(Krippner, 2011).

둘째, 포스트케인시언 관점이 위기의 시기에 다시금 주목을 받는 까닭은 이들이 경제의 구조적 불안정성, 즉 완전고용의 유지 불가능성을 보완하기 위해 적극적인 경제정책이 필요하다고 오래전부터 주장해왔다는 데 있다. 경제가 금융화되고 투기 거품이 이어지면서 위험이 갈수록 커지고 있기 때문에 이 이론은 더욱 주목을 받고 있다. 사실 정치 책임자들이 금융 시스템 구제에 개입하고 공황 발발의 위험을 방지하기 위해 공공 지출을 확대하기 시작했을 때, 이미 케인스가 복귀했다고 생각할 수 있었다. 케인스주의의 힘과 지속성은 그것이 자유 시장의 옹호자들의 규범성을 대체할 다른 대안 규범을 제안하며, 더욱이 경제 상황의 해석에서 유효수요 원리가 새 고전파 경제학보다 훨씬 더 현실적인 열쇠를 제공한다는 사실에 기인한다.

셋째, 조절 접근은 다음과 같은 중대한 결함으로 고통을 받는다. 구성상 조절 접근은 현지의 역사적 맥락에 관한 엄밀한 분석 없이 그냥 적용만 하면 되는 일반적인 처방을 제시하는 것을 꺼린다. 예컨대 통화정책과 재정정책 중 어느 것을 우선시해야 하는가라는 질문에 대한 대답은 포드주의 체제가 득세하고 있는지, 아니면 반대로 금융 주도 축적이 정착되어 있는지에 따라 완전히 다르다. 더욱 불운하게도 조절 접근은 정치적 책임자들의 절망을 조장한다. 왜냐하면 조절 접근은 다른 발전양식의 출현에 필요한 제도 형태들의 재편이 전통적인 지렛대(정책 수단들—옮긴이)의 사용으로는 결코 이루어질 수 없다고 단언하기 때문이다. 마지막으로 조절 접근은 어떤 위기 탈출 전략이든 실효성을 가지려면 정치적 동맹이 중요하다는 것을 명시함으로써 일종의 상대주의를 도입한다. 그런데 이러한 상대주의는 엄격한 경제 결정론을 비판하는 것이기에 조절 접근의 반대자들은 이를 비과학적 이론의 증거로 본다.

어떤 의미에서 조절이론은 규범적이라기보다 분석적이라고 할 수 있다. 바로 이 점 때문에 조절이론은 현대 경제정책의 형성에 거의 영향을 미치지 못하고 있는 것이 아닐까.

소결: 정치경제학 대 경제학

경제학으로 정식화와 예측이 가능할 뿐만 아니라 확실한 근거가 있는 경제정책을 권고할 수 있다는 점에서 현대 경제학자들은 경제학이 과학적이라는 사실을 정치 책임자들에게 납득시킬 수 있었다. 이전에는 정치경제학의 이데올로기와 몽매주의가 지배했지만, 미시경제적 기반을 가진 동태적 확률 모형들 덕분에 각국 정부는 중앙은행과 재무부의 전문가들이 제안하는 조치를 신뢰할 수 있게 되었다. 그런데 이러한 신뢰가 기실 환상에 지나지 않는다는 생각이 2015년에 꽤 널리 퍼졌다. 왜냐하면 새 고전파 경제학의 모형들은 그것이 자랑하는 (이론적-옮긴이) 정합성에도 불구하고 불안정하고 갈수록 불평등해지고 있는 금융화된 경제에 대해 사실상 어떤 설명도 제시하지 못했기 때문이다. 한때 모든 죄악의 원천으로 비난받았던 국가 개입이 이제는 경제의 작동에 불가결한 통화금융 체제를 복구하기 위한 해법으로 간주된다.

사실 각국 정부는 자유화 시기 내내 간단없이 개입해왔으며, 대다수 제도 형태들의 재편에도 적극 나서왔다. 2008년 금융 붕괴 이후 공황의 위험을 방지하기 위해 각국 정부가 막대한 개입을 해왔다는 사실은 정치 영역이 경제 영역에 구조적으로 연계되어 있음을 보여준다. 조절이론은 이 두 영역의 착종이 정치경제체제의 생명력을 보장하는 조건임을 강조함으로써 이러한 역설에 하나의 해답을 제시한다. 이 진술은 이데올로기적 선택의 표현이 아니라 정반대로 자본주의 동학을 고려한 개념화 노력이 가져다준 성과다. 체제가 가변적이며 또 정치 조직에 의존됨을 보여줌으로써 조절 연구는 하나의 공간을 열어젖혔다. 이 열린 공간에서 민주주의의 실현과 대위기의 시기에 가능한 대안 모색이 다양하게 이루어질 것이다.

8장

자본주의 형태의 다양성과 쇄신

8장은 제2차 세계대전 이후의 시기로 거슬러 올라간다는 점에서 역사적 지향성을 가지며, 다음 물음들에 답하고자 한다.

관찰된 주요 변동에는 어떤 것들이 있는가? 이 변동들은 이론적으로 어떻게 고려되었는가? 조절론적 해석의 핵심은 무엇이고, 여타 제도주의 접근의 해석과 다른 점은 무엇인가? 조절이론은 중국의 사례에도 적용될 수 있는가? 아시아와 라틴아메리카는 왜 그토록 서로 다른 궤적을 보이는 것인가? 동일한 국제적 지역 내의 각국 자본주의들은 모두 같은 유형에 속하는 것일까?

시스템 수렴 이론에서 '자본주의 대 자본주의'로

제2차 세계대전 이후 두 개의 거대 경제 시스템이 등장해 경쟁 구도를 형성했다. 자본주의 경제들에서는 전쟁과 재건을 통해 민간 주도와 국가 개입 간의 연계가 갈수록 긴밀해졌다. 소비에트 영향권하에 있던 경제들에서는 권위적인 계획화가 시행되었고 정치권력의 개입이 결정적으로 중요한 역할을 했다.

한때 소비에트 체제가 있었다

이 두 시스템은 냉전 시기에 지정학적 측면에서 상호 적대했지만, 1960년대부터는 경제성장과 기술적 성과 측면에서 서로 경쟁하기도 했다. 그러나 각각의 시스템에서 초래된 긴장으로 인해 시장경제들에서는 공공 개입이 강화된 반면, 중앙 계획경제들에서는 시장 메커니즘을 모방하는 움직임이 나타났다. 몇몇 경제 시스템 전문가들은 대국들을 대상으로 경제활동이 시장 또는 국가에 의해 조정되는 정도를 상대 척도로 매겨봄으로써 이 두 구도가 결국에는 양자의 중간 위치로 수렴해갈 것으로 생각했다(Zinam, 1976).

경제 기적의 시대

그 후 일어난 사건들로 인해 이러한 진단은 현실과 거의 일치하지 않는다는 사실이 밝혀졌고, 그사이에 제2차 세계대전으로 파괴되었던 나라들이 미국보다 더 나은 경제적 성과를 달성했던 이유를 설명하려고 시도한 연구들이 있었다. 당시 제시된 대답은 혼합경제였다. 이에 따르면 독일과 프랑스, 그리고 일본이 미국을 따라잡으려는 노력을 할 수 있었던 것은 다름 아니라 민간 주체들이 근대화와 조정을 시행하도록 조장한 공공 개입 덕분이었다. 당시 이 나라들은 시장경제의 전형적인 제도들과는 상이한 그들 나름의 제도들을 개발했고, 이 제도들이 시장제도들보다 더 큰 동태적 효과를 낳았다는 것이다. 이처럼 민간 이익이 공권력이 제공하는 자극이나 규칙과 결합된 형태가 혼합경제로 이해되었고, 유럽과 일본의 기적은 이러한 혼합경제의 장점을 보여준 사례로 찬양받았다(Shonfield, 1965). 지시적 계획화든(프랑스의 경우처럼) 대기업 중심의 민간 계획화든(미국의 경우처럼),

계획화 속에서 상이한 자본주의 형태들이 수렴할 수 있도록 만든 원천을 찾을 수 있었다. 이것이 수렴 이론의 두 번째 버전으로서 당시에는 자본주의 경제들에만 적용되었다. 그러나 수렴 이론의 이 버전 역시 1970~1980년대에 오류로 판명될 수밖에 없었다. 먼저 OECD 회원국 경제들이 연속된 석유 파동에 서로 상당히 다른 방식으로 반응했다는 사실, 이어서 미국 정부와 유럽 정부들이 선택한 전략도 서로 달랐다는 사실이 드러났다. 미국 경제의 역동성보다 독일과 일본 경제의 역동성이 훨씬 더 컸다. 이 두 나라에서는 주체들 간 협력의 정도가 훨씬 더 컸기 때문에 위기와 국제 경쟁력이 요청하는 바에 더 효과적으로 대응할 수 있었던 것으로 설명되었다. 그 후 소비에트 유형의 경제가 갑자기 붕괴했고, 이 사건을 사회주의와 자본주의 간 투쟁 위에 구축된 역사가 종식된 것으로 해석한 연구자도 있었다 (Fukuyama, 1992). 또 다른 연구자들은 이제 자본주의의 다양한 변종 간의 경쟁이 시작되었다고 생각했다. 사실 바로 이 시기에 자본주의의 다양성에 관한 기초 저작인 미셸 알베르(Michel Albert)의 『자본주의 대 자본주의 (Capitalisme contre Capitalisme)』(1991)를 비롯해 이에 관한 현대의 이론들이 형성되기 시작했다. 오늘날 국제적 맥락은 더 이상 (제2차 세계대전 이후의 시기와−옮긴이) 동일하지 않으며, 미국과 나머지 세계의 상대적인 성과도 역전되었다. 이리하여 애초 제기된 질문은 다음과 같이 변형된다. 즉, 과거보다 증대된 상호 의존을 감안할 때 미국식 시장 자본주의 모델이 널리 전파되어갈 것인가, 그래서 심지어 좀 더 협력적인 형태를 채택했던 자본주의들까지 불안정해질 것인가라는 질문이다. 이러한 문제의식이 자본주의의 제도에 관한 연구를 다시 활성화시켰다.

자본주의 다양성

'시장경제'라는 개념이 단일성을 함의한다면, 제도주의 접근은 자본주의에 내재된 다양성을 강조한다.

네 가지 논리의 교차: 시장, 기업, 국가, 시민사회

앞서 보았듯이 모든 제도 형태들은 시장, 기업, 국가, 시민사회라는 네 개의 질서를 포함하며, 각각의 구성 비율은 사회구성체에 따라 크게 달라진다(5장 참조). 또한 이 네 가지 논리를 사용함으로써 자유시장 자본주의와 조정된 자본주의 간의 대치라는 이분법을 넘어설 수 있다(Hall and Soskice, 2001). 자본주의 다양성 이론이 강조하듯이 조정 형태는 '기업'이 통제하는 공간에서 시행될 수 있는데, 이는 기업의 규모가 크고 기업집단일수록 더욱 그러하다. 또한 조정 형태는 국가가 주도하는 공공 개입을 매개로 시행될 수도 있는데, 이때 그 방식은 다양할 수 있다. 또한 '공동체'뿐만 아니라 좀 더 일반적으로는 '시민사회'가 신뢰의 구축을 통해 거래를 용이하게 만드는 데 일정한 역할을 할 수 있다는 점도 빼놓을 수 없다.

자본주의 이념형으로는 아래와 같은 것들이 있고, 이것들은 전혀 동등하지 않다(그림 8-1 참조).

첫째, '독점 자본주의'는 시장 경쟁보다 기업이 우세한 구도다. 1930년대 미국 자본주의의 특징을 보여주기 위해 등장한 이 구도는 1960년대 들어서 만발했다.

둘째, '혼합경제 자본주의'는 국가 논리와 시장 논리의 타협을 바탕으로 하며, 한때 다양한 경제 시스템들이 이 이념형으로 수렴해갈 것으로 간주되었다.

그림 8-1

네 개의 주요 조정 원리의 결합으로 표현된 자본주의 다양성 분석

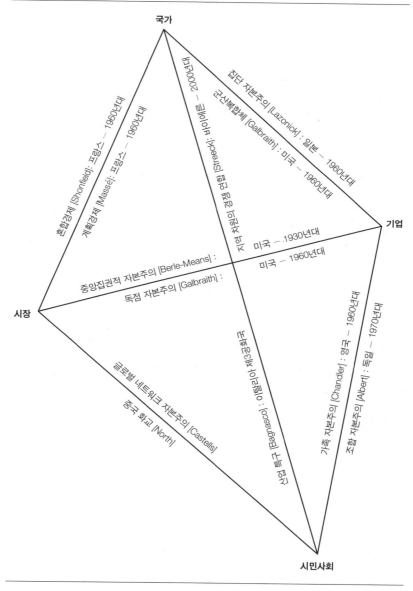

국가

집단 자본주의 [Lazonick] : 일본 — 1960년대

군산복합체 [Galbraith] : 미국 — 1960년대

혼합경제 [Shonfield] : 프랑스 — 1960년대

계획경제 [Massé] : 프랑스 — 1960년대

유럽연합 — 2000년대

지역 차원의 경쟁 연합 [Streeck] : 독일

기업

미국 — 1930년대

미국 — 1960년대

중앙집권적 자본주의 [Berle-Means] :

독점 자본주의 [Galbraith] :

시장

이탈리아 제3공화국 특구 [Bagnasco] :

가족 자본주의 [Chandler] : 영국 — 1960년대

조합 자본주의 [Albert] : 독일 — 1970년대

글로벌 네트워크 자본주의 [Castells]

중국 화교 [North]

시민사회

자료: Boyer(2002c: 164).

셋째, '집단 자본주의'는 국가와 대기업의 결탁에 기반을 둔 자본주의 이념형으로서 1960년대 일본 자본주의와 미국 자본주의 중 이른바 '군산복합체'로 알려진 국방 관련 부분이 여기에 해당된다.

넷째, '가족 자본주의'는 시민사회 조직과 기업 조직 간의 연관을 포착한다. 이 이념형을 단순히 낡아빠진 구식 형태로 치부할 수는 없다. 왜냐하면 남유럽 경제에서처럼 오늘날에도 발견되기 때문이다. 라인(rhénan) 자본주의에 관한 한 해석에 따르면 조합 자본주의도 이 범주에 넣을 수 있다.

다섯째, '산업 특구 자본주의'는 가족기업과 지방 정치권력 간의 보완성을 바탕으로 구축된다. 여기서 지방 정치권력은 공공 인프라 조성을 통해 산업 특구의 활력 유지에 필요한 지원을 제공한다. 이 유형의 또 다른 변종은 독일 '란데르(Lander)' 모델과 같은 지역적 경쟁 연합체들이다.

여섯째, '네트워크 자본주의'는 시민사회 조직과 시장을 연결시키는 또 다른 구도다. 그 특수한 사례가 중국 화교다. 화교 문화에서는 가족 관계가 경제적 이익공동체를 강고하게 만드는 매체로 작용한다. 이 유형에 대한 관심이 더욱 커지고 있는데, 이는 앞선 구도들이 대개 일국적 기반 위에 확립되는 것과 달리 이 네트워크는 초국가적 기반 위에 구축되기 때문이다.

자본주의 다양성 이론들

경제학자라면 자본주의의 다양한 형태들 중 어느 것이 최선인가라는 의문을 품지 않을 수 없다.

불완전한 정보의 경제

자본주의가 서로 다른 모습을 드러내는 첫 번째 이유는 행위자들이 국지적이고 제한된 지식을 가질 수밖에 없다는 것, 그래서 이들은 (표준) 미시경제이론이 권장하는 계산을 수행할 수 없다는 사실에 있다. 따라서 행위자들은 자신이 처해 있는 환경에 대한 결정론적인 모델을 모르는 상황에서 의사결정을 내리려면 발견적 수법을 사용할 수밖에 없다. 예컨대 기업은 제한적 합리성에 호소해야 하고(Simon, 1997), 개인은 관례에 따라 행동할 수밖에 없다(Kahneman, 2011). 여기서 관례는 심리적이고 보편적인 성격을 가질 뿐만 아니라 제도적 맥락과도 연관된다(5장 참조).

한편 시장이 항상 균형을 달성하지는 못하는 것은 제품, 노동, 신용의 질 등에 관한 불확실성으로 인해 시장의 작동이 위태로워지기 때문이다. 이러한 불확실성을 제거하는 집단적 장치가 도입되지 않는다면 이 상황은 극복될 수 없다(Stiglitz, 1987; Akerlof, 1970). 이 집단적 장치는 해당 상품의 공급자와 수요자 간의 상대적인 세력관계에 따라, 또는 시장의 조직화에 관계하는 공동체의 능력에 따라 상당히 달라진다.

제도적 보완성 가설

자본주의를 차별화하는 메커니즘으로 제도적 보완성만 고려해도 자본주의 형태는 나라의 수만큼이나 많을 것이 틀림없다. 사실 다양한 국제 비교 방법론의 적용이 확인해주듯이 자본주의 형태는 전형적인 구도들을 중심으로 분류된다. 이러한 분류가 시간의 흐름과 더불어 상대적 안정성을 보이는 이유는 보완성 가설로 설명될 수 있다(Amable, 2003).

예컨대 제품의 품질과 차별화를 둘러싼 경쟁에서는 임노동자의 다기능화와 역량이 중요하지만, 표준화된 제품의 가격을 둘러싸고 경쟁이 전개되는 경우에는 노동의 유연성이 대단히 중요한 요소가 된다. 마찬가지로 사회민주주의 경제가 성과를 낼 수 있었던 데는 사회보장 시스템과 혁신 시스템 간의 보완성이 주된 역할을 한 것으로 간주되었다(6장 참조). 또한 제도적 보완성 가설은 전사적 품질 관리라는 일본 방식의 도입이 다른 나라에서는 실패할 수밖에 없었던 이유가 그것에 적합한 임노동 타협의 부재에 있다고 설명한다.

기술 변화 경제와 진화주의 모델

그러나 이처럼 다양한 유형들이 수렴되지 않고 계속 유지되는 이유도 설명되어야 한다. 핵심 준거의 하나는 혁신을 모형화하는 진화주의 모델들이다. 기술 채택에 따른 수확 체증 현상을 감안하면 처음에는 한계적이고 가역적인 것으로 생각하고 선택한 기술일지라도 이 기술이 누적적으로 지배하는 궤도가 창출되는 경우도 있다(Nelson and Winter, 1982; Dosi, 2000). 서로 다른 기술 규범들 중 어느 하나를 선택하는 경우도 마찬가지이며, 선택 대상이 조직이나 제도일 경우에는 어느 정도는 그러할 것이다.

이러한 경로 의존성이 취하는 형태가 기술의 경우와 제도의 경우에 동일하지 않다는 것은 확실하다. 사실 어떤 제도가 선택되었다는 것은 대위기의 시기에 행위자들이 제도적 유산에 조응하는 전략을 개발했으며, 이로부터 출현 가능한 체제들이 유도된다는 것을 의미한다(7장 참조).

유인과 제약의 기초를 놓는 정치 영역

신제도주의 경제학은 훨씬 더 강력한 메커니즘을 도입한다. 그것은 헌법적·법률적 질서가 주체들의 선호와 기술 능력을 매개하는 핵심 사안이므로 정치 영역과 경제 영역의 착종에 주목하면 엄격한 경제적 결정론의 득세를 막을 수 있다고 본다(North, 1990; Coriat and Weinstein, 2005). 이 제도적 질서 자체는 정치적 과정의 산물이지만 국민국가를 상호 경쟁하는 기업들과 같은 것으로 볼 수는 없다. 서로 경쟁하는 기업들은 파산해 사라질 수 있지만, 국민국가는 그런 경우가 거의 없다. 따라서 다양한 자본주의의 변형을 분석하는 데 전형적인 진화주의 메커니즘을 적용할 수는 없다. 이 점은 자본주의마다 고유한 성과 기준을 가지고 있다는 점에서 더욱 타당하다.

정치 영역과 경제 영역의 착종이 자본주의 다양성을 형성한다

조절이론의 작업은 앞서 제시된 다양한 메커니즘의 활용에만 그치지 않았다. 사실 조절이론이 특별히 주목한 것은 다음과 같은 두 개의 다른 가설이다.

그중에서 가장 중요한 첫 번째 가설은 정치적 과정이 제도 형태의 토대를 이루고 이 제도 형태가 화폐경제를 가능하게 해 자본주의 형태를 결정 짓는다는 것이다. 이것이 바로 시장질서의 토대인 화폐가 드러내는 역설이다(Aglietta and Orléan, 1982; Théret, 1996b). 이와 마찬가지로 임노동관계는 정치적 개입을 요청할 정도로 모순적이고 갈등적인 사회적 관계이며, 나아가 국제경제에 편입되는 방식도 본질적으로는 정치적 문제다. 이러한 제도 형태들의 결합이 자본주의를 작동시킨다. 물론 이 결합 자체는 종종 문제시되곤 한다.

두 번째 핵심 방향은 자본주의 유형을 드러내주는 국제 횡단면 분석에 한정하지 않고 특별히 장기 역사적 연구를 통해 현행 구도가 어떻게 형성되어왔는지 보여주는 것이다. 이 연구 방향은 역사의 종언을 믿는 입장과 대척을 이룬다.

자본주의의 역사는 계속된다

사실 자본주의에 관한 이론은 역사의 산물이며, 지난 30여 년 동안 중대한 변형들이 일어났다.

아시아 국가들의 발흥: 이론적 도전

오랫동안 표준 경제이론들은 제2차 세계대전 이후 선진국들이 혁신, 수확 체증, 국제 시스템의 네트워크와 게임 규칙 등을 장악했고, 이를 통해 누리는 이점들 때문에 공업국 클럽의 입구가 폐쇄되어 버렸다고 주장해왔다. 그러나 1960년대부터 일본 기업들은 여타 선진국 기업들과의 격차를 빠른 속도로 줄여왔고, 일본 경제는 두 자릿수 성장률을 달성해 세간을 놀라게 했다. 1990년대부터는 중국이 이러한 성과를 재현했다. 다른 아시아 국가들도 대부분 공업화 전략에 성공했기에 일본과 중국을 예외적인 사례로 치부할 수는 없다. 이러한 아시아 용들의 출현을 초래한 원인에 관한 문헌이 엄청나게 쏟아져 나왔고, 2000년대에는 '신흥국'이라는 개념마저 등장했다. 자본주의의 새로운 형태가 출현하고 있었던 것이다(그림 8-5와 8-6 참조). 이 현상은 왜, 그리고 어떻게 가능했던 것일까?

기업이라는 실체 전체가 이윤 극대화의 추구와 주주에 대한 봉사라는 사명을 가진다는 미국식 기업관에서 보면 일본의 대기업은 비정상적이거나 어떤·의미에서는 비합리적인 실체로 나타난다. 다기능 노동자가 기업의 성과에 기여할 수 있도록 만들어주는 고용 안정 보장, 도급식 대가(일정한 금액 또는 비율—옮긴이)를 요구하는 주주 권력의 부재, 자금 조달에서 금융시장보다 은행을 중시하는 입장 등은 모두 일본 대기업의 성공을 설명하는 요인임이 틀림없다.

조절이론의 관점에서 보면 이러한 임노동관계 구도는 독자적인 축적체제와 병행한다. 미국에서는 보수 증가가 고용 유연성의 반대급부로 코드화·제도화되어 있지만, 일본에서는 '동반자' 관계 덕분에 노동계약을 구성하는 다른 모든 요소가 조정 변수로 된다(Boyer and Yamada, 2000). 노동 조직 자체가 사례마다 다르다는 것은 미국과 일본의 자동차 공장들을 대상으로 한 상세한 비교 연구가 증명한 바 있다(Freyssenet et al., 1998). 이 연구에서 일본의 독특한 구도에 '도요타주의' 임노동관계라는 명칭이 붙었고, 이 논지의 연장선상에서 이 구도에 조응하는 성장체제도 동일한 이름을 갖게 되었다.

이종교배: 자본주의의 쇄신 과정

자본주의는 이종교배 과정을 통해 쇄신된다(Boyer, 1998; 2001). 사실 제2차 세계대전 이후 일본에서 미국의 대량생산방식을 도입하고자 했을 때 일련의 장애물에 부닥친 적이 있는데, 그 원인은 직업 관계의 성격, 산업 집중 정도, 시장 규모의 협소성, 전쟁에 의한 파괴의 후과 등에 있었다. 수입된 생산 모델의 논리가 이와 양립될 수 있는 제도적 구도의 구축을 요청하자 갈등이 유발되었고, 그 결과 일련의 조정이 이루어졌다. 이종교배가 자본주의를 차별화하는 강력한 추동력이라면, 내생적 신진대사는 자본주의의 변동을 관장하는 두 번째 메커니즘이다(4장 참조). 이 양자를 결합해 사용하면 미국 자본주의와 일본 자본주의의 상호작용과 그 변동을 종합적으로 분석할 수 있다.

소비에트 체제를 계승한 자본주의

'소비에트식 국가 자본주의'의 특수성(Sapir, 1985)과 충격 요법이 초래한 잔혹할 정도로 엄청난 변화는 특정 자본주의 형태가 구체적으로 실현되는 과정과 관련해 풍부한 교훈을 제공한다.

러시아 붕괴에서 얻은 세 가지 교훈

첫째, 폭풍 전야의 고요라는 표현은 과잉 투자를 추동력으로 삼는 발전 양식이 (사전에 아무리 조심하더라도) 가질 수밖에 없는 한계(생산성의 경향적 하락, 공공 지출과 생활수준 향상 간의 소득 할당에 따르는 긴장, 혁신 유인 능력의 부재 등)가 규칙적인 거시경제 변동에 의해 은폐되어왔음을 비유한다. 이때 이러한 과잉 투자 자체는 주기적인 물자 부족 사태로 이어지곤 했다. 지도 자들이 이처럼 은폐된 위험을 감지한 것은 이미 모델의 핵심을 구조할 수 있는 개혁을 제대로 시행할 능력이 없다는 사실이 자명해진 후였다. 이처 럼 시스템 회복력의 원천이었던 시스템 경직성 자체가 급격한 위기를 유발 했고, 이는 내생적 신진대사의 또 다른 사례를 보여준다.

둘째, 러시아의 붕괴는 시장경제의 과학으로 자처하는 경제학이 진실에 직면했던 시간이기도 했다. 애덤 스미스가 애용한 교환 성향에 의거하면 고스플란의 붕괴가 시장의 발전으로 귀결되는 것은 '자연스러운' 일이다. 마찬가지로 정치학자들은 독재가 종식되면 민주주의가 나타날 수밖에 없 다고 보았다. 그러나 경제적 침체가 오랫동안 지속되면서 혼돈 상태는 더 욱 촉진되었고, 이 과정에서 약자들은 생존 투쟁을 벌이고 강자들은 기업 의 자산을 차지하려고 각축했다. 그 결과 기대수명을 비롯한 모든 복지 지 표가 하락했다. 사실 시장 근본주의자들은 시장의 출현은 고사하고 시장의 건설에 대해서도 아는 것이 하나도 없었던 것이다. 차라리 시장 사회학이 경제이론보다 훨씬 더 유용하지 않았을까 싶다.

셋째, 충격 요법의 지지자들은 자본주의의 제도들이 단기적인 요구 사항 에 부응하기 위해서가 아니라 장기간에 걸쳐 만들어진다는 것, 그리고 가 장 기초적인 제도들이 다른 제도들보다 먼저 구축되어야 한다는 것 등 제 도들 사이에 위계가 있음을 몰랐던 듯하다. 그런데 제도란 확립하기 가장 어려운 것이다. 자본주의는 금융 혁신만으로 형성되지 않는다. 금융 혁신은 위기에 대응하기 위해 고통스러운 시행착오를 반복한 결과로 나타나는 제도적 장치, 규칙 및 규범이 갖춰진 연후에야 비로소 이것들을 바탕으로 펼쳐지는 것이기 때문이다. 사실 금융시장의 개설은 기업법이나 회계 규칙을 만들거나 이것들의 적용을 관장할 당국을 설치하는 것보다 훨씬 쉬운 일이다. 결국 러시아 정부의 서양인 고문들은 역피라미드 구조를 제안한 셈이 되었고, 거꾸로 선 피라미드가 1998년 위기와 더불어 무너져 내린 것은 전혀 놀라운 일이 아니다(Boyer, 2001).

시장경제로의 수렴이 아니라 대조적인 구도들의 공존이다

동일한 전문가들이 앵글로색슨 자본주의가 내재적 우월성으로 인해 코메콘 회원국들을 유혹할 것이라고 확신했고, 유럽연합 가맹 협상에서는 이 나라들에게 고유한 복지 자본주의 모델이 아니라 시장 자본주의의 원리를 제안했다(Berend, 2009).

하지만 발트 연안국들을 제외한 나머지 구 소비에트 블록 가맹국은 모두 기대했던 구도를 갖추는 데 실패했다(Chavance and Magnin, 2006; Myant and Drahokoupil, 2010). 이 나라들은 두 극단 사이에 도열했는데, 하나는 권위주의 국가가 지배하는 거의 전면적인 보수주의이고, 다른 하나는 주변부의 시장경제들에서 확인된 바 있는 근대화를 추동하는 매체로서의 시장을 수용하는 것이다(표 8-1 참조).

두 가지 변수가 차별화를 초래하는 것으로 보인다.

첫째, 국제적 편입 방식의 변경 여부다. 예컨대 국제적 편입 방식을 전혀 바꾸지 않은 나라가 있다면, 유럽을 향해 완전히 문을 열고 다국적기업을 초대해 자국 내에서 생산 시스템을 발전시키도록 한 나라도 있다.

둘째, 민영화와 경제적 제도 변화의 속도에 관한 전략적 선택이다.

이 두 기준에 의거하면 옛 사회주의 국가들은 다섯 개의 구도로 분류된

표 8-1

소비에트 체제를 뒤이은 사회경제적 체제들의 다중성

	과두적 자본주의 / 지대국가	주변부 시장경제	외국인 직접투자 기반 경제	권위주의 국가	해외 이민자 국내 송금 및 원조 기반 경제
국가의 역할 / 기본적 타협	정치의 지배하에 정치와 경제의 착종 추구	국가의 축소와 근대화	다국적기업에 경제를 순응시키기	중요한 변화 없음	약한 국가
국제 시장 편입	천연자원 수출	과거로부터 물려받은 관계 동원	수출의 유럽 지향성 회복	국가 통제	비대칭적 / 종속적
사회보장	강력한 압박	제한된 사회보장	일정한 사회보장 수준 유지	사회보장제도 유지	간소한
해당 국가	러시아, 우크라이나, 카자흐스탄	발트 연안국	폴란드, 체코, 헝가리	벨라루스, 우즈베키스탄	알바니아, 보스니아-헤르체고비나, 몰도바, 아르메니아

자료: Myant and Drahokoupil(2010).

다. 그러나 그중 주변부 시장경제와 외국 자본 영입 기반 경제 두 개만 진정한 자본주의에 해당한다는 점을 지적해두자(표 8-1 참조). 러시아의 경우는 먼저 과두적 자본주의로 시작해 본질적으로 지대 수취 경제로 요동쳐갔다. 벨라루스와 우즈베키스탄에서는 경제 영역에 대한 정치 영역의 지배가 오랫동안 계속되었고, 이는 정치 영역이 최종 심급의 결정을 내린다는 것을 보여주는 좋은 증거다. 끝으로 오로지 국제기구가 제공하는 이전(원조, 차관 등─옮긴이)에 의존해 유지되는 경제도 있다. 이런 경우에는 일정한 지역을 기반으로 한 경제적 정합성이 존재하는지조차 의심스러울 정도다. 이 경제들은 자본주의에 대한 반역의 땅이며, 국가가 붕괴할 수도 있다. 마지막으로 가장 빈번한 경우는 사회보장의 정도와 질이 조정 변수가 되는 경우다. 이 점은 유럽연합이 동유럽으로 확장하면서 오히려 자본주의 모델이 취약해졌다는 것을 재확인시켜준다.

주주가치 자본주의

1990년대에는 이른바 일본식 생산방법이 전파되면서 산업에서의 생산성 기반의 심화에 미래가 달려 있는 것으로 보였다(Womack et al., 1990). 이러한 희망은 다시 정보통신기술 덕분에 재개된 혁신으로 이어졌고, 인터넷 부문의 금융 거품이 뒤따랐다. 당시에 이미 금융적 논리가 가진 의미심장함이 강조되었지만(Boyer, 2002d), 이후 금융적 논리는 끊임없이 강화되어 왔고(Orléan, 1999; Boyer, 2011b) 2008년에 개시된 위기와 더불어 절정에 달했다. 선험적으로 불안정하고 불평등한 데다 민주주의 원리가 지배하는 사회에서라면 그 발전이 봉쇄될 것이 틀림없어 보이는, 그런 자본주의가 출현했다면 도대체 그동안 정치적 연합에 어떤 변화가 있었던 것일까?

사실 1970년대까지 금융은 공권력의 통제하에 있었고, 금융 흐름은 생산적 투자, 사회기반시설, 주택 및 소비를 위한 자금 조달로 유도되었다. 이것이 가능했던 것은 인플레이션으로 인해 실질금리가 거의 언제나 마이너스였기 때문이다. 포드주의 모델을 대변하는 경영자와 노동자 대표로 구성된 동맹에서 금융가들은 배제되어 있었던 것이다(그림 8-2, 8-3, 8-4는 주주자본주의가 형성되는 단계들을 보여준다).

국제화, 헤게모니 블록의 최초의 단절

금융이 자신의 논리를 즉각 강제하지 않는 것은 세계시장을 향한 개방이 점진적으로 지속되면 상기의 헤게모니 블록이 침식되어갈 것이기 때문이다. 개방이 일정 수준을 넘어서면 임금의 비용 측면이 부각되고, 이는 국내 기업들의 경쟁상 지위와 수요에 압박을 가하게 된다(그림 4-1 참조). 바로 이 시점부터 케인시언 정책이 무너지기 시작한다. 임금은 먼저 인상이 둔화된 후 감소로 이어지는데, 이는 실업의 원인이 생산성보다 지나치게 높은 보

그림 8-2

헤게모니 블록의 온전한 참여자인 임노동(포드주의 시기)

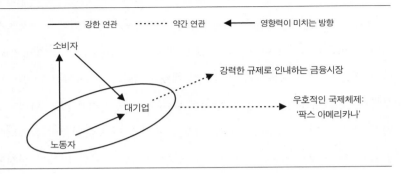

그림 8-3

국제 개방은 노동자의 배제를 유발한다(1980년대)

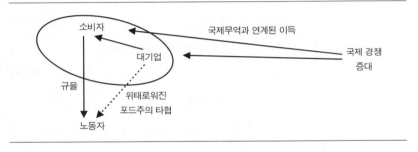

그림 8-4

금융인과 대기업 경영자 간 사실상의 동맹(1990~2000년대)

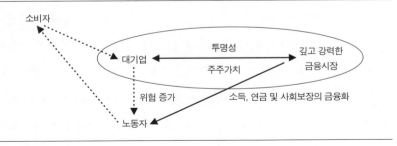

자료: Boyer(2011b).

수에 있다고 보는 고전파 거시경제학이 무대 전면에 복귀했음을 의미한다. 더 싼 제품을 수입해 소비자의 구매력을 증가시킬 수 있다는 점에서 소비자는 기업의 잠재적 동맹자이며 구매력 증가의 반대급부는 임노동관계의 유연성이다. 이처럼 국제 경쟁으로 가장 큰 위협을 당하는 노동자들부터 헤게모니 블록에서 배제되기 시작한다(그림 8-3 참조).

이러한 상황은 가격 경쟁이 치열한 표준 제품의 생산에 특화된 나라에서 유독 뚜렷이 나타난다. 그러나 이러한 노동 배제는 결국에는 독일처럼 가장 나은 특화를 가진 경제에서도 관철된다(Boyer, 2015a). 이 전략이 일반화되어감에 따라 생산성 이득은 가격 하락으로 전환된다. 예컨대 미국에서는 이러한 가격 하락이 거의 정체된 실질임금을 부분적으로 보상해준다.

기업 지배구조에서 금융이 권력을 장악하다

국제화는 무역에 한정되지 않고 직접투자와 증권투자에서도 일어난다. 1990년대부터 금융 흐름은 재화와 서비스의 흐름보다 훨씬 더 빠르게 증가해왔고, 금융 탈규제와 글로벌화 덕분에 권력을 획득한 금융 세력이 상장기업들의 지배구조를 뒤흔들어놓기에 이르렀다. 이제 주주들은 자신의 권리를 관철하고 재산적 기업관을 복권하려 한다. 이 관념에 따르면 기업은 주주의 소유물이므로 주주가 회사의 자본에 대한 출입권을 완벽하게 사용함으로써 회사의 전략을 통제해야 한다는 것이다. 이로써 주식회사의 존재이유와는 무관하게 유동성과 통제권의 결합이 가능해진다. 과거에 주식회사는 유동성과 통제권을 분리해 주주에게는 유동성을 보장해주는 대신 통제권은 중장기 전략을 가진 경영진에게 위임했다(Blair, 2003).

이리하여 기업의 경영에서 금융의 권력 장악을 정당화하려는 학술적인 노력이 이루어진다. 예컨대 미국의 경영대학원들은 주주가치이론을 구축했다(Fourcade and Khurana, 2013). 이를 위해 경영자의 이익과 주주의 이익을 연계시킬 필요가 있었고, 그 대표적인 사례가 고위 경영자의 보수를 해당 회사의 주가에 연동시키는 '스톡옵션'이다. 바로 이 시기부터 미국에서 고위 경영자의 보수가 폭발적으로 증가하기 시작한 반면, 실질임금의 중앙값은 정체되었다(Piketty and Saez, 2003).

기업 경영자와 노동자는 말하자면 '이혼'했다. 제2차 세계대전 이후 시기의 핵심을 차지했던, 앨버트 슬론(Albert Sloan)이 구현한 동맹에서 노동자들이 지속적으로 배제되어온 것이다(그림 8-4).

주주가치 담화에서 실제 적용으로

이 점과 관련해 학술계는 주주가치의 방어라는 담화를 경제 시스템에서 실현될 수 있도록 해야 했다. 이론적으로 주주가치는 경영자와 주주 간의 이해 갈등을 드러내는 대기업 경영자의 기회주의를 통제하는 수단으로 제시된다. 사실 새로운 보수 시스템은 비금융기업 고위 경영자 보수의 폭증을 가져왔고, 그 수준은 금융인 보수와 마찬가지로 주가 시세 변동에 연동된다.

그런데 미국의 경영자들은 기업 회계공시와 관련해 큰 재량권을 누리며 가처분 유동성을 사용해 자사주를 환수(재매입)하거나 너그러운 배당금을 지급할 수 있는 권한도 있다. 회계의 수준과 안정을 기준으로 판단함으로써 축소되어야 하는 것은 비용 전체이며, 그중에서도 임금 총액이다. 이로 인해 포드주의 체제에서는 기업이 부담했던 리스크와 요행에 따르는 영향이 고용과 임금, 노동강도로 전가되었다. 말하자면 주주가치는 경영자와 자본 보유자 간의 부차적인 갈등을 해결하는 것으로 보이지만 사실은 새로운 헤게모니 블록의 출현을 증언한다는 것이다(Boyer, 2011b). 담화들 중에는 드러나지 않은 사회적 관계의 성격을 은폐하는 것이 있는 반면 폭로하는 것도 있다. 이는 신자유주의가 익명의 시장이 가져다주는 혜택을 찬양하면서도 정치에 대한 영향력 행사는 물론 경제적 권력과 자본 그리고 부의 집중에 참여하는 것이나 전혀 다를 바 없다.

네트워크 자본주의

1990년대에는 네트워크 자본주의라는 또 다른 이념형이 출현했다. 이 네트워크 자체는 사회 전체를 관통하는 또 다른 수많은 네트워크의 일환을 이룬다(Castells, 1998). 이러한 관념에서 1970년대 이래 생산 구조가 겪어온 변형에 관한 이론화가 이루어졌다. 헨리 포드의 수직적으로 통합된 기업에 뒤이어 하청에 주로 의존하는 일본 기업이 나타났다. 후자에서 하청은 재하청을 통해 폭포처럼 확대됨으로써 하청 네트워크가 형성되었다. 처음에 이 네트워크는 '적시 생산'을 위한 국지적인 것이었지만, 노하우의 코드화·디지털화와 정보통신기술의 집약적인 사용으로 국경을 초월해 확장됨으로써 새로운 효과적인 구도로 정착할 수 있었다. 에어버스(Airbus)의 주도로 형성된 컨소시엄은 이러한 변화를 증언한다. 즉, 비행기 부품은 프로젝트에 참가한 여러 나라에서 생산되기에 자금 조달과 기술 전문가의 분담이 가능하다. 그러나 이 모델은 조정의 문제를 제기할 수밖에 없고, 결국 기업 내부에 정식으로 재통합되었다. 또 다른 놀라운 사례는 애플이 시행한 국제 분업의 사례다. 연구와 마케팅만 미국에 남겨놓고 생산의 나머지 모든 부분을 국제화함으로써 '메이드 인 월드'라는 개념이 당당히 출현할 수 있었고, 이로써 국제무역을 총가치가 아니라 부가가치로 측정해야 할 필요성이 생겼다(WTO, 2011).

이러한 네트워크 기업 조직 형태의 출현은 다양한 구조 변화로 설명된다. 먼저 동일 기업에 소속된 여러 단위들 간의 경쟁을 조직하는 수단으로 '계약'이라는 용어 대신 '협약'이라는 용어가 사용되었으나 시장 논리가 대규모 조직 내부에 모방 적용된다(Aoki et al., 1990). 다음으로 네트워크 조직은 그 구성단위들을 자율적인 단위로 만들어 증권시장에 상장함으로써 직접 책임을 지는 대신 외적 통제라는 다른 지배 형태를 사용할 수도 있다(Aoki, 2010). 이는 가능한 한 많은 수효로 세분된 자산들을 대상으로 재정 거래를 하려는 금융인들의 의도에 부합하는 것이며, 이를 통해 좋은 경영에, 그리고 특히 주주가치의 최적화에 대한 장애물로 간주되는 기업집단을 분할하는 데도 기여한다(그림 4-3, 4장 참조).

이러한 네트워크 기업은 경영자에게도 여러 가지 이점이 있다. 우선, 임노동관계가 교역관계로 대체되고 노동자들의 협상력은 분산된다. 위기의 시기에는 구조조정이 좀 더 용이해지는데, 이제는 구조조정이 나쁜 경영의 탓이 아니라 시장의 제재라는 형태로 나타나기 때문이다. 또한 네트워크 기업에서는 제반 활동을 실시간 정보로 통제하며 경영자와 오퍼레이터가 더 이상 대면할 필요가 없어진다. 끝으로, 이러한 조직 유형은 공장의 해외 이전을 용이하게 만듦으로써 여러 나라가 제시하는 기회들에 신속하게 대응할 수 있게 한다. 또한 자회사들이 가지고 있는 지식을 공유함으로써 제휴도 용이해진다. 이러한 편의성은 생산자본이나 혁신 전략에 고유한 비가역성을 극복하려는 금융인의 이익에도 부응한다(Boyer, 2011b).

네트워크 기업에 관한 이러한 사례 검토를 넘어 네트워크 자본주의를 개념상 하나의 이념형으로 규정할 수 있을까(Boisot and Child, 1996)? 이러한 가설을 지지하는 분석으로는 프로젝트별 계약을 신자본주의의 전형적인 형태로 보는 것(Boltanski and Chiapello, 1999), 생산의 초국가적 성격을 감안하는 것(Reich, 1991), 또는 조직 형태가 성과의 달성 여부를 결정하는 요소로 되었다고 보는 것(Porter, 1985) 등이 있다.

5장에서 제시된 도구들은 신중하게 사용되어야 한다. 한편으로, 네트워크가 모든 조정 절차의 교차점에 위치하는 까닭은 그것이 이익만 가져다주는 것이 아니라 의무도 동반하며 수직적·수평적 조직이 가능하다는 데 있다(그림 5-1 참조). 대위기에서처럼 근본적인 불확실성이 존재하는 시기에는 이러한 중심성과 애매모호한 성격 덕분에 미래의 생존이 보장될 수 있고, 일단 사정이 안정되면 다른 형태들 중 하나로 되돌아갈 수도 있다. 다른 한편으로, 수직적으로 통합된 기업과의 하청관계는 분명하게 규정될 수 있지만 네트워크 경제는 명시적인 계약과 규칙에 의해 관장되는 기업들 전체를 지칭할 수도 있고, 또는 본질적으로 비공식적인 성격을 띠는 개인들 간의 신뢰관계에 바탕을 둔 중국 기업들이 사용하는 방법을 지칭할 수도 있다. 이 두 번째 모델은 홍콩 기업이나 전 세계에 산재하는 화교만이 아니라 오늘날의 중국 경제에도 적용될 수 있다(Boisot and Child, 1996).

중국: 자본주의의 새로운 형태의 출현

30년간의 개혁으로 중국에 등장한 구도는 앞서 언급된 구도들과 다르다. 중국 사회의 기본 제도들이 역사적으로 어떻게 변화해왔는지를 살펴보면, 거기에 독창적인 제도화된 타협이 존재하고 그것이 중국의 발전양식을 만들어냈음을 알 수 있다. 그러나 이 발전양식이 놀랄 만한 강력함을 발휘해왔지만 그와 동시에 취약성과 위기를 창출하는 원천이기도 하다는 것은 명백한 사실이다.

중단 없이 이어진 일련의 개혁

개혁은 항상적으로 시행되어왔지만 연속적인 네 개의 단계를 거치면서 그 성격이 바뀌어왔다(표 8-2 참조).

표 8-2

중국에서 경쟁 주도 축적체제의 점진적인 출현

1949~1976	• 중대한 불안정성을 띤 연속적인 5개 사이클
1978~1992 **패자 없는 개혁의 파도**	**경제 개혁의 첫 번째 파도** • 기존 제도의 보완물로 '시장'과 계약 도입 • 민영화 없이 '경쟁'의 도입 강화 • 권한과 자원의 '지방분권화' • 신중하고 실용적인 접근 • 국내총생산에서 차지하는 정부 비중의 감소 • 자유지역 설치 • 가계 저축 중 은행 시스템으로 유입되는 부분의 증가
1993~2001 **패자 있는 개혁의 파도**	**경제 개혁의 두 번째 파도** • 시장경제의 '제도들' 강화 • 시장들의 통일 • 회사법과 소유권 다변화 • 국가 부문의 감축과 민영화 개시 • '금융'과 조절 지향 • 원유 순수입국으로 변신(1993) • 자유지역 설치 • 자원의 중앙 관리 재강화, '거시경제 통제' • 외국인 직접투자 유입
2001~2010 **신중한 대외 자유화**	**세계무역기구(WTO) 가입** • SASAC* 창설: 국가의 소유권 감독 (2003) • 첨단 기술과 조직의 국내 확산을 위해 외국인 직접투자에 대한 광범위한 개방 • 무역 계약에 기술 도입 포함시킴
모든 시기에 공통된 특징	• 높은 투자율과 저축률

* 국무원국유자산감독관리위원회(State-owned Assets Supervision and Administration Commission of the State Council) — 옮긴이

마오쩌둥주의 혁명에 뒤이은 사반세기 동안 중앙 당국의 투자 결정에 따라 빠른 성장 국면이 나타난 후 갑자기 성장이 급격히 하락하는 국면이 연속적으로 반복되어왔다. 대약진 시기에, 좀 더 넓게는 문화혁명 시기에 나타났던 사회경제적 변화가 너무나 극적인 것이어서 정치 당국은 소비에트식 제도가 얼마나 비효율적인 것인지를 절실히 깨달았다.

어떤 의미에서 보면 개혁의 첫 번째 파도는 미시경제 수준에서 자유의

정도를 증대시켜 생산을 조장하고 불안전과 빈곤을 축소하는 데 기여했다. 우선 거대한 국가 부문은 보전되었고, 이어서 특히 농촌 지역에서 새로운 계약들의 시행이 생산 증대를 조장했다. 또한 지역 수준에서 새로운 행위자의 진입을 허용함으로써 최소한의 경쟁 구도가 만들어졌다. 이처럼 중앙집중성을 줄이는 방향으로 신중하고 경험적·실용적인 접근이 그 후로도 계속 견지되었다. 국가에 의한 지출과 재분배는 점차 은행으로 대체되었고, 은행의 발전으로 기존 및 새로운 기업에 대한 대출로 이어지는 저축의 비중이 늘어났다. 이 개혁은 1989년 이후 시도된 소비에트 경제의 이행(Sapir, 1998)과는 정반대로 패자 없는 포지티브섬 게임이었다는 점에서 선도적인 사례로 간주되었다.

1993년부터 시작된 개혁의 두 번째 파도는 시장경제제도들을 강화하기 위해 성(省)별로 시장을 통합하고 기업의 다양한 소유 구조를 허용했다. 대부분의 신규 기업이 역동성을 발휘해준 덕분에 국가 부문의 축소와 민영화 과정이 개시될 수 있었다. 이와 동시에 지역 차원에서 있을 법한 불협화음을 방지할 목적으로 조세제도의 중앙집중화가 강화되고 거시경제 통제 수단이 개발되었다. 이 과정에서 구 국영기업의 노동자와 일부 농민이 큰 피해를 입었다.

2001년 중국의 WTO 가입과 더불어 경쟁은 국내 차원에서 국제 차원으로 이행했고, 외국인 직접투자는 첨단 기술과 조직을 도입해준다는 점에서 환영받았다. 더욱이 중앙국가가 개입을 통해 달성하려는 하는 목적과 이때 사용되는 수단은 이전의 개혁 파도들이 창출한 불균형들을 교정하기 위해 여러 차례 재검토 혹은 재조정되었다(표 8-2 참조).

독특한 사회적 관계: 수많은 지방 코포라티즘

이러한 개혁이 성공한 것은 요행이 아니다. 일군의 연구는 다음과 같은 유사한 가설을 제시한다. 그것은 중국이 적어도 부분적으로는 정치 계급의 이해와 기업가의 이해를 일치시키는 수단을 발명했다는 점이다.

출발점은 지방 공공 당국에 더 큰 책임을 부여하는 '조세 개혁'이었다. 지방 당국들은 공공 부문의 현 상태를 유지하면서 기업가의 출현을 조장하라는 촉구를 강하게 받았다. 기업은 더 많은 부를 창출하고 더 큰 세원을 가져다줄 원천으로 간주되었고, 결국 공공 지출을 위한 자원도 증가시켜줄 것으로 기대되었다. '지방 코포라티즘 가설'은 이러한 이종교배 형태의 엄밀한 정의인 셈이다(Oi, 1992; Peng, 2001). 어떤 의미에서 보면 정치 계급과 기업가 간의 이러한 협력은 양자의 목적이 조응한 데서 나오는 논리적인 결과다. 한쪽의 목적이 조세 수입의 극대화라면, 다른 한쪽의 목적은 투자·생산·고용의 역동성을 매개로 한 각 지방 당국의 경쟁 우위의 제고다(Krug and Hendrischke, 2007).

이것이 중국 사회의 기본적인 제도 형태이며, 이는 다음 두 가지 점에서 주목할 만하다. 먼저 이 제도는 정치적 이유와 경제적 논리 간의 조화를 도모하는 노력의 산물이라는 점이다. 다음 이 제도는 시장 경쟁이 자극하게 마련인 개인적 착복과 부패 같은 기회주의적 행동을 억제하는 수단으로서 중국의 위계구조 속에 미묘하게 통합되어 있다는 점이다.

어쨌든 이렇게 해서 경쟁 관계에 놓이게 된 모든 지방 당국들 간의 투쟁이 혼돈 상태에 빠지거나 상시적인 갈등으로 귀착되지 않은 것은 기업과 정부 사이에, 그리고 미시경제 수준과 거시경제 수준 사이에 짜인 중요한 네트워크의 공헌 덕분이다. 이것이 중국공산당의 작품인지, 관시(觀視)의 작품인지는 중요하지 않다(Xin and Pearce, 1996). 그렇지만 이러한 협력만으로는 거시경제 차원에서 일관성 있는 모델의 출현에 충분하지 않았고 다른 한 제도가 더 필요했다. 중국공산당의 역할과 행동을 탐구했던 역사학자와 정치학자는 이른바 관료가 기업가 집단을 개혁과 경제성장 과정의 기둥으로 만드는 데 크게 기여했음을 확인해준다. 예컨대 전국 차원에서 정당국가의 복잡하기 짝이 없는 작동이 경제 영역과 정치 영역 간의 원활한 인적 교류를 가능하게 했다는 것이다(Bergére, 2007). 사실 정치 엘리트가 경제계로 이동하고 경제 엘리트가 정계로 이동하는 것은 중국 사회의 모든 수준에서 쉽게 찾아볼 수 있는 현상이다.

이토록 복잡한 건축물이 어떻게 일관성을 유지할 수 있는 것일까? 많은 정치학자들이 중국의 성장체제는 '암묵적인 타협'을 기반으로 구축되어 있다고 가정한다. 이 타협의 핵심은 더 나은 생활수준과 공산당의 정치 독점 간 교환에 있다. 이 타협은 지식인에서 가장 탁월한 기업가에 이르기까지 중국 사회의 가장 역동적인 모든 집단과 무관하지 않다(Domenach, 2008). 만약 이 가설이 타당하다면 중국 경제는 민간 기업가의 이윤 추구를 유일한 동기로 삼는 자본주의 유형에 근거하지 않은 셈이 된다. 엘리트들은 사회를 감독할 목적으로 정치권력과 함께 경제적 자원의 통제권도 쥐고 있다. 예컨대 소비자 운동을 중시하는 자본주의의 변종에 따르면 효율성 기준은 소비자들의 사회적 복지보다 덜 중요하며, 주주가치의 증대가 아니라 '정치적 목표와 경제적 목표 간의 연합'이 중시된다. 이러한 구도에서는 여러 행위자들이 투자 증가율 상승이나 생산 자체의 증가를 도모한다는 것이다(Grosfeld, 1986; Zou, 1991).

경쟁이 추동하는 발전양식

사실 법적 지위와 입지가 서로 다른 수많은 실체들(마을, 구, 도 등)이 천연자원과 설비, 그리고 결국에는 제품 시장을 차지하기 위해 항구적인 경쟁을 벌인다. 외국계 다국적기업들도 빠르게 확장 중인 중국 시장과 값싼 인력을 확보하려는 경쟁에 뛰어든다. 이를 위해 다국적기업들은 기술 이전 등을 양보할 준비가 되어 있고, 지방 당국들은 외국인 직접투자를 끌어들이기 위해 자유지역을 조성하고 사회간접자본을 무상으로 제공한다.

이러한 불균형 성장(과잉투자) 모델이 지탱될 수 있는 것은 생산성의 막대한 증가 덕분이다. 이러한 생산성 증가는 농촌 노동자들이 생산성이 아주 낮은 고용에서 더욱 현대적인 설비를 갖춘 기업으로 이동해가기 때문에 가능했다.

이 발전양식은 외연적 축적(자본주의적 생산에 더 많은 노동자가 투입되는 것)과 내포적 축적(생산성의 연속적인 증가)을 결합시킨다. 그 결과 과잉 생산력이 출현하고, 이로부터 경쟁의 가열과 생산비 인하, 그리고 이에 따른 시장가격의 하락이 초래된다. 부분적이기는 하지만 중국의 성장 자체가 조장하는 원자재 가격의 상승이 이러한 디플레이션 경향을 억제하는 유일한 요인이다.

지배당하고 분절된 임노동관계

두 번째 기본 제도 형태인 '자본·노동 관계' 역시 비전형적인 구도를 보여준다. 첫째, 법적 관점에서 보면 노동자들은 단일한 지위를 갖지 않는다. 도시 노동자의 지위와 농촌 노동자의 지위는 근본적으로 다르다. 이 구별은 구체적으로 후커우(戶口: 가족 수첩과 국내 여권으로 후자는 중국 이외에 일본, 북한, 베트남에서도 사용된다)로 이루어진다. 예컨대 농촌 지역에서 도시 지역으로 이주해온 노동자는 공식적으로 어떤 권리도 누릴 수 없다. 나중에 이러한 차별을 다소 완화하는 개혁이 이루어졌다. 둘째, 노동자 조직이

표 8-3

다섯 가지 제도 형태: 중국의 구도

제도 형태	주요 특징	~에 미치는 영향	
		조절양식	축적체제
1. 경쟁 형태	• 수많은 다양한 실체들 (기업, 지방 당국, 시군) 간의 치열한 경쟁	• 가격과 생산비의 지속적인 하락 경향	• 축적의 추동력
2. 임노동관계	• 지위의 이중성(농촌과 도시) • 분할되고 계층화된 고용 • 고유의 집단 조직 부재	• 거대한 농촌 노동자 풀이 임금의 경쟁적 형성에 미치는 막강한 영향	• 소득 분배의 불균형: 미약한 임금 몫과 그 하락
3. 화폐·신용 체제	• 대대적인 탈중앙집중화와 거시경제 차원의 통제 필요성 간의 변증법	• 빠르게 변하는 국내·국제 경제에 부응하는 미세 조정	• 높은 성장률 체제를 지탱하고 제어하는 수단
4. 국가·경제 관계	• 실용적이고 예측력 있는 중앙국가 • 다양한 수준의 복잡한 거버넌스	• 출현 중인 불균형들에 대한 큰 반작용	• 제도 형태들의 주기적인 재편
5. 국제경제 편입	• 선택적 편입: 외국인 직접투자자에 대한 제약, 대외 경상수지 통제, 특수한 국내 규범	• 외부로부터의 전복 가능성을 완화하는 데 환율과 신용은 핵심 정책 변수	• 국내의 생산과 수요 간의 불균형의 산물인 무역 흑자
보호주의적 반작용의 위협	• 경쟁 형태들 • 치열한 경쟁: 과잉투자	• 불균형에 처한 축적체제	• 임노동관계 • 분절·계층화된 노동자 • 임금 몫의 하락
영속적인 무역 흑자	• 국제경제에의 비대칭적인 편입	• 통화 및 신용에 의한 적극적인 통제	• 제도 형태들의 주기적인 재편

공산당에 통합되어 있어 노동자 계급은 자신의 이익을 방어하거나 기업과 지방 당국을 상대로 자신의 요구를 조정하는 자율성을 누리지 못한다.

따라서 '임노동관계'는 분절되고 계층화되어 있다. 이것은 익명의 시장 세력들이 임노동 인구 전체를 관장하는 경쟁적인 임노동관계와는 전혀 다르다(Zhao, 2003; Knight and Shi, 2005). 물론 이주 노동자들은 산업예비군의 역할을 하지만, 후커우를 가지고 도시나 농촌 기업에 고용된 다른 노동자들은 부분적으로 이익 분배의 혜택을 누린다. 이는 고전적인 코포라티즘에 부합한다(Song, 2001). 하지만 이 외에도 다른 고용 및 보수 형태가 수없이 많이 존재한다. 이처럼 중국의 임노동관계는 노동의 분절화와 엄청난 불평등에 그 특징이 있다(표 8-3 참조).

축적체제의 내부 불균형이 국제 측면에 투사된다

사실 국제경제에의 통합이 어떤 형태를 띠느냐는 국내 제도 형태에 달려 있다. 그러나 중국의 지도자들은 대외 정책 수행에서 완벽한 자율성을 누리지 못하는데, 이는 치열한 경쟁 주도 축적체제에 고유한 역동성인 과잉 투자 경향에 대처해야 하기 때문이다. 그 결과로 나타나는 과잉 생산력의 문제가 가계 소비의 역동성에 의해 완화될 수 없는 이유는 임노동관계가 종속적이고 분절적인 데다가 수많은 노동자 간의 경쟁이라는 성격을 가지는 데 있다. 사실 노동 계급의 협상력이 미약한 것은 국민소득에서 임금이 차지하는 비중이 거의 연속적으로 하락해온 사실과 무관하지 않다. 이 요인이 평균 이윤율을 안정시키거나 그 하락을 저지할 수는 있지만 생산력과 국내 수요 간의 격차를 축소시킬 수는 없기 때문이다.

더욱이 민간 기업은 신용에 접근하기가 용이하지 않기에 오로지 과거에 실현된 이윤으로 투자해야 하고(Riedel and Jin, 2007), 가계와 개인은 부실한 사회적 부조(실업수당, 건강과 주택) 시스템 때문에 생애 전반에 걸치는 리스크 관리를 위해 저축을 늘릴 수밖에 없다. 10년 넘도록 지속된 중국의 무역 흑자 증가 경향은 이처럼 근본적인 불균형을 드러내는 국민적 축적체제에 기인한다. 달리 말해 현대 중국은 제도 형태의 위계에서 경쟁이 지배하는 (조절양식의-옮긴이) 전형적인 사례이며, 이 점은 국내적 차원에서는 물론 세계적 차원에서도 타당하다.

표 8-4

중국의 발전을 봉쇄할 수 있는 요인들

분야	긴장의 본질	정책	정책의 효과성
1. 성장체제	• 투자·수출 주도 성장의 불균형 • 2008년 이래 강화된 과잉 축적	• 최저임금 인상 • 최소 사회보장 형성 및 확대(건강, 은퇴, 실업 등)	• 지방들 간의 경쟁으로 효과는 제한적임 • 임금·이윤 및 소비·투자 할당의 불균형으로 사회보장을 위한 소득 이전은 미미함
2. 세계 경제 편입	• 미국과의 마찰(환율, 지적 재산권)	• 실질환율 재평가의 신중성	• 생산의 내수 지향적인 재조정을 통한 점진적인 효과 있음
3. 금융 시스템	• 몇몇 기업에 과잉 축적 조장, 반면 나머지 기업에는 불리하게 함 • 불량 대출, 부실 채권 재발 • 저축의 운용처 거의 없음	• 중앙권력에 의한 신용 할당 통제 시도 • 풍부한 준비금이 허용하는 개입 능력 • 신중하지만 다중적인 개혁	• 지방 당국들의 상대적 자율성에 의해 저항받음 • 성장에 부정적 영향이라는 리스크 • 종국적으로 이 개혁들의 효과로 통제 상실의 위험
4. 부동산 부문	• 수요는 많으나 구매력 대비 과잉 생산력 경향	• 신용 할당 통제 사용	• 투기에 대한 공공 개입의 내재적 지체
5. 혁신 시스템	• 지적재산권을 둘러싼 긴장 • 다국적기업·국내기업 이중성	• 연구개발 지출의 강력하고 지속적인 증가 • 내생적이고 자율적인 혁신 추구	• 자금 조달 측면에서는 양호하나 연구의 질 문제 • 예상보다 긴 추격 기간, 외국 자본과의 갈등

위기의 다양한 원천

이러한 성장체제가 성공했다고 해서 그것이 가진 근본적인 불균형을 창출하는 성격이 감춰지지는 않는다. 예컨대 주가가 폭락할 때마다 관측자들은 중국에 이미 대위기가 도래한 것은 아닐까 하고 깜짝 놀랄 정도다. 취약성의 원천은 다중적이다(표 8-4 참조).

가장 우려되는 요인은 항구적인 '과잉 축적'이 틀림없다. 과잉 축적은 과잉 생산력만 유발하는 것이 아니라 기업에 배분된 신용의 부실화로도 이어지기 때문이다. 즉, 치열한 경쟁을 감안할 때 부채를 상환할 수 없는 기업들이 나타나기 마련이다. 성장률이 높으면 현재의 이윤으로 과거의 손실을 보전할 수 있겠지만 중국 경제의 성장 둔화가 뚜렷해지면 이 메커니즘은 더 이상 효과가 없을 것이다. 이것이 바로 중국 정부가 어떤 대가를 치루더라도 피하고자 하는 최악의 상태다. 이는 중국 정부가 2009~2010년, 2012년에도 대규모 인프라 플랜을 실행했다는 점에서 잘 알 수 있다.

'도농 간 지위의 불평등'은 중국 체제의 수용 가능성을 위협하는 요인이다. 사실 건설업이나 제조업의 일자리를 찾아 도시로 이동한 농촌 노동자가 도시민과 동일한 사회적 권리(건강, 학교, 주택, 은퇴)를 누리지 못하는 것은 중국 사회의 오랜 전통이다. 또한 그들은 현지의 정치 당국으로부터 정당한 보상 없이 땅이나 집을 몰수당하며 수많은 자의적인 조치(임금 지불 연체, 명백한 부당 대우에도 호소할 데 없음, 부패에 따른 부담 등)에 당할 수밖에 없다. 이로써 지방에서 왜 해마다 수만 건에 달하는 '사회적 항의'가 빈발하고 항의의 강도도 갈수록 커지는지 이해할 수 있다. 이는 공산당의 권력 독점을 수용하는 데도 한계가 있을 수 있음을 보여준다. 물론 지금까지는 지방 차원에서 일어난 미약한 민주화 시도들이 저지될 수 있었다.

'빈곤 축소'의 성공이 '불평등의 폭증'까지 감출 수 있는 것은 아니다. 특히 1949년 이후 체제에서 국민들의 생활 조건이 상대적으로 동질적이었다는 사실에 비추어보면 불평등은 엄청나게 확대되었다. 사실 막대한 소득 불평등의 문제만 있는 것이 아니다. 대규모 민영화로 인해 건강, 교육, 은퇴, 주택과 같은 집단적 서비스도 위태로워졌다. 2010년대 들어 공공당국은 이 문제들이 심각한 수준에 이르렀다는 사실을 깨닫고 최소한의 사회 안전망으로서 집단적인 사회보장 시스템을 시작했지만, 현재로서는 그로 인해 사회적 양극화 경향이 완화되고 있다고 볼 정도는 아니다.

동학: 다양한 궤도

지금까지 여러 자본주의를 정태적으로 묘사한 후 이것들이 시간의 흐름과 더불어 특히 대위기에 대응해 어떻게 변모해왔는지 분석했다. 이제 이 과정들을 관장하는 몇 가지 메커니즘을 제시하려 한다.

진화의 두 요인: 내생적 신진대사와 이종교배

내생적 신진대사와 이종교배라는 두 용어는 앞에서 일본의 궤적을 분석할 때 소개한 바 있다. 거기서는 일본 자본주의가 경제성장을 위한 준거 모델이 경제 침체와 디플레이션 리스크를 피하기 위해 저질러서는 안 되는 오류가 무엇인지를 보여주는 사례로 전락했음을 보여주었다. 이 두 용어는 사실 자본주의의 출현 이래로 장기 역사를 이해하는 데 도움을 준다는 점에서 그 적용 범위는 훨씬 더 일반적이다(그림 8-5 참조).

표준이론이 안정된 구조적 균형들과 이 균형들의 단순한 이동을 야기하는 우연한 충격이나 기술 진보에 관심을 기울이는 반면, 마르크스주의 유산을 활용하며 장기 역사 분석에 의해 강화된 조절이론은 대위기를 맞지 않고 수십 년을 버텨낸 축적체제는 존재한 적이 없다고 가정한다. 예컨대 세계경제에 대한 의존을 매개로 한, 우연한 사고처럼 보이는 사건들이 불황을 촉진할 수 있음은 물론이지만, 축적체제가 내생적으로 불안정한 이유는 근본적으로 제도 형태들이 여러 사이클을 거치면서 완만한 변형을 겪는다는 사실에 있다. 모델화 측면에서 보면 먼저 장기 확장 국면이 나타난 후 누적적인 공황이나 정체의 시기가 이어진다는 것을 보여주는 메커니즘이 이미 충분할 정도로 풍부하게 제시되어 있음은 확실하다.

두 번째 메커니즘은 자본주의의 공간적 전개에서 도출된다. 각 시기마다

그림 8-5

자본주의 변동의 원천으로서 내생적 신진대사와 이종교배 간 상호작용

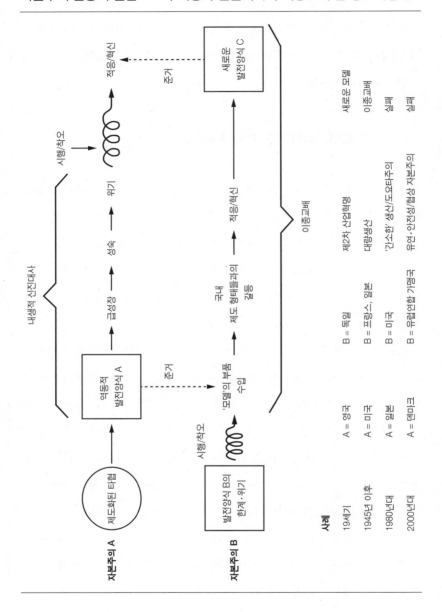

사례					
19세기	A = 영국	B = 독일	제2차 산업혁명	새로운 머델	
1945년 이후	A = 미국	B = 프랑스, 일본	대량생산	이종교배	
1980년대	A = 일본	B = 미국	'간소한' 생산/도요타주의	실패	
2000년대	A = 덴마크	B = 유럽연합 가맹국	유연·안전성/혐상 자본주의	실패	

보편적 사명을 띤 새로운 유형의 (새로운 삶의 양식과 연계된 생산적·조직적) 근대성이 나타나는 것처럼 보인다 해도, 이 근대성은 사회 속에서 전개되면서 이런저런 장애물이나 저항에 부딪혀 결국 맥락에 따라 예상치 못한 구도가 출현하게 된다. 처음에는 열등한 것으로 간주되던 이 새로운 구도가 자본주의적 근대성의 새로운 모습으로 정착되는 경우도 없지 않다. 이렇게 해서 독일은 영국에 대한 지체를 따라잡기 위해 노력하면서 독창적인 모델을 연마해냈고, 이것은 그 이후의 시기들에서 준거 모델 역할을 하게 되었다. 그러나 이 과정이 실패로 끝난 경우도 많다. 예컨대 1980년대에 전문가들은 특히 미국 경제의 생산 시스템이 일본식으로 변해갈 것으로 예상했다. 그런데 1990년대 들어 오히려 일본 경제에 금융화가 이루어졌고, 이는 경기침체의 장기화로 이어졌다.

끝으로 세 번째 구도는 정치·행정 당국들이 상이한 유형의 자본주의를 가진 국민국가들의 정책을 위한 준거 모델로 지목하는 것이다. 예를 들어 덴마크의 유연전문화 모델이 그러한데, 이 모델이 남유럽 경제들로 확산되는 데 거의 완벽하게 실패한 이유는 거기서 어떤 이종교배 과정도 일어나지 않았다는 데 있다. 어떤 자본주의든 단순한 복제를 통해 이식될 수는 없다. 자본주의는 현지의 전략에 의해 구축되며, 그 결과는 항상 불확실하다.

삼위불일체: 유연성, 동태적 효율성, 사회 정의

시장경제 균형에 관한 질적 판단에 적용되는 최적성과 같은 원리를 자본주의 형태에도 적용할 수 있을까? 동태적 과정의 상호작용을 중시하는 접근을 고려하면 생명력이나 회복력 원리가 적합한 것처럼 보인다. 하지만 이것은 표준이론이 균형과 최적 상태 간의 관계를 분석하는 것보다 기술적으로 훨씬 더 어려운 일이다(Lordon, 1996). 관련 연구들이 (아직까지는) 하나의 학파를 형성하지 못한 것은 틀림없이 바로 이 점 때문일 것이다.

그러나 이미 중요한 두 가지 결과가 도출되었다. 사회경제체제의 모순적 성격을 감안할 때 정치 영역의 강력한 중개가 없다면 모든 구성요소를 만족시키는 단일한 기준은 존재하지 않는다는 점이다. 한편 헤게모니 블록은 이론이 그에게 권유하듯이 반드시 경제적 효율성의 극대화라는 목적을 추구하는 것은 아니다. 이러한 상황에서 외부 분석가나 관찰자는 매우 일반적인 다음 세 가지 기준을 번갈아 제시할 수 있다.

첫째, 해당 경제가 우연한 사건과 충격에 대응할 수 있는 역량은 무엇인가? 표준이론이라면 정태적 효율성, 즉 '유연성'을 기준으로 삼을 것이다.

둘째, 예컨대 슘페터에 따르면 자본주의를 정당화하는 최선의 요인 중 하나는 생활수준의 향상 능력이다. 이는 창조적 파괴 과정을 통해 이루어진다. 이 과정은 확장 국면과 조정 국면의 교대라는 특징을 가지며 때로 공황을 거칠 수도 있다. 이 두 번째 기준은 '동태적 효율성'이다.

셋째, 경제와 '사회 정의' 간의 관계를 탐구할 때 표준 경제학자는 도덕철학을 동원하기도 한다(Sen, 2012).

OECD 국가들의 분석에서 도출된 자본주의의 네 개의 대유형의 궤적을 도식적으로 제시하기 위해 앞선 세 개의 기준을 사용한 결과(Amable et al., 1997) 놀랍게도 1960년대에 서로 아주 다른 입장에서 출발했던 연구들이 정태적 효율성의 탐구라는 일반적인 운동으로 나아갔다는 사실이 드러났다(Boyer, 2002c). 한편으로 이러한 변화는 높은 실업률이 장기에 걸쳐 지속된 현상을 감안하면 이해할 수 있는데, 실업이란 당연히 인적 자원의 비효율적인 사용을 가리키기 때문이다. 다른 한편으로 이로부터 나온 노동시장 유연성 제고 정책들은 불평등만 심화시키고 장기 실업의 확실한 축소는 가져오지 못했다.

이렇게 시장 논리에 가장 가까운 자본주의들은 번영하는 것처럼 보이는 반면 다른 자본주의들은 세계경제가 창출하는 교란과 각국 경제에 가하는 경쟁 압력에 대응하기 위해 이런저런 양보를 하게 된다. 예컨대 국제관계의 재규정에서 미국의 역할이 여전히 압도적이므로 – 좀 더 장기적인 지평을 갖는 경쟁력이 아니라 단기의 금융적인 재정거래에 의해 결정되는 – 환율 변동이 초래하는 불안정은 시장 자본주의에는 유리하게, 다른 자본주의에는 불리하게 작용한다. 어쨌든 앵글로색슨 자본주의는 국제적 동학이 자신의 번영에 유리한 방향으로 전개되게 만든다. 이와는 반대로 국가가 강력한 추동력을 행사하는 자본주의나 준조합주의 유형의 자본주의는 국제 시스템의 상대적 안정에 기반을 두는데, 이로써 그들이 동태적 효율성을 추구할 수 있기 때문이다. 이 나라들은 현재까지 이를 계승할 자본주의를 찾지 못한 채 자신의 기본 원리에 반할 뿐 아니라 대개 과거로부터 물려받은 제도적 강점마저 해치는 방향으로 개혁을 할 수밖에 없도록 제약당하고 있다.

반복과 새로움 사이에서: 나선형 진화

자본주의에 관한 합의된 정의는 없다. 그러나 역사적 관점에서 보면 그에 앞선 생산양식들과 대비해 자본주의가 가진 고유한 세 가지 특징이 드러난다.

생산성의 누적적인 향상

자본주의 이전의 경제 시스템들은 하나의 준고정(또는 정상) 상태를 중심으로 조직되며, 이 상태의 핵심은 생존 차원의 생활수준을 누리는 인구의 재생산에 있다. 그 결과 인구 위기가 발생했고, 이 위기는 나중에 맬서스에 의해 이론화되었다. 자본주의의 출현은 기술과 조직이 언제든지 전복될 수 있는 시대로 진입했음을 알려주었으며, 대량생산의 확립 이전까지는 창출되는 생산성 이득이 상대적으로 빈약했다. 과거의 시계열 통계를 확보하는 것은 어려운 일이지만 확립된 시계열만으로도 자본주의의 새로움은 부각될 수 있다. 자본주의에서는 축적 덕분에 생산성이 장기에 걸쳐 누적적으로 향상될 수 있다는 것이다(Maddison, 2001: 264). 이것이 단지 제2차 세계대전 이후의 포드주의의 특징일 뿐만 아니라 이윤 추구의 자극하에 이어졌던 산업혁명들의 특징이기도 했다는 점은 강조해두어야 할 정도로 중요하다. 16세기의 중국은 유럽 못지않게 많은 기술을 발명했지만 사회적 조건 때문에 이 기술들을 혁신적인 제품과 새로운 시장으로 전환할 수 없었던 것이다(Pomeranz, 2010).

주기적 위기와 장기 파동

현대적 모델들은 모두 교란이 발생한 후 새로운 균형을 향해가는 단조로운 수렴 과정을 묘사한다. 그런데 두 번째의 정형화된 주요 사실은 자본주의의 만개가 초래하는 경기변동의 양상과 관련이 있다. 중·단기 축적의 불균형들이 이른바 경기변동을 만들어낸다. 니콜라이 콘드라티예프(Nicolai Kondratieff, 1925)를 추종하는 현대의 역사가와 통계학자들은 훨씬 더 긴 주기를 가진 경기변동을 진단했는데, 이 장기 주기는 중·단기 경기변동이 몇 차례 이어진 후 물가가 장기에 걸쳐 하락하는 국면으로 전환되는 형태를 띤다. 이에 관한 연구는 그것이 방법론 면에서 부닥치는 어려움을 넘어 안정된 성장의 존재를 전제한다는 것이 얼마나 영웅적인 행동인지를 경제학자들에게 상기시켜주었다. 예를 들어 2000년대에 거시경제학자들은 성장과 인플레이션 둔화가 동시에 나타난 '대완화(Great Moderation)'가 증언하듯이 경기변동이 정복되었다고 확신했다. 이로부터 시장경제라는 용어에 의한 분석과 자본주의라는 용어에 의한 분석이 도출하는 결론이 얼마나 서로 다른지를 다시금 알 수 있다.

그림 8-6

경향과 장기 파동 사이에서: 자본주의의 나선형 진화

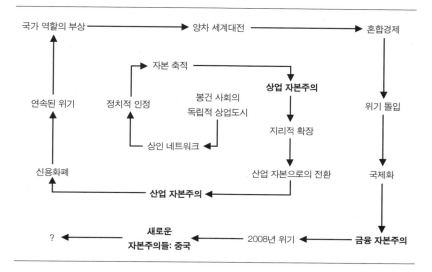

경제적 조직화의 복잡성 증대

시장 이론가들은 경제의 역사가 시장 전파의 역사라는 관점을 지지한다. 조절이론은 이러한 시장 영역의 확장이 그 생명력을 보장하는 제도적 정비가 동시에 이루어져야 가능하다고 본다. 나아가 새로운 모순의 출현은 특별한 장치의 설치를 요청한다. 그 사례로는 경제적 불안정을 보상하기 위한 사회보장제도의 설치에서 암중모색 상태에 있는 환경 보전 방법에 이르기까지 다양하다(6장 참조). 이 때문에 공공 개입은 단지 개입주의 대 자유방임주의라는 축으로만 전개되는 것이 아니라 주로 제도 구축이라는 측면과 수많은 공공 개입 간의 정합성 유지라는 측면에서도 전개된다(7장 참조).

조절이론이 성장 리듬의 장기적인 투사를 환상으로 보는 까닭은 현재까지 모든 축적체제가 항상 위기로 종결되었음에도 불구하고 이 견해가 한 축적체제의 무한 지속을 전제하기 때문이다(Piketty, 2013). 조절이론은 또한 개입주의 시기와 자유화 시기의 교대가 영원히 계속될 것으로 보지 않는다. 왜냐하면 자본주의의 가장 결정적인 특징이 나선형 진화에 있다고 간주하기 때문이다(그림 8-6 참조).

자본주의 다양성을 확장시키는 국제화

자본주의의 다양한 형태들은 다름 아닌 그것들 간의 차이점 때문에 번성할 수 있다.

라틴아메리카: 지대 수취 체제와 자본주의 논리 간의 긴장

라틴아메리카 대륙의 독특성은 구조주의 학파가 명시한 바 있다. 이에 따르면 라틴아메리카 대륙은 유럽과 미국에 대한 경제적 종속, 특히 기술적 종속 때문에 국내 시장 기반 산업화 과정이 저지되었다(Prebisch, 1981). 어떤 의미에서 조절이론은 이 전통을 계승한다(Aboîtes et al., 1995). 국제적 편입의 성격과 일차산품 수출에 대한 의존도를 고려해 발전이나 때로 비발전의 다양한 양식을 구별할 수 있다(표 8-5 참조).

지대의 저주

베네수엘라는 풍부한 천연자원의 보유가 만들어내는 환상을 상징적으로 보여주는 국가다. 풍부한 천연자원이 지속적으로 산업화의 발목을 잡고 있으며, 국가의 규모가 작은 만큼 그 정도는 더욱 심하다. 구조적 불균형이 초인플레이션으로 전환되는 경우가 흔하고 국가는 대체로 대중영합적인 성향을 띤다. 2015년처럼 유가가 급락할 때뿐만 아니라 고유가로 사정이

표 8-5

라틴아메리카의 다양한 경제체제들

나라 구성요소	아르헨티나	브라질	칠레	멕시코	베네수엘라
정치경제체제 유형	지대라는 족쇄를 찬 자본주의	자주적 산업 자본주의, 지대의 복귀 위협 있음	세계시장에 개방된 지대 자본주의	종속적 산업 자본주의	순수한 지대 수취 체제
제도 형태: **지배하는**	의지주의 국가	근대화하는/대중 영합적 국가	경쟁	국제 편입 (NAFTA)	대중영합적 국가
지배당하는	화폐체제	경쟁	임노동관계	임노동관계	국제 편입
축적체제	위기에 빠진 자기중심적 축적체제	내수 주도 내포적 사명을 띤 축적체제	다양화를 동반한 외연적 축적체제	수출과 FDI 주도 축적체제	축적 없는 지대 수취 경제
성과 유형	1976년 이래 성장과 위기 교대	성장 둔화	미약한 생산성 이득, 불평등	성장, 그러나 배제	구조적 불균형
위기의 성격	이어지는 국제 수지 위기들	경쟁력 상실	성장 둔화	미국 위기의 반향	유가 하락 시 공공연하게 퍼지는 위기

유리한 시기에조차 위태로워지는 것을 볼 때 위기는 구조적 성격을 띤다 (Hausmann and Marquez, 1986).

천연자원을 수출해 벌어들인 외환으로 국민통화 가치가 상승하기 때문에 지대를 산업 투자로 전환하려는 모든 프로젝트가 봉쇄되고, 산업 부문은 이러한 장애로 신음한다. 라틴아메리카 나라들 중 혁신과 산업 측면에서 가장 앞선 브라질도 이러한 지대의 저주로 고통받는다(Bresser-Pereira, 2009). 대부분의 라틴아메리카 나라들은 정도의 차이만 있을 뿐 천연자원이라는 감옥에 갇혀 있는 죄수나 다름없다.

정치가 중요하다

이 교훈은 특히 브라질과 아르헨티나의 비교에서 나온다. 브라질은 좀 더 자주적이고 가급적 덜 불평등한 성장을 추구하려는 정치 연합을 이루는 데 성공했다. 아르헨티나는 두 개의 사회정치적 블록 간의 타협을 이끌어 낼 능력이 없어 재정적·정치적 위기를 반복해서 겪어야 했다. 그래서 브라질에서는 성장이 둔화되기는 했으나 상대적으로 규칙적인 궤적을 나타낸 반면, 아르헨티나에서는 국민들이 제1세계에 속한다고 생각하는 국면과 라틴아메리카의 전형적인 특징들이 다시 나타나는 좀 더 현실적인 재평가가 이루어지는 국면이 교대로 반복해 나타났다.

이러한 비교는 칠레와 멕시코에 대해서도 확대 적용될 수 있다. 첫 번째 차이점은 국제 경쟁 속에 강제로 편입되는 과정이 칠레에서는 쿠데타의 산물인 반면, 멕시코에서는 엘리트들이 미국과의 자유무역협정이 가져다줄 혜택의 신봉자로 개종한 결과라는 점에 있다. 두 번째 차이점은 이 나라들의 특화와 관계가 있다. 칠레는 구리와 여타 천연자원의 수출에 계속 의존하고 있는 반면, 멕시코는 특화의 방향을 공산품의 세계적 가치 사슬에 편입해가는 쪽으로 재조정했다.

이로부터 일반적인 교훈 하나가 도출된다. 유럽에서 보면 라틴아메리카는 동일한 사회경제체제에 속하는 것으로 보이지만, 해당 국가들의 정치적 책임자들은 남미공동시장과 같은 지역적 통합 지대의 형성을 협상하면서 나라 간에 상당한 차이가 있음을 명확히 인식했다.

아시아와 라틴아메리카 간 차이 확대

조절론적 연구가 일찍부터 다루어왔던 질문 중 하나는 구 공업국들과 라틴아메리카 및 아시아 나라들이 임노동관계와 발전양식의 측면에서 어떻게 구별되는가라는 것이다(Boyer, 1994). 그 후로 누적된 작업에서는 라틴아메리카와 아시아의 차이를 초래한 다음 세 가지 요인이 제시되었고, 이

표 8-6

아시아와 라틴아메리카의 특화 비교

경제체제	국제 편입 제약의 정도		
	약함	중간	강함
산업적 성격이 강함	타이완, 한국		멕시코
혼합적 성격		브라질	아르헨티나
지대적 성격이 강함		베네수엘라	

는 몇몇 주요 통계지표로 확인된다.

첫 번째 요인은 특화 그리고 국제적 동학과 국내 변동 간의 연계의 성격이다(표 8-6 참조). 공업화 노력에도 불구하고 많은 라틴아메리카 나라들은 여전히 일차산품 수출에 의존하고 있다. 이와 달리 아시아 나라들은 거의 모두 제조업의 하청 생산에 뒤이어 그에 조응하는 계열 상승 활동을 통해 세계경제에 편입되었다. 타이완 경제는 그 상징적인 사례다. 어떤 의미에서 이 양 대륙의 특화는 보완성을 띠는데, 그 유력한 증거는 라틴아메리카의 일차산품 수출이 대폭 증가한 것이 아시아, 특히 중국으로의 수출 증대 덕분이라는 점이다. 관련 지수들은 이러한 특화의 차이가 2000년대를 거치면서 오히려 더 심화되고 있음을 보여준다(Miotti, Quenan and Torija Zane, 2012).

두 번째 요인은 국제적 편입 방식이다. 국제적 편입은 대체로 국제수지 균형 달성 관련 어려움과 연계된 제약으로 작용해 '스톱 앤드 고' 운동을 주기적으로 유발할 수도 있고, 아니면 정반대로 세계시장에 대한 개방이 주로 제조업에 종사하는 기업가들에게 새로운 부문을 발전시킬 수 있는 기회가 될 수도 있다. 대부분의 라틴아메리카 나라들은 첫 번째 그룹에, 아시아 나라들은 두 번째 그룹에 속한다. 그러나 이러한 차이를 불러일으킨 원인이 무엇인가라는 질문에 답하려면 더 많은 모색이 필요하다. 왜냐하면

1950년대 말에 한국이나 타이완은 1인당 소득수준이 멕시코와 비슷했기 때문이다.

셋째로 정치체제의 차이에 주목해야 할까? 이것은 민주주의와 경제발전의 관계에 관한 질문으로서 이를 다룬 문헌은 많다. 근대화가 지체된 나라에는 권위주의 체제가 더욱 효과적일까? 이 물음과 관련해 라틴아메리카에서도 아시아에서도 상충되는 사례들이 나타난다. 1970년대에서 2000년대까지 권위주의 체제는 라틴아메리카에도 흔한 체제였지만 아시아에서처럼 축적에 유리한 역할을 하지는 못한 것 같다. 한편, 수입 대체 성장과 수출 주도 성장이라는 대비와 민주주의 체제와 권위주의 체제라는 대비 사이에는 명확한 조응관계가 전혀 발견되지 않는다. 조절이론의 선구적인 작업들(Marques-Pereira and Théret, 2001)은 이미 라틴아메리카와 아시아 각각을 대표하는 몇 가지 상징적인 사례를 비교해보는 것이 유익하기는 하나 경제적 전략과 정치체제를 연결시키는 연관은 대단히 복잡하다는 점도 강조한 바 있다. 그래서 이 두 대륙 각각의 내부에서도 극히 대조적인 국민적 궤적들이 전개될 수 있다.

정치체제와 경제체제는 상응할 수도 있고 갈등을 일으킬 수도 있다. 그래서 한 구도에서 다른 구도로의 이행과 관련한 동학은 유독 복잡하다. 안정이 예외이고, 변화가 대세다. 이로 인해 경제학의 합리적 선택 이론을 도입하려는 정치학자들의 수많은 분석이 무용지물이 되어버린다. 왜냐하면 이 이론에는 계산의 시간만 존재하며 역사적 시간은 존재조차 할 수 없기 때문이다(Marques-Pereira and Théret, 2001: 133).

지리적 근접성은 자본주의 형태의 동질성을 의미하지 않는다

앞서 전개된 논지들에서 유럽과 아시아, 아메리카라는 세 개의 대지역들에 공통된 결론 하나를 도출할 수 있다. 그것은 동일한 지역에 속하는 나라들이라고 해서 그들의 자본주의가 결코 동일한 형태로 수렴되는 것은 아니라는 점이다. 이와 관련해 그 이유는 잘 알려져 있음에도 대단히 인상적인 것은 중국과 일본이 보여주는 뚜렷한 대조. 말하자면 중국과 일본 그리고 한국은 동일한 발전 방식을 띤다고 볼 수 있을지는 모르지만 동일한 발전 국면에 있지는 않다는 것이다(Aoki, 2013).

라틴아메리카에서도 각국의 발전양식은 아주 다양하다. 이 점은 지역 통합 지대에 속한 나라들에도 타당하다. 벽에 부닥친 아르헨티나의 궤적은 브라질의 궤적과 대비된다. 미국과 멕시코를 비교해보더라도 똑같은 결론이 나온다. 즉, 양국의 자본주의 형태는 수렴적이라기보다 보완적인 것이다. 끝으로 유럽 각국의 사회적 혁신 시스템이 서로 얼마나 대조적인지, 그리고 유럽연합 내에 적어도 세 개의 자본주의 형태가 공존한다는 것은 이미 지적한 바와 같다. 영국의 금융 지배 자본주의 형태와 프랑스처럼 국가의 추동력이 강한 자본주의 형태, 북유럽 국가들의 전형적인 사회민주주의적 자본주의 형태가 그것이다.

이것이 이 책 전체에 걸쳐 조절양식과 발전양식이 지리적 차원이 아니라 분석적 차원에서 정의되는 이유이며, 이는 논리적으로도 충분히 타당하다. 왜냐하면 물리적 지리학이 자본주의가 추동하는 변동의 방향과 내용을 결정하는 것은 아니기 때문이다.

현대 자본주의의 골격

현대 경제를 구성하는 다양한 요소들의 성격이 일련의 연속 작업을 통해 규명되었다. 첫 번째 연속 작업은 OECD 나라들을 대상으로 한 것으로 사회적 혁신 시스템과 자본주의 유형 사이에 연관이 있음을 밝혔다(Amable et al., 1997). 이 접근을 현재까지 확장한 결과 다섯 개의 자본주의 형태가 도출되었고(Amable, 2003), 그중 가장 최근의 분석은 동남아시아 나라들로 확장 적용해 이곳에 일곱 개의 자본주의가 공존함을 밝혀냈다(Harada and Tohyama, 2011).

구 공업국들의 세 가지 자본주의

이처럼 분류학의 연구 대상이 된 국가들이 늘어남에 따라 구 공업국들의 자본주의 형태는 다섯 개에서 세 개로 줄어들었다.

첫째, '시장과 금융 지배 자본주의'로 분류되는 그룹은 동일한 성격의 연구들 대부분에서 발견된다. 영어를 사용하는 모든 나라가 이 범주에 속하지만, '관습법'의 사용을 제외하면 아마도 이 자본주의 그룹의 공통 매트릭스를 찾기는 쉽지 않을 것 같다.

둘째, '가족 자본주의'에 조응하는 두 번째 그룹은 프랑스와 남유럽 국가들을 포괄하는 것으로 보인다. 여기서는 경쟁의 강도가 좀 덜하며, 노동권 보호로 임노동관계가 첫 번째 그룹과 상이하다.

셋째, OECD 회원국들과 동남아 국가들을 함께 고찰한 결과 '사회민주주의적 자본주의'는 독일과 오스트리아, 스위스에 가까운 것으로 나타난다.

10년에 걸쳐 실험이 반복되어왔지만 어떤 일반적인 수렴 운동도 관찰되지 않았다. 아이디어나 담화, 표상들이 갈수록 동질적으로 되었지만 제도적 차이들은 여전히 지속되고 있다.

아시아의 네 가지 자본주의는 여전히 서로 다르다

아시아의 자본주의가 방금 다룬 유럽의 자본주의와 상당히 다르다는 것은 명백하다. 아마 예외가 있다면 독일과 유사한 일본일 것이다. 아시아 자본주의에서 시장과 노동에 대한 공공 개입은 훨씬 뚜렷하다. 그리고 네 개의 아시아 자본주의들 간의 차이도 괄목할 만하다.

첫째, '도시 자본주의'(싱가포르와 홍콩)는 국제관계에서의 극단적인 통합과 높은 수준의 교육을 바탕으로 건설된다. 이는 당연히 상업 자본주의 시대의 베니스나 암스테르담을 상기시킨다.

둘째, '섬나라의 준농업 자본주의'(인도네시아와 필리핀)는 이 나라들이 대단히 불평등한 발전을 시행해왔으며 국제적 편입의 측면에서 전혀 다른 역사를 시현했음을 증언한다.

셋째, '혁신 주도 자본주의'(일본, 한국, 타이완)는 포드주의 위기 이후 출현한 자본주의로서 국제 문헌들이 '지식 경제'라 부르는 것, 그리고 몇몇 이단적 작업들이 '인지 자본주의'라 부르는 것에 조응한다(Moulier-Boutang, 2007).

넷째, 가장 이질적인 네 번째 그룹은 '산업 자본주의'라는 이름으로 알려져 있다. 이 자본주의를 주도하는 것은 무역(말레이시아와 태국)이나 투자(중국)다. 더 깊이 분석해보면 중국은 대륙적 성격이 작동한다는 점에서 또 다른 형태로 분류해야 할지도 모른다.

리먼브러더스 투자은행의 파산 이후 세계경제에 가해진 충격에 직면해 상기 일곱 개의 자본주의는 서로 다른 궤적을 그려왔다. 각각의 제도적 구축물이 특수했기에 거시경제 변동도 서로 다르게 나타났고, 때로는 차이가 더 벌어지기도 했다.

소결: 확장과 위기를 먹고사는 체제

소비에트 유형의 체제들은 자본주의와의 경쟁을 통해 결국 자본주의를 대체할 것으로 가정되었다. 그런데 1990년대에 붕괴한 것은 다름 아닌 바로 그들이었다. 자본주의는 승리자로서 찬란한 미래를 보장할 것으로 간주되었고, 자본주의를 대체할, 신뢰할 만한 대안 체제는 더 이상 존재하지 않는 것으로 생각되었다. 그러나 자본주의의 역사는 한편으로는 아시아 자본주의의 발흥으로, 다른 한편으로는 2008년에 시작되어 장기 지속되고 있는 엄혹하기 짝이 없는 위기로 재개되었다. 미국 자본주의는 이제 연속적인 거품 없이는 성장 자체가 불가능한 상태라 하더라도 과거의 경쟁자였던 소비에트 체제와 동일한 운명을 맞지는 않았다.

이리하여 '자본주의는 시공의 주인이 된다'. 이러한 신기원을 이룬 사건은 바로 자본주의 자신이 야기한 것(즉, 대위기들)이며, 자본주의가 맘대로 만들어낸 경제적 지리학이 물리적·문화적·정치적 지리학을 대체했다. 바로 이 점이 자본주의의 독특성과 회복력을 설명해준다. 한편으로 자본주의는 붕괴 직전에 축적의 새로운 전망을 열어주는 혁신 전략을 개시하며, 또 다른 한편으로는 새로운 사회에 침투해 그곳을 변형시키는 역량을 가지고 있기에 공간을 갖고 논다고 볼 수 있다. 자본주의는 세계를 변화시키는 능력이 있다고 지적한 마르크스의 말은 옳다. 그러나 자본주의의 종말이 가까이 왔으며 이는 피할 수 없는 운명이라는 그의 예견은 틀렸다.

따라서 조절이론은 자본주의라는 사회경제적 체제의 약점과 강점을 동시에 이해하려는 시도라 할 수 있다. 그 약점과 강점은 긴밀하게 얽혀 있으며, 자본주의의 진실한 속성은 신용을 비롯해 상응하는 수단을 동원해 미래에 아이디어를 투사하는 데 있다. 하지만 그로 인해 유발되는 모순과 불균형은 위기로 귀착되며 그중 가장 심각한 위기들은 자본주의의 존재 자체를 위태롭게 만들기도 했다. 현재까지 자본주의는 지리적 기반을 확장하고 사회에 대한 지배를 심화시킴으로써 위기를 극복하는 수단을 찾아냈다.

자본주의에 관한 이러한 성격 규정으로부터 이어지는 다음 두 개의 장에서 다루어질 주제가 나타난다. 국제 시스템의 변형을 어떻게 분석할 것인가, 그리고 세계적 차원의 정치권력이 존재하지 않은 상황에서 어떤 안정화 메커니즘이 가능할 것인가(9장)? 자본주의의 새로운 단계를 표시하는 혁신들을 관장하는 과정에 대해 몇몇 가설을 제시할 수 있을까(10장)?

조절의 수준
국가적·지역적·초국가적·세계적

조절이론의 기초를 도입했던 글들은 대부분 조절이론이 왜 일국적 차원을 분석 단위로 선택했는지를 충분히 설명해주지 않는다. 사실 초기 저작들이 각국의 경제적 궤적을 탐구하는 데 집착한 것은 유럽에서 국민국가가 19세기와 20세기 대부분의 시기에 걸쳐 형성되었다는 사실 때문이다. 즉, 그러한 구도가 역사적으로, 그리고 지리적으로도 주어져 있었던 것이다. 그 후 강력한 국제화 운동의 지속으로 국민경제들 간의 상호 의존이 증대했고, 이 점을 고려하기 위해서는 기초 개념들의 조정과 확장이 필요해졌다. 더욱이 시간의 흐름과 더불어 (일국 차원의—옮긴이) 거시경제가 더 이상 개념과 방법의 조탁을 위한 유일한 수준은 아니게 되었기에 국제경제를 보완적으로 고려할 수밖에 없게 되었다.

일국적 틀, 포드주의의 공간

돌이켜보면 포드주의는 비전형적인 구도였음이 드러났다.

국내 타협이 국제적 제약을 우선한다

사실 조절양식과 축적체제가 국민적 공간에서 형성될 수 있었던 것은 매우 특수한 국제적 조건이 뒷받침되었기 때문이다. 제2차 세계대전 이후 확립된 팍스 아메리카나는 양차 대전 중간기에 발생했던 일련의 비극적 사태의 재발 방지를 목적으로 재편된 국제관계를 지칭한다. 고정환율제의 확립, 국제무역의 확고한 틀 짜기, 유럽 경제의 재건과 근대화를 돕기 위한 공적 자본 흐름의 압도적인 비중 덕분에 일국 수준에서 독자적인 조절양식들이 형성될 수 있었다. 국내에서 이루어지는 정치적 타협의 핵심은 임노동자가 종신적으로 경제에 편입되는 것을 보장하는 임노동관계를 확립하는 데 있었다. 이로 인해 임노동관계라는 제도 형태는 경쟁 형태가 과점적인 성격을 띠도록 만드는 데 대단히 중요한 역할을 했다. 왜냐하면 생산성 연동 임금은 생산력과 유효수요 간의 불균형을 축소시키는 경향이 있기 때문이다. 이와 마찬가지로 명목임금은 가격의 형성에서 가장 중요한 변수가 되었다. 이 점을 감안해 새로운 유형의 통화정책은 전형적으로 화폐적인 본위(과거의 금본위)를 방기하고 노동을 본위로 삼았다(Hicks, 1955; Boyer, 1993). 이처럼 이 시기 조절양식들의 특징은 제도적 위계구조에서 임노동관계가 지배적인 지위를 차지했다는 데 있다(그림 9-1 참조).

포드주의 축적체제에서 거시경제 규칙성은 다음과 같은 구도를 반영한다. 즉, 이 체제에서는 임금·이윤 분배율이 거의 안정되어 있기 때문에 임금 동학이 소비는 물론 가속도 원리를 통해 투자도 결정하는 핵심 요인이된다. 완전고용 수준을 유지하기 위해 통화정책이 특정의 인플레이션율에 맞추어 시행되므로 가격-임금 연쇄가 항상적인 인플레이션을 부추기는 경향이 상존한다. 국가별 인플레이션율이 다를 수 있기 때문에 환율은 주기적으로 조정되어야 하지만 환율 조정은 각국 정부의 소관이다. 미국 헤게

그림 9-1

포드주의의 예외성: 국내 타협의 우세

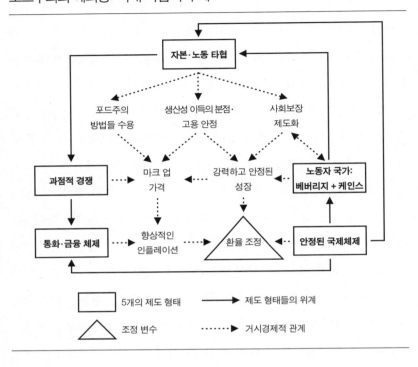

모니 하에 국제 시스템의 구조적 안정성이 주어져 있는 한, 국제적 편입 방식이 정치적 타협 면에서 그리고 특히 임노동관계의 변동이라는 면에서 나라별로 뚜렷한 차이를 만들어낼 수 있다.

국제 지역적 동학이 없는 것은 아니지만 있었다 해도 그것은 각국에서 시행 중인 제도 형태들이 국제 공간에 투사된 결과다. 예를 들어 포드주의에 고유한 국제 분업은 지역들의 위계구조로 반영되며, 이는 각 지역이 구상 업무에 특화되거나 설비재 같은 더욱 정교한 제품의 생산에 특화되거나 표준화된 재화들의 생산에 특화되는 형태로 나타난다(Lipietz and Leborgne, 1988). 근접 효과에 기초한 특화의 동학이 나타난 지역이 있을 수 있지만,

이 동학이 각국의 거시경제 동학에 미친 영향은 거의 (또는 전혀) 없었다. 이러한 국제 시스템의 관용성 덕분에 일국적 조절양식들이 확립될 수 있었고, 이 조절양식들 자체가 (경제—옮긴이) 활동들이 국제 지역적 공간에서 어떻게 배분될 것인지에 관한 정보를 제공하고 또 이러한 배분을 시행했던 것이다.

이러한 공간적 위계구조가 위태로워지다

1970년대 중엽부터 이러한 위계구조는 다음 두 개의 운동 때문에 흔들리게 되었지만, 이 두 운동이 동등한 영향을 미쳤던 것은 아니다.

국제화

한편으로 역동적인 성장과 생활수준의 개선이 경제의 대외 지향적 움직임을 촉진했다. 이 움직임은 국민경제가 무역과 국제 투자 그리고 결국에는 금융 흐름에 차례차례 개방되는 것을 말한다. 이와 관련해 다음 두 가지 요인이 결합적으로 작용함으로써 국제적 편입 양식은 제도적 구도의 재편을 강하게 제약하는 요소가 되었다. 먼저, 대량생산에 전형적인 수확 체증의 활용이 국내 시장의 협소성에 부닥쳤기 때문에 기업 자체를 수출하는 전략이 유발되었다. 이리하여 임노동관계의 활력을 저해하는 경쟁 요인들이 다시 등장했고, 임노동관계는 세계시장에서의 경쟁에 대응하기 위해 그 유연성 제고를 목적으로 하는 개혁의 대상이 되었다.

다음으로 특히 미국의 압도적인 경제적 지위가 약화되면서 미국에서는 국제 안정의 보증인 역할과 국가 이익의 더욱 철저한 방어 간의 갈등이 눈에 띄게 커졌다. 이에 따라 세계 경기는 더욱 불안정해지고 예측도 어려워져 거의 모든 제도 형태들의 개편이 불가피해졌다. 예컨대 국가·경제 관계가 수정되었고, 국내적 목적(인플레이션·실업 관계의 최적화)과 대외적 목적(환율 통제)이 상충관계로 바뀌어 통화정책의 운용도 더욱 어려워졌다. 끝으로 경쟁의 격화는 대부분 국민경제들의 개방 증대에 기인했다. 이렇게 해서 '국제적인 것'이 지배력을 행사하게 되었던 것이다.

국내 지역들의 다양화 및 자율화

다른 한편으로 이전의 규칙성이 단절되자 기업들은 물론 정치 당국들도 서로 다른 전략을 실험하기 시작했다. 그 결과 기업별, 산업 부문별, 지역별 차이가 뚜렷이 드러났다. 예컨대 국내 지역별로 보면 뒤처진 지역들 중에는 더 이상 추격을 지속할 수 없는 지역이 나타나는 경향이 있는 반면, 이전에는 불리했지만 가장 번영한 지역을 추월할 수 있게 해주는 타협을 만들어내는 데 성공한 지역이 등장하기도 했다(Benko and Lipietz, 2000). 이러한 움직임은 지역에 고유한 전략을 실험할 수 있는 연방국가들에서 더욱 뚜렷하게 나타났다. 이로 인해 새로운 환경에서 성공하는 지역들은 지역 간 (소득−옮긴이) 이전 메커니즘의 축소를 주장하기도 했다(Streeck, 1997). 이처럼 동일한 국민적 공간 내에서도 지역적 차별화 경향이 나타났고, 이로 인해 국민적 조절양식의 응집성이 문제시되거나 심지어 그 존재 자체가 위태로워질 수도 있게 되었다.

두 단계에 걸쳐 일어난 제도상 위계의 동요

이러한 변화로 인해 향후 30여 년에 걸쳐 전개될 일련의 과정이 개시되었다. 먼저 시장의 탈규제와 경쟁 원리의 정착에 대응하기 위해 새로운 생산 모델을 찾는 노력이 집중적으로 일어났다. 그러나 이 시기 내내 금융 주도 체제가 발흥해 일련의 금융 거품을 조장했고, 이 거품은 부푼 희망을 주었던 정보통신기술 분야에서 시작되어 부동산 부문으로 확산되어갔다. 이 완만한 변동이 끝나갈 즈음 제도상 위계의 정상을 차지한 것이 바로 금융이다.

국제 경쟁의 격화

앞서 본 바와 같이 개방 수준이 일정한 임계점을 넘어서면 조절양식은 새로운 체제를 향해 요동칠 수 있다. 실제로 유효수요의 대부분을 차지했던 임금이 이제는 비용으로 변신해 대외무역을 불리하게 만든다(그림 4-1 참조). 하지만 국제 경쟁은 그 외 다른 여러 통로를 통해서도 영향을 미친다. 포드주의 단계에서 누리던 생산성 이득이 고갈되자 각국 경제는 이를 극복할 수 있는 산업 생산 패러다임을 탐색하는 경쟁에 돌입했고, 이로 인해 노동 재편에 대한 압박이 가해졌다. 임노동관계는 변동성이 증대된 세계 경기에 더 잘 반응할 수 있도록 재편되어야 했고, 노동 강화가 새로운 조정 변수로 등장했다. 인플레이션이나 스태그플레이션에 대응하기 위해 많은 정부들이 임금의 소비자 물가 연동제를 축소하거나 심지어 폐지했다. 요컨대 임노동관계가 경쟁의 국제화로 인해 발생하는 압박의 대부분을 감수하게 된 것이다(그림 9-2 참조).

1970년대에 이루어진 미국 통화정책의 급격한 선회는 세계경제에 탈인플레이션 과정을 전파했고, 이로 인해 다른 나라들의 중앙은행도 인플레이션 억제 정책을 채택할 수밖에 없었다. 새로운 통화정책을 더 이상 케인시언 정책으로 볼 수 없는 까닭은 그것이 인플레이션과 실업 간의 재정(裁定)이라는 원칙을 포기하고 인플레이션이 언제 어디서 나타나든 이를 순수한 화폐 현상으로 간주하는 통화주의 비전을 채택한 데 있다. 사회보장 지출

그림 9-2

제도상 위계의 첫 번째 요동: 국제 경쟁에의 개방

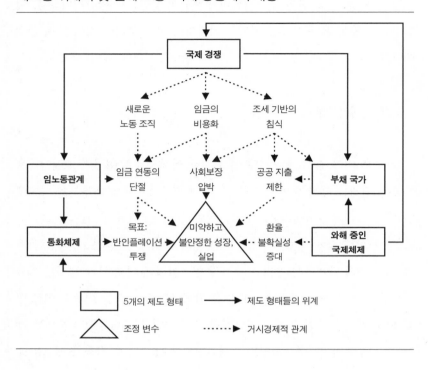

이 인건비에서 상당한 비중을 차지하고 있는 한, 경쟁의 격화는 사회보장 지출을 '합리화'(즉, 축소─옮긴이) 하려는 노력을 유발한다. 한편 성장의 지속적인 둔화로 세입은 줄어드는 반면 공공적·사회적 지출은 계속 증가함에 따라 구조적인 재정 적자가 나타났고, 그 결과 정부 채무가 늘어나자 국제 시장을 통한 자금 조달이 증가했다. 게다가 생산 공정들의 해외 이전과 국제화 과정이 개시되었기 때문에 구 공업국 정부들의 재정 기반은 그만큼 더 축소되었다. 끝으로 변동환율제로의 이행에 따른 환율 변동성이 생산적 투자를 억제했다. 이 모든 변화로부터 포드주의를 이끌어왔던 조절양식과는 전혀 다른 조절양식이 출현했으며, 그것은 성장의 둔화와 경기 동행적인 경제정책을 특징으로 한다. 이러한 조절양식의 출현으로 국제 경쟁의 지배를 받는 체제의 불안정성은 더욱 강화되었다.

국민국가에 대한 금융의 지배

국제무역의 자유화가 이루어진 다음에는 금융시장의 규제 완화가 점진적으로 시행되었다. 채무가 많은 정부들은 처음에는 자금 조달이 더 쉬워질 것으로 예상했으나 2000년대부터 거의 완벽한 (자본—옮긴이) 이동성을 활용해 자금 조달을 최적화한 것은 오히려 대기업들이었다. 결과적으로 모든 제도 형태가 국제금융의 지상명령에 부응할 수밖에 없다는 점에서 조절양식은 금융화되었다(그림 9-3 참조).

포드주의의 유산인 인플레이션이 일단 정복되자 이자율이 하향 조정되었고, 이는 대기업의 주가 상승에 유리하게 작용했다. 금융 지배 자본주의에서 확정기여형 연금제도(Montagne, 2000)로 이행한 결과 더 높은 보수를 위해 더 큰 리스크를 부담하려는 자본이 대규모로 증가했다. 중앙은행 총재가 금융인들과의 대화에서 핵심 인물로 부상한 이유는 미래에 관한 금융인들의 견해를 중앙은행의 정책으로 관철하기 위해서다(Boyer, 2011b). 임노동관계는 이제 주주 보수의 안정을 위해 노동자들이 더 많은 리스크를 떠안는다는 것을 함의한다.

또한 국가와 금융인 간의 권력관계도 변한다. 예컨대 비거주자가 보유한 공채의 비중이 일정 한도를 넘어설 경우 정부 책임자들은 금융인들에게 정부의 정책이 신뢰할 수 있으며, 정부가 채무를 상환할 능력이 있음을 설복시키거나 그들에게서 채무의 만기 연장을 허락받아야 한다(Lemoine, 2014). 이러한 상황에서 실업수당제를 비롯해 좀 더 일반적으로는 사회보장제도 전반이 실업자들로 하여금 다시 일자리를 찾아 나서도록 만드는 방향으로

그림 9-3

제도상 위계의 두 번째 요동: 국제금융의 강대함과 편재성

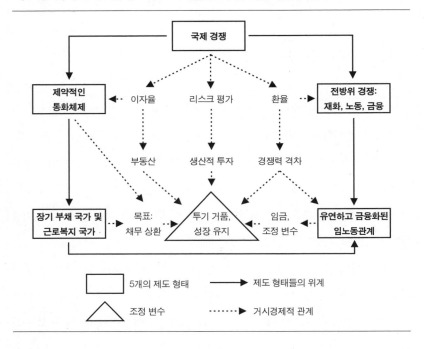

개혁되어야 한다. 이 주장에는 최악의 불평등이 일자리 접근의 부재에서 기인한다는 가설이 깔려 있다. 이와 동일한 논리에 따라 공공 서비스 역시 가능한 한 모두 민간 부문에 위임된다. 이제는 사회적 연대 논리가 아니라 경제적 효율성 논리가 각국의 사회보장 시스템을 지배하게 된다(Boyer, 2007).

조절양식은 다음과 같은 세 번째 구도로 수렴되며, 이 구도에서는 미래에 관한 자신의 예측에 따라 막대한 자본을 동원할 수 있는 능력을 가진 금융인들이 사회 전체의 움직임을 좌우한다. 이에 따라 신용이 추동하는 확장 국면이 연속적으로 야기되고, 금융인들의 예측이 반전될 때 이 국면은 돌연 중단된다.

국제화에 대응하기 위한 다양한 조절양식의 구도 재편

위의 과정은 현대의 거의 모든 사회에서 관철되고 있다. 그러나 이 과정이 현실화되는 구도는 해당 사회가 금융적 운동을 통제하는 능력을 구비하고 있는지, 경제발전 정도는 어느 정도인지에 따라 달라진다.

금융 주도 체제: 내재적 취약성

세계경제를 추동하는 두 개의 중심 중 하나는 여전히 미국이다. 미국은 비록 그 위력이 약해지고 있다고는 하나 헤게모니 지위를 유지하고 있으며, 2008년의 위기로 위태로워지기는 했지만 세계의 금융 중개에서 큰 역할을 수행한다. 앞에서 강조했듯이(박스 4-4 참조) 이 모델을 지탱하는 구조적 관계들이 존재하며, 지난 수년간의 사태에 비추어 이 정치경제체제의 강점과 약점을 보여주는 대차대조표를 만들어볼 수 있다. 요컨대 이 체제는 반복된 금융위기와 축적의 왜곡을 통한 생산자본의 파괴를 동반해왔다(그림 9-4 참조).

한편, 금융 자유화로 새로운 금융 수단이 생겨났다. 그중에는 − 충분히 긴 시간이 요구된다는 조건하에서 − 특별히 혁신과 기술 진보, 즉 해당 경제의 경쟁력을 높이기 위해 만들어진 것도 있다. 그러나 바로 이 때문에 금융화는 포트폴리오 투자의 최적화에서 단기주의를 불가피하게 만든다.

다른 한편으로, 신용 제약이 완화됨으로써 부동산이나 내구재 또는 주식 투기를 위한 대출 접근이 용이해진다. 이에 따라 본성상 리스크가 더 크고 대개 비가역성을 띠는 생산적 투자가 위축된다. 대기업들이 조세 피난처를 전략적으로 활용하기 때문에 경제정책이 자본의 이동성에 대처하기 위해서는 과세율을 인하할 수밖에 없다. 조세 정책의 변경에 따른 수익성이 인

그림 9-4

금융 자유화: 모순되는 중장기 효과들

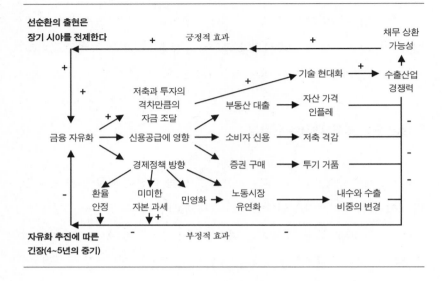

내를 요하는 혁신 프로젝트의 수익성을 능가하기 때문이다. 통계물리학 연구자들이 금융시장 분석가로 변신한 것은 아닐까?

금융 거품들이 연속적으로 형성된 것은 투기가 인터넷 스타트업, 생명기술이 주는 희망, 가격 하락이 절대 없을 것으로 간주된 부동산에 이어, 결국에는 천연자원과 농산물까지 숙주로 삼았다는 사실로 설명이 가능하다. 그럼에도 불구하고 이러한 반복된 투기에 대해 전혀 다른 해석도 가능하다. 금융화된 자본주의를 비판하는 사람들은 투기 거품 속에서 비효율성의 증거를 찾아낸다. 예컨대 몇몇 내생적 성장 이론가들은, 거품이 형성될 수는 있지만 경제성장은 지체되는 모델을 제시한 바 있다(Yanagawa and Grossman, 1992). 그렇다면 더욱 만족스러운 성장의 도정을 되찾기 위해서는 다시 규제를 도입하면 끝나는 것일까? 성장의 장기 둔화를 저지할 수 있는 해법은 금융 거품밖에 없다고 보는 경제학자들도 있는데, 이는 생산성을 유의미하게 상승시킬 수 있는 기술 진보의 능력이 갈수록 축소되고 있다는 데 근거한다(Gordon, 2012; Summer, 2014).

이 연구들에 비추어볼 때 금융 주도 축적은 수명을 다했음이 틀림없다. 오직 금융인들만이 그 수명을 연장하려고 애쓸 뿐이다.

투자 및 국제 신용 주도 발전: 괄목할 만한 위기들

이 외에도 한계를 드러낸 정치경제체제는 또 있다. 1990년대에 국내 투자와 저축의 미약함을 상쇄하기 위해 국제 자본의 유입에 기반을 둔 발전양식을 선택했던 나라들은 모두 대위기를 겪었다(Bresser-Pereira, 2009). 가장 현저한 사례는 2000~2001년의 아르헨티나 위기로서 제도주의와 조절이론을 결합한 작업에서 자세히 분석된 바 있다(Boyer and Neffa, 2004; 2007).

아르헨티나는 이 모델을 통해 높은 인플레이션율과 거시경제 불안정을 특징으로 하는 이전의 발전양식이 드러낸 불균형을 교정하려 했다. 국민통화가 미국 달러에 대해 비가역적으로 고정된 환율로 규정되는 통화체제를 채택하고 또 자본 유입을 제한하는 조치를 완전히 철폐했기 때문에 막대한 액수의 직접투자와 증권투자가 쏟아져 들어왔다. 이 덕분에 자국 통화의 가치가 상승하면서 수출 산업 부문의 근대화에 필요한 설비재의 수입이 용이해졌을 뿐만 아니라 소비 증가에 핵심 조건인 구매력이 증가했다. 하지만 환율의 과대평가는 (그렇지 않았더라면 분명히 더 생산적으로 되었을) 산업기반을 위축시키며, 그 도가 지나칠 경우 달러 표시 대외 채무를 상환하는 능력까지 저해된다(Kalantzis, 2006). 금융시장과 IMF의 우호적인 평가가 지속되는 동안 이러한 취약성은 은폐되었고, 아르헨티나 경제가 1997년 위기의 영향에 잘 대처했기에 이 은폐는 더욱 강화되었다.

또한 거시경제 불균형은 경기 동행적인 통화·재정 정책에 의해 더욱 악화된다. 이 사실을 국제 금융가들이 알게 될 때 자본의 급격한 유출이 발생하며 은행위기가 촉진된다. 또한 공공 채무의 상환불능이 정부의 불안정으로 전화되면서 사회적 위기가 동반된다. 이러한 사태는 조절이론의 관점에서 보면 대위기에 해당한다.

이처럼 미국과 영국처럼 금융자본이 추동하는 축적체제에서 작동하는 과정의 증폭성을 알 수 있다. 왜냐하면 국제 자본에 대한 개방이 가져다주는 단기적인 이익이 개방으로 인해 대외 채무 상환 능력의 축소 효과가 누적될 수 있다는 사실을 은폐하기 때문이다(Boyer et al., 2004). 아르헨티나 위기가 유독 비극적인 형태로 나타났던 것은 정부가 외국통화로 채무를 졌다는 사실 때문이다. 이 점은 (막대한 대외 채무를 가진 세계 최대의 채무국인─옮긴이) 미국이 달러를 무한정 발행할 수 있는 중앙은행을 가지고 있다는 사실과 극명하게 대비된다. 금융 지배력을 가진 나라들과 이와는 반대로 국제 투자자들의 평가에 운명이 달려 있는 나라들 간의 비대칭이 어느 정도인지 짐작할 수 있다.

현대 산업 자본주의의 두 가지 체제

미국과 중국의 비교(8장)에 근거해 현대 세계에는 금융 자본주의와 산업 자본주의 간의 표준적인 대비가 이루어지고 있다고 가정할 수 있다. 그렇지만 독일과 프랑스의 궤적을 살펴보면 구 산업국들을 적어도 두 개의 체제로 구별하는 것이 중요하다는 가설을 세울 수도 있다. 말하자면 혁신과 품질 차별화 및 공산품 연계 서비스 덕분에 일정한 시장 지배력을 추구할 수 있는 나라들이 있는 반면, 어떤 나라들은 포드주의 시기보다 더 큰 무기력을 보여주면서 비용 축소를 통한 경쟁이 이루어지는 상대적으로 표준화된 재화들을 계속 생산하는 나라들도 있다는 것이다.

이런 대비는 '가격 형성자(price-maker)' 산업과 '가격 수용자(price-taker)' 산업의 구별과 조응한다. 이를 통해 주로 유럽에서 환율에 대한 동일한 충격이 어떻게 상이한 거시경제 궤적을 가져다줄 수 있는지 이해할 수 있다 (Aglietta et al., 1980a, 1980b).

계량경제학적 추정을 통해 얻은 파라미터의 값을 고려하면 이러한 상이한 궤적들을 다음 세 개의 구도로 명시할 수 있다.

첫째, 프랑스는 빈약한 산업 특화로 고통받는다. 유럽연합이 구축되면서 국내 시장에 경쟁이 도입되었지만, 임금은 여전히 물가 연동 혜택을 누리며 규모의 경제가 여전히 생산성 이득의 원천이다. 이처럼 불리하게 작용하는 특징들을 함께 고려해볼 때 프랑스 경제는 일종의 악순환에 빠져 있어 산업 특화상의 결함을 극복하기 어려운 상황임을 알 수 있다.

둘째, 독일은 설비재와 고급 내구재에서 누리는 세계적인 우위를 더욱 강화할 수 있는 일종의 선순환을 활용한다. 통화 가치의 상승이 투자를 활성화시킬 뿐만 아니라 무역수지까지도 개선시키기 때문이다.

셋째, 일본은 또 다른 유형의 선순환 구도로 혜택을 누린다. 이는 주로 일본의 국내 시장이 국제 경쟁의 압력을 거의 받지 않는 반면, 임금은 세계 경제의 경기 상태에 연계된 국내 경기에 부응한다는 사실에 기인한다. 그래서 투자는 위축되지 않고 특화는 심화될 수 있다.

이러한 진단은 이미 오래된 것으로서 그동안 이 세 나라의 조직 구조는 많은 변화를 겪어왔다. 그럼에도 2010년대의 경제 상황을 보면 이러한 진단을 반박하기 어렵다.

사회민주주의 체제: 위기에 처해 있지만 회복력은 있다

사회민주주의 체제를 가진 북유럽 국가들은 어떤 의미에서는 독일과 동일한 범주에 속한다. 왜냐하면 이 나라들은 고부가가치 제품의 생산에 필요한 혁신 시스템을 구축함으로써 세계시장에 성공적으로 편입될 수 있었기 때문이다. 앞서 본 바와 같이 혁신 시스템과 사회보장 시스템은 상호 보완적이다(6장 참조). 그러나 1990년대의 심각한 금융위기에도 불구하고 사회민주주의 경제들이 (예컨대 스웨덴에서) 어떻게 이러한 특화를 유지할 수 있었는지는 아직 설명되지 않았다.

그 단서는 북유럽 국가들이 정치와 경제의 착종을 사회 전체를 잘 대의하는 것으로 간주한다는 점에 있다(Boyer, 2015b). 사회보장은 노동 세계 내부의 연대가 아니라 시민권과 연계된 문제라는 사실이 노동자들의 협상력을 안정시킨다. 앵글로색슨 사회에서는 정치에 대한 접근이 경제 영역에서의 성공과 연계되어 있는 반면, 이 나라들에서는 모든 이해관계자가 의사결정 과정에 접근할 수 있게 해주는 정치적 질서가 존재한다. 이것은 민주주의의 두 가지 조건 중 하나다(Tilly, 2007). 다른 한 조건은 사회적 공론화 과정을 통해 채택된 정책들을 시행하는 국가기구의 능력으로, 북유럽 경제의 대다수가 이 경우에 해당한다. 여기서 빼놓을 수 없는 요건이 바로 시민에 대한 정부의 투명성이다.

지대 수취 체제와 그 국제적 역할

앞서 에너지와 원자재의 가격이 수행한 역할이 언급된 것은 '영광의 30년' 시기의 성장이 중단되었을 때나 2008년의 대위기 이후 투기의 대상이 원자재로 옮겨갔을 때였다. 전통적으로 거시경제학은 이 사건들을 외생적인 것으로, 심지어 우연한 사고로 간주하기도 한다. 그러나 국민국가로부터 세계경제로 시각을 이동시켜보면 공산품과 천연자원 간의 상대가격이 어떻게 형성되는지에 관한 이론을 만드는 것이 중요해진다. 이에 따라 어떤 정치경제체제하에서 천연자원이 추출되고 판매되는가라는 의문이 제기된다. 지대 수취 국가에 대한 관심도 여기서 나온다.

다른 의미에서, 그리고 다른 용어를 사용해 말하자면 이미 성장의 한계에 관한 보고서를 작성했던 저자들은 진작 이 문제에 관심을 가졌었다. 그들은 맬서스의 통찰을 복권시켜, 말하자면 경제성장의 지속은 재생 불가능한 자원들의 고갈이라는 한계에 부닥칠 수밖에 없을 것으로 보았다 (Meadows and Randers, 1972).

자본주의 역사의 리듬은 에너지 가격의 변동으로 결정된다

지대 수취 체제의 이론화도 역사적으로 접근하면 더 용이해진다(표 9-1 참조). 일본이 산업 모델 측면에서 미국을 추월한 것으로 보였던 1990년대에 일본에서는 주식 투기와 부동산 투기가 동시에 시작되었다(Boyer and Yamada, 2000). 석유 지대 이후 두 번째에 해당하는 이 에피소드는 토지 지대의 형성이 내생적인 것임을 증언한다. 이에 상응하는 과정이 '신경제'에서도 나타났다는 사실은 주목할 만하다. 말하자면 신경제가 지리적으로 실리콘밸리에 집중됨으로써 이 지역의 부동산 가격이 폭등하고, 이에 따라 역으로 이 산업 구역의 새로운 발흥이 저지된다. 이 두 경우에서 기술·조직 혁명에 대한 전망은 입지 기반 지대가 전형적으로 가질 수밖에 없는 희소성이라는 난관에 부닥친다.

미국에서는 금융 자유화와 금융 혁신(이 경우에는 신용등급이 낮은 부동산

표 9-1

지대의 복귀 단계들

시기	지대의 성격 사건·현상	지대 유형	경제적 영향	정책에 미친 결과
1973, 1979년	OPEC의 결정에 의한 유가 급등	석유	스태그플레이션, 불황 및 비공업경제들에서 저축의 축적	진단 오류(공급 충격) 신 경제정책의 출현
1980년대	일본의 산업적 지배 예견	금융에 의해 조장된 도시의 토지 지대	활황, 이후 장기 침체	디플레이션에 대한 경제정책의 무능 증명
1990년대	미국의 '신경제' 기술 혁명	혁신 지대 및 그 일부는 실리콘밸리에서 토지 지대로 전환	성장의 가속화, 이후 불황	미약한 인플레이션과 경기부양을 위한 초저금리 유지
2000~2008	미국의 금융 자유화와 막대한 증권화	정보 비대칭성에 의한 금융 지대 + 도시 토지 지대	미국의 시스템 위기, 이후 세계로 전파	비교조적 정책들의 일반화
2008~2013	고수익 추구 자본의 극단적인 이동성	세계적 차원에서 천연자원과 농지에 대한 투기 지대	세계경제의 거대한 불안정	중국·신흥국·공업국 간의 긴장

담보 대출을 증권화하는 것)이 절정에 달했을 때 부동산 거품도 전례 없는 규모로 형성되었다. 전통적인 의미의 지대와 복잡한 금융 수단의 공급 관련 (정보—옮긴이) 비대칭성에 연계된 지대가 또다시 결합된다. 초고수익을 추구하는 것과 관련해 가장 최근의 에피소드는 원자재와 금은 물론 농산물마저 대상으로 삼은 투기에 관한 것이다.

일반적인 거시경제 연구가 지대 현상에 거의 관심을 기울이지 않는 것은 놀라운 일이다. 몇몇 조절 연구자들은 거의 석유 수출만으로 살아가는 나라들의 거시경제 동학과 이 수출 지대의 분배에 관한 이론을 제시했다 (Hausmann and Marquez, 1986). 이 분석틀은 라틴아메리카 경제의 구조적 불균형을 이해하는 데도 값비싼 기여를 한 것으로 드러났다(표 8-5 참조).

지대의 복귀, 이론화의 필요성

포드주의 생산 모델이 위기로 돌입하자 케인시언 패러다임은 슘페터리언 혁신 동학에 대한 준거로 대체되었다. 사실, 혁신 동학에 준거하면 이윤율 회복과 새로운 투자 물결의 재개에 필요한 과점 지대뿐만 아니라 독점 지대까지 창조할 수 있다. 이 지대는 산업 근대화가 동반한 가속적인 도시화와 연계된 두 번째 유형의 지대다. 예컨대 이 현상은 2000년대 이후 중국 경제의 동학에서도 핵심 요인이다(8장 참조). 이러한 도시화와 기후 변화 중 어느 하나 또는 둘 다의 효과로 인해 농지가 희소해지면서 농업 지대가 다시 증가하는 현상도 관찰되며, 농업 지대는 그 자체로 금융 투기의 숙주가 될 수도 있다.

지구상의 몇몇 지역에서는 물 부족 현상이 나타나 갈등을 일으키고 있다. 이에 물 지대가 등장할 정도다. 끝으로, 하이테크 제품에 불가결한 소재로 사용되는 몇몇 광물자원(희토류 등)이 희소해지면 향후 성장의 봉쇄라는 유령이 분명 되살아날 것이다.

사실 이 일련의 다양한 지대들은 자본주의의 지리적 확장과 이것이 다른(도시, 농업, 광업 등) 부문들 전체에 미치는 반향에 기인한다. 종국에는 금융이 각각의 지대를 장악해 이윤의 새로운 원천으로 전환시킬지도 모른다. 2000년대라는 새로운 시대를 맞아 자본주의가 요동치면서 창출되는 모든 지대를 금융 지대가 독식하려 드는 것 같다.

현행 경제 문헌들은 이 점을 거의 고려하지 못하고 있다. 역사적으로 거시경제학자들은 네덜란드에서 유전과 가스층이 발견되자 이를 계기로 전형적인 자본주의 체제를 가진 공업화된 경제에 지대를 포함시키는 시도를 했다(Corden and Neary, 1982). 이 연구는 유전 발견의 결과로 과대평가된 환율이 공업의 발전을 가로막고 종국에는 성장 둔화를 가져온다는 것을 보여주었고, 이는 '네덜란드병' 또는 '자원의 저주'라는 이름으로 모델화되었다. 나아가 이 모델은 오직 지대만으로 살아가는 나라에도 그대로 적용되었다. 그런데 이런 식의 동일시는 산업 자본주의가 아닌 비전형적인 한 체제가 가진 특수성이 은폐된다는 문제가 있다.

지대 수취 체제는 자본주의가 아니다

순수한 지대 수취 체제는 자본주의가 지배하는 체제에 비하면 많은 점에서 타율적이다(그림 9-5 참조). 첫째, 특화의 범위가 대단히 협소하다. 예컨대 베네수엘라, 사우디아라비아, 알제리 등은 석유나 가스를 수출해 살아가고 1950년대의 칠레는 주로 구리를 수출해 먹고살았다. 러시아도 이 범주에 들어가는데, 2010년대에 석유와 가스가 수출의 70%, 공공 예산의 52%를 차지하기 때문이다(The Economiste, 2014). 그런데 이 자원들에 대한 수요는 공업국에서 나오기 때문에 지대 수취 국가의 경제 상황은 공업국의 경기변동 사이클이나 대위기를 즉각 반영하게 된다는 문제가 있다. 따라서 지대 수취 국가는 세계경제에 대한 자율성을 거의 갖지 못한다.

이러한 국내 경기의 수출 의존성이 조절양식 전체에 영향을 주는 주요 메커니즘으로 다음 다섯 가지가 있다. 첫 번째 메커니즘은 경상수지 흑자가 유발하는 자국 통화의 과대평가와 관련된다. 이 효과는 해당 나라의 인구가 적을수록, 그리고 자율적인 발전 프로젝트가 없을수록 더 크게 나타난다. 두 번째 메커니즘은 이러한 통화 가치의 상승으로 (그렇지 않아도 빈약한) 생산 시스템이 더욱 위축될 수 있다는 것이다. 왜냐하면 그로 인해 수입품의 가격 경쟁력이 국내 제품보다 더 높아지기 때문이다. 세 번째 메커니즘은 훨씬 더 근본적인 것이다. 즉, 중앙은행의 대차대조표(즉, 자산—옮긴이)가 수출에 따른 자본 유입으로 부풀게 되며, 만약 불태화 정책(늘어난 국

그림 9-5
지대 수취 체제들의 타율성

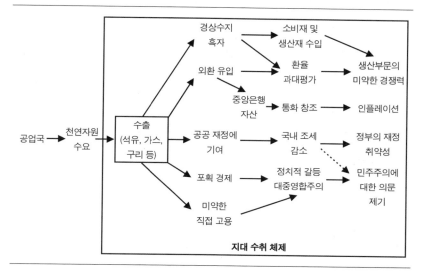

자료: Hausmann and Marquez(1986)의 분석을 그래픽 형태로 재구성함.

민통화를 다시 흡수하는 정책—옮긴이)이 시행되지 않는다면 경쟁력이 거의 없는 생산부문이 풍부한 신용과 결합해 강력하고도 불안정한 인플레이션이 유발된다.

네 번째 메커니즘은 재정 수입 구조를 매개로 작동한다. 보통은 재정 수입의 대부분이 수출액에 대한 과세로 조달되며, 이는 국가의 금융 취약성을 유발한다. 왜냐하면 세계시장에서 거래량이 줄고 가격이 하락할 때 공공 재정은 적자를 보게 되고, 이 적자를 내국세 증가로 보전하기 어렵기 때문이다. 사실 지대 수취 경제에서는 가장 유리한 위치에 있는 집단이나 개인이 지대의 일부를 점유하려 들게 마련이다. 이들은 조세를 지불할 마음이 없고 그것이 누진세라면 더욱 그러하다. 따라서 순수한 지대 수취 체제는 가장 불평등한 체제들 중 하나다. 마지막 다섯 번째 메커니즘은 원자재

추출 부문의 미미한 고용과 생산적 부문의 작은 규모를 감안하면 지대 수취 경제에서 국가는 근본적으로 대중영합적 성격을 띠며 민주적인 경우는 거의 없다는 점이다.

따라서 핵심은 순수한 지대 수취 체제의 특수성을 인정하는 데 있다. 이 체제는 산업 자본주의나 금융 자본주의 모델에 도입된 단순한 마찰을 대변하는 것이 아니라 그 전체로 하나의 발전양식 – 가끔은 비발전양식 – 을 구성한다. 이 체제는 브라질(8장 참조)과 같은 하이브리드 체제는 물론이거니와 노르웨이와 같은 사회민주주의적 자본주의와도 혼동되어서는 안 되는데, 후자의 경우에 석유 지대가 전 세계를 대상으로 투자하는 정부 기금을 통해 관리된다는 점에서 사회적 기본 타협에 배치되지 않기 때문이다.

지대 수취 체제와 세계경제 동학

경상수지 흑자와 적자의 국제적 분포나 외환 준비금의 국제적 분포로부터 지대 수취 체제가 세계경제의 균형이나 동학에 전적으로 연계되어 움직인다는 사실을 알 수 있다. 더 엄밀히 말하자면 이 조절양식의 타율성이 산업 자본주의나 금융 자본주의의 동학과 상호작용해 교역 조건을 변화시키고 세계경제의 성장을 좌우한다는 것이다.

칼도어(Kaldor, 1963, 1967)의 연구에 따르면 세계경제 동학은 다음과 같은 두 개의 서로 다른 논리가 상호작용한 결과로 분석될 수 있다(Boyer, 2011c).

한편으로 '산업 자본주의들'에서 수확 체증을 활용하는 제조업 생산의 역동성은 다음 두 가지 한계에 부닥칠 수 있다. 하나는 수요의 불충분성이고, 다른 하나는 인력과 천연자원의 부족이다. 첫 번째 요인은 호황이 불황으로 전환될 때 결정적으로 작용하며, 성장을 저지하는 두 번째 요인과 관련해서는 산업예비군이 세계적 차원에서는 상당한 규모로 존재한다는 점을 감안하면 천연자원의 제한이 크게 작용한다. 제조업 생산의 리듬에 맞추어 천연자원의 양도 증가한다고 볼 수는 결코 없기 때문이다.

다른 한편으로 '지대 부문', 즉 천연자원 부문은 단기적으로 수요가 증가할 때 생산성이 체감(遞減)한다는 특징이 있다. 이 때문에 천연자원의 수요가 증가할 때 이를 충족시킬 생산의 증가에 소요되는 기간은 공산품 생산의 경우보다 훨씬 더 긴 것이 보통이다. 그래서 세계 경기의 확장 국면에서 천연자원 가격은 상승하고 이윤율은 하락해 결국 투자와 생산력의 확장도 저지된다. 이와는 반대로 천연자원의 가격이 상승하면 신규 광산 개발이 수익성을 갖게 되거나 채굴 비용의 감소를 위한 기술 혁신이 자극되며, 이 두 경우가 동시에 일어날 수도 있다. 대개 꽤 오랜 시간이 지난 후 천연자원 부문에 과잉 능력이 조성되어 가격이 하락세로 돌아설 때 비로소 새로운 사이클이 개시될 수 있다.

현 시기와 관련해서 본다면 세 번째 논리, 즉 '금융 자본주의'의 논리가 추가되어야 한다. 이 논리는 자신만의 고유한 시간대를 가진다. 한편으로 금융 자본주의에서는 신용 공급의 탄력성이 대단히 크기 때문에 산업 사이클의 형태가 바뀌고, 다른 한편으로 금융 자본주의는 재생 불가능한 자원이 부족해지는 국면이 조성될 때마다 새로운 투기 대상을 발견한다. 2000년부터 교역 조건의 장기적인 악화 경향이 반전된 것에 대해 자원 부족이라는 새로운 요인이 부분적으로 작용한 결과라는 가설을 세울 수 있다. 물론 이 요인은 중국처럼 제조업에 필요한 원자재의 대부분을 수입해야 하는 나라들의 빠른 공업화와 무관하지 않다.

세계경제가 더 이상 두 개의 축이 아니라 세 개의 축을 가지고 있다는 사실은 그 동학에 막중한 영향을 미친다. 사실 현대의 구도는 앙리 푸앵카레가 천체 역학에 관한 책(Poincaré, 1923)에서 정식화한 '세 개의 물체'와 유사한 문제 제기를 상기시킨다. 이에 상응하는 동학 시스템은 무질서한 변동을 비롯해 매우 다양한 변동을 보여준다. 이 점은 중력 방정식들이 규칙적인 변동의 창출에 적합한 속성을 가지고 있다 하더라도 그러하다. 물론 이 세 개의 자본주의 체제들 간의 상호작용을 나타내는 관계는 물리학의 경우와 전혀 다르다. 그러나 개념적으로는 물리학에 준거함으로써 다극 경제가 드러내는 새로움에 대한 경고를 들을 수 있다. 그것은 다극 경제가 안정화될 수도 있지만 취약해질 가능성이나 심지어 위기의 원천이 될 가능성도 그만큼 크다는 점이다. 여기서 위기란 당연히 분기 현상이 도를 지나쳐 혼돈 상태로 넘어가는 것을 말한다(Thom, 1972, 1983).

세계화: 지나치게 글로벌한 개념

연구자, 경제학자, 경영이론가, 지리학자, 정치학자, 역사학자들이 앞서 지적된 변화들을 모두 무시했던 것은 아니다. '세계화'(영어로는 globalization, 프랑스어로는 mondialisation)라는 물신성을 가진 단어로 포괄될 수 있는 문헌의 양은 엄청나다. 이를 간략하게나마 검토하고자 한다.

다중적 형태를 띠는 복잡한 과정

돌이켜보면 국민국가는 영광의 30년 시기에 그 절정을 누렸다고 할 수 있다. 사실 관대하고 안정된 국제 시스템 덕분에 생산 구조들은 일국적 기반 위에 재구성될 수 있었다. 국제 지역적 동학 자체는 일국적 제도 형태들이 국제 공간에 투사된 것에 지나지 않는 것으로 보였는데, 이는 과거로부터 물려받은 수많은 특수성이 포드주의 근대화로 침식당했기 때문이다.

1980년대에는 그동안 일어난 변형들의 성격을 규명해야 할 필요가 생겼다. 다국적기업들의 압력하에 시행되는 국제화 운동과 경쟁력의 국내 지역적 또는 국지적 기반을 추구하는 탈중앙집권화 운동이 이중으로 전개되면서 국민국가의 개입 능력은 반감되었다. 그러나 세계화가 또다시 그 형태를 바꾸었기 때문에 이 묘사만으로는 더 이상 충분하지 않게 되었다. 2010년대 중엽에 새롭게 드러난 것은 서로 중첩된 다섯 개의 조절 수준이 모두 공존하고 있다는 것이었다(Boyer, 2000d).

실리콘밸리, 벵갈루루(Bengaluru), 독일의 주, 카탈루냐, 스코틀랜드, 플랑드르(Flandre) 같은 '지역들'은 혁신이나 생산 또는 지대 포획을 위한 새로운 과정을 개발함으로써 세계경제에 성공적으로 편입할 수 있었다. 그래서 이 지역들은 중앙정부에 더 많은 자율성을 요구한다. 이 지역들의 정치 책임자들은 자기 지역의 국제화가 자국 사회 전체에 가져다주는 혜택의 대부분을 차지하기를 원했다. 이러한 움직임이 일반화되면서 '새로운 지역 이기주의'라는 개념이 등장했다(Davezies, 2005). 이 점과 관련해 이 지역들이 유럽연합 같은 동일한 경제통합지대에 소속된다는 사실에서 지역들의 유럽이라는 관점이 생겨났으며, 이는 향후 국민국가라는 관점을 대체할지도 모른다.

세계화의 두 번째 방식은 '초국가적 차원의 부문별 협정'을 확대하는 것이다. 과거에는 이러한 협정이 석유, 농업, 항공운송 등의 분야에 한정되어 있었지만, 2010년대에 들어와서는 중앙은행들의 공동체(국제결재은행을 지칭함—옮긴이)에서의 통화정책 구상과 조정은 물론이거니와 환경(생물 다양성 협약, 6장 참조), 산업 생산 과정의 질적 규범과 회계 규범, 전자상거래의 초보적인 규범화 등도 포괄하게 되었다.

세 번째로, 세계화의 핵심 행위자로서 '다국적기업의 역할'을 조금이라도 경시하는 문헌은 없다. 어떤 의미에서 다국적기업은 국경을 초월해 이루어지는 생산 과정을 내부화한다. 이 운동으로 인해 국민적 과점 기업의 세력은 약화될 수 있다. 그러나 동일한 제품의 전 세계적인 판매 가능성과 연계된 규모 및 조직의 경제가 막대하기 때문에 다국적기업은 세계적 차원의 준독점체가 되었다(구글, 페이스북, 마이크로소프트 등). 또한 정부들이 이러한 다국적기업을 통제하기 어려운 까닭은 정부들이 이들을 유치하기 위해 서로 경쟁할 뿐만 아니라 경제이론들이 그 역할을 경시하는 경향이 있는 조세 피난처가 끈질기게 생존해 있기 때문이다(Chavagneux and Palan, 2012). 이러한 현상은 투자은행들에도 타당하다. 투자은행들은 범지구적인 네트워크를 가지고 사건들에 신속히 반응함으로써 막대한 채무를 진 국민국가들의 행동을 규율하는 데 공헌한다(Chavagneux and Filipponnat, 2014).

네 번째로, 앞선 세 부류의 행위자들(지방 정치권력, 세계적 차원에 투사되는 부문별 이해관계자 및 다국적기업)이 가하는 압력으로 인해 대다수 [중국이 보여주듯이(8장 참조) 모두가 아니라] 국민국가가 주권을 행사할 수 있는 영역이 축소되었다. 그래서 국민국가들이 세계적 차원에서 행동하는 이들에 대한 협상력을 되찾기 위해 취한 전략 중 하나가 바로 국가 주권의 일부를 다국적 수준(예컨대 유럽 수준)에 이관하는 것이다.

국제화의 다섯 번째 방식은 자유무역협정 체결이라는 가장 전통적인 방법이다. 시장의 상호 개방을 도모하는 쌍무협정의 수효가 빠르게 늘어난 반면, 규모가 확대된 새로운 다자간 체제를 구축하기 위한 세계무역기구(WTO)의 노력은 선진국과 개도국 간의 이해 충돌로 성공하지 못했다. 이러한 의미에서 국제무역을 관장할 글로벌 체제를 거론하기는 불가능하다. 나아가 글로벌 공공재에 관한 논의도 마찬가지로 봉쇄된 상태다.

국민적인 것과 세계적인 것 사이에서: 유럽의 통합

과거에도 관세 동맹이나 화폐 동맹을 구축하려는 시도가 없지는 않았지만, 신기원을 이룬 시도는 거의 없었다. 이것이 세계정부에 상응하는 국제체제나 적어도 브레턴우즈 체제를 계승한 국제체제가 없는 상황에서 국제화에 직면한 국민국가들이 마주치는 딜레마를 설명해주는 하나의 답이 되지는 않을까?

사회과학의 여러 학문과 수단을 동원하다

유로화의 도입 논거를 명확히 하는 데는 경제적 분석이 결정적인 역할을 했다. 유럽에서 환율이 비가역적으로 고정된다면 경제정책의 수행에 어떤 장단점을 가져다줄까? 최적 통화권의 조건(쌍방 충격의 우세, 가격의 유연성, 자본 및 노동의 이동성)은 충족되었던가? 현실은 이 물음들에 대해 긍정적인 답을 주지 않았다. 이 때문에 새 고전파 거시경제학은 단일통화로의 이행이 갖는 비가역성으로 인해 민간과 공공을 비롯한 모든 행위자들의 예측이 양극화될 것이라고 단언하면서 유럽은 최적 통화권 형성을 위한 개혁부터 시도해야 한다고 주장했다.

그동안 유로화 도입은 경기 관리상의 경제적 효율성을 증대시켜줄 것이 틀림없다는 생각으로 정당화되어왔다. 그러나 제도학파 통화 이론으로 보면 이러한 믿음은 잘못된 것이다. 어떤 통화건 특정한 질서와 정치권력에 의한 지지를 받아야 하기 때문이다. 이 점은 통화 위기 시에 명백하게 드러난다(Aglietta and Orléan, 2002; Théret, 1996b). 또한 그러한 믿음은 유럽 건설의 정치적 정당성 확보가 유로화의 장기 지속성을 보장해줄 수 있는 조건이라는 점을 망각하게 만들었다. 이 점과 관련해 놀라운 것은 연방주의

그림 9-6

경제적 분석에서 정치학으로

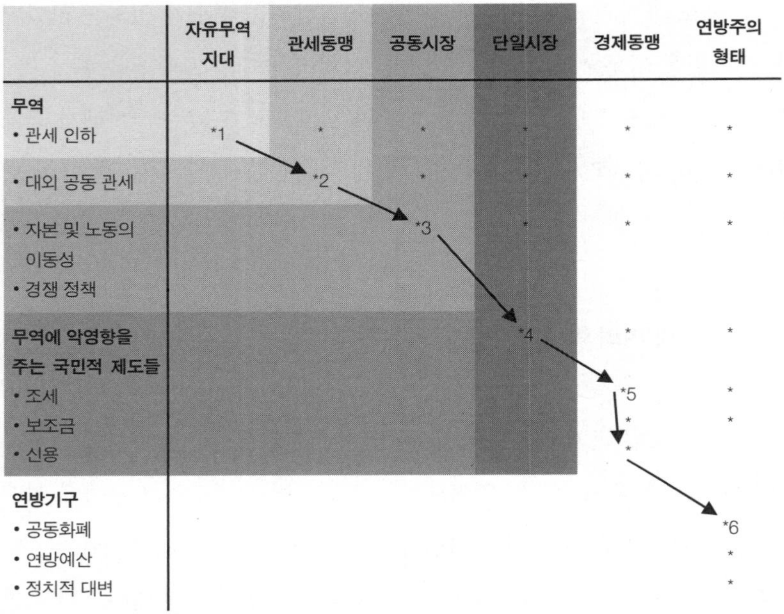

	자유무역지대	관세동맹	공동시장	단일시장	경제동맹	연방주의 형태
무역						
• 관세 인하	*1	*	*	*	*	*
• 대외 공동 관세		*2	*	*	*	*
• 자본 및 노동의 이동성 • 경쟁 정책			*3	*	*	*
무역에 악영향을 주는 국민적 제도들 • 조세 • 보조금 • 신용				*4	*5 * *	* *
연방기구 • 공동화폐 • 연방예산 • 정치적 대변						*6 * *

의 상이한 형태들에 관한 정치적 분석에서 유로화 문제가 대상조차 되지 않았다는 사실이다. 이러한 분석은 다름 아닌 조절이론의 영감을 받은 연구를 통해 이루어졌을 뿐이다(Théret, 2008; Boismenu and Petit, 2008).

따라서 유럽연합에 이관된 권한이 확대되어감에 따라 경제적 접근에 의한 분석은 가맹국 정부들의 단순 병립을 대체하는 것으로 가정되었던 권력과 거버넌스 성격에 관한 문제를 중시하는 다른 접근에 의해 보완되었어야 했다(그림 9-6 참조).

유럽의 건설: 정치 영역과 경제 영역의 엇갈림

역사적 관점에서 보면 애당초 유럽의 건설은 정치적 프로젝트였고, 그 목적은 국가 간 경제 경쟁을 조직화함으로써 유럽의 파멸을 초래한 두 차례 세계대전의 재발을 방지하는 데 있었다. 이러한 목적을 달성하기 위해 경쟁의 조직화는 우선 석탄과 철강이라는 한정된 분야에서 시작되었고, 그 후 공산품과 농산물로 대상 분야가 확대되었다. 정치가 목적을 규정했고, 경제는 이를 달성하는 수단으로 사용되었다.

이렇게 해서 단일시장 건설을 향한 장기 행진이 시작되었고, 그 진행 과정은 주기적으로 재발된 환율위기로 교란되었다. 환율위기는 주로 독일 마르크의 평가절상, 프랑스 프랑과 이탈리아 리라의 평가절하 형태로 나타났다. 바로 이 시기에 유럽주의의 이점에 관한 기능주의 접근이 나타났다. 거대한 유럽 시장을 유지하려면 환율 안정이 중요하다. 그런데 만약 국제 자본 흐름의 자유화로 환율 안정의 실현이 갈수록 어려워진다면 패리티를 비가역적인 방식으로 고정하고, 영국 전문가들이 제안하는 공동통화가 아니라 단일통화를 창조하면 안 되는 이유가 있을까? 이때 단일통화는 프랑스 정부와 독일 정부 간의 주로 정치적 타협을 통해 창조될 것이다.

정책에 관한 통화주의 관념이 지배적이었기 때문에 유럽중앙은행(ECB)은 인플레이션 억제(즉, 유로화의 가치 안정-옮긴이)라는 사명을 부여받았고, 이에 따라 가맹국에 대한 유럽중앙은행의 공공 채무 변제용 자금 지원은 금지되었다. 이 시스템 전체를 신뢰할 수 있는 것으로 만들기 위해 '안정 및 성장 협약'이 체결되었고, 이에 따라 각국의 GDP 대비 공공 적자 규모와 공공 채무 비율에 대한 한도가 설정되었다. 이 새로운 시스템에서는 환리스크가 사라지고 재정정책은 통제되기 때문에 금융시장은 이를 유럽 차원에서의 투자 전개를 허용하는 것으로 해석했다. 이렇게 된 것은 통화 안정이 금융 안정까지 보장하는 것은 아니라는 사실을 망각했기 때문이다. 예컨대 스페인이나 그리스의 공공 채무에 부과된 저금리는 이 나라들에서 부동산 거품을 조장하거나 소비자 대출과 정부 대출을 통한 성장을 부추겼던 것이다.

2010년에 시작된 국가 채무 위기를 계기로 유럽의 책임자들이 깨달았던 것은 국고채의 주요 구매자가 시중 은행인 한, 공공 채무 위기만이 아니라 은행 대출 위기도 다룰 수 있는 수단을 갖추어야 한다는 것이다. 그러나 이 원칙을 채택한 '은행동맹'은 공공 재정을 담보로 잡았고, 그래서 유럽 나라들 간의 연대라는 문제가 제기되었다. 그런데 이 문제는 사실 정치적인 것이어서 유로화 도입에 관한 준비 논의에서부터 조심스럽게 배제되어온 것이 사실이다. 이러한 경제 영역과 정치 영역 간의 엇갈림은 유럽 통합의 핵심 사안임에도 불구하고 방치되어오다가 2010년대에 들어와서야 이 문제를 다룰 수밖에 없는 결정적인 순간이 도래했다. 즉, 통합의 이전 단계들을 성공시켰던 기능주의적 방식은 총괄적인 정치적 타협의 기반을 다지기에 충분하지 않다는 점에서 한계를 드러냈던 것이다. 이 타협이란 훌륭한 관리라는 '규칙을 가진 유럽'이 되려면 가맹국들 사이에 '소득이 이전되는 유럽'이라는 연대성 원리로 보완되어야 한다는 것이다(Boyer, 2013b, 2013c). 그러나 역설적이게도 이 용어들을 만든 것은 통합에 따르는 리스크와 혜택을 공유하는 데 반대하던 나라들의 정부였다.

그릇된 진단을 초래하는 표상들

국가 채무 위기가 이토록 심각하고 오래 지속되는 이유는 어떻게 설명할 수 있을까? 유로화 도입 때 준거로 삼았던 표상들이 현명한 것이었든 그렇지 않았든, 이 표상들이 수행한 역할을 다시 검토해볼 필요가 있다. 학계나

표 9-2

새 고전파 거시경제학이 유로화의 생명력에 미친 영향

가설	내포된 메커니즘	유로화에 대한 결과	현실 적합성의 정도
• 오직 중앙은행에 의해서만 창조되는 외생적 통화	• 구식 통화주의 • 장기적으로는 화폐 중립성	• 중앙은행의 제1 목표인 물가 안정	• 현대 금융 시스템에서 통화는 내생적이며, 은행 대출의 산물
• 완전고용 균형	• 임금과 고용의 완벽한 유연성 • 자발적인 실업	• 인플레이션·실업 의 재정(裁定) 부재	• EU에 막대한 비자발적 실업의 상존
• 대칭적인 충격이 각국에 고유한 비대칭적인 충격을 능가함	• 거시경제 조정의 핵심인 공동 통화정책	• 유로존은 최적통화지대가 아니더라도 생명력을 가질 수 있음	• 국민적 조절들의 이질성으로 인해 동일한 통화정책에도 각국의 변동은 더 벌어질 수 있음
• 합리적 기대는 기업, 가계, 정부 모두에 적용됨	• 민간 및 공공 행위자들의 전략을 바꾸는 새로운 경제정책	• 유로화의 비가역성이 신뢰에 결정적으로 중요함	• 기업과 은행은 적응하지만 대중영합적인 정부들이 모두 다 적응할 수 있는 것은 아님
• 모두에게 동일한 크기	• 모든 나라에 공통된 일반 메커니즘	• 유로화는 명목적인 수렴만이 아니라 실질적인 수렴도 가속화시킴	• 단일시장은 분업의 심화를 유발하고, 이에 따라 이질성이 증가됨

중앙은행에서도 케인시언 거시경제학의 방기와 새 고전파 거시경제학의 준거 채택이 강요되었다. 그러나 새 고전파 거시경제학은 균형의 자동 회복이라는 시장경제관을 가지고 있기 때문에 그 기본 가설들로부터 유로화 도입이 가져다줄 결과를 명확하게 도출할 수 없다는 것은 당연한 일이다(표 9-2 참조).

먼저, 무엇보다 놀라운 것은 통화가 외생적인 것으로, 즉 어떤 시중 은행의 개입도 없이 중앙은행에 의해서만 창조되는 것으로 간주한다는 점이다. 그런데 현대 금융 시스템에서는 시중 은행이 (예금통화 창조 메커니즘을 통해) 신용을 제공하고 재융자의 필요도 있어 결국에는 중앙은행의 개입을 받지 않는가. 1980년대 이래 쓸모없는 것으로 밝혀진 통화주의 관념에서 비롯된 이 이론적 준거 때문에 낮은 명목금리가 조장한 민간 신용 증가와 연계된 투기 거품이 은폐되었다.

둘째로, 신고전파와 네오케인시언 학파의 새로운 종합에 따르면 현실에서 관찰되는 실업은 자발적 실업이므로 완전고용의 실현은 불가피하다는 것이다. 그러나 이 해석은 불황기에, 때로는 공황기에 (예컨대 그리스에서처럼) 설비의 과소 사용과 전형적인 비자발적 실업이 뚜렷이 드러난다는 점에서 지지될 수 없다. 노동시장의 탈규제를 더욱 강화해야 한다는 권고는 바로 그러한 표상(및 이론─옮긴이)의 산물이다. 이러한 이론의 특수성은 화폐통합의 대상이 되는 경제들에 가해질 충격이 다음과 같은 성격을 띤다는 점을 강조하는 데 있다. 즉, 충격이 대칭적인(모든 가맹국에게 동등한 충격을 가하는─옮긴이) 것이라면 통화정책으로 대응할 수 있지만, 충격이 특정 국가에 한정된 것이라면 해당 국가가 재정정책으로 대응해야 한다는 것이다. 이러한 견해는 신용 사이클의 내생적 성격뿐만 아니라 과거에는 각국의 통화 및 외환 정책이 상이한 조절양식들 간의 양립성을 보장했다는 사실도 망각한 것이다. 이와는 반대로 단일한 통화정책은 오히려 각국 조절양식들의 이질성을 폭로했다.

상이한 두 가설이 유로화 도입의 결과에 관한 분석을 더욱 뒤죽박죽으로 만들고 있다. 한 가설은 다소 우연적인 요소는 있겠지만 모든 주체가 유로화가 장기적으로 가져다줄 결과를 정확하게 알 수 있는 능력을 가지고 있다는 것이다. 기업, 노동자, 소비자, 정부 등 모든 경제주체들에게 정말 관대하기 짝이 없는 이 합리적 기대 가설은 자가당착이 아닐 수 없다. 통화 문제에 관한 최고 전문가조차 유로화의 생명력을 착각하는 판에, 어떻게 일반 개인이 더 정확한 기대를 형성할 수 있다고 볼 수 있는가? 다른 한 가설은 유럽연합의 모든 가맹국이 동일한 조절 유형을 가지고 있고 통화동맹의 효과의 크기도 나라별로 대동소이하다는 것이다. 이와는 반대로 만약 그리스의 생산력과 공공 시스템의 질 그리고 국제적 편입 방식이 독일의 경우와 완전히 다르다면, 단일통화의 도입으로 (양국 간의—옮긴이) 거시경제 격차는 더욱 벌어질 것이다. 바로 이것이 실제로 관찰되는 현상이며, 여기서 놀라운 것은 하나도 없다(Boyer, 2015a).

정치적 의사결정자와 전문가들이 공유한 이러한 아이디어와 표상이 유로화 위기를 초래한 유일한 원인은 아니라 하더라도, 위기의 징후를 나타내는 신호의 탐색을 방해하고 유로화의 목표들에 대한 현실적인 진단을 지체시킬 수는 있다.

각국의 경제정책들 간의 미세조정이 문제시되다

애당초 훨씬 더 초보적인 방법론으로도 경제정책 관련 역량을 새롭게 배분하기 위해서는 각국의 정책과 새로운 도구들이 재검토될 수밖에 없다는 것을 알 수 있었다. 사실 정부는 경제정책의 다양한 목적만큼이나 많은 도구를 구비해야 한다(Tinbergen, 1952, 1991).

이 조건은 제2차 세계대전 이후의 황금기에는 충족되었다. 아주 일반적으로 말해 통화정책은 인플레이션 대한 투쟁을, 재정정책은 완전고용의 유지를, 환율정책은 대외 균형의 보장을 각각의 과업으로 삼고 있었지만, 결국 장기 성장을 촉진하기 위한 산업 및 혁신 정책으로 귀착했다(Boyer, 2013b).

유럽연합의 정부들이 각국 통화들 간의 환율 불안정에 대응하려고 하면 경기 상황의 미세 조정은 그만큼 더 어려워진다. 왜냐하면 자본 이동성으로 인해 더 이상 환율을 통제하면서 통화정책의 자율성을 유지할 수는 없기 때문이다. 이어서 유로존 가입 조건에는 공공 적자와 공공 채무의 통제가 들어 있는데, 이는 명목적 변동들이 수렴되고 있어 (이미 그리스가 보여주었듯이 예외는 있지만) 일단 단일통화가 창조되면 공공 적자와 공공 채무의 통제가 더욱 용이해질 것으로 생각했기 때문이다.

　사실은 마스트리히트 협정 이래 유럽 통합 관련 협정들은 가맹국들이 경제정책의 수행에서 사용할 수 있는 세 개의 핵심 도구를 박탈해버렸다. 즉, 통화정책은 각국의 경기 상황이 어떠하든 모든 가맹국에게 동일한 것이 되었고, 유로화의 환율은 시장에서 결정되고, 유럽중앙은행은 각국 정부에게 자금을 직접 제공할 수 없게 된 때문이다. 유로존 가맹국 정부들은 이 세 가지 주권을 포기하더라도 대안적인 수단을 개발할 수 있을 것으로 가정되었다. 예컨대 소득 정책으로 생산비 감소를 상쇄할 수 있고, 혁신 정책의 강화로 성장이 가능하며, 공공 채무의 보전 자금을 국제 시장에서 조달하는 데 틀림없이 신중해질 것으로 예측한 것이다. 실제로 국제 금융시장은 경기가 활황일 때는 투기 거품을 유발할 정도로 낙관적이 되고, 불황으로 반전되면 신용 제공을 봉쇄한다.

　그런데 이러한 정책들을 수행하는 과정에서 가맹국들의 능력 차이가 꽤 컸다는 것은 명백한 사실이고, 이 때문에 거시경제 (상태나 성과―옮긴이) 차원에서 가맹국들 간의 격차가 갈수록 벌어진다는 중차대한 위험이 부각되었다. 애초부터 유럽의 경기 조정상 위기(Crouch, 2000; Boyer, 2000c)와 그 경제적 거버넌스가 가진 결함(Boyer, 1999a)은 예견될 수 있었던 것이다.

제도 혁신의 급진성이 과소평가되다

　조절이론은 정부가 도전해야 할 영역이 새로운 경제정책의 모색에 한정되지 않는다고 본다. 사실 진짜 문제는 출현 중인 조절양식들의 정합성이다. 과거에는 다섯 가지 제도 형태의 정합성이 국민적 차원에서 표현되었지만 국제화로 인해 제도 형태 대다수가 재편되었을 뿐만 아니라 조절 역량의 배분도 일국적·유럽적·세계적 차원이라는 세 가지 수준에서 복잡한

표 9-3

유로화는 시대 전환의 계기인데도 정치인은 그 중요성을 과소평가한다

제도 형태 수준 \ 시기	황금기 1941~1971	고통의 시기 1972~1999	환상의 시기: 유로화 2000~2009	온갖 위험의 시기 2010~
1. 통화체제	• 국민적	• 환율 안정 추구 • 통화정책 자율성 점진적 상실	• 유로화 기구, 공동통화가 아닌 단일통화 • 동일한 명목금리와 환율	• ECB의 교리 수정 • 유로화의 보완물로 금융 안정 원칙과 은행 동맹
2. 임노동관계	• 국민적	• 국제 경쟁 대응을 통한 변형	• 각국 권한으로 남음, 그러나 유럽연합의 정책은 최선의 실천을 벤치마킹하고 확산시키는 것	• 유럽연합 내부의 고정환율 체제로 경쟁력 회복을 위해 임금 긴축, 노동, 사회보장제도 개혁 불가피
3. 경쟁 형태	• 주로 국민적	• 경쟁 조장적인 유럽 정책의 영향력 증대	• 산업 및 연구 분야의 공공 보조금 철폐	• 세계적인 제조업 과잉 생산력이 유럽에서의 가격 형성에 반영됨
4. 국제 편입 및 환율체제	• 미약한 국제 개방 • 환율은 정치적 변수임	• 생산 대비 국제무역 급성장 • 금융 흐름이 환율의 주요 결정요인이 됨	• 대외무역에서 유럽 내 무역의 비중 안정 • 유로·달러 환율의 과대평가 경향, 그러나 인플레이션율 격차 확대에 따른 경쟁력 변화	• 유럽연합의 무역 흑자 유지·재편 • 임금 긴축, 재정 축소, 사회보장 축소에 따른 고통스러운 '내부 평가절하'
5. 국가·경제 관계	• 사회보장 강화 • 재분배적 조세	• 공공 예산과 사회보장의 적자 반복 • 조세 누진성 감소	• 유럽 남북 간 공공 적자 격차 확대 • 자본 이동성에 따른 조세 기반 침식	• 나라별로 매우 불균등한 국가 채무 위기 • 긴축 정책의 역진성

형태를 띠게 되었다(표 9-3 참조).

첫째, '임노동관계'는 여전히 국민적 차원에서 관리되는데, 그 이유는 리스본 전략(Rodrigues, 2002, 2004)이 도입한 벤치마킹 과정의 제약성이 매우 약한 데 있다. 하지만 그런데도 경쟁의 힘은 고용, 임금 및 사회보장을 통해 경기 조정과 구조 조정에 따른 부담의 대부분을 임노동관계에 전가시킨다(그림 9-2, 9-3 참조).

둘째, '경쟁체제'는 유럽연합 수준에서 확립되는 경향이 있고, 인수합병 (M&A)과 공공 보조금의 가능성은 제한된다.

셋째, '통화체제'는 오로지 유럽 차원에서만 존재하며, 이는 유럽중앙은행을 '유럽연방'의 모태로 삼았음을 함의한다. 그러나 어떤 정치인도 유럽연방이라는 용어를 사용한 적이 없는데, 정치인은 자국의 유권자들에게 국가 주권의 수호자로 행세할 수밖에 없기 때문이다.

넷째, '국제적 편입'은 여전히 각국 차원의 특화에 의해 결정되지만 조변석개하는 유로·달러 환율이라는 조건에 좌우된다. 이 환율의 변동은 각국의 정치 책임자는 물론 유럽연합 정치 지도자들의 손마저 벗어났다. 자본과 상품의 이동은 유럽의 규칙에 의해 관장되는 반면 이민 흐름의 관리는 주로 각국의 권한으로 남아 있다.

다섯째, '국가·경제 관계'는 다른 제도 형태들이 행사하는 제약하에 변화한다. 조세는 이동성이 높은 요인(자본, 고숙련 노동자 등)에 대해서는 완화되고, 나머지 요인들(노동, 부동산, 부가가치세 등)에 대해서는 강화된다.

이러한 복잡성으로 인해 유로화와 연계된 조절양식들의 정합성은 경제활동 면에서뿐만 아니라 이해 가능성 면에서도 논란이 된다. 왜냐하면 사회과학의 여러 학제들의 패러다임이 애초 국민국가 차원에서 조탁되었다는 일종의 원죄를 극복하는 데 많건 적건 어려움을 겪고 있기 때문이다. 미국의 몇몇 경제학자들이 개발한 파국주의 비전에 빠지지 않으면서 유로화의 도입이 가진 혁신적이고 급진적인 성격을 예견한 분석가는 거의 없다 (Dehove, 1997; Théret, 1996b). 주권 국가 없이는 생명력 있는 통화도 없음을 강조하는 분석은 틀린 것은 아니지만, 그래서 유로화는 곧 소멸할 것이라는 예견은 사태의 전개를 잘못 파악한 결과라고 볼 수 있다(Krugman, 2000, 2011a, 2011b).

대조적인 조절양식들과 유로화의 공존, 과연 불가능한 도전일까

유로화로 해결하려는 역설은 "대조적인 자본주의 형태들과 이에 따라 대조적인 조절양식들이 공존하고 있을 때 어떻게 이와 양립할 수 있는 공동 통화정책을 만들 수 있을까"라는 것이다.

유럽중앙은행이 설정하는 이자율 수준이 선험적으로 이러한 조절양식의 다양성에 조응할 가능성은 희박하다. 이렇게 설정된 이자율 수준은 활력을 잃어 성장의 자극이 필요한 나라에는 지나치게 높고, 빠른 확장 국면에 처해 인플레이션 우려가 있는 나라에는 지나치게 낮을 것이기 때문이다. 이어서 나오는 왜곡의 두 번째 원천은 유럽중앙은행의 내부 의사결정 절차에 따라 이루어지는 최종 결정이 유로존 전체의 관점에서 보면 최선의 정책이 아닐 수 있다는 점이다(Stéclebout, 2004). 이 점은 유로화 도입 후 첫 몇 해를 대상으로 시행된 여러 시뮬레이션에서도 확인된다. 유럽의 공동 정책이 각국이 통화 자율성을 가졌더라면 결정했을 정책과 일치하는 나라들이 시기에 따라 달라진다는 것은 확실하다. 그러나 해당 기간에 공동 정책이 조정되는 일은 거의 일어나지 않는다. 이 때문에 각 경제의 내부에서 비판이 제기될 수밖에 없고, 이러한 정책이 누적되면 각국의 변동은 더욱 이질적으로 되어갈 것이다. 그러한 현상은 유로화 시행 때 이미 나타난 바 있다.

거시경제 궤적들 간의 괴리 확대

2010~2014년에 유로화 도입이 함의했던 가설들은 더 이상 타당하지 않다는 사실이 밝혀졌다. 즉, 인플레이션의 통제와 통화 안정으로 생산성, 생활수준, 거시경제 성과 등이 점차 수렴되어왔어야 하는데도 대부분의 지표는 기대와 상반된 변동을 나타낸 것이다(Artus, 2014). 이 점에서 가장 괄목

할 만한 것은 아마도 실업 관련 지표일 것이다. 2010년에 시작된 유럽의 위기 이래 독일에서는 실업이 놀랄 정도로 축소된 반면, 유럽의 나머지 나라들에서는 실업이 폭발적으로 증가했다. 이러한 결과는 부분적으로 2010년부터 독일이 더 빠르게 성장한 탓이다. 이러한 성장의 회복으로 독일은 재정 균형으로의 복귀가 용이해졌지만, 그 외의 유로존 나라에서는 균형이 부분적으로만 회복되었고, 이마저도 공공 지출과 사회보장 지출의 축소라는 가혹한 조치를 통해 달성되었다. 끝으로 무역수지 역시 놀라운 변동을 보여주었다. 1990년대 말에 독일은 통일에 따른 불리한 결과를 감수했지만, 유로화의 도입과 더불어 무역수지는 상당한 규모의 흑자로 반전했고, 2010년부터는 GDP의 7% 안팎에 달했다. 이와는 반대로 유럽의 나머지 나라들에서는 2008년까지 무역 적자가 누적되었고, 그중에서 국가 채무 상환 불능의 위험을 받는 나라들은 자본 유출로 적자를 감내하기도 어려워졌다.

북유럽과 남유럽 사이의 균열

북유럽과 남유럽이라는 두 개의 국가군은 거시경제 성과에서만 대비되는 것이 아니다. 왜냐하면 이러한 대비가 유럽연합이 마땅히 가져야 할 모습에 관한 표상들 간의 갈등에서도 나타나기 때문이다. 이와 관련해 두 개의 국가군이 대조된다. 한 국가군은 독일을 중심으로 형성되고, 다른 한 국가군은 거의 모든 남유럽 국가를 포함한다. 단, 프랑스는 이 두 개의 국가군 사이에 위치한다(그림 9-7 참조). 분할선은 여러 곳에서 그어진다.

사회의 생명력은 법의 엄격한 준수에 달려 있다고 보는 '법 질서'라는 관념과 법을 '세력들 간의 매개물', 즉 협상의 출발점으로 보는 훨씬 더 실용적인 접근이 대치한다. 후자의 경우에는 계약의 문자 그대로의 준수가 불가결한 조건이 아니다. 북유럽에서 자본주의는 이해관계자들의 협상을 통

그림 9-7

이해(利害) 및 표상의 갈등으로 유럽 협정의 재협상 이슈가 제기된다

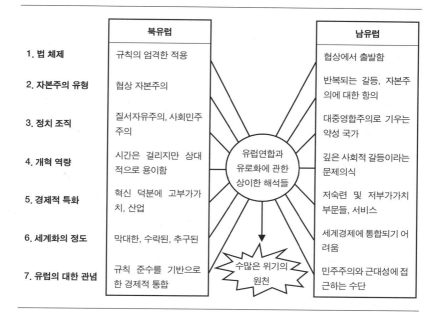

	북유럽	남유럽
1. 법 체제	규칙의 엄격한 적용	협상에서 출발함
2. 자본주의 유형	협상 자본주의	반복되는 갈등, 자본주의에 대한 항의
3. 정치 조직	질서자유주의, 사회민주주의	대중영합주의로 기우는 약성 국가
4. 개혁 역량	시간은 걸리지만 상대적으로 용이함	깊은 사회적 갈등이라는 문제의식
5. 경제적 특화	혁신 덕분에 고부가가치, 산업	저숙련 및 저부가가치 부문들, 서비스
6. 세계화의 정도	막대한, 수락된, 추구된	세계경제에 통합되기 어려움
7. 유럽의 대한 관념	규칙 준수를 기반으로 한 경제적 통합	민주주의와 근대성에 접근하는 수단

(중앙 원: 유럽연합과 유로화에 관한 상이한 해석들 → 수많은 위기의 원천)

해 이미 익숙해진 것인 반면, 남유럽에서 자본주의는 반복해서 항의의 대상이 되었다. 또한 북유럽에서는 안정된 법적 질서의 수호자나 사회민주주의 프로젝트의 실행자라는 국가의 역할에 관한 매우 특정한 관념이 지배하는 반면, 남유럽에서는 국가가 항의의 대상이 되는 경우가 훨씬 많은 데다가 개입주의 성격이 강해 대중영합주의로 기울어지기 쉽다.

또한 이러한 제도상의 차이점은 환경 변화에 대한 대응과 개혁의 실행용이성의 정도 차이로 반영된다. 한쪽에서는 개혁이 모든 관련 이해관계자들과 협상을 거쳐야 해 시간이 걸리는 반면, 다른 한쪽에서는 개혁이 과거로부터 이어지는 심각한 사회적 갈등을 다시 불러일으킨다.

경제적 특화 면에서 이 두 국가군은 유사성보다 보완성이 강하다. 한쪽에서는 산업 자본주의가 오랫동안 성숙해 노동자의 역량과 혁신 능력을 최대한 활용하는 산업을 발전시킬 수 있었던 반면, 다른 한쪽에서는 산업화가 상당히 지체되거나 저지되고 있어 국제 경쟁에서 보호된 부문들이 비대해졌다. 세계화에 대한 시민들의 태도 역시 매우 다르다. 한쪽에서는 세계화를 불가피하고 좋은 것으로 간주하는 반면, 다른 한쪽에서는 세계화를 사회의 기초적인 타협을 위태롭게 만드는 원인으로 간주한다.

유럽 정상회담을 통해 각국 정부들은 유럽 통합의 위기에 대한 해법을 계속 모색해나가고는 있지만 유럽 통합에 대해 이토록 상이한 두 개의 비전을 조화시킨다는 것은 너무나 어려운 일이다. 2010년에 시작된 국가 채무 위기를 계기로 이 두 개의 비전과 전략이 너무나 상치된다는 사실이 뚜렷이 드러났다. 이로 인해 유로화의 미래에 관한 논란이 커졌고, 이 과정에서 다양한 시나리오가 구상되었으며(Mazier et al., 2013; Boyer, 2014) 일련의 개혁안(Aglietta and Brand, 2013; Théret, 2008)도 제시되었다.

그렇다면 어떤 국제체제가 등장할 것인가

과연 유럽연합의 현 위기는 무기력한 글로벌 거버넌스의 대안으로서 지역 통합에 대해 품었던 희망이 종식되는 계기가 될 것인가, 아니면 장기적으로 국제적 편입이 어디서든 효과적인 발전양식을 촉진하는 계기가 될 수 있다는 생각을 지지하는 논거가 될 것인가? 그리고 조절이론은 오늘날의 세계화의 성격을 자신만의 고유한 방식으로 규명할 수 있을까?

지역화 과정의 다양성

2000년대까지, 즉 유로화의 출범 이전까지 이루어진 유럽 통합의 성공은 관대한 조건들의 결합적 산물로 해석할 수 있다.

유럽의 경험에서 도출되는 교훈

우선 파트너 국가들이 거의 같은 목적을 공유하고, 해당 경제들의 규모가 크게 다르지 않으며, 야심찬 최종 프로젝트를 첫걸음부터 신중하게 실행하는 것이 중요하다. 통합 수준이 일정 정도를 넘어서면 초국가적 실체를 만들어 공동 프로젝트를 방어해야 한다. 예컨대 통합으로 손실을 보는 자들을 위한 보상은 생산 시스템 재편에 대한 사회적 저항을 무마하는 데 유용하다. 미국에서든 유럽에서든 통합된 시장에 경쟁 원칙이 관철되려면, 화폐 통일과 같은 다른 집단재 도입이 불가피하다(Boyer and Dehove, 2006). 마지막으로 협정문 해석과 판례 창조를 담당할 초국가적 사법기구(법원)를 두어 통합 관련 갈등을 조정하게 하는 것도 매우 중요하다.

이 기준들에 비추어 여러 지역적 통합 과정들을 평가해보면 유럽 이외의 다른 곳에서는 훨씬 더 실용적인 접근방식을 채택했음을 알 수 있다. 이로 인해 지체된 제도화는 오랫동안 약점으로 지적되어왔지만, 2010년 이래 유럽연합이 부닥친 위기 극복상의 애로를 본 후에는 각 지역 통합의 장단점에 대해 좀 더 균형적인 판단이 새롭게 내려지게 되었다.

이와 관련해 1990년대 이래 아시아 국가들 간의 경제적 관계의 긴밀화 과정은 그것을 반증하는 사례가 아닌가 한다. 유럽의 경우 초국가적인 제도 정비가 경제적 통합 운동보다 앞섰던 반면, 아시아에서는 제2차 세계대전에서 그들이 겪었던 적대의 기억 때문에 각국 정부가 품고 있는 상호 의심을 감안하면 그러한 정치적 진전은 상상조차 하기 어렵다. 생산의 해외이전 운동을 먼저 시작한 것은 일본계 다국적기업들이었고, 그 결과 아시아 국가 간의 부문 간 교역은 물론 부문 내 교역 네트워크가 강화되었다(Wang et al., 2011). 그 후 일본의 오랜 경제적 정체와 중국의 산업 체제로의 부상과 더불어 이 지역에서의 국제 분업은 다국적기업들의 입지 수정 전략에 따라 변하고 있다(Yan, 2011). 만약 중국이 내수 지향적인 생산 구조로 전환하는 데 성공한다면 아시아 지역의 나머지 세계에 대한 글로벌 의존도는 축소될 것이다.

아시아 지역 통합의 교훈: 환율 유연성 유지

아시아 나라들이 추구해온 사실상의 경제 통합은 풍부한 교훈을 제공한다. 먼저 분업이 심화된 후 통화나 환율 분야 등에서의 정책 조정의 필요성이 대두되었다. 또한 경제 통합과 환율체제 간의 연관에 관한 교훈도 있다. 1990년대 말 유럽 당국은 자본 이동성이 야기하는 불안정에 대한 최선의 해법이 환율의 비가역적인 고정과 단일통화의 도입임을 확신했다. 아시아나 북미의 경험에 비추어볼 때 변동환율 정책이 경제 통합을 저지한 것은 아니었다. 이와는 반대로 유럽은 국가 경쟁력 강화를 위한 전통적인 수단을 방기함으로써 중대한 위기를 맞았다. 왜냐하면 그 대안으로 사용한 수단들(조세 감축, 임금 축소, 재정 감축)이 결과적으로 불황을 촉진하고 공공 채무를 증대시켰기 때문이다(Boyer, 2012b).

세계화? 네 개의 거대 정치경제체제 간의 상호 의존 증대

지금까지 거론한 성격 규정은 2010년대 중엽에 조절이론이 제시한 것이다. 이를 지지하는 논거로 다음 여섯 가지가 있다(그림 9-8 참조).

첫 번째 논거는 전통적인 무역 이론의 일반화에 바탕을 둔다. 즉, 특화는 더 이상 '부존자원'에 달려 있지 않으며 시간과 더불어 변하는 '제도적으로 구축된 우위'에 달려 있다는 것이다(Hall and Soskice, 2002).

그림 9-8

국제화는 네 개의 발전양식과 불평등 체제를 보완적인 것으로 만든다

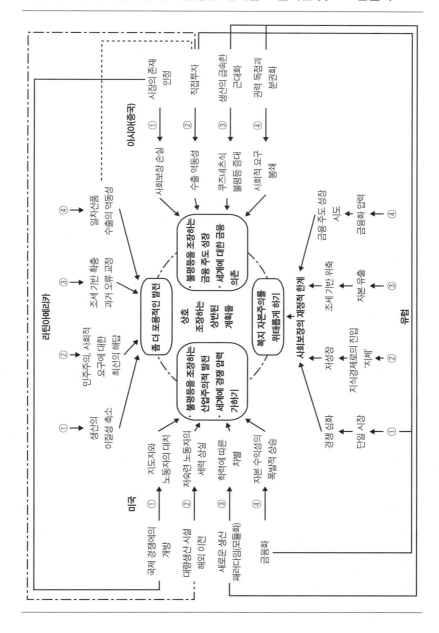

세계경제의 응집성을 보장하는 두 번째 논거는 미국과 중국 간의 '거시경제체제의 보완성'이다. 미국의 무역 적자는 상당 부분 중국의 무역 흑자가 초래한 불가피한 귀결이다. 미국에서 생활비의 감소는 부분적으로 중국 공산품의 수입이 가격에 가하는 하락 압력 탓이며, 이는 역으로 미국의 중위소득 노동자가 감수하는 실질소득의 정체를 보상해준다는 설명이 가능하다. 마지막으로 특히 주목해야 할 점은 중국의 과잉 저축이 먼저 미국의 금융 시스템을 지탱해주고, 이후 전 세계를 대상으로 한 직접투자로 전환된다는 것이다. 예컨대 중국에서 상호 경쟁하는 지방 코포라티즘에 의해 임금 억제가 강제 시행되는 동안 미국에서는 극빈층에 대한 '서브프라임' 대출이 미국 사회의 긴장을 완화시켰다. 이 대출이 2008년 위기를 촉진했다 하더라도 그러하다. 더 근본적으로 말하자면 국제화가 국내 공간에서 '구조적으로 불균형한 축적체제의 생명력'을 보장하지만, 이 생명력은 내생적 신진대사 과정으로 인해 한시적으로만 유지된다는 것이 확실하다. 미국에서는 포드주의 타협이 사라진 후 다른 성장체제가 나타났다. 먼저 수출 기반 성장체제가 나타났고, 뒤이어 미국 기업에 유리하게 시행된 세계적 차원에서의 금융 중개를 통한 배당금에 기반을 둔 성장체제가 등장했다. 이와는 정반대로 중국에서는 임금이 국민소득에서 차지하는 비중이 감소한 동시에 상당한 규모의 경상·무역수지 흑자가 나타났다(8장 참조).

세계경제에 불고 있는 태풍에 직면한 사회들의 내부에는 각각의 '헤게모니 블록'이 공고화되어 있다. 미국에서 공화당은 물론 민주당도 다국적기업과 동맹을 체결하는 것은 다국적기업들이 가장 많은 수익을 올리고 경제정책의 선택에 그만큼 영향력을 행사하기 때문이 아닐까(Boyer, 2014). 중국의 WTO 가입으로 중국공산당 내부에는 근대화주의자 분파의 세력이 강화되었다. 이 덕분에 수출 주도 성장 모델이 공기업 투자와 인프라 투자에 기초한 이전의 모델을 부분적으로나마 대체할 수 있었다. 유럽에서는 국제화를 통해 이득을 보는 경제·정치 엘리트는 물론 학계의 엘리트들까지 유럽 통합의 심화와 이로 인해 강제되는 노동자의 희생을 불가피한 것으로 제시할 수 있게 되었다(Streeck, 2012).

중국과 미국 그리고 유럽이 각각 성격이 매우 다른 발전양식을 가지고 있다는 사실은 예상치 못한 값진 결과를 초래했는데, 그것은 다름 아닌 '세계경제의 안정'이다. 이 세 지역이 성장 국면에 있을 때는 원자재 가격이 폭등하고, 금융화된 자본주의가 대위기로 돌입해 글로벌 불황이 초래된다. 그러나 오늘날 세계가 1929~1932년과 같은 대공황으로 빠져들지 않는 까닭은 중국 정부가 둔화된 수출을 상쇄하기 위해 강력한 경기부양책을 시행하는 데 있다. 마찬가지로 2010년부터 유럽의 책임자들은 역사에 남을 경제정책상의 실수를 저질렀다. 유럽 국가들이 동시에 긴축 조치를 시행함으로써 민간 주체들의 채무 변제 과정에 따른 경기 침체를 더욱 부추긴 것이다. 그러나 대서양의 반대쪽에 있는 미국은 상당한 리스크를 치르기는 했지만 중앙은행의 실용주의와 정부의 결단으로 공황의 그림자가 사라지고 성장의 궤도로 재진입했다.

상호 의존은 '발전양식과 불평등 체제의 다양성이 유지·심화'(표 6-4 참조)되고, 비전형적인 궤적이 나타날 가능성도 커진다는 것을 내포한다. 전통적인 해석에 따르면 세계화는 세계의 모든 지역에서의 불평등 폭증을 가져오는 일반적인 요인이다. 전통적으로 가장 불평등한 대륙인 라틴아메리카가 2000년대부터 거의 세기에 걸쳐 유지되어온 경향을 역전시켰다는 사실을 어떻게 설명할 것인가(CEPAL, 2012)? 이리하여 '국민적 체제들 간의 상호 의존 증대'라는 용어가 등장했다. 이처럼 일국적 조절과 세계적 동학은 긴밀하게 얽혀 있다.

이러한 상호 의존 네트워크는 '유럽식 복지 자본주의'를 불안정에 빠뜨린다. 환율의 불안정, 세계 성장의 변동성, 근간을 이루는 사회적 타협의 재

형성에 따르는 어려움 등 때문에 유럽은 국제 시스템의 조정 변수가 되었다. 경제적 관점에서 볼 때 유럽에는 투기 열풍이 계속되었고 많은 제품에서 아시아와 경쟁해야 했다. 아시아와의 경쟁은 중국 경제가 새로운 지향점으로 삼은 기술적 상승 전략[각 산업의 생산계열을 따라 저급 기술 공정(예컨대 조립)에서 고급 기술 공정(예컨대 소재 기술)으로 상승해가는 전략—옮긴이] 때문에 더욱 심각해지고 있다(The Economist, 2015). 중국의 불평등은 아직은 앵글로색슨 세계보다 낮은 수준이지만 증대일로에 있으며, 중국이 노동과 금융 부문에서 시장 세력을 해방하는 전략을 택한 만큼 불평등의 정도는 더욱 커질 것이다.

서로 다른 자본주의들의 결합적 변동을 이해하기 위해서는 자본주의 다양성에 관한 고려가 불가피하다. 이 점은 담화와 분석이 세계적으로 동질화되는 경향이 있는 만큼 더욱 그러하다. 이데올로기의 모방은 수확 체증의 새로운 원천이 될 것인가? 적어도 미디어에 대해서 말이다.

소결: 조절론적 영감의 지정학을 향하여

반복된 보호주의로 단절된 적도 있지만 약 반세기에 걸쳐 국제무대에서 국민경제들의 개방이 지속되어온 결과, 제2차 세계대전 종식 후 미국 헤게모니하에 형성되었던 국제체제와는 전혀 다른 국제체제가 나타났다. 세계화를 추동하는 힘은 대부분의 경제적 조직과 기구는 물론 정치적 과정까지 조탁했다. 또한 세계화로 새롭게 펼쳐진 전망 위에서 국민적 발전양식을 구축할 수 있었던 나라와 세계화와 양립 가능한 제도적 구축물을 구비하지 못해 국제적 편입으로 제약을 받는 나라로 양분되었다.

생산과 직접투자가 지리적으로 확장되면서 중국에서는 새로운 형태의 산업 자본주의가 창조되었다. 이 새로운 산업 자본주의는 미국의 금융 자본주의와 경제적으로 보완 관계를 유지할 뿐만 아니라 지정학적 라이벌을 형성하기도 한다. 이 두 자본주의의 상호작용은 포드주의 시기 내내 교역 조건의 악화로 고통을 겪어왔던 지대 수취 체제에 기회를 제공했다. 그러나 이와 동시에 이 두 자본주의의 힘이 교역 조건의 동학을 역전시킬 수 있을 때 이들은 이 체제가 경제위기를 맞게 되는 원인을 제공할 수도 있다. 예컨대 금융 투기가 그러한 힘을 장악할 때가 그러하다.

각 사회경제 (다양한 유형의 자본주의적·지대적) 체제는 자신의 이익을 방어하는 데 유리한 세계경제관을 가지고 있다. 그렇다고 해서 가혹한 지정학적 대립이 배제되는 것은 아니다. 이 점을 확인하는 데는 중국과 미국 사이, 그리고 일본과 중국 사이에 유지되어온 파란만장한 관계를 상기하는 것으로 족하다. 이 때문에 이론가들이 간절하게 호소하는 새로운 글로벌 공공재 형성이 그토록 어려운 것이다. 산업 자본주의는 금융시장의 안정을 필요로 하는 반면, 금융 자본주의는 금융시장의 불안정을 먹고산다. 공산품 수출국들은 천연자원의 상대가격이 안정되기를 바라지만, 그러한 조치는 천연자원의 수출로 살아가는 국가들의 반발에 부닥칠 것이다. 이렇게 해서 국제화는 자본주의 다양성을 증가시켰고, 새로운 발전양식의 출현을 가능케 했으며, 국가 간 불평등을 축소시켰다. 그러나 세계화는, 예외는 있지만, 각국의 내부 불평등을 격화시켰다.

자본주의의 모순적 성격을 다시 생각해보자. 자본주의는 새로운 공간을 정복한 후 먼저 자본주의를 강화시키지만, 이는 결국 전례 없이 복잡한 위기로 귀착될 수 있다. 왜냐하면 국민국가가 상실한 영향력을 그 대신 행사할 어떤 정치권력도 존재하지 않기 때문이다.

10장

한 조절양식에서 다른 조절양식으로

조절론적 접근이 등장한 이래 수많은 이론이 제도의 기원과 영향을 밝히고
자 노력해왔다. 이들은 대부분 제도의 특징과 제도들 간의 정합성에 관한
정태적 분석에 집착했다. 표준이론은 제도의 경직성이라는 가설을 세우고
인플레이션이나 실업 또는 성장에서 정체로의 이행 같은 경제적 불균형을
설명하려고 했다. 그런데 조절이론 연구 프로그램은 처음부터 자본주의의
틀을 짜는 제도의 동학에 관한 이해를 연구 프로젝트로 설정했다. 축적은
생산 구조와 생활방식 그리고 심지어 시장 조직까지 항상적으로 변형시키
는 과정이다. 여러 장기 역사적 연구를 통해 대조적인 두 국면이 계기적으
로 출현해왔음을 분명히 알 수 있다. 먼저 첫 번째 국면에서는 제도적 구도
가 경제적·정치적 행위자들에게 예측 가능한 안정된 발전양식을 만들어준
다. 그러나 이 발전양식이 무르익을수록 긴장들이 전파되어 대위기로 귀결
되는 두 번째 국면이 전개된다. 여기서 대위기의 특징은 이전의 미시경제
와 거시경제 관련 규칙성들이 사라진다는 데 있다(표 4-2 참조).

제도 변화는 왜 그토록 어려운가

제도의 특징 중 하나는 안정성이다. 이는 제도가 대개 경기변동보다 훨

씬 더 긴 기간을 두고 행위자 간의 상호작용을 조직함을 의미한다. 제도의 이러한 속성을 어떻게 설명할 것인가? 또 이러한 속성 때문에 다른 제도적 구도로의 이행이 불가능해지는 것은 아닐까?

단순히 제도적 관성 때문일까

가장 전통적인 설명에 따르면 제도는 항상 그 자체에 고유한 시간대를 가지며, 이 시간대는 행위자의 단기적 시야를 초월한다. 이 논지는 흥미롭기는 하지만 제도가 가진 훨씬 더 근본적인 속성을 은폐한다. 모든 이해 갈등이 제거된 순수한 조정 게임을 상정해보자. 그리고 기업도 노동자도 협력적 임노동관계가 더 많은 이득을 가져다준다는 것을 확신한다고 가정함으로써 임노동관계를 하나의 협약으로 환원시켜보자. 이러한 가정은 달리 말해 모든 만남이 오로지 우연하게만 이루어지는 사회를 상정하는 것이나 마찬가지다. 얼핏 보기에 (제도 형성이나 이행에-옮긴이) 우호적인 것으로 보이는 이 조건들이 누적되면 '우월한' 임노동관계로의 이행은 저절로 이루어질 것이다.

박스 10-1의 간단한 정식화가 보여주듯이 현실은 그렇지 못하다. 해당 균형의 속성, 예컨대 진화론자들이 사용하는 용어로 제도의 안정성 같은 것이 행위자들 모두가 우월하다고 인정하는 구도로 이행하는 것을 방해하기 때문이다.

안정성은 있지만 효율적이지 않다

제도의 이러한 속성은 합리성에 관한 최소주의 정의에 바탕을 둔다. 즉, 각 행위자는 기껏해야 그가 구할 수 있는 현지의 정보를 가지고 의사결정

열등한 구도에 갇히다: 진화적으로 안정된 균형의 결과

대표 노동자와 대표 기업 간의 게임

노동자(선수 1)와 기업(선수 2)은 둘 다 협력적 임노동관계가 과거 포드주의에서의 임노동관계보다 우월하다는 것을 확신하고 있다고 가정하자. 모든 이해 갈등이 제거되었기 때문에 이들의 상호작용은 순수한 조정 게임으로 이루어진다. 물론 이것은 결과들의 일반성을 보여주기 위한 극단적인 가정이고, 새로운 전략으로의 수렴을 보장하기에는 충분하지 않다.

선수 2

선수 1		A	B	
	A	UA / UA	0 / 0	게임 G1
	B	1 / 0	UB / UB	

0 〈 UA 〈 UB

A: 포드주의 전략
B: 협력 전략

인구 전체가 참가하는 게임으로 확장

이제 많은 사람으로 구성된 한 인구집단이 있고, 그중 노동자 한 명과 기업 한 곳으로 형성된 짝을 무작위로 선정해 상기의 역할을 한다고 가정하자. p(t)는 포드주의 전략 A를 수행하는 짝들의 비율을 지칭한다.

그렇다면 두 전략 각각의 결과는 다음과 같다.

$$U(A,p) = p \cdot UA$$
$$U(B,p) = (1-p) \cdot UB$$

일반균형(GE)으로 확장된 이 게임의 결과는 다음과 같은 간단한 그래프로 나타낼 수 있다.

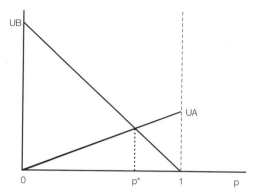

두 전략이 동등해지는 비율 p*은 다음과 같이 표현된다.

p* = UB / (UA + UB).

따라서 만약 애당초 포드주의 전략이 지배적이라면, 즉 p가 p*보다 더 크면서 1에 근접해 있다면 열등 전략 A가 우월 전략 B를 봉쇄할 것이다. 이리하여 주체들이 무작위로 상호작용하고 사전 조정이 없다는 가정하에, 다음과 같이 간단하고도 일반적인 학습 전략이 채택된다면 포드주의 전략은 진화적으로 안정성을 갖게 된다.

dp / dt = G[U(A,p) - U(B,p)] G(x) 〉0, 이때 x 〉0.

상호작용들의 국지화에 따른 결과

만약 무작위 짝짓기 대신 한 직선의 길이에 해당하는 상호작용을 선택한다면, 각 주체는 다음 공식이 보여주듯 멀리 떨어져 있는 주체와 상호작용할 수 있다.

U + (i) = $\sum_{j>i}$ kaj-iE[X(i), X(j)].

이로부터 파라미터 a로 측정되는 원격 행동이 작을수록 새로운 전략이 침투할 가능성이 커진다는 결과가 나온다. 이에 따라 현지 동맹이 기존 균형을 전복시킬 수 있게 된다. 반대로 만약 모든 주체가 상호작용한다면(즉, a 가 1에 가까워진다면), 이행은 불가능한 것으로 드러난다. 말하자면 예컨대 통화 시스템처럼 제도 형태가 일반성을 갖는 경우에는 개인들의 국지적인 행동으로는 변화를 유발할 수 없고, 국지적인 상호작용을 넘어서는 정치적 행동으로만 가능하다.

자료: Boyer and Orléan(1992).

을 내린다는 것이다. 따라서 그는 자신이 참여하고 있는 제도적 구도의 속성을 직접 알고 있는 것은 아니다. 이것이 최소주의 합리성에 근거한 제도주의와 합리적 계산의 제도주의의 핵심적인 차이점이다. 후자에서는 주체들이 자발적으로, 협력적 임노동관계가 지배하는 균형과 같은 우월한 균형을 향해 조정해갈 것이라고 본다. 협약 접근과 조절 접근에서 제도의 기능은 주체들이 조정을 할 수 있도록 만들어주는 데 있지 파레토 최적과 같은 최적의 결과를 도출하는 데 있지 않다.

하지만 장기적으로 보면 제도적 질서는 바뀌게 마련이다. 그렇다면 어떤 메커니즘을 통해 바뀌는 것일까? 기본 모델의 일반화를 시도한 몇몇 작업(Boyer and Orléan, 1991)으로부터 이 문제에 답할 수 있는 첫 단서를 발견할 수 있다.

집단행동과 변화

진화적으로 안정된 제도적 균형이라는 장애물을 극복하려면(Sugden, 1986, 1989) 주체들이 개인주의를 초월하면서 그들의 변화 전략을 조정하기 위해 상호 협의해야 한다. 이와 관련한 사례로 세 가지를 들 수 있다.

제도 변화의 첫 번째 메커니즘은 '침략'이다. 이는 새로운 협약을 동반하면서 다른 곳에서 온 주체가 충분히 많아 임계점 p*를 이동시킨다고 가정하는 것이다(박스 10-1). 역시 임노동관계에서 그 사례를 들어보면 미국에서 활동하는 일본계 자동차 다국적기업의 경우가 그러하다. 이 기업들은 그들이 제시하는 조건을 수용할 준비가 된 노동자를 충분히 찾을 수 있었고, 그 결과 미국의 임노동관계로부터 독립된 하나의 폐쇄 공간을 창조할 수 있었다(Boyer, 1998).

둘째는 '중간단계 설정'으로서, 이는 기존 협약과 새로운 협약 사이에 가

교를 설치하는 경우다. 이 메커니즘은 임노동관계에는 적용하기가 마땅치 않지만 환율체제 선택에는 적용될 수 있다. 예컨대 변동환율제에서 통화 간 패리티의 최종적인 고정으로 바로 이행한다는 것은 쉬운 일이 아니다. 그러나 '통화 터널'* 같은 것을 통해 일종의 과도기를 거칠 수는 있다.

셋째, '혼합'이다. 이것은 새로운 협약을 정당화하기 위해 가치, 아이디어, 협약, 과거 또는 현재의 협정들로 구성된 스톡, 즉 인지 자본 스톡에서 뭔가를 퍼오는 지적 활동을 말한다. 여기서 인지 자본은 인구집단(P)을 구성하는 개인들의 문화적·역사적 지평을 형성한다. 달리 말해서 이 과정은 우리가 앞서 도입한 바 있는 '상황 의존적 합리성'이라는 개념에 기반을 둔다. 예컨대 헨리 포드는 이민 노동자들의 생활방식이나 이들의 미국 문화에 대한 동화의 필요성에 관한 일반적인 관념을 임금 정책 면에서 해석했다. 이러한 지적 활동 덕분에 경제 변수들의 특정한 배치를 정당화할 수 있었다. 여기서 핵심은 새로운 협약이 기존의 합의를 이미 통합하고 있다는 사실이며, 그럼으로써 획득되는 일정한 정당성 덕분에 주체들은 이러한 함축적인 인지 활동을 통해 암묵적인 합의를 달성할 수 있게 된다. 이리하여 '명시적인 협의 없이도' 주체들의 집단행동이 가능해진다. 이것이 새로운 협약의 출현을 가능케 하는 방법들 중 하나다.

정치 영역의 개입 없이는 제도 형태의 변화도 없다

모든 중대한 제도 변화는 이처럼 미시경제 수준에서, 그리고 이어서 중

• 통화 터널(Snake in the tunnel)이란 대상이 되는 통화들 간의 환율이 변동할 수 있는 상한과 하한을 설정하고, 환율이 이 한도를 넘어설 때 해당 나라들의 당국들이 외환시장에 개입해 환율이 정해진 범위 내에서 변동하도록 유지하는 제도를 말한다. 이 환율 제도는 유럽(EEC)에서 1972~1978년에 ±2.25%로 시행한 바 있다.─옮긴이

시(中視)경제 수준에서 탐색을 거친 후 최종 단계에서는 국가의 행동에 의해 결정된다. 정의상 국가는 상법에 의거해서든 아니면 자율적으로든 조세 체제와 노동법을 강제 시행할 능력이 있으며, 그것이 통화체제라면 더욱 그러하다. 예컨대 미국의 통화가 통일될 수 있었던 것은 (관련 행위자들의 – 옮긴이) 전략들이 조정되는 완만한 과정을 거침으로써가 아니라 내전으로 인해 새로운 정치 및 통화 질서의 확립이 불가피했기 때문이다(Boyer and Coriat, 1985a). 마찬가지로 유로화도 수많은 시행착오를 동반한 실험의 결과가 아니라 정치적 창조물이다. 게다가 이처럼 유로화가 일방적으로 창조되었다는 사실은 유로화 위기가 드러내는 심각성과 무관하지 않다(9장). 이처럼 제도 변화는 위로부터 온다. 그러나 바로 그렇기 때문에 제도 변화의 영향을 받는 모든 행위자들의 전략이 변화된 제도에 적응할 수 있을 것이라는 보장은 전혀 없다.

구질서의 붕괴

위의 마지막 사례인 중앙집중적 구축주의에서는 붕괴도 제도 변화의 한 방식이 될 수 있다. 경쟁력 격차의 축소에 기여할 수 있는 환율체제가 환율을 비가역적으로 고정시키는 체제보다 경제 통합 지대 전체에 대해 더 큰 회복력과 더 높은 성과를 가져다준다는 것을 지지하는 경험적 증거가 늘어나고 있다(Streeck, 2012).

박스 10-1에 제시된 모델의 용어로 말하자면, 열등한 협약을 파괴하는 모든 사건은 실제로 우월한 협약으로의 이행에 기여한다. 그런데 얼핏 진부해 보이는 이 메커니즘이 현대 자본주의의 변동에서 결정적인 역할을 한 것으로 보인다.

전쟁, 새로운 조절양식의 모태인가

전쟁, 특히 세계대전에 관한 문헌들은 유독 그 파괴적인 측면(생산 설비의 소멸, 경제활동인구의 감소, 투자의 왜곡)을 환기한다. 그러나 이 문헌들은 전쟁이 다음 세 가지 효과의 결합을 통해 제도 변화에 기여한다는 사실을 무시한다. 먼저, 제도화된 교리가 의문시된다. 예컨대 제1차 세계대전 때 금본위제가 그러했고, 이는 전쟁의 파괴 기능이 경제에 적용된 사례다. 다음으로 국가 방위라는 지상명령이 국내의 사회적 그룹들 간의 통상적인 갈등을 완화시킨다. 예컨대 나라를 보전하기 위해서는 평화의 시기라면 생각조차 할 수 없었을 경제적 질서에 대한 합의도 가능한 것이다. 끝으로 비전형적인 상황에 부응해야만 하는 상황이라면 생산조직 면에서 창의성의 발휘가 조장된다.

또 다른 전선: 1914~1918년

프랑스는 제1차 세계대전을 계기로 그 기본 성격의 하나를 갖추게 되었다. 즉, 조절이론의 초기 문제의식이 국내의 사회적·정치적 갈등을 중시하는 것인데도 이 짧은 시기에 근대적 제도 형태들의 맹아가 출현했기 때문이다(Cepremap-Cordés, 1977).

우선 '통화체제'에 막중한 변화가 일어났다. 정부는 엄청나게 늘어나는 군사비 지출에 비례해 세금을 증대시킬 수 없었던 금본위제를 포기하고 경제주체들이 부여하는 신뢰와 상징적 가치에 직접 연계된 화폐를 채택했다. 경쟁 형태 측면에서 보면 군수용 주문이 압도적인 상황에서 국가와 기업은 새로운 유대를 맺게 되었고, 이로 인해 시장이 가진 경쟁적 성격은 크게 약화되었다.

또한 바로 이 시기에 정부는 생산의 조직화에도 개입하기 시작했다. 이러한 정부 개입은 처음에는 전쟁 수행이라는 동기를 가졌지만, 나중에는 '산업 정책'의 미명하에 그리고 좀 더 최근에는 혁신을 조장하기 위해 정상적인 활동처럼 되었다. 그러나 가장 결정적인 변화는 '임노동관계'에서 일어났다. 한편으로는 막대한 양의 무기 생산 주문이 테일러리즘과 조립 라인 같은 근대적인 노동 조직 방식을 널리 확산시켰고, 다른 한편으로는 남자들이 전선에 투입되면서 산업 인력의 여성화가 진행되었다. 물론 평화가 회복되자 다시 남성 인력의 지배도 재확립되었다.

'국가·경제' 관계가 완전히 뒤바뀌게 된 것은 정치 영역이 경제활동의 모든 영역에 개입하면서부터다. 제1차 세계대전 이후에 부르주아지와 엘리트는 비록 낮은 세율이나마 소득세 납부 원칙을 수락했다. 퇴직이 체계화되고 사회보장이 제도화되기 시작한 것도 전쟁 직후였다. 또한 망각할 수 없는 것은 전쟁의 효율적인 수행을 위해서는 생산, 소득, 신용 등 경제 전반에 관한 개관이 필요했다는 점이다. 이는 제2차 세계대전을 계기로 국민회계의 형태로 실현되었다.

이 모든 맹아들이 구체적인 모양을 갖추어 이른바 관치 조절양식으로 규정할 수 있게 된 것은 사실은 제2차 세계대전 종식 이후다. 이에 관한 묘사는 이 책의 여러 장에서 풍부하게 이루어지고 있다. 프랑스에서도 미국에서도 조절양식의 변동을 야기한 것은 1930년대의 위기가 아니라 제2차 세계대전이었던 것이다.

과소평가되거나 무시된 일반 테제의 하나

조절양식의 변동에서 세계대전이 중대한 역할을 했다는 결론은 부분적으로는 조절이론이 중시하는 역사적 접근에서 도출되었다. 사실 다양한 이론 진영에 속하는 논자들도 세계대전이 수행한 결정적인 역할을 확인해주기는 했지만, 세계대전을 이론의 핵심이 아니라 그 보완물로 다룬다는 점에서 그것이 마땅히 받아야 할 주목을 기울였던 것은 아니다.

제2차 세계대전 '이후 '임금의 계약화'는 경제 변수들의 명목치가 형성될 수 있는 기반을 제공했다. 예컨대 국내 인플레이션이 국제적 편입과 양립할 수 없는 경우 통화는 평가절하된다. 이러한 변화가 그에 합당한 평가를 받은 적이 거의 없었던 까닭은 그러한 현상이 자본주의 역사에서 일반화된 것이 바로 전쟁 이후라는 사실에 있다(Hicks, 1955). 놀라운 것은 신고전파 경제학의 창시자가 성장의 원천을 탐구하면서 그 기원을 미국의 군수품 생산과 그에 따른 학습 효과와 연계된 '수확 체증'에서 찾았다는 점이다(Lucas, 1993). 그 후 이 메커니즘은 군수 부문에서 민간 부문으로, 즉 대량 소비를 지탱해줄 재화의 생산으로 전환되었다. 요컨대 두 차례에 걸친 세계대전의 기본 성격은 그것이 '국가 혁신 시스템'의 기원을 제공했다는 데 있다. 처음엔 국가 방위 관련 과제들이 연구개발에 투입된 공공자금의 대부분을 차지했다(Freeman, 1986). 이 특징은 '별들의 전쟁'이 종식된 후 민간 혁신이 군사적 혁신보다 더 빠르게 이루어지고 있는 지금에도 많은 부문에서 여전히 관철되고 있다.

'근대적인 조세제도'의 출현 역시 두 차례의 세계대전과 무관하지 않다. 누진 소득세와 상속세가 불평등의 축소를 위해 도입되었다는 조세 이론가들의 생각이 틀린 것은 아니다. 그러나 각국의 궤적을 비교해보면 세계대전이 새로운 시대로 진입하는 계기가 되었다는 사실이 분명하게 드러난다. 이 제도들이 축소되면서 노동자 보수의 증가세는 둔화되거나 심지어 정체된 반면, 낮은 세율이 적용되는 재산은 증가됨으로써 불평등이 다시 나타난 것이다(Piketty, 2013). "1910~1950년에 대부분의 선진국에서 불평등이 감소한 것은 전쟁과 혁명 그리고 이 충격들에 대응하기 위해 채택된 정책이 가져다준 결과였다. 마찬가지로 1980년 이후 불평등이 다시 증가한 것도 정책이 지난 수십 년과는 반대 방향으로 바뀌었기 때문이다. 특히 조세와 금융 면의 정책이 그러했다"(Piketty, 2013: 20). 저자는 자신의 연구 결과가 통상의 견해와 거의 일치하지 않기 때문에 자신의 생각을 다음과 같이 명시했다. "나는 변화가 일어나기 위해 반드시 전쟁이나 혁명 또는 단절적이고 격렬한 어떤 정치적 충격이 있어야만 한다고 생각하지 않는다. …… 그러나 신념 체계와 여기서 나오는 인식 그리고 정책은 평화적인 공적 토론을 통해 바뀔 수 있다. 그럼에도 이러한 일이 저절로 이루어질 것이라고 생각해서는 안 된다"(Piketty, 2015: 86).

각국의 GDP 대비 공공 지출의 비중 증가에 관한 연구는 모두 공공 지출이 가속적으로 이루어졌던 두 시기가 두 차례의 세계대전에 조응한다는 사실을 부각시켰다. 여기서 중요한 것은 공공 지출의 증가가 국가의 자의적인 지출이나 경제에 주는 보조금 증가에 의해서라기보다 건강, 퇴직, 교육 같은 사회적 지출, 좀 더 일반적으로는 사회적 이전의 증가에 의한 것이었다는 사실이다. 이것은 제2차 세계대전의 종식과 제도화된 타협이 가져다준 암묵적이거나 명시적인 사회 협약의 산물이다(André and Delorme, 1980, 1991). 사회적 지출을 줄이려는 보수 정부들의 노력이 부분적으로 효과가 있는 것으로 나타났던 이유도 이 지출이 대다수 경제의 응집력을 보장하는 사회적 협약의 일환을 이룬다는 데 있다.

끝으로 전쟁의 수행이라는 긴급성과 여론의 만장일치가 경제에 대한 포괄적인 국가 개입을 정당화했다. 예컨대 국가마다 케인스 이론이 매우 다르게 활용되긴 했지만(8장), 어떤 나라에서건 경제적·사법적 교리는 국가의 역할 증대와 조응했다. 마지막으로, 자본주의와 소비에트라는 두 시스템 간의 경쟁이 국가와 자본주의 관계의 이러한 일종의 '근대화'를 설명해준다. 혼합경제라는 개념은 두 번의 세계대전이 없었더라면 상상조차 하기 어려웠을 것이다(Shonfield, 1965).

이와 관련해 대위기들은 처음에는 오히려 조절양식의 변화를 저지하는 역할을 했지만, '제1차 세계대전, 1929년의 위기, 제2차 세계대전'의 삼부작이 그동안 자본주의에 존재하지 않았던 안정화 장치를 도입함으로써 자본주의를 변형시킨 것이다. 이처럼 근본적인 변화를 초래한 사건들이 과거 속으로 멀어져감에 따라 자본주의에 고유한 경향들이 다시 나타났다. 국제화, 국가 간 경쟁 조장, 부의 집중과 불평등이 그것이며, 결국 금융 불안정마저 등장했다(Boyer, 2011c).

제도적 구축물의 재편

결국에는 포드주의 구도의 출현을 제대로 이해할 수 있게 되었지만 축적체제들의 장기 변동에 대해서는 잘 이해하지 못했다. 이 축적체제들 중에서 제2차 세계대전 이후의 질서를 대체한 질서로 간주할 만큼 충분히 오랫동안 지속된 축적체제가 하나도 없기 때문이다.

어떤 경로 의존성인가

신제도주의 이론은 제도의 유별난 특징으로 관성을 강조했는데(North, 1990), 제도의 이러한 특징은 경제학자들의 주목을 끌기에 부족하지 않았다. 그런데 기술 관련 규범과 시스템에 관한 장기 분석(David, 1985; Arthur, 1989)은 수확 체증과 회수 불능 고정비의 중요성을 부각시키고, 이를 통해 어떤 기술이 지배력을 상실하고 열등한 것으로 되었다 하더라도 학습 효과의 누적성 또는 나아가 네트워크 효과와 연계된 수확 체증 덕분에 계속 발전될 수 있다는 사실을 해명했다. 따라서 정치적 제도든 경제적 제도든 제도 분야에서 '경로 의존성' 가설의 현실 설명력을 검증하는 것은 논리적으로 합당한 일이지만, 먼저 그런 현상을 창출하는 적어도 다음 세 가지 원천을 구별해둘 필요가 있다(Thelen, 2003).

학습 효과의 누적성

첫 번째 메커니즘은 일군의 제도하에 놓여 있는 행위자의 '학습 효과'에 초점을 맞춘다. 이론적으로는 학습 효과가 신기술의 제어나 기술 규범의 채택에서 볼 수 있는 것과 동일한 유형의 수확 체증을 야기해야 마땅하다. 하지만 이 메커니즘은 분권화된, 그러나 부분적으로 상호 의존적이며 심지어 서로 모방하는, 행위들 전체의 균형으로 간주되는 '사회적 규범과 협약'의 변동은 잘 묘사해주지만(Boyer and Orléan, 1992), 제도의 특수성을 포착한 것은 아니다. 사실 제도는 그것을 구상하고 또 시간이 지나면서 개선해나간다는 주체들의 의도적인 전략의 산물이자 이러한 주체들 간의 관계를 코드화한 것이다. 이는 기업이 특정 기술 규범에 고착되는 현상이나 사용자가 엄격하게 기술적인 학습 효과를 구현하는 현상과는 성격상 전혀 다르기 때문이다. 더욱이 이 메커니즘은 범용성을 가지는데도 불구하고 그것이 현실에서 얼마나 중요하게 작용하는지를 확인해주는 경험적 연구는 거의 없다.

제도의 운영비용은 설치비용보다 작다

경로 의존성의 두 번째 버전은 제도의 설치와 연계된 막대한 '회수 불능 비용'과 관련된다. 이는 산업 경제에서 진입 장벽을 설치하는 경우와 유사한 메커니즘에 의거한다. 암묵적으로는 여러 제도가 경쟁한다고 볼 수 있지만, 사실은 설치된 지 오래된 제도가 우위를 가진다. 이것은 오래된 제도가 비효율적으로 되거나 심지어 쓸모없게 되었어도 왜 계속 작동하는지를 설명해준다(Sutton, 1991). 이 접근은 제도가 형성되는 시기와 설치 후 작동하는 시기를 구별하는 장점이 있다. 그러나 시장의 활용과 연계된 거래비용과 어떻게 보면 대칭적인 위치에 있는 이 제도 설치비용의 구체적인 내용을 명시하기는 상당히 어렵다. 그래서 이 준거는 제도적 관성의 원인을 밝히는 것이라기보다는 흥미로운 유사 현상을 보여주는 데 그친다.

과거가 제도 개편을 저지한다

세 번째 버전도 사회과학 연구자들의 특별한 주목을 받았다. 훨씬 더 경험적인 방식을 취하는 이 버전은 행위자들이 자신이 속해 있는 시스템을 고려하면서 전략을 결정하고, 이 시스템 자체가 이전 시기에 이루어진, 분기점이 될 정도로 중요한 일련의 선택의 결과라는 점을 강조한다(Sewell, 1999). 이리하여 외관상 사소한 결정들이 이어짐으로써 애초에는 다양한 선택지들이 가능했던 데 비하면 하나의 제약적인 시스템으로 귀착될 수 있다. 이것은 비가역성의 원천의 하나로서 이전의 분기점들로 쉽고 빠르게 되돌아갈 수 없게 되는 것을 의미한다. 따라서 이 모델이 함의하는 바는 수확 체증이라는 준거가 함의하는 바와 매우 다르다. 왜냐하면 이 모델은 단순히 과거로부터 물려받은 맥락이 부분적으로 현재의 전략적 선택을 좌우한다고 가정하기 때문이다. 물론 그렇다고 해서 이 경우에 기술 시스템의 경우처럼 마치 영화가 정해진 스토리에 따라 전개되듯이 결정론적인 궤도가 관철된다고 보지는 않는다.

하지만 행위자들은 동일한 역사적 유산을 가지고 여러 가지 전략을 개발할 수 있다. 따라서 '선험적으로는' 다양한 진화의 길이 열려 있지만, 그 실현 가능성의 범위는 제한된다. 이는 완벽한 가역성이라는 특징을 갖는 비역사적인 세계를 상정하는 합리적 선택 이론에 대비하면 훨씬 더 그러하다. 따라서 이것을 경로 의존성의 취약한 버전이라 할 수 있는 까닭은 역사를 사실과 다르게 재현할 수는 없어 그 현실 적합성을 검증하기 어렵다는 데 있다.

요컨대 경로 의존성은 제도 분석에서 흥미로운 메커니즘의 하나이기는 하지만 엄밀한 설명의 틀을 제공하는 데까지는 아직 이르지 못했다(Crouch and Farrell, 2002).

비교 역사적 제도주의와 조절이론

비교 역사적 분석 작업(Thelen, 2003)과 구 '공산주의' 나라들이 겪었던 변형에 관한 탐구(Stark, 1997; Stark and Bruszt, 1998)는 제도 변화를 시행하거나 유도할 수 있는 세 가지 메커니즘을 제시했다(표 10-1 참조).

제도의 항상적인 재해석: 전환

사실 경로 의존성이라는 용어에 의한 분석은 또 다른 비판을 받을 수 있다. 예컨대 경로 의존성 분석은 제도의 작동을 관장하는 상호작용들이 갖는 복잡성을 경시한다는 것이다. 이 복잡성은 수확 체증을 구현하는 두 가지 기술 중 어느 것을 선택할 것인가라는 문제가 띤 단순성과 정반대된다. 기술 선택에서는 긍정적인 연쇄관계를 강화시킬 수 있는 지표로 가격이 있지만, 제도 선택에서는 모든 것이 제도의 목표, 절차, 담당 기관 등이 맺는 관계의 성격에 달려 있고 더욱이 이것들은 모두 행위자들의 해석과 활동 여하에 따라 달라진다. 이처럼 제도는 그 자체로 하나의 복합체로서 엄격한 결정론에 따라 변동하지 않는다. 왜냐하면 방금 언급된 네 가지 구성요소(목표, 절차, 담당 기관 및 행위자—옮긴이)의 배열은 얼마든지 달라질 수 있기 때문이다.

표 10-1

비교 역사 분석을 통해 본 조절양식의 변모

조절 메커니즘	금융화된 조절	출현 중인 산업적 조절	지배당하는 산업적 조절	지배하는 산업적 조절	지대적·혼합적 조절
경로의존성	• 미약한	• 원화된(러시아와 구별됨)	• 강한(법제화에 의한 관성)	• 원화된/강한(산업 특화)	• 원화된/강한(특화/불평등등)
전환	• 노동 연대성 기반 사회보장에서 금융화된 지표로 • 노동자를 위한 분배적 기업가	• 집단주의 농업에서 시장의 발흥으로 • 공산당(정치적)에서 엘리트당(경제적·정치적)으로	• 개인시안 국가에서 긴축 국가로 • 보호적 노동법에서 허용적 노동법으로	• 산별 노동조합주의에서 준 코포라티즘으로 • 국내 지방들 간 연대성 약화	• 약탈국가에서 포섭국가로 • 새로운 발전주의
퇴적	• 금융 흐름 폭발 • 지도자들의 새로운 보수	• 국민적 기업의 포위 • 소유권 형태 다변화	• 노동계약 유형 다변화 • 전방위 압박	• 비숙련 노동자에게 새로운 지위 부여 • 경쟁에 노출된(보호된) 부문 간 이중성 강화	• 사회적 권리 분야 • 두 개의 경제 모델 공존
재구도화	• 주주가치에 의거한 재정비	• 소비에트주의에서 경쟁 주도 성장으로 연속 이동	• 적대적 조절양식들의 병렬, 잠재된 위기	• 일종의 일본화: 준국포라 티즘 조절양식	• 개발주의 논리와 지대 수취 논리 간 갈등: 2014년에 위기 시작
순수 국가	미국	중국	프랑스	독일	브라질

자료: Thelen(2003)을 참조해 재구성.

제도 전환은 제도가 구성요소들 중 어느 한 요소의 변화에 영향을 받아 새로운 구도로 바뀌어가는 과정으로 규정할 수 있다. 먼저 제도 전환은 애초의 설치 목적이 바뀌거나 사라지더라도 그 '담당 기관'이 항구적인 존립 전략을 추구할 때 일어날 수 있다. 제도의 문제를 조직의 문제로 치환해보면 프랑스의 예금공탁기관을 사례로 들 수 있다. 이 기관은 자산 관리 면에서 신중성이나 공권력의 원칙을 엄격하게 준수해야 하지만 그 역할은 시기마다 재규정되곤 했다. '제도의 자생력'이란 제도의 전환을 강제하는 교묘한 술책이 아닐까?

애초 특정 목적을 위해 마련된 '절차들'이 다른 영역이나 맥락에도 적용될 수 있다는 점에서 훨씬 더 일반적인 성격을 가지는 경우가 있다. 놀랍게도 몇몇 나라의 헌법 – 예컨대 미국의 – 은 놀라운 회복력을 보이는데, 이 헌법들은 언제든 새로운 영역에 적용될 수 있으면서도 효율성을 상실하지 않을 정도로 충분히 일반적인 규칙을 만들어낼 수 있었기 때문이다. 다시 조직 문제로 돌아가서 보면, 네트워크 기업은 일군의 메커니즘과 관리 역량을 활용함으로써 수도, 전기, 운송, 텔레커뮤니케이션 등 다양한 분야로 전파될 수 있음을 알 수 있다(Lorrain, 2002).

제도의 작동을 관장하는 규칙들은 항상 '행위자들'에 의해 '평가'되고 의미가 재규정되기 때문에 그 변화는 결정론적 유형을 띠기 어렵다. 이는 관련 행위자들의 협상력이 변하고, 제도를 둘러싼 환경이 완전히 바뀌는 경우도 있기 때문 아닐까. 실제로 최근 연구들에 따르면 거시경제 수준에서든 미시경제 수준에서든 규칙들은 항상 재해석되고 그 영향은 재규정된다(Reynaud, 2002). 예컨대 프랑스에서 오루법(lois Auroux)으로 노조와 재계 간에 이루어지는 협상의 일부가 분권화되자 노동자 측의 협상력이 강화될 것으로 기대되었지만, 강한 성장기 이후에 실업 증가, 기술 변화, 부문별 경계의 변동, 국제화 등이 얽히면서 사정이 뒤바뀌자 기대에 반하는 효과가 초래되었다. 이처럼 동일한 규칙이라도 항상 동일한 효과를 낳는 것은 아니다.

끝으로, 제도 전환의 네 번째 사례는 애초 특정 목적을 달성하기 위해 설치된 제도가 내부적으로 '동일한 목적'을 달성하기가 갈수록 어려워지면서, 결국 동일한 목적을 가지면서 변화된 맥락에 더 적합한 조직을 구비한 다른 제도를 창설하게 되는 경우다. 예컨대 연구와 창조를 조장할 목적으로 설치된 제도라도 점차 형식주의나 관습주의에 물들 수 있다. 또 애초의 목적 달성을 재개하기 위해 기존의 기관을 개혁하기보다 새로운 기관을 창설하는 것이 더 간단하다고 판단되는 경우에는 새로운 기관이 연이어 설치될 수도 있다. 이때는 엄밀한 의미의 전환이 아니라 오히려 퇴적이라는 문제가 나타난다.

퇴적

사실 현대 경제에는 제도들의 중복이 유의미해지는 현상이 나타나고 있다. 이는 제도가 오랜 기간에 걸친 퇴적·중첩 과정의 산물이기 때문일 것이다(Thelen, 2003).

그러한 사례는 경제사에서 많이 찾아볼 수 있다. 전시 경제에 설치되었던 제도가 다시 평화가 회복되었음에도 사라지지 않고 재편되어 낡거나 비효율적으로 된 다른 제도를 대체하거나 보완하는 경우가 흔했다. 현대 프랑스에서는 임노동관계의 개혁이 너무나 어려워 노동법상 '무기한 노동계약'에 '유기한 노동계약'이 추가되었고, 이로써 결국 고용의 조정과 특징을 변형시킬 수 있는 선택 과정이 개시되었다.

재구도화: 낡은 것으로 새로운 것을 만들다

개별적으로 포착 가능한 일련의 제도들이 하나의 구도를 형성할 수 있다. 이때 이 구도의 속성은 주로 해당 제도의 수효와 그것들 간의 상호 연관의 강도에 달려 있다. 이 경우 '재구도화'가 제도적 구도의 변동을 주도하는 동력이 될 수 있으며, 이러한 변동은 제도적 구도를 구성하는 기관들의 다중성과 이질성에서 시작된다. 이 기관들 간의 관계는 '제도적 동형성'이나 '보완성' 또는 '위계'의 형태를 취할 수 있다. 또한 어떤 제도들은 보완성 없이도 양립될 수 있으며(Höpner, 2003), 전체의 구도와 어떤 기능적 관계도 맺지 않는 독자적인 제도군을 이룰 수도 있다. 이처럼 다양한 제도의 상황을 감안해 어떤 집단적 행위자나 그 집단은 새로운 연관을 확립함으로써, 또는 이와는 반대로 환경 변화로 더 이상 기득권을 보장해주지 않는 오랜 관계들을 끊어냄으로써 지위의 재규정과 입장의 개선을 시도할 수 있다.

이 아이디어는 과거 소비에트 체제에 복속되었던 경제들이 특히 재산권과 권력관계에서 겪은 변화를 관찰함으로써 나왔을 것이다. 이전 질서가 완전히 붕괴할 것이라는 직관적인 예상과 달리 정치적·경제적 네트워크는 완전히 파괴되지 않고 다시 전개된다는 것이 밝혀졌다(Stark, 1997; Stark and Bruszt, 1998). 그 결과 순수한 시장경제라는 표준 형태를 따르지 않는 독자적인 경제 시스템이 형성되었고, 민주정치의 장을 제도화하는 것은 공산당이 붕괴하는 것만으로 충분하지 않았다. 또한 재결합 가설 덕분에 중앙유럽과 동유럽의 나라들이 거쳐온 다양한 궤적들뿐만 아니라 경제가 가진 의외의 속성들도 이해할 수 있게 되었다(표 8-1 참조).

이처럼 많은 변화들은 여러 제도주의 이론들이 경쟁적으로 내놓았던 수많은 진단을 반박한다. 여러 사례가 있지만 그중 하나만 들어보자. 예컨대 재산권 학파는 재산권의 명확한 규정이 자본주의의 발전을 위한 필요충분조건이라고 가정한다. 국제 횡단면 연구나 러시아를 관찰·분석한 결과들이 보여주고자 했던 것이 바로 이 가정이다. 하지만 1978년 개혁 이후 중국 경제가 보여준 역동성은 부분적으로나마 재산권 형태의 중첩 및 재결합 덕분인 것으로 보인다(Boyer, 2011d). 왜냐하면 가장 활동적인 기업가들은 재산권 형태들 중에서 자신의 개인적인 이익 추구에 가장 적합한 형태를 선택할 수 있었기 때문이다. 피상적인 (이데올로기적인) 시각은 중국공산당을 자본주의 축적의 개화에 장애물로 생각하는 경향이 있지만(Lun, 2003), 현실에서 이와 정반대되는 현상이 나타난 것은 경제적 네트워크와 정치권력 형태의 놀라운 재결합 덕분이다(Huchet and Xiangjun, 1996; Oi and Walder, 1999). 여기서 이러한 재결합이 가능했던 것은 재산권의 새로운 형태들의 도입이 미친 영향과 외국인 행위자들의 참여 허용 덕분이었다. 이는 퇴적과 재결합이라는 제도 변화의 두 메커니즘이 일정한 시너지 효과를 나타낼 수 있음을 의미한다.

현대 자본주의의 변동을 읽는 열쇠

다섯 개의 정치경제체제에서 가장 널리 사용되는 공통의 과정은 전환이다(표 10-1 참조).

일련의 한계적 변화에서 다른 헤게모니 블록의 출현으로

이러한 구도 개편 과정들은 대단히 추상적이며 다소 기능주의적인 것으로 보인다. 그렇다면 이러한 변형들을 유발하는 주체는 도대체 누구이며, 헤게모니 블록의 약화로 해당 체제가 위험해지는 것을 어떻게 설명할 수 있을까? 또 그것을 계승할 후계 체제는 어떻게 형성되는 것일까?

금융이 소리 없이 점차 권력을 장악하다

금융이 권력을 장악해온 과정을 명시하기 위해서는 무엇보다 노동자와 기업가를 포함한 동맹이 결국 노동자를 배제하는 것으로 역전되어간 과정을 단계적으로 살펴볼 필요가 있다. 더욱이 이 과정에서는 노골적인 갈등이나 분기점으로 인식될 만한 뚜렷한 균열이 드러나지 않는다(Amable, 2003: 66~73). 앞서 강조한 바와 같이 첫 번째 단계에서는 국제 개방의 증대로 임금이 비용으로 전환되고, 이로 인해 기업은 수요 충족을 위한 자신의 역량에 압박을 느끼게 된다(그림 4-1). 그래서 기업은 국제 경쟁을 감당할 수 있는 능력을 기준으로 노동자들을 분할하는 새로운 조직 형태를 채택한다. 이 조치가 불충분한 것으로 드러나면 기업은 더 높은 수익성을 가져다줄 것으로 기대되는 해외의 어떤 지역으로 공장을 이전할 수 있다. 이제 이러한 기업의 위협으로 가장 큰 타격을 받게 될 노동자부터 기업이 강요하는 규율을 받아들이게 된다.

그다음 단계에서는 정부가 가장 국제화된 기업들의 압력하에 대외 자유화를 시행한다. 이 기업들은 기존 투자를 유지하고 전 세계의 신규 투자를 끌어들이려면 국내의 구도 재편이 반드시 필요하다고 주장한다. 이리하여 케인시언 국가는 슘페터의 영감을 받은 다른 국가(슘페터리언 국가−옮긴이)로 대체된다. 국가의 기능이 혁신을 조장하는 방향으로 바뀌어야 하기 때문이다(Jessop, 2002). 이와 함께 시행되는 국내 자유화와 더불어 노동자들의 영향력은 더욱 줄어든다. 국제화로 이득을 누리는 노동자는 노조를 통한 방어의 필요성에 의문을 품게 되고, 국제화로 손실을 보는 노동자는 헤게모니 블록에서 배제되기 때문이다. 더욱이 노동자 세력 대신 들어선 금융 세력이 기업 지배구조의 변경에 동조한다(9장).

이러한 논지가 갖는 새로운 점은 국제화와 기업 거버넌스 사이에서, 기업 거버넌스와 경제정책 사이에서, 그리고 대외 자유화와 국내 자유화 사이에서 연속적으로 이루어지는 부분적인 보완성 게임에 주목한다는 데 있다. 이러한 게임이 연속해 진행될수록 제도 형태들의 접합은 다시 이루어지고 헤게모니 블록은 요동치게 된다.

상호 연결된 네트워크 속에서 이루어지는 행위자들의 게임

제도 변화의 두 과정(그중 하나는 격렬한 충격에 대응하는 과정이고, 다른 하나는 반대로 거의 주목받지 못하고 지나간 일련의 연속 운동에 의해 이루어지는 과정이다)을 탐구한 이제 세 번째 과정을 탐구할 차례다. 이 세 번째 과정은 경제 영역이 다른 영역들 속에 삽입되어 있으며, 이 영역들이 각자의 논리에 의거해 반작용하면서 제도 변화를 야기할 수 있다는 사실에 근거한다.

나아가 사례 탐구를 통해 노동자와 기업은 물론, 국가라는 거대한 실체들의 집단행동뿐만 아니라 개인의 행동도 포착할 수 있다. 어떤 개인들이 부문별 역사나 국지적인 역사의 흐름을 변화시킬 수 있을까? 때로는 이 두 역사 모두를 말이다.

네트워크 구조가 중요하다

각기 서로 다른 영역에서 작동하는 네트워크를 분석한 연구들은 다음과 같은 동일한 결론으로 수렴되곤 한다. 즉, 네트워크는 결코 우연히 생기지 않으며, 해당 장소의 지리적 특성이 그 속성의 결정에 중요한 역할을 한다는 점이다. 여기서는 부르고뉴 포도주의 품질 관련 규범이 변경되는 데 공헌한 행위자들을 살펴봄으로써 이 점을 확인해보고자 한다. 특정한 경제

공간을 지배하던 규범은 어떻게 해서 요동치게 되었던 것일까?

사실 문제가 발단했던 시점에 본(Beaune) 지방의 도매상들은 산지가 서로 다른 포도들을 섞어서 주조한 브랜드 포도주를 판매하고 있었고, 시장에서도 이러한 '브랜드' 논리가 지배했다(Laferté, 2006). 그리고 디종(Dijon) 지방을 중심으로 산재하면서 포도의 산지를 중시하는 소수의 생산자들이, 스스로 귀족처럼 산다고 자처하는 역시 소수의 일반인을 대상으로 판매하고 있었다. 인물 중심으로 보면 유독 두드러지는 것이 다음 두 사람이다. 한 사람은 디종 시장 가스통 제라르(Gaston Gérard)이고, 다른 한 사람은 뫼르소(Meursault)의 한 포도원 소유자인 쥘 라퐁(Jules Lafon)이다. 당시에 본의 도매상들이 품질을 속이는 바람에 신뢰 상실의 위기에 처해 있었다는 사실만이 이들에게 유리하게 작용할 수 있는 유일한 경제적 요인이었다. 그러나 그 요인이 이후 산지 통제 표기의 법제화를 둘러싸고 벌어졌던 요동을 설명해주는 것은 아니다.

문화 영역과 정치 영역이 경제적 지배를 극복할 수 있게 한다

본과 디종 간의 관계가 어떠한지에 관한 간단한 분석만으로도 두 지역의 상대적인 경제적 격차가 상당했음을 알 수 있다(박스 10-2, 그림 10-1a). 그러나 장소 중심의 새로운 식도락 관광의 출현, 산지의 장점을 홍보하는 상징물의 구축 등과 같은 문화적 공간의 관점에서 살펴보면 사정은 완전히 달라진다(그림 10-1b). 이 공간에서는 디종시 공무원들, 그리고 뉘 생 조르주(Nuits-Saint-Georges)와 뫼르소(Meursault)의 포도원 종사자들이 '백인(百人) 클럽'을 중심으로 결집해 지배적인 영향력을 행사했다. 본의 도매상들이 고립되어 있었다는 것은 정치적 공간에서도 확인된다(그림 10-1c). 말하자면 디종 측은 적극적으로 정치적 자원을 동원하고 학계와 접촉한 반면, 본 측

박스 10-2

포도주 품질 규범의 요동

네트워크 분석 도구를 활용하면 본과 디종의 입장이 지닌 상대적 특징을 드러내줄 몇 가지 지표를 만들 수 있다. 먼저 진입자 수에서든 탈퇴자 수에서든 더 많은 사람들과 관계를 맺은 것은 디종시와 그 동맹자들이라는 점이다. 그리고 집중도 관련 지표들을 통해 그림 10-1이 제시하는 진단이 타당함을 확인할 수 있다. 즉, 본의 도매상들은 경제 영역에 활동을 집중한 반면, 경제 영역에 문화 영역을 중첩시켜 보면 역시 뉘 생 조르주와 뫼르소의 포도원 소유자들이 더 큰 집중성을 보였음을 알 수 있다. 끝으로 거기에 정치 영역까지 추가해보면 역시 디종시가 중심을 장악하고 있었다. 파벌 면에서 분석해보면 본의 도매상들과 뉘 생 조르주와 뫼르소의 생산자들이 뒤섞여 나타나는 것은 경제 영역뿐임을 알 수 있다.

경제 영역과 문화 영역을 합쳐서 보면 각기 포도원 소유자들을 포함한 세 개의 파벌이 추가로 나타나고, 경제 영역에 정치 영역을 중첩시켜보면 두 개의 파벌이 추가로 등장해 디종시를 게임에 끌어들인다. 끝으로 세 개의 영역을 중첩시킨 네트워크에서는 본의 도매상들은 모두 하나의 파벌에만 소속돼 있지만 포도원 소유자들은 세 파벌 모두에 소속해 있다. 이러한 여러 지표들에서 다음과 같은 결론을 도출할 수 있다. 요컨대 지배적인 품질 규범이 도매상들이 강제하는 것에서 산지와 전통을 중시하는 포도원 소유자들이 제안한 것으로 요동치며 이동해간 데는 문화·정치 공간에서 주어져 있었거나 아니면 쟁취한 포지션이 결정적인 역할을 한 것으로 보인다.

은 파리와의 연계를 도모하지 않았던 것이다.

이 세 개의(경제적·문화적·정치적―옮긴이) 네트워크를 중첩시켜보면 사정이 요동치고 있었음을 뚜렷이 알 수 있다. 디종시와 포도원들은 여러 영역에서 동시에 활동하면서 산지의 상징성을 강조해 경제 영역에서의 열세를 만회할 수 있었다(그림 10-1d). 그런데 이 포도주 품질 인정을 둘러싼 새로운 원칙을 규정한 법률을 통과시키려면 정치 영역을 반드시 거쳐야 했다. 본의 도매상들이 경제 영역에 한정해 활동함으로써 주도권을 상실했다면, 포도원 소유자들은 세 개의 영역을 포괄하는 동맹을 구축함으로써 승리한 것이다. 이 사례로부터 얻을 수 있는 첫 번째 결론은 다음과 같다. 즉, 규범과 그 확장으로서의 협약 및 제도 형태의 변경은 언제나 협소한 경제

그림 10-1

세 개의 영역을 중첩하면 새로운 속성을 가진 네트워크가 출현한다

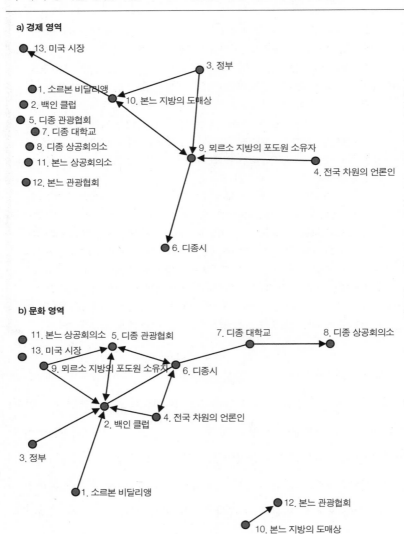

a) 경제 영역

13. 미국 시장

3. 정부

1. 소르본 비달리앵
2. 백인 클럽
10. 본느 지방의 도매상
5. 디종 관광협회
7. 디종 대학교
8. 디종 상공회의소
9. 뢰르소 지방의 포도원 소유자
11. 본느 상공회의소
4. 전국 차원의 언론인
12. 본느 관광협회

6. 디종시

b) 문화 영역

11. 본느 상공회의소 5. 디종 관광협회 7. 디종 대학교 8. 디종 상공회의소
13. 미국 시장
9. 뢰르소 지방의 포도원 소유자 6. 디종시
2. 백인 클럽 4. 전국 차원의 언론인
3. 정부
1. 소르본 비달리앵
12. 본느 관광협회
10. 본느 지방의 도매상

c) 정치 영역

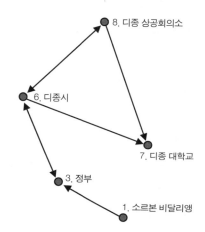

- 9. 뫼르소 지방의 포도원 소유자
- 10. 본느 지방의 도매상
- 11. 본느 상공회의소
- 12. 본느 관광협회
- 13. 미국 시장
- 5. 디종 관광협회
- 4. 전국 차원의 언론인
- 2. 백인 클럽

d) 네트워크 전체

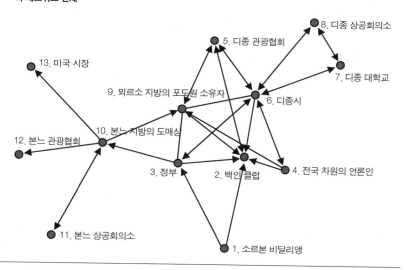

자료: Boyer and Boyer(2004: 26~27).

영역을 초월한 공간에서 이루어진다는 것이다.

이 장이 주는 공통의 결론은 집단행동, 국가에 의한 통제력 장악, 전쟁 중 사회적 갈등의 중단, 영역 간의 보완성 활용 등이 제도 변화를 일으키는 원동력이 된다는 것이다.

영역 구조와 핵심 행위자

상기와 같은 대변동이 해당 사례의 특수성에만 기인한 것은 아닌지, 또는 거기에 다른 일반적인 교훈이 포함되어 있는 것은 아닌지라는 문제의식 하에서 좀 더 심화된 분석을 할 수 있다. 이를 위해 앞선 인물 중심의 분석과 통계물리학에서 차용해 내재적으로 단순화한 한 기법을 연계한 모델을 만든 것이다(Boyer et al., 2010). 이 모델의 목적은 변화의 과정이 익명의 세력을 활용하는 것인지, 아니면 소수의 개인이 네트워크의 구조 자체를 바꾸는 데 결정적인 역할을 수행할 수 있는지를 검토하는 데 있다(박스 10-3). 이 모델의 시뮬레이션 결과들은 두 번째 가설을 지지하는 것으로 보인다. 물론 이 모델이 지닌 명백하게 추상적인 성격을 무시해서는 안 되겠지만, 이 정식화의 아주 초보적인 메커니즘들은 가스통 제라르와 쥘 라퐁이 품질 규범 변경에 결정적인 역할을 수행했을 가능성이 높다는 점을 확인해준다. 이 정식화의 또 다른 이점은 이 두 인물이 다름 아닌 자신의 이익을 추구함으로써 부르고뉴 지역의 포도주 경제의 구도를 요동치게 만들었다는 것을 보여준다는 점이다. 이처럼 산지 표기 포도주의 발명은 거의 개인적인 이익을 추구하는 기관기업가들이 주도해 기존 관계를 거의 대부분 재편한 결과다. 사후적으로 보면 그들은 부르고뉴 포도주의 명성이라는 새로운 집단재를 창조하는 데 기여한 것이다.

따라서 이처럼 아주 간단한 정식화를 통해 사회과학의 핵심을 이루는 두

통계물리학을 차용한 모형화를 통해 네트워크 분석 결과 확인하기

이 책의 여러 장에서 설명한 행위자들 간의 풍부한 관계를 크게 단순화시켜 버릴 위험을 무릅쓰고 말한다면, 행위자들은 크게 본의 도매상들과 디종 시청을 중심으로 결집한 포도원 소유자들이라는 두 개의 그룹으로 나뉜다. 이제 각 그룹의 행위자들은 자신의 이익과의 근접성이라는 기준에 의거해 새로운 관계를 맺을 것이다. 정식화의 필요상 이 두 그룹의 세력이 동등하다고 가정하자. 물론 이 가정은 애초 본의 도매상들이 경제 영역에서 지배력을 행사하고 있었다는 점에서 당연히 실제의 구도와는 일치하지 않는다. 우선, 두 그룹 모두 파리와 어떤 관계도 맺고 있지 않다고 가정하고, 현지의 이익만 고려하는 만남들의 확률에 따라 우연한 만남에서부터 시뮬레이션을 시작해보자. 그 결과 최종 구도들은 두 그룹이 동등한 세력을 갖는 현상유지에 가까운 모습을 보여준다. 여기서 각 그룹의 세력은 해당 그룹에 참여하는 개인의 수효로 측정된다(그림 10-2).

다음으로 소수의 주체가 경제·문화·정치 영역에서 활동하는 파리의 행위자들과 관계를 확립할 수 있는 능력을 가지고 있다고 가정할 때 시뮬레이션 결과는 다음과 같은 두 개의 흥미로운 현상을 드러내준다. 만약 파리와 접촉할 확률이 낮다면 두 그룹 중 하나가 균형을 자신에게 유리하게 이동시킬 수 있는 가능성이 나타난다. 여기서 마크 그라노베터(Mark Granovetter)가 다른 맥락에서 증명했던, 미약한 연관의 힘 같은 것을 다시 볼 수 있다. 즉, 소수의 개인이 현지의 경제력 분포를 바꿀 수 있다는 것이다. 그러나 파리와 접촉할 확률이 증가해 누구든 파리에 쉽게 접근할 수 있게 된다면 원격지 연계가 확립되어도 현지의 경제력 분포에는 변화가 없다는 앞서와는 정반대 상황이 나타난다.

개의 문제가 명료해졌다. 한편으로 이 정식화는 '행위자 전략'의 차원에서 이 전략들이 실행된 결과 나타나는 '사회적 구도'의 차원으로의 이행이 어떻게 일어나는지를 명시해준다. 다른 한편으로 이 정식화는 한 구도에서 다른 구도로 이행하는 데 시간이 수행하는 역할을 보여주는데, 새로운 것은 상호작용의 반복에서 나오기 때문이다. 이 점은 '영웅적 기획가'라는 아이디어를 상대적으로 약화시킨다. 이 아이디어에 따르면 '영웅적 기획가'는 자신의 선견지명과 자비로움으로 근본 혁신을 정당화함으로써 이 혁신이 즉각 사회적 공간으로 확산될 수 있도록 만들 수 있다는 것이다. 이런 일을

그림 10-2

원격지 관계의 빈도가 현지 변화에 미치는 영향

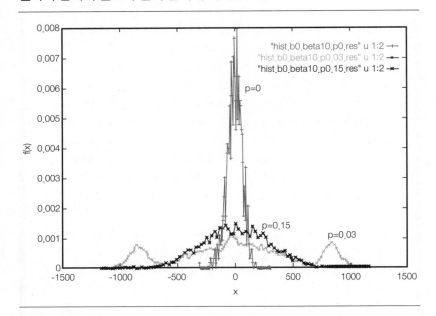

자료: Boyer(2005: 8).

하기에 사회들은 지나치게 복잡하고 이질적이며 또 갈등적이기 때문이다.

더욱이 '제도 기획가'는 항상 기존 네트워크 속에서 행동하면서 이 네트워크를 다소간에 근본적으로 변화시키는 데 공헌한다. 여기서 조절이론의 핵심 방법론인 '전체론적 개체론(hol-individualism)'(Defalvard, 1992)이 나타난다. 즉, 개인은 과거로부터 물려받은 네트워크와 조직 그리고 제도 안에서 행동하고, 그럼으로써 이것들을 변화시킬 수 있다. 그러나 이러한 변화는 대개 의도하지 않은 결과를 초래하는 집단적 과정의 산물이다. 이 점은 변화 대상이 거시경제 규칙성, 즉 조절양식에 관한 것일 때 더욱 타당하다.

아이디어, 이해관계 및 정책이 새로운 조절양식을 출현시킨다

경제 영역이 표상 및 정치 영역과 어울려 시너지 효과를 창출하고 그 결과로 제도가 변한다고 보는 세 번째 견해는 부문별 제도 장치의 분석에만 적합한 것은 아니다. 왜냐하면 이 견해는 조절양식에 변형을 초래하는 혁신에도 적용될 수 있기 때문이다.

유로화의 기원에 대해

분석의 필요상 순전히 이론적인 접근과 행위자들의 지침 역할을 하는 종합적인 표상을 구별해보는 것이 중요하다(Boyer, 2012a). 첫째, 이론적으로는 만장일치가 있을 수 없다는 것이다. 예컨대 통화주의와 리카디언(Ricardian) 동등성 가설 위에 구축된 새 고전파 경제학 그리고 동태적 확률일반균형 모형은 화폐가 장기적으로는 중립성을 띤다는 가설을 공유하고 있음이 틀림없다. 그러나 다른 세 개의 사상 조류는 경제통합이나 통화동맹으로 걸림돌 없이 이행할 수 있다는 가설을 부정한다. 먼저 정치경제학은 정치 없이는 통화도 없다는 가설을 지지한다. 다음 공공 재정에 관한 계량경제학은 GDP 대비 공공 적자의 비율을 3%로 제한한 규정이 준수된 적이 없으며 미래에도 준수되기 어렵다는 것을 보여준다. 끝으로 경제지리학은 유럽이 과거의 산업 특화에 따라 양극화될 위험이 있으며, 이는 유럽연합의 책임자들이 기대하는 수렴과 모순된다는 점을 강조한다.

둘째, 유럽의 의사결정자들은 이러한 준거들을 도외시하고 다음과 같은 훨씬 더 단순한 이론적 대립에 의거한다. 하나는 (주체들이 수행하는—옮긴이) 기대가 유럽의 활력을 유지해줄 수 있다고 생각하는 전형적인 자유주의와 질서자유주의의 입장이고, 다른 하나는 '안정성장협약'이 디플레이션 리스크를 창출할 수 있음을 강조하는 케인시언과 포스트케인시언의 입장이다. 그런데 1990년대 중반부터는 개입주의자들의 영향력이 줄어들었다. 이 두 이론적 진영을 중첩해보면 균형의 추가 마스트리히트 협정의 틀 속에서 유로존이 가능하다고 생각하는 자들 쪽으로 기울어지기 시작했음을 알 수 있다.

셋째, 유로화 도입으로 이득을 볼 것이라고 생각하는 사회집단과 이와는 반대로 유로화 도입으로 구매력이나 사회보장 혜택이 감소할 것이라고 우려하는 사회집단이 대치한다. 그런데 정치 영역에의 접근이라는 면에서 전자에 속하는 다국적기업과 전문직 종사자들은 후자에 속하는 저숙련 근로자들과 주로 국민적 연대성에 의존해 살아가는 사람들보다 훨씬 더 유리하다는 점이다.

넷째, 국민국가 수준으로 나아가면 국가이익이라는 관념이 새로운 차원을 도입한다. 근본적으로 독일 정부와 프랑스 정부는 유로화 도입을 두고 타협했는데, 이는 다시 말해 통화 주권을 유럽연합에 이관하는 대신 각국이 공공 재정을 방만하게 운영함으로써 나타날 수 있는 부정적인 외부효과를 엄격하게 제한하자는 것이다. 남유럽의 여론은 유로존 가입을 대환영하는 분위기였는데, 이를 근대성과 민주주의에 대한 소속의 상징으로 간주했기 때문이다(Boyer, 2013b).

요컨대 단일통화의 창조라는 결정이 내려진 데에는 이 네 개의 영역이 결합적으로 작용한 것으로 보인다.

정치 영역의 지배력

통화체제의 선택이 궁극적으로 정치 영역의 소관인 까닭은 통화체제가 시장은 물론 자본주의의 기본 제도이기도 하기 때문이다. 따라서 앞서 언급한 모든 영역이 서로 접합하여 정치 영역으로 수렴될 수밖에 없다. 유로화 도입이 연대의 원리를 해쳐 손해를 보지 않을까 우려하는 사람들이 존재하고 정부는 가장 강력한 세력 집단의 말에 귀를 기울이는 등 이해관계의 논리가 작동하는 한, 유로화 도입을 모두가 찬성하는 일은 결코 있을 수 없다. 이 점과 관련해 프랑스와 네덜란드에서 시행된 국민투표는 유로화 도입에 확실한 반대가 상당하다는 것을 보여주었고, 여러 차례 반복 시행된 여론조사에서는 이보다 더 주저하는 의견이 있다는 것도 밝혀졌다. 이런 상황은 독일처럼 유로화 도입으로 가장 큰 이익이 기대되는 나라에서도 마찬가지였다. 경제정책에 영감을 주는 아이디어 영역에서는 유럽 통화들 간의 환율 변동성이 어떤 폐해를 초래하는지 쉽게 알 수 있다. 1990년대에 많은 전문가들은 고정환율제를 최선의 체제로 간주했고, 이는 자본의 국제 이동이 완벽하게 가능한 시대에도 타당할 것으로 생각했다. 이처럼 유로화 도입 이전의 시스템이 가진 결함에 천착해 유럽연합이 최적통화지대의 성립 조건을 충족하지 못하고 있다는 사실은 망각했던 것이다.

결국 최종 결정은 정부 간 협상에 달려 있게 되었고, 일반적으로 정부 간 협상을 지배하는 국가 이성이라는 것은 국내의 민주적 과정과는 거의 무관하게 작동한다. 그런데 바로 이 정부 간 협상이라는 정치적 공간에서 유로화가 유로존의 응집력에 영향을 미치는 문제들의 해법으로 등장한 것이다. 사실 약성 통화를 가진 나라들은 (통화동맹을 통해—옮긴이) 통화정책에 대한 통제권을 상실하는 대신 단일통화의 공동 관리에서 통화 주권의 일부라도 되찾을 수 있을 것으로 기대했다. 빈번한 환율 재조정으로 인해 거대한 유럽 시장의 항구성이 위태로워진 현실 때문에 환율의 비가역적인 고정이 불가피하다고 생각하게 된 것이지만, 문제는 그것이 각국의 경제정책 운영에 미칠 영향에 대해서는 제대로 생각해보지 않았다는 데 있다. 지정학적 측면에서 보면 유로화 도입은 당시 동유럽에의 산업적 진출에 밝은 전망을 가지고 있던 독일을 유럽에 붙들어 매기 위한 해법이었다. 끝으로 유럽연방주의자들은 유로화가 구대륙(즉, 신대륙인 미국과 대비시켜 유럽을 지칭한 표현－옮긴이)의 국제적 입지를 강화할 것으로 생각했다. 즉, 유로화는 국제통화 시스템을 둘러싸고 향후 전개될 재협상에서 주도권을 가진 달러와 경쟁할 수 있는 또 하나의 기축통화가 될 것으로 기대했던 것이다.

비효율적인 긴축 정책의 지속

2010~2014년에 시행된 유럽연합의 정책에 대해서도 이와 동일한 분석 틀을 적용할 수 있다. 2008년 9월에 시작된 금융위기의 첫 번째 국면에서 유로화가 실제로 일종의 방패 기능을 했던 것은 단일통화의 도입 이후 과거에는 빈발했던 외환위기가 발생할 가능성 자체가 사라져버렸기 때문이다. 그러나 이제는 불균형이 공공 채무의 누적이라는 형태로 발생했다. 2010년 봄이 되자 대다수 나라들, 특히 스페인, 아일랜드, 포르투갈, 이탈리아, 프랑스에서 공공 채무가 더 이상 지탱할 수 없을 정도로 불어났다. 이러한 현상이 자동 안정장치와 금융 시스템의 구조 조치로 초래된 결과라는 사실을 망각한 교조주의자들은 GDP 대비 공공 적자 비율의 3% 상한 설정 규칙의 엄격한 준수가 계속 지켜져야 한다고 고집했다.

과잉 생산력과 저고용 상황에서 긴축 정책을 시행하면 공공 적자가 더욱 악화된다는 것을 확인해주는 계량경제학적 증거가 늘고 있는데도 케인시언 승수 용어에 의한 분석은 기피되었다. 사실 금융 구조 조치를 정당화하기 위해 케인스주의가 일시적으로 환기된 적은 있었다. 그러나 지적으로는 케인스주의가 파산 위협에 처한 국가들에게 신용을 공여해야 할 처지에 놓인 정부들의 진단 속에 더 이상 들어 있지 않았다. 결국 파산에 처한 국가들은 유럽위원회, 유럽중앙은행, 국제통화기금이 공동으로 관장하는 조정 프로그램을 수락할 수밖에 없었다.

이처럼 유럽의 정책 기조를 좌우하는 채권국들은 재정연방주의를 실현할 의지가 없었고, 오히려 이 기회에 자신들의 거시경제관을 채무국들에 강제로 관철하려 했다. 그러나 그것이 잘못된 생각임은 현실에서 곧 밝혀졌다.

틀린 이론이 어떻게 지속되고 정책을 정당화할 수 있는가

앞에서 다룬 두 사례(유로화 도입 과정과 도입 이후 유럽의 정책—옮긴이)는 잘못된 것까지는 아니더라도 적어도 부적절한 이론이 준거로 사용되는 이유를 설명해준다. 이처럼 부적절한 이론이 학계에서 정당한 것으로 통용될 수 있었던 것은 학계가 경제계와 정계라는 다른 두 영역과 접합되어 있었기 때문이다. 아마 이 두 영역이 지배력을 행사해 유로화의 창조와 긴축 정책의 전파에 개입했던 학술 공동체의 판단을 흐리게 만드는 데 일조했을지도 모른다.

그러나 이러한 현상은 좀 더 일반화되어 고유한 규칙을 구비한 하나의 직업으로 분석되는 거시경제학 자체와 무관하지 않을 수도 있다(Friedson, 1986). 과학 역시 하나의 조직이며(Whitley, 1984), 조직에서는 모든 제안의 진실 여부가 종국적으로는 공동체의 판단에 달려 있다. 문제는 과학이 불확실성에 오염되어 있다는 사실에 기인한다. 거시경제학의 경우에는 역사를 벗어버릴 수 없는 사회과학의 한 학제라는 사실로 인해 불확실성은 더욱 커진다. 역사에서는 어제의 진실이 오늘에는 오류가 되고, 그 역도 성립하는 일이 빈번하다. 이는 1936년에서 2015년에 이르는 기간에 고전파 이론과 케인스 이론이 서로 얼마나 엇갈려왔는지 상기하는 것으로 충분하지

학계의 합의가 과학적 진리를 의미하는 것은 아니다

연구자는 직업이다

모든 과학자는 평판 효과를 통해 정당성을 획득한다. 즉, 과학자의 연구는 그가 속한 공동체인 과학계에서 인정받아야 한다. 이처럼 근대 과학은 평판에 기반을 두는 조직이다(Whitley, 1984). 하나의 제안이 불확실성에 지배될 때 연구자가 직면하는 선택의 문제는 간단하게 정식화될 수 있다. 그는 해당 제안이 참이라고 수긍함으로써 순응주의자가 될 수도 있고, 또는 만장일치로 받아들여지는 제안은 사실상 거짓이라고 생각하면서 반대 입장에 설 수도 있다. 최선은 공동체에 반하는 합당한 이유를 가진 비판적 연구자의 입장이며(b4 〉 b1), 최악은 문제의 제안이 참인데도 반대를 표명하는 연구자의 입장이다(b2 〉 b3). 폴 데이비드(David, 2002)에 의거해 다음과 같은 게임을 만들 수 있다.

이론의 상태	과학적 제안 S는:		보수의 분포
	정확하다	틀리다	(상징적 혹은 실제적)
연구자의 전략	R	W	b4〉b1〉b2〉b3
순응 C	b1	b2	
대립 D	b3	b4	
	θ	$(1-\theta)$	

※ θ: S가 정확하다는 주관적 확률

연구자가 보수의 기대치를 극대화한다고 가정하자. 만약 그가 순응주의를 선택하면 다음 수준의 보수를 얻게 된다.

$\pi_c = \{\theta b_1 + (1 - \theta)b_2\}$

그리고 반대를 선택하면 그가 얻는 보수는 다음과 같다.

$\pi_d = \{(1 - \theta)b_4 + \theta b_3\}$

순응주의 전략은 주관적 확률이 충분히 높을 때 선택될 것이다.

$\pi_c 〉 \pi_d \, \theta \; 〉 \; (b_4 - b_2)[(b_1 - b_3) + (b_4 - b_2)]^{-1} = \theta^*$

순응주의는 정확한 결과의 확립뿐만 아니라 큰 가치가 있는 비판도 저해한다

보수(報酬)의 위계구조를 감안하면 결정적으로 중요한 것은 θ^* 값이 1/2이라는 점이다. 만약 애당초 연구자가 속한 공동체가 제안 S를 정확한 것으로 생각한다면, 순응주의가 유인요소로 작용해 순응주의로 집중되는 현상이 나타날 것이고, 공동체는 이렇게 해서 획득되는 만장일치를 자화자찬할 것이다. 왜냐하면 의구심을 가진 자들의 의견이 반영되지 않았기 때문이다. 반대로 만약 이 동일한 공동체의 확신이 불확실하다면 비판자가 우세해지고 제안 S는 기각될 것이다.

그럼에도 두 개의 지적 공동체를 대치시킬 수 있다.

- 만약 반대 입장에 서는 것에 대한 벌칙이 너무 강하면 $\theta^* > 1/2$이므로 순응주의가 항상 관철될 것이다. 이것은 명백히 공동체가 거시경제학자 공동체처럼 강력하게 통합된 경우에 타당하다.

- 만약 이와 달리 반대가 보수를 받는다면 순응은 나타나지 않는다. 이는 조직화가 미약하고 비판을 긍정적인 가치로 간주하는 공동체의 경우에 해당한다. 이는 프랑스 사회학계의 일반적인 상황을 상기시킨다.

않을까.

폴 데이비드(David, 2002)는 특정 결과가 불확실성에 물들어 있을 때 연구자가 직면하는 딜레마를 매우 단순한 형태로 명료하게 보여준 바 있다. 즉, 근대 학술 공동체들은 평판 효과를 대단히 중시하기에 만장일치를 부추긴다는 것이다. 다수 의견이 존재할 때 이에 대한 순응은 합리적인 전략이며 이로써 만장일치가 관철될 수 있다는 식으로 설명된다. 만장일치는 의견이 다를 수 있는 잠재적 비판자들이 소신과 합리적 전략을 감안해 스스로 공동체의 규칙에 복종해야만 달성되기 때문이다. '과학적 진리'라는 개념이 모든 행위자들의 주관적인 판단을 초월하는 하나의 (객관적인―옮긴이) 사실이 아니라 하나의 협약으로 간주되는 순간, 이 개념은 인식론적 엄격성을 상실하게 된다(박스 10-4 참조).

여기서 변화를 유발하는 요인 하나가 나타난다. 즉, 합의의 도출을 가로막는 비정상적인 현상들이 존재하면 비판자들이 다수를 점할 수 있다. 역으로 새로운 패러다임 자체가 일련의 반대와 반박에 부닥칠 수 있는데, 이로 인해 새로운 요동이 일어날 수 있다. 이리하여 다음과 같은 역설적인 결과가 나올 수 있다. 즉, 한 이론을 억누르는 불확실성이 클수록 만장일치의 가능성도 크다는 것, 그리고 이렇게 이루어진 만장일치로 인해 다음 단계에서 패러다임의 새로운 요동이 일어날 수 있다는 것이다. 이렇게 해서 검증된 법칙들의 누적이 아니라 경제적 아이디어들의 주기적인 변동이 나타나게 된다.

현대 세계의 착종과 복잡성

오늘날 우리가 처한 상황의 특징은 일련의 불균형들이 서로 결합해 나타나고 있으며, 이 불균형들은 전혀 새로운 체제의 출현으로 극복되어야 한다는 데 있다.

어떤 혁신이 다섯 가지 핵심 과제에 부응하는가

과거의 발전양식들이 가장 긴급한 사회경제적 문제들에 대한 해법을 제시해왔다는 점에서 오늘날 대다수 발전양식의 발목을 잡고 있는 사회경제적 문제들을 리스트로 정리해보는 것은 대단히 중요하다(표 10-2).

구 산업화 경제에서는 '생산성 이득의 둔화'로 성장 잠재력이 위축되었고, 이에 따라 분배 관련 갈등을 해결할 수 있는 능력도 축소되었다. 측정의 문제든 실제 변동을 반영한 것이든, 정보통신기술이 경제들에 주는 자극은 대량생산과 대량소비로 이행할 때만큼 크지는 않다. 또한 이른바 녹색 혁신이 생산성 향상과 구매력 회복에 도움이 되는지 여부도 명확하지 않다. 환경 보전을 위한 노력이 소비에 바쳐질 자원을 잠식하기 때문이다. 나머지 다른 발전양식들은 생산력 증대라는 염려를 벗어던지고 국민 복지의 증대를 추구하는데, 이를 평가하려면 다른 지표들이 필요하다.

'환경 제약'은 현대 경제의 재편에 관한 제안들 중 두 가지 제안에서 핵심

표 10-2

다섯 가지 핵심 과제에 부응하는 다양한 발전양식들

성장 모델의 고갈 / 출현 중인 모델	기술 변화의 둔화	환경 제약	변영 없는 성장	갈수록 불평등해지는 사회들	불안정과 금융위기의 반복
1. 정보통신기술 및 지식 경제	미미한 영향력과 국가 간 불균등성	일정한 공헌 가능함	복지에 대한 직접적인 영향 거의 없음	자유 자본주의에 해당, 북유럽 국가들은 제외	정보통신기술에 의해 강화됨
2. 녹색 경제	숨페터리안 혁명의 가능성	새로운 방향이지만 생산성에 대한 영향은 불확실	민간 소비와 집단 복지 간의 재정(裁定)	불확실한 효과(개인 대 국민)	물가(에너지, 이산화탄소 등) 상승 기대의 안정화 필요
3. 성장 축소	두 세기에 걸친 산업화와 단절됨	생태적 지속 가능성이 근본 목적임	소비양식과 생산방식의 지향 변경	촘촘한 재분배의 필요성	현지 이익을 위한 국제 금융의 이용불가 전제임
4. 복지 경제	공공재(교육, 보건 등)의 혁신	사회적 및 생태적 지속 가능성	GDP 유형이 지표보다 복지 관련 지표 중시	공공재에 대한 강조가 평등 제고에 기여함	공공단체에 의한 신용 통제 복원이 전제조건임
5. 혼합 경제	혁신 시스템이 일정한 조종	공공단체가 규정하는 한도 내에 억제됨	생산과 복지 간의 재정(裁定)	소득 계층 구조에서 집단적 규범으로의 복귀	금융 안정과 신용 할당: 국가의 고유 권한

위치를 차지한다. 녹색 성장은 모든 행위자가 이 장애물을 극복하는 데 동원되어야 하며, 이 과정에서 일군의 근본 혁신이 일어나 산업의 역사에 새로운 시대를 열어줄 것으로 가정한다. 그러나 이 전략은 부국과 빈국 간의 양극화를 심화시킬 위험이 있을 뿐만 아니라 금융시장이 예컨대 이산화탄소의 방출 가격의 변동 경향을 알려줄 수는 없다는 점에서 지속적으로 추구하기 어렵다는 단점이 있다.

'번영 없는 성장'이라는 현상을 근거로 국민이 피부로 느끼는 복지와 가장 밀접한 집단재를 공급하는 방향으로 사회를 재편하자는 제안도 나온다. 이러한 시각에서 보면 시장 논리나 GDP로 평가되는 전통적인 시스템은 부유한 사회의 시민들의 기대에 갈수록 부응하지 못하고 있으며, 이러한 열망에 부응할 가능성이 가장 커 보이는 체제는 다름 아닌 복지경제와 혼합경제다.

나머지 세 개의 잠재적인 발전양식에서는 이 열망이 거의 나타나지 않는다는 것은 이 발전양식들이 가진 약점이기도 하다. 이렇게 된 데는 이들에게 영향을 준 영감이 민주주의적인 것이 아니라 기술관료적인 것이기 때문이다.

예외가 없는 것은 아니지만 '불평등의 심화'가 지위와 보수의 개별적인 결정이라는 특징을 갖는 사회를 재편하는 데 대체로 방해가 된다는 인식이 갈수록 확산되고 있다. 이로부터 각국의 국내 공간에서의 연대성은 물론 좀 더 일반적으로는 국가 간의 연대성에 대한 의문이 제기된다. 연대성 관련 문제는 제도 혁신 없이 기술적·과학적 혁신만으로는 해결될 수 없다. 여기서 제도 혁신은 사회운동의 압박과 다수 시민을 포함하는 대규모 정치 결사체의 구축을 전제로 한다. 복지경제와 혼합경제는 다름 아닌 교육, 보건, 문화와 같은 핵심 부문에서 집단재 공급을 증대시킴으로써 불평등 심화를 억제한다는 목적을 갖고 있다.

'금융 불안정과 위기의 재발'은 현대 경제를 고통에 빠뜨리는 다섯 번째 (마지막으로 거론된다고 해서 그 중요성이 가장 낮은 것은 아니다) 저주다. 이 문제의 해결에 각각의 잠재적 발전양식이 기여하는 공헌도는 매우 불균등하다. 정보통신기술뿐만 아니라 지식경제도 금융 불안정을 조장하는 측면이 있는 반면, 나머지 시나리오는 금융이 핵심 목적에 봉사하도록 만들어야 한다고 제시한다. 이러한 핵심 목적으로는 녹색 투자를 위한 금융 자원의 동원, (금융—옮긴이) 중개의 입지 조정, 공공 재정의 확충이나 공공기관에 의한 통제로 대규모 금융위기 발생 가능성 자체의 제거 등이 있다. 그러나 공공기관들이 이러한 과업을 달성하기 어려운 까닭은 그들 대부분이 국제 금융에 대한 지속적인 채무 상태를 벗어나지 못하고 있다는 데 있다. 따라서 어떤 형태로든 경로 의존성을 벗어나기 어려우며, 이로 인해 발전양식들에 관한 전망은 더욱 복잡해진다.

미래는 과거의 재생산이 아니다

그렇다면 조절이론은 스스로 세운 기본 가설들 중 하나, 즉 대위기에는 경제적 결정론이 후퇴하는 대신에 정치적 동맹이 형성될 수 있지만 이 동맹이 정합적이고 지속 가능한 발전양식을 정착시키는 데 성공한다는 보장이 전혀 없다는 가설의 희생양이 되고 마는 것은 아닐까. 그럼에도 역사에서 대위기로부터의 탈출 과정에 관한 몇 가지 일반적인 교훈을 얻을 수는 있다.

① 기존 모델의 부분적인 수정으로 극복되었던 대위기는 하나도 없었다. 미래는 (과거의—옮긴이) 반복이 아니다.

② 기술 혁명이 성과를 낼 수 있는 것은 통상 헤게모니 강국의 변화 덕분에 가능해진 새로운 경제지리적 및 지정학적 환경에서 조직, 제도, 역량, 공

공 개입 등이 함께 공시적인 변화를 거칠 때다.

③ 행위자, 이해관계, 비전 및 전략 등이 다중적이라는 것은 오랜 시행착오와 학습 과정을 거친 후에야 비로소 한 세대 동안 활기를 유지할 수 있는 체제가 정착된다는 것을 함의한다.

④ 시장 금융의 단기주의와 정치적 게임이 미래 사회경제체제에 대한 집단적인 제어를 방해하는 경우가 너무 많다. 이는 환경 분야에서 특히 그러하다.

⑤ 서로 얽혀 있는 기술적·사회적·정치적 혁신 과정들이 다중적인 국제적 상호 의존과 결합해 현대의 위기를 벗어날 수 있는 해법 모색을 더욱 복잡하게 만든다.

⑥ 21세기의 모델들은 혼합물일 것이다. 왜냐하면 이 모델들은 한편으로 사회운동을 매개로 아래로부터 나오는 과정들과 다른 한편으로 현대사회의 모든 영역에 변화를 초래할 수 있는 수많은 혁신들을 접합시키는 제도 형태들을 창출하는 데 불가결한 정치적 행동이 상호작용해 만들어낼 것이기 때문이다.

⑦ 도구와 기법의 발전에도 불구하고 경제학은 세계의 큰 변화들을 분석하기에는 무력해 보인다. 조절이론은 자본주의들의 변화에 관한 분석을 바탕으로 현대 세계를 이해하는 데 필요한 몇 가지 열쇠를 제공한다.

소결: 조용한 변화라는 도전

자본주의의 동학을 40여 년간 꾸준히 연구해온 조절이론은 오늘날 두 개의 중대한 장애물에 직면했다.

첫 번째 장애물은 중국이다. 거의 모든 다른 자본주의가 보여준 것과는 달리 중국 경제는 그토록 오랫동안 대위기를 겪지 않고 규칙적인 발전을 계속해왔다. 이 사실을 어떻게 설명할 수 있을까? 이것은 혹시 중국이 대위기로 귀착될 수도 있었을 조정 곤란 사태를 미리 예견하고 이에 사전 대비할 목적으로 실용적인 개혁을 연속적으로 수행해왔기 때문에 가능했던 것은 아닐까?

두 번째 장애물은 첫 번째 장애물과 정반대에 위치한다. 조절이론이 성숙한 자본주의에서 목하 출현 중인 체제의 성격을 규명하는 데 이토록 서투른 이유가 무엇인가라는 것이다. 일단의 이유는 조절이론가들이 포드주의라는 단순하고도 궁극적으로는 합리적인 체제를 지나치게 오랫동안 연구해왔다는 데 있다. 이 점에 대해서는 의심의 여지가 없다. 그런데 이 책의 여러 장에서 본 바와 같이 (현실 경제에는—옮긴이) 무수히 많은 부분적인 규칙성들이 복잡하게 얽혀 있다. 1967년부터 2015년까지는 양차 세계대전 중간기에서처럼 괄목할 만한 붕괴가 없었다. 에르네스트 라브루스(Ernest Labrousse)와 페르낭 브로델(Fernand Braudel)이 『프랑스 사회경제사』에서 지적했듯이 1880~1950년에 여러 나라에서 전쟁-위기-전쟁이라는 비극적인 사태가 계속되자 사회적 관계를 재편할 수밖에 없었다. 1970년대 이후의 시기에는 이러한 세계사적인 커다란 충격 대신 정치인이나 기업가 또는 분석가들이 근본적인 불확실성에 직면해 저질러온 수많은 시행착오로 점철되었다. 이러한 불확실성은 지난 20년 동안에도 거의 사라지지 않았다. 2008년의 금융 패닉이 자극했던 세상의 종말이라는 느낌도 빠르게 망각되었고, 모두 일상생활로 되돌아가지 않았던가.

이 두 개의 도전은 공통의 뿌리를 갖고 있다. 그것은 서양의 연구에는 합리적이고 계산적인 행위자라는 용어로 이루어지는 분석이 지배한다는 점이다. 여기서 이 행위자는 항상 변하는 구도 속에서 풀 수 없을 정도로 서로 얽혀 있는 과정들이 만들어내는 환경은 — 제어하기는커녕 — 탐구하지 않은 채 자신의 비전을 강제하려는 의지만 갖고 있다. 조절이론은 친애하는 프랑수와 줄리앙(Jullien, 2009)의 '조용한 변화'라는 개념을 받아들여 자본주의 동학을 이해한다는 자신의 거대 프로젝트를 계속 수행해나가야 한다.

결론
자본주의 역사상 새로운 거대 변동에 관한 분석과 이해

결론에서는 지금까지의 오랜 논의를 통해 얻은 주요 교훈 몇 가지를 재정리하고, 서론에서 제시한 일곱 가지 질문에 답하고자 한다.

자본주의의 제도의 심화와 복잡성

이 책 초판(*Théorie de la régulation: 1. Les fondamentaux*, 2004)에서는 자본주의라는 개념을 방어하는 것으로 논의를 시작했다. '시장경제'를 중심 개념으로 삼는 경제학에 '자본주의'를 출발점으로 삼는 근대 정치경제학이 대치하고 있기 때문이다. 그 후 조절론자들은 경제학의 다른 조류도 많이 접해왔다. 한 예로 스티글리츠(Stiglitz, 2012)의 저서들은 세계화라는 개념에 준거하는 것을 주저하지 않았는데, (조절이론은—옮긴이) 이 세계화라는 개념 자체를 자본주의의 확장 동학과 연계시킨다. 제도경제학은 제도 형태들의 결합에 관한 형식 논리가 자본주의 경제에 고유한 경향을 준거로 삼을 때 더욱 명료해진다는 것을 발견했다(Streeck, 1977, 2012; Streeck and Thelen, 2005; Thelen, 2009; Thelen and Mahoney, 2010). 마찬가지로 교조주의 출신의 몇몇 논자도 일국의 경제적 성패(成敗)를 결정하는 요인을 조사하면서 제도의 위력을 깨달았다(Acemoglu and Robinson, 2012, 2015). 마지막으로 자본가들의 전략은 사회경제체제로서 자본주의의 지속과 배치될

표 1

자본주의 개념은 제도적 동학을 내포한다

	시장경제	자본주의
시장에 관한 견해	1. 수급에 의한 조정이 이루어지는 순수한 추상물	1. 사회적 관계의 표현
	2. 대등한 주체들 간의 수평적 조정	2. 수평적 관계(기업 간 경쟁)와 수직적 관계(임노동관계)의 공존
	3. 근본적으로 자기 균형적	3. 축적이 초래하는 불균형의 전파
영역 간의 연관	4. 순수 경제라는 이념형(경제 영역의 유아독존)	4. 경제·사회·정치 영역의 구조적인 상호의존
방법론·인식론	5. "만일 ~라면" 가설의 정당화	5. 맥락 의존성
	6. 실체적 합리성	6. 맥락 의존적 합리성
	7. 경제로 경제를 설명하기	7. (사회에—옮긴이) 삽입된 경제
변동의 분석	8. 장기 균형의 전제	8. 시기의 연속이 장기를 구성함
	9. 외부에서 가해지는 교란	9. 본질적으로 내생적인 변동
경제체제의 단일성·다양성	10. 파레토 최적이라는 이념형	10. 역사적 국면의 계승
	11. 경쟁은 다양성을 축소함	12. 다양한 유형을 가진 자본주의들의 공존

수도 있다는 점이 밝혀졌다(Rajan and Zingales, 2003).

이러한 방법론과 인식론의 선택으로 다음과 같은 막중한 의미를 가진 결론이 도출되었다. 즉, 역사는 시장의 확장 및 강화의 역사일 뿐만 아니라 시장의 틀을 짜는 규범, 가치, 제도 형태 등의 역사이기도 하다는 것이다. 경제 영역은 사회적·상징적·정치적 영역들과 상호작용하며, 이러한 상호작용으로 자본주의는 그 유형과 무관하게 활력을 띨 수도 있고 위기를 맞을 수도 있다(표 1 참조).

지난 수십 년에 걸친 연구를 통해 제도들의 다양화와 복잡화의 증대가 어떻게 현대 자본주의들이 상대적인 안정을 누릴 수 있도록 만들었는지를 명시할 수 있었다. 그러한 제도의 사례로는 생산 모델, 사회적 혁신 시스템, 나아가 국가 사회보장 시스템 등이 있다. 이러한 관점에서 보면 수많은 조직과 제도는 신용 및 금융 시장을 비롯한 몇몇 기본 시장을 매개로 상호작용한다. 이 제도적 구축물들은 무엇보다 자본주의의 회복력을 설명해준다. 예컨대 중앙은행과 재무부가 없었더라면 자본주의들은 모조리 붕괴되었을지도 모른다. 그러나 이와 동시에 제도적 구축물들은 위기의 형태를 완전히 바꾸어놓았다. 그렇지 않았다고 한다면 예컨대 제로 금리하에서 중앙은행에 의한 채권의 대량구매라는 형태를 취하는 이단적인 통화정책(양적완화를 말한다—옮긴이)이 어떻게 나올 수 있단 말인가?

자본주의 경제가 성립하는 데 필요충분조건을 형성하는 기본 제도로는 어떤 것들이 있을까? 자본주의의 놀라운 회복력의 원천은 다름 아닌 제도형태와 그 장치들의 다양성과 복잡성에 있다. 지금까지 자본주의는 대위기들을 극복해왔고, 이 위기들은 시장 논리 자체에 내재된 불안정성을 공동체가 다시 통제하는 방향으로 되돌아가게 만든 계기로 작용해왔다.

경제 영역의 삽입

경제 영역이 사회 영역에 삽입된다는 것이야말로, 제도적 구도가 어떻게 활기찬 조절양식을 창출할 수 있는가라는 두 번째 질문에 대한 답을 제공한다. 조절이론은 폴라니에 준거해 화폐, 노동, 자연과의 관계 등은 시장의 숙주들이므로 시장 경쟁과 무관하게 독자적으로 조직되어야 한다고 강조한다. 이 메시지는 이 책에서 반복 제시되었다. 화폐 질서는 민간 발행자들과의 경쟁을 초월하는 원리에 의거해 조직되어야 한다. 중앙은행이 시중은행의 논리와 다른 논리에 의거해야 하는 까닭은 그것이 화폐 본위의 신뢰성과 합법성 보장을 사명으로 한다는 데 있다. 유로존이 위기에 처한 이유는 그것이 통화적·재정적 연대를 중심으로 통합된 정치적 공간이 아니기 때문이다. '근로 연계 복지(workfare)'가 '국가 복지(welfare)'를 대체해 갈수록 그리고 임노동관계가 시장 논리에 지배되어갈수록 행정에 의한 조절은 어려워진다. 순수한 지대 수취 체제로는 활기찬 조절을 시행하기 어려운 까닭은 지대의 순환 회로가 민주주의와 시민권 원리에 의거해 작동하지 않는다는 데 있다.

이렇게 해서 조절이론은 다음과 같은 역설적인 논지를 개발하는 셈이 된다. 그것은 시장질서가 내포하는 모방 행태는 거시경제 안정성에 불리하게 작용하지만, 경제 영역이 사회 영역과 정치 영역에 삽입되면 축적 동학이 창출하는 불균형을 완화할 수 있는 수단이 제공된다는 것이다. 물론 경제적 조절이 정치적·상징적 질서 속에 삽입될 때는 이 질서가 다소간에 유리한 거시경제 변동을 가져다줄 수도 있고 그렇지 않을 수도 있다. 바로 이러한 (여러 심급들의—옮긴이) 위계와 중첩 덕분에 사회 질서가 안정적으로 유지되는 시기들이 존재할 수 있는 것이다(그림 1 참조).

이 기본 가설로부터 방법론적으로 중대한 결과가 나온다. 이 책은 소수의 일반 원리에서 시작해 시공을 초월하여 유효하다고 간주되는 일련의 모델을 도출하는 통상적인 논리에 따라 구성되지 않았다. 장이 거듭될수록 현실 경제가 가진 여러 특징이 도입되지만, 이 특징들은 부분 모형을 만드는 데 예비적으로 사용될 뿐이다. 이러한 부분 모형의 목적은 범용성을 지닌 메커니즘들을 명시하는 데 있지만, 이 메커니즘들은 현실에서 관찰되는 연쇄관계와 메커니즘들 중 일부에만 조응할 뿐이다. 요컨대 자본주의 동학에 관한 일반 모형을 만들기 어려운 것도 바로 자본주의 동학을 결정하는 제도적 구도가 시공과 더불어 변하기 때문이다.

이것이 바로 금융 혁신 주도 축적체제가 전형적인 모형으로서가 아니라 미국이나 영국에서 관찰되는 특정한 사회적 관계를 정형화한 모형으로 언급되는 이유다. 예컨대 순수한 지대 수취 체제에서는 거시경제 연쇄가 이

그림 1
조절의 외연적 개념화

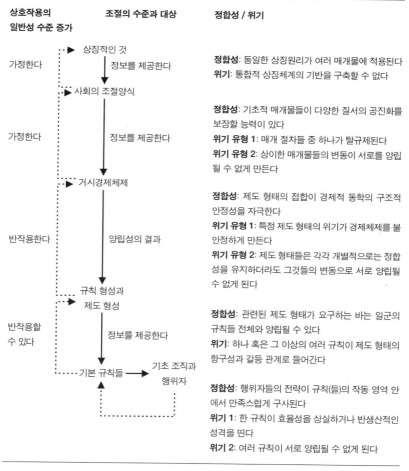

상호작용의 일반성 수준 증가	조절의 수준과 대상	정합성 / 위기

가정한다 → 상징적인 것
정보를 제공한다
→ 사회의 조절양식

정합성: 동일한 상징원리가 여러 매개물에 적용된다
위기: 통합적 상징체계의 기반을 구축할 수 없다

가정한다 → 사회의 조절양식
정보를 제공한다
→ 거시경제체제

정합성: 기초적 매개물들이 다양한 질서의 공진화를 보장할 능력이 있다
위기 유형 1: 매개 절차들 중 하나가 탈규제된다
위기 유형 2: 상이한 매개물들의 변동이 서로를 양립될 수 없게 만든다

반작용한다 → 거시경제체제
양립성의 결과
→ 규칙 형성과 제도 형성

정합성: 제도 형태의 접합이 경제적 동학의 구조적 안정성을 자극한다
위기 유형 1: 특정 제도 형태의 위기가 경제체제를 불안정하게 만든다
위기 유형 2: 제도 형태들은 각각 개별적으로는 정합성을 유지하더라도 그것들의 변동으로 서로 양립될 수 없게 된다

반작용할 수 있다 → 규칙 형성과 제도 형성
정보를 제공한다
→ 기본 규칙들

정합성: 관련된 제도 형태가 요구하는 바는 일군의 규칙들 전체와 양립될 수 있다
위기: 하나 혹은 그 이상의 여러 규칙이 제도 형태의 항구성과 갈등 관계로 들어간다

기본 규칙들 → 기초 조직과 행위자

정합성: 행위자들의 전략이 규칙(들)의 작동 영역 안에서 만족스럽게 구사된다
위기 1: 한 규칙이 효율성을 상실하거나 반생산적인 성격을 띤다
위기 2: 여러 규칙이 서로 양립될 수 없게 된다

자료: Boyer and Saillard(2002).

와는 아주 다르게 나타난다. 구 산업국의 경우에도 마찬가지다. 화폐가 통합된 지역 내에서는 핵심 변수가 혁신인지 임노동 억제인지에 따라 서로 다른 조절양식이 어렵게 공존하기도 한다. 자본주의의 삽입이라는 아이디어는 자본주의의 이질성을 설명해줄 뿐만 아니라 또 어떤 의미에서는 자본주의들의 양립 가능성은 물론, 적어도 그것들의 보완성도 설명해준다.

조절과 위기는 서로 동반한다

조절이론이라는 명칭이 주는 인상과는 반대로, 발전 모델의 성공은 그활력이 고갈됨으로써 나타나는 위기의 유형과 연계되어 있다. 예컨대 포드주의의 논리를 명료하게 포착할 수 있게 되었던 것은 1960년대 말 미국에서 포드주의의 구조적 위기가 시작되면서부터다. 신용 및 금융 혁신 주도 성장의 정식화를 통해 가속적인 성장이 불황으로 급반전되는 임계점을 포착할 수 있었다. 마찬가지로 녹색 성장의 가능성을 탐구할 때 연구자들은 그에 조응하는 제도적 타협의 실현 가능성 여부를 타진한다. 이처럼 조절과 위기는 분리할 수 없게 연계되어 있다(그림 1 참조). 이러한 양자의 대칭성은 대완화기에 조절이론의 큰 약점으로 나타났다. 그런데 이 시기를 거치면서 거시경제학자들은 이론화 과업을 거의 완수했다고 생각했으나 2008년의 위기가 발발하자 그것이 아니었음을 인정하게 되었다(Blanchard, 2008, 2011). 이와는 반대로 그러한 대칭성이 강점이 되기도 한다. 그 사례는 일본의 장기 침체기에 공공 채무의 급증이 제도 형태들의 재동기화를 대체하는 역할을 한다는 사실을 발견했을 때다. 이와 마찬가지로 유로화 위기가 보여준 전개 양상은 조절론적 접근이 현실 적합성을 가지고 있음을 보여준다. 예컨대 국민국가의 역량이 부적절하게 분포되어 있다는 것이 유로존의 비효율성을 증언한다면, 그들 간의 정치적 갈등은 다른 어떤 초국가적인 질서의 출현을 가로막는다. 따라서 위기는 국내총생산(GDP)의 격감이나 실업률의 급등이 아니라 활기찬 조절양식을 만들어내지 못하는 제도적 질서의 무능을 통해 드러난다.

제도 형태의 변형: 외생적인 것에서 내생적인 것으로

자본주의 제도의 변형은 어떻게 이루어지는 것일까? 경제학자들은 그 원인을 자신이 분석 대상으로 삼는 장(場)의 외부에서 찾는 경향이 있다. 외부 요인의 대표적인 사례로는 생산성의 부정적인 충격, 세계적 위기가 국민경제에 주는 영향, 급속한 재산 축적을 도모하는 금융인들의 탐욕 증대, 금융 안정에 대한 신뢰 상실 등을 들 수 있다. 그리고 제도 형태는 이러한 외부 요인에 맞추어 조정될 수밖에 없다고 본다. 조절이론은 이와 다른 설명 두 가지를 제시하는데, 이것들은 역사를 움직이게 만드는 동력이자 초국가화를 시행하는 주체로서 자본주의가 가진 본성과 밀접한 관계가 있다.

사실 자본주의는 사회들의 역사를 추동한다. 축적의 효과 자체가 기업 조직, 경쟁 성격, 생산기술, 생활방식을 바꾸고 심지어 사회의 기본적인 가치마저 바꾼다. 그래서 내생적 신진대사와 이종교배라는 두 가지 메커니즘에 비추어 여러 자본주의의 동학이 비교 분석된다. 먼저, 내생적 신진대사 과정은 축적체제의 특징을 드러내는 파라미터의 완만한 변형이 어떻게 구조적 안정을 보장하는 경계선을 넘어 거시경제 변수들이 급격히 조정될 수밖에 없도록 만드는지 묘사한다. 다음으로 이종교배는 지배적인 자본주의가 각지의 현지 사회에 침투할 때 동반하는 조직 및 제도와 이들의 채택을 둘러싼 현지 사회의 저항 간의 상호작용에서 나온다. 이러한 충돌로부터 새로운 형태의 자본주의가 출현하지 못할 수도 있고(예컨대 영국은 미국식 대량생산 모델을 채택할 수 있는 능력이 없었다) 1970년대 일본의 경우처럼 출현할 수도 있다.

이처럼 조절이론은 세계경제에서 나오는 충격을 내생화한다는 전략을 세우고, 자본주의의 다양한 형태와 지대 수취 체제의 상호작용에 기반을 두는 지정학의 단초를 찾고자 했다. 예컨대 2008년 9월에 시작되어 거의 세계 전역으로 전파되었던 금융시장 동결 현상은 북미의 금융 혁신 기반 축적체제가 초래한 필연적인 결과다. 이와 마찬가지로 포드주의가 한계에 도달했음을 드러내주었던 1973년과 1979년의 원자재 가격 폭등은 인플레이션(이 자체가 관치 조절의 특징이다)으로 소득 감소라는 위협을 받던 산유국들이 동맹해 행동한 결과와 다름없다. 이 메커니즘들은 축적체제가 어떻게 위기로 진입하는지를 묘사한다. 반면 대위기의 출구는 다음과 같은 두 가지 특징을 갖는다. 우선, 대위기가 경제적 차원에서만 행동하는 행위자들의 시행착오적 대응에 의해 극복된 사례는 없다는 점이다. 예컨대 두 차례의 세계대전이 가져다준 충격이 없었더라면 외연적 축적은 내포적 축적으로 이행하지 못했을 것이다. 다음으로, 특히 대부분의 제도 형태는 국가 개입을 통해 출현하며, 국가 개입 자체는 다소간에 영속적인 정치적 동맹이나 특정 헤게모니 블록이 가진 권력의 행사라는 점이다. 예를 들어 통화체제는 전형적인 정치적 선택의 대상이며, 노동계약을 상거래계약 또는 특수한 법에 의해 관장되는 계약과 동일시하는 것도 특정한 정치적 동맹의 표현이다. 환율체제의 선택 역시 사회 전체의 문제이지 거시경제 안정을 도모하려는 최적화 행동의 산물은 아니다.

이 책의 여러 장에서 제도적 구도가 계승될 때 그것이 경제적 효율성의 극대화를 위한 것이어야 할 이유는 거의 없다는 사실을 확인했다. 제도 변화를 초래하는 근본 원인으로는 두 가지가 있다. 하나는 특정 성장체제가 가져다주는 성과의 분점을 둘러싸고 일정한 타협이 이루어지는 것이고, 다른 하나는 경제적 효율성은 거의 무시되고 특정 헤게모니 질서가 강제되는 것이다. 첫 번째 경우로는 포드주의 구도를, 두 번째 경우로는 금융 주도 체제(또는 지대 수취 체제)를 들 수 있다. 여기서 신고전파의 영감을 받은 제도경제학의 규범성과 정치경제학의 중립성 간의 차이점이 다시금 드러난다. 전자가 세계를 마땅히 그래야 하는 모습으로 묘사한다면, 후자는 세계를 있는 그대로 묘사한다.

대위기의 반복과 새로움

이제, 자본주의 위기가 반복될 때마다 동일한 연쇄가 나타나지 않는 이유가 무엇인지에 대해 답할 수 있게 되었다. 1980년대부터 금융위기가 재발되는 현상을 목도한 경제학자를 비롯한 많은 이론가들은 위기의 장구한 역사에 관심을 갖게 되었다(Bordo et al., 2001; Reinhart and Rogoff, 2009). 그 연구 전략의 하나는 투기 거품의 출현, 성숙, 폭발로 이어지는 과정에 내포된 불변의 요소들을 명시하는 것이다(Kindleberger, 1978, 1994). 조절론적 연구는 이 작업들의 도움을 받아 성장했지만 연구 성과에 대한 해석은 달랐다. 사실 아날학파의 계보에 따라 수행된 연구들은 모든 사회가 그 구조에 조응하는 위기를 갖는다는 것을 보여주었다. 그럼으로써 불변의 요소들을 찾아낼 수 있었음은 확실하지만(Boyer et al., 2004; Boyer, 2011b, 2013a). 금융위기가 새로움을 지니는 이유에는 적어도 다음과 같은 세 가지가 있다.

첫 번째 이유는 축적체제의 다종성과 관련된다. 예컨대 축적체제는 외연적 또는 내포적 성격을 띨 수 있으며, 대량소비를 동반할 수도 있고 그렇지 않을 수도 있으며, 금융화될 수도 그렇지 않을 수도 있다. 또한 혁신을 통해 유지될 수 있거나 임금 긴축에서 영양을 공급받을 수도 있다. 게다가 원자재 가격의 유리한 변동이 대위기를 유발할 수도 있는 순수한 지대 수취 체제도 있다. 2008년에 시작된 위기에 관한 전망을 내릴 때는 미국, 중국, 유럽연합 각각이 제시한 해법이 다양하다는 점이 고려되어야 한다. 더 이상 투기 거품에만 관심을 기울이는 것이 아니라 거시경제 차원에서 관찰되는 조절양식에도 관심을 갖는 순간, 모든 금융위기에 적용될 수 있는 표준적인 변동을 연구하는 것은 아무짝에도 쓸모없는 일이 되어버린다는 데는 의심의 여지가 없다.

새로움의 두 번째 원천은 자본주의가 동일한 제도적 구도를 두 번 이상 반복하는 경우는 결코 없다는 사실에서 나온다. 신자유주의의 성공을 19세기에 전형적으로 나타난 경쟁적 조절로의 복귀로 해석하는 분석가들이 있다. 조절론적 연구가 이러한 해석을 지지하지 않는 데는 이유가 없지 않다. 양 시기 사이에 정치체제가 민주화되었고, 국가 사회보장 시스템이 상당히 발전되었으며, 재분배를 포함한 조세 시스템에는 지난 세기에는 존재하지 않았던 자동 안정장치가 내포되어 있기 때문이다. 이에 따라 2008년에 시작된 위기 역시 1929년 위기의 재탕으로 볼 수는 없다. 만약 그렇게 보인다면 그것은 오로지 기억의 효과 때문일 것이다. 금융 시스템의 마비에 투기꾼의 책임이 있든 없든 경제에는 유동성이 반드시 공급되어야 한다는 것은 중앙은행 정관과 조세 시스템 관련 법률에 엄연히 기재되어 있다. 이것이 미국의 경우 2008년의 위기와 1929년의 위기를 동일시할 수 없는 이유다 (Eichengreen and O'Rourke, 2009, 2010). 실제로 이 두 시기 각각에 조응했던 축적체제는 다르다.

셋째로, 국제관계 시스템이 변했다는 점이다. 1930년대의 관심사는 헤게모니가 쇠약해지고 있던 대영제국에서 역동적인 미국으로 이행하는 데 있었다(Kindleberger, 1973). 다축 구조를 가진 오늘날의 세계에서는 문제가 완전히 다르다. 폰 스타켈베르크(von Stackelberg, 1934)는 미국과 중국 중 어느 나라도 지도국의 역할을 할 수 없으며, 이는 두 나라의 경제가 헤게모

그림 2

조절론적 연구의 진화에 관한 도식적인 표현

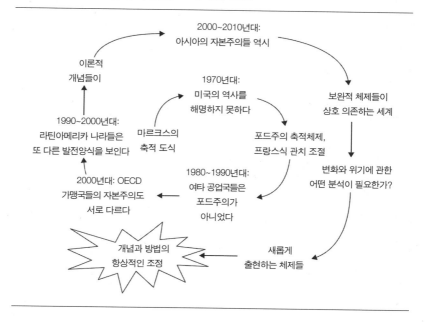

니 쟁탈 관계가 아니라 오히려 상호 긴밀한 의존 관계를 맺고 있기 때문이라고 보았다. 요컨대 오늘날 국민국가들을 둘러싼 국제 환경은 더 이상 양차 세계대전 중간기와 동일하지 않다. 왜냐하면 국경은 상품과 자본에 대해서는 항구적으로 개방되어 있지만 인력의 흐름에 대해서는 그렇지 않기 때문이다.

이처럼 자본주의가 나선형으로 (한편으로는 반복, 다른 한편으로는 혁신을 통해) 진화하기 때문에 이론의 발전도 이와 유사한 형태를 보인다 해서 전혀 이상할 것은 없다. 얼핏 보기에도 단일한 표준 모델 구축이라는 희망이 멀어지면서 자본주의 형태의 다양성은 이론적 특징 면에서는 물론, 지역적 소속 면에서도 확산되고 있다. 이미 우리가 지적한 바와 같이 라틴아메리카 경제가 직면한 불균형은 동남아시아 경제의 불균형과 같지 않다. 오늘날 국제체제의 속성은 더 이상 19세기와 동일하지 않으며, 막 지나간 20세기와 비교해도 정도만 조금 덜할 뿐 마찬가지다. 그 결과 위기의 독자적인 형태와 새로운 체제의 출현을 위한 특정한 조건이 나타난다(그림 2 참조).

21세기의 자본주의들: 다양성과 불확실성

조절이론은 자본주의의 새로운 형태들의 활력과 존립 가능성을 분석할 수 있는 도구들을 제공할 수 있는가? 대답은 양면성을 가진다.

한편, 중국에 관한 연구와 이를 확장해, 갈수록 중국과 연계된 경기 상태를 보이는 국가들에 대한 연구가 이루어지고 있다. 이 연구들은 매우 흥미로운 전망을 보여준다. 신용과 환율로 무장한 중앙국가의 통제하에 수많은 지방 코포라티즘들이 벌이는 경쟁은 역사상 전례 없는 구도다. 지리적으로 보면 세계는 한정되어 있지만(기후 변화라는 문제가 바로 그러하다) 제도 면에서 보면 자본주의의 구도들은 열려 있는 것이다.

다른 한편으로, 포드주의 체제는 결국 그것에 선행했던 체제나 그것을 계승할 수 있을지도 모르는 체제와 대비해보면 비전형적인 체제라는 사실이 확실해졌다. 오래전에 산업화를 수행한 경제들은 포드주의의 후계 체제를 오랫동안 모색해왔지만 기대만큼 성과를 거두지는 못했다. 정보통신기술은 총요소생산성●을 회복시킴으로써 거의 변하지 않은 제도적 구조하에

● 노동, 자본 등 다양한 생산요소들에 의해서 산출되는 가치를 측정하는 개념으로 경제적 기술 수준을 나타내는 지표 또는 생산효율성 수치다. 통상 생산성이라고 하면 노동자 1인당 또는 노동자 1시간당 산출량으로 효율성을 측정하는 노동생산성을 말한다. 생산성이라는 개념은 투입 요소를 이용해 효율성을 나타내는 척도다. 실제로 자본 생산성, 에너지 생산성, 설비 생산성 등이 사용된다. 그러나 이들의 생산성은 한 가지 투입 요소만으로 효율성을 파악한다. 따라서 어떤 재화

서 성장이 회복될 수 있도록 분배 갈등을 어느 정도 완화시켜준 반면, 그 이상으로 투기 거품을 조장했다. 축적체제의 금융화라는 측면에서 가장 큰 변화가 이루어졌지만, 이 과정은 결국 2008년 글로벌 위기를 발발시켰고, 이로 인해 유로존의 활력이 타격을 받았다.

발전양식의 출현을 가능케 하는 조건을 재탐색함으로써 발전양식에 관한 이해가 더욱 깊어질 수 있었다. 그러나 현대 세계에서 작동 중인 힘들의 복잡성과 다양성이야말로 조절이론의 발전을 가로막는 고유한 장벽인 것 같다.

마르크스주의 계보와 역사적 제도주의 사이에서

사회과학이론은 국지적으로 또한 역사적으로 탄생한다는 슬로건을 중시해왔다는 점에서, 조절이론은 마르크스주의의 전통에서 멀어진 대신 역사주의에 기여한 것으로 보일지도 모른다. 여기서 역사주의란 분석이나 예측에는 전혀 기여하지 않으면서 과거를 단순히 묘사하는 데 그친다는 비판이다. 이제 조절이론이 마르크스주의 전통에 대한 충직성을 명시적으로 계속 유지해온 소수의 연구자들과 어떤 관계를 맺고 있는지 밝히려 한다.

조절이론이 제시한 포드주의와 그 후계 체제들에 관한 정식화가 전형적

의 생산은 노동, 설비, 원재료, 에너지 등의 투입과 적절한 관리로 이루어지므로 전반적인 생산성 증대 효과는 개별 요인만으로 설명하기가 어렵다. 그러므로 생산의 전반적인 효율성을 측정하기 위해서는 전체 투입요소를 고려한 측정이 필요한데, 이것이 총요소생산성(TFP)이다. 총요소생산성은 노동, 자본 등 단일 요소 생산성 측정에는 포함되지 않는 기술, 노사관계, 경영체제, 법·제도 등이 반영되기 때문에 총요소생산성 증가는 기술혁신을 의미하기도 한다(네이버 지식백과 '시사경제용어사전' 참고).―옮긴이

인 마르크스주의보다는 칼레츠키언 조류에 가깝다는 지적은 정확하다. 이 정식화의 목적은 사실 모든 축적체제에 고유한 모순들이 제도적 타협에 의해 어떻게 억제될 수 있었는지 보여주는 데 있었다. 따라서 이윤율 저하 경향이 조절론적 자본주의 분석의 알파요 오메가가 될 수는 없었던 것이다. 2000년대의 구도가 1929년의 위기 분석을 다시 부각시켰던 까닭은 이윤은 회복되었음에도 축적의 확실한 재개는 확실치 않은 데 있다. 문제는 바로 축적체제의 제도적 정합성인 것이다.

조절론적 접근과 마르크스적 접근은 2008년에 시작된 위기의 성격을 거의 동일하게 진단한다. 한편으로, 신자유주의는 다시는 활력 있는 축적체제를 형성할 능력이 없다는 사실이 분명해졌다(Duménil and Lévy, 2005; Husson, 2008). 예컨대 금융화가 가져다준 이윤은 생산자본으로 재투자되지 않았고, 중국에서의 이윤 동학은 경쟁 주도 축적체제의 균형을 회복시키기는커녕 불안정만 유발했다. 다른 한편으로, 예컨대 미국과 중국의 경우 각 나라에 조응하는 구도는 서로 다른 특수한 헤게모니 블록에 준거하지 않고서는 해석될 수 없다(Duménil and Lévy, 2013b, 2014). 그러므로 포스트케인시언 접근과 마르크스주의 접근의 만남에서 시너지 효과를 기대하는 것이 불가능하다고만 볼 수는 없다(Duménil and Lévy, 2013a). 이 점은 조절이론의 내생적 신진대사와 포스트케인시언 정식화 간의 시너지 효과에 대해서도 타당하다(Revue de la régulation, 2011, 2014).

새 고전파 거시경제학의 지적 와해에도 불구하고 학계의 구조는 거의 바뀌지 않았다는 점에서 이러한 동맹은 더더욱 필요하다.

옮긴이 후기

책 한 권이 한 세대의 역사를 고스란히 담고 있는 경우가 있다. 2016년 라 데쿠베르트(La Découverte)에서 발간된 『자본주의 정치경제학(Économie politique des capitalismes: Théorie de la régulation et des crises)』이 그러하다. 조절이론의 창시자 중 한 명이자 국제적으로 저명한 이론가이기도 한 로베르 부아예는 이 책에서 여러 나라에서 활동하는 조절이론 연구자들이 지난 40여 년 동안 이룩한 연구 결과를 종합적으로 제시한다.

독자적인 방법론을 개척한 조절이론 연구그룹에서 부아예를 제외하고는 이러한 종합 소개서를 집필할 만한 다른 연구자를 찾기는 어렵다. 조절이론의 개척자로는 연보에서 알 수 있듯이 아글리에타, 드 베르니스 등도 있지만, 조절이론이 이만한 성과와 반향을 가질 수 있게 된 데는 부아예의 공로가 가장 크다고 해도 과언이 아닐 것이다. 그가 왕성한 연구와 집필 능력으로 조절이론 발전의 전 역사와 현황을 꿰뚫고 있다는 것은 이 책을 읽은 사람이라면 누구나 인정할 수 있을 것이다. 부아예 교수는 올해 세는 나이로 75세라는 적지 않은 나이에도 불구하고 인용한 참고문헌에서 확인할 수 있듯이 경제학은 물론 정치학과 사회학 등 다양한 학문 분야의 최근 성과까지 반영하고 있다. 이처럼 끊임없이 일신우일신(日新又日新)하려는 노력과 자세는 후학들에게 귀감이 되고 또 자극을 줄 것이 틀림없다.

이 책의 특징 중 하나는 정치경제학의 복원을 명시적으로 추구한다는 것이다. 제목에서도 나타났듯이 조절이론이 아니라 '자본주의 정치경제학'이다. 즉, 이 책은 자본주의 정치경제학의 하나인 조절이론의 위치를 명확히

한다. 따라서 조절이론이 역사적 방법론을 중시함에도 불구하고 자본주의 이전의 시대는 다루지 않는 대신 자본주의가 출현한 이래부터 지금까지 자본주의의 전 역사를 담고 있다.

조절이론을 정치경제학으로 명시한 것은 경제 영역과 경제 논리만 다루는 표준 주류 경제학과 확실한 차별화를 도모한 것으로 해석된다. 그럼으로써 마르크스 경제학의 문제의식을 계승하고 그 현대적 버전을 천착한다. 그리고 제도경제학 등 다양한 비주류 경제학 조류의 성과도 포섭한다.

조절이론의 방법론적 특징의 하나는 현실의 존재와 변동을 이해하는 데 있다. 따라서 현실이 어떠해야 한다는 것을 주장하거나 이러저러한 정책적 처방이 필요하다고 주장하지 않는다. 오히려 특정한 정책이 왜 이 시기에 특정 국가에서 나왔는지를 해명하려 한다. 현실 경제가 어떻게 돌아가고 있는지, 나아가 왜 새로운 모습으로 바뀌어왔는지에 천착하는 것이다. 이 점이 조절이론이 학계를 벗어나 정책담당자나 일반인들에게까지 널리 알려지거나 활용되지 못하고 있는 현상을 설명해주는 요인의 하나가 아닐까 한다.

그럼에도 현대 정치경제학의 다양한 조류 중 조절이론만큼 성공을 거둔 조류도 없을 것이다. 1970년대 이래 프랑스에서 하나의 학파를 형성한 후 프랑스를 대표하는 경제학 조류로 정착되었고, 이후 여러 나라의 연구자들을 포섭하는 국제화도 이루었다. 우리가 알기에 특히 일본과 한국에서 상당수 연구자가 조절론적 방법론으로 국민경제와 국제경제를 연구해오고 있고, 이제는 중국을 비롯한 나라들로도 확산되고 있다. 여기서 서구 다른 나라들보다는 아시아 나라들이 조절이론에 더 많은 관심을 기울이는 이유가 무엇인지 궁금해진다. 부아예의 말처럼 아시아 자본주의는 새로운 유형의 자본주의로서 21세기를 주도할 자본주의 유형이기 때문은 아닐까라는 생각을 해본다.

차례에서 확인할 수 있듯이 이 책은 '기초'와 '발전' 두 부분으로 구성된다. '기초'가 조절이론의 기본 매뉴얼을 소개한 부분이라면 '발전'은 현대 자본주의의 거대 전환과 이에 대응해 1990년대 이후 조절이론이 이룩한 이론상의 거대 전환을 개괄한다.

1부 '기초'는 조절이론의 매뉴얼로 사용될 수 있는 부분으로서, 조절이론의 기초 개념과 방법론은 물론이고 다양한 경제학 조류(신고전파 경제학, 마르크스 경제학, 케인스 경제학, 신제도주의 경제학 등)와의 비교를 통해 조절이론의 독창적인 기여가 무엇인지 소개한다. 구체적으로는 자본주의 경제에 필요충분한 기본 제도에는 무엇이 있는지, 이런 제도들의 구도가 어떻게 일정한 동태적 안정성을 갖게 되는지, 이러한 제도들은 무엇에 의해 변형되는지, 한때 성공을 구가했던 성장체제가 반복적으로 위기를 경험하는 이유는 무엇인지, 위기가 동일한 내용과 모습으로 반복되지 않는 이유는 무엇인지, 자본주의의 새로운 형태의 출현과 그 지속 가능성을 검토할 수 있는 도구는 무엇인지를 탐구한 결과를 종합한다. 마지막으로 포드주의 성장 모형, 비선형 성장 모형, 금융 주도 성장 모형을 정식화함으로써 이론의 내적 일관성 정도를 밝히며, 실증과 경험적 연구로 어떻게 진행될 수 있는지를 보여준다.

2부 '발전'은 우선 현대 자본주의의 거대한 전환을 조절론적 관점에서 어떻게 해석할 수 있는지 살펴본다. 중국의 급속한 성장을 어떻게 해석해야 하는지, EU의 위기와 브렉시트를 어떠한 관점에서 바라보아야 하는지, 금융 주도 축적체제와 세계금융위기는 어떠한 관련을 맺고 있는지, 소득 불평등 확대를 어떻게 보아야 하는지, 지대의 역할은 무엇이며 성장에 대한 환경 제약은 어떻게 해석해야 하는지를 일관된 시각으로 검토한다. 그리고 이러한 자본주의의 거대 전환에 부응해 조절이론 내에서 1990년대 이후 어떠한 이론적 발전이 있었는지를 '발전' 부분에서 추가해 다룬다. 우선 조절양식의 생명력을 보장해줄 수 있는 시장 이외의 다양한 중간 매개체를 이론 틀 안에 적극적으로 도입함으로써 거시 분석과 미시 분석 사이의 중시 경제 분석을 확대했다. 그 결과 생산 모델, 사회적 혁신 시스템, 훈련관계, 국가 사회보장 시스템, 그리고 최근에는 불평등 체제와 환경의 제도적 장치라는 개념을 도입했다. 서로 연관이 없어 보이는 제도 형태들이 어떻게 양립 가능하게 되고 보완성을 형성하며 유지하는지를, 그리고 새로운 축적 체제가 어떻게 '보이는 손'을 통해 출현하게 되는지를 새로운 정치경제학적 틀을 이용해 설명한다. 조절양식의 정합성을 설명하기 위해 안토니오 그람시와 니코스 풀란차스의 헤게모니 블록이라는 개념을 발전시킨 지배사회 블록(dominant social bloc)이라는 개념을 제시한다. 정치 영역과 경제 영역 사이의 상호작용, 갈등과 파워를 이론 틀 내에 본격적으로 도입함으로써 조절이론은 제도의 선택, 제도 간 위계와 보완성 그리고 위기를 좀 더 일관된 시각으로 설명할 수 있게 되었다. 마지막으로 정책의 정당화 과정에서 아이디어와 이데올로기의 역할을 강조하는 표상 체제라는 개념을 소개하며, 2008년 위기에 대처하는 정책적 대응이 국가별로 어떻게 상이했는지를 설명하는 구조 개혁 스타일이라는 개념도 제시한다.

이 책의 한국어판 출간이 이루어지게 된 경과를 간략히 밝혀두고자 한다. 애당초 부아예는 이 책과 같은 조절이론에 관한 종합 개설서의 집필을 구상했지만 그 작업이 워낙 방대해 1편 '기초'와 2편 '발전'으로 나누어 출간하기로 했다고 한다. 그래서 2004년에 『*Théorie de la régulation et des crises*』라는 제목으로 1편을 출간한 후 10년이 넘도록 2편을 출간하지 못하고 있었다. 2013년에 역자들은 2편이 곧 나올 것으로 기대하고 1편의 한국어판을 번역해 뿌리와 이파리 출판사에서 출간했다.

그런데 예상대로 2015년에 나온 2편이 별도의 책이 아니라 1편의 내용을 그대로 수록한 합본 형태로 출간되었다. 1편과의 시간적 간격이 11년이나

되고 또 동일한 출판사에서 출간되는 것이기에 원출판사에서 그러한 결정을 했을 것으로 미루어 이해할 수 있다. 문제는 한국어판 출간과 관련해 발생했다. 1편이 나온 지 얼마 되지 않아 1편의 내용을 그대로 포함한 합본이 나오자 2편만 별도로 출간할 것인지 원서처럼 합본으로 출간할 것인지를 결정해야 하는 난제가 발생한 데다 누구도 뜻하지 않았는데도 1편과 2편(즉, 합본)의 한국어판 출판사가 달라지는 상황이 발생해 문제가 더욱 복잡해졌다. 다행히 해당 출판사들 사이에 원만한 협의가 이루어진 덕에 이 역서가 현재의 모습으로 출간될 수 있게 되었으니 역자들로서는 천만다행이 아닐 수 없다.

이번에도 부아예 교수는 한국어판 서문을 새로 써주는 수고를 아끼지 않았다. 2013년 한국어판에 실린 저자의 한국어판 서문은 상당한 분량의 내용을 가지고 있지만 중복 등의 이유로 이번 합본호에는 싣지 못하게 되었다. 관심 있는 독자는 이 부분만큼은 2013년 번역본을 봐주시기 바란다.

한국의 실정에서는 예나 지금이나 전문학술서의 출간은 하나의 모험이다. 경과야 어떠하든 이 책의 한국어판을 출간하기로 한 한울엠플러스 출판사에 심심한 감사를 드릴 수밖에 없다. 판권 문제로 마음고생이 심했을 것이 틀림없는 뿌리와 이파리 출판사에는 고마우면서도 미안한 마음을 감출 길이 없다. 그리고 한울 편집실의 노고가 없었더라면 딱딱한 번역투 초안이 이처럼 매끄러운 한국어가 되지 않았을 것이니 언제나처럼 고마운 마음 표하고 싶다. 그럼에도 남아 있을 오역이나 문법적 오류는 오로지 역자들의 부족함 때문이니 너그러운 양해와 질정 있기를 바란다. 사실 고백컨대 이 책의 번역 작업은 너무나 어려웠다. 시간도 노력도 너무 많이 투입되었기에 스스로 수고했다는 위로의 말을 하지 않을 수 없을 정도다. 끝으로 조절이론에 관한 관심을 가지고 이 책을 읽을 독자분들께도 미리 감사의 말씀을 드리고 싶다. 이 책이 조절이론에 관한 국내의 관심을 제고하고 이해를 심화시키는 데 기여할 수 있을 뿐만 아니라 한국 경제는 물론 한국 사회를 더 잘 분석할 수 있는 도구로 사용되는 등 우리 경제학계, 그리고 나아가 사회과학계에 조금이나마 도움이 된다면 역자들의 수고는 눈 녹듯 사라질 것이다.

2017년 11월
서익진, 서환주

연보
조절이론의 기원과 발전단계(1976~2015)

1970년대 초 프랑스 정부의 경제 관련 부처, 즉 프랑스 통계청(INSEE)과 경제전망국 (Direction de la prévision)에서 작업했던 경제학자들과 거시계량 모델의 저자들, 즉 DECA의 베르나르 비요도(Bernard Billaudot), FIFI의 미셸 아글리에타 (Michel Aglietta), 로베르 부아예, STAR의 자크 마지에(Jacques Mazier) 등은 1967년부터 경제가 이전과는 다르게 움직이고 있다고 생각했다. 특히 제1차 석유 파동 이후 프랑스에서는 실업이 서서히 그러나 꾸준히 증가해왔고, 인플레이션 증가 속도가 전반적으로 빨라졌으며, 성장률은 둔화하는 현상이 뚜렷해진 것이다. 한편으로는 미하우 칼레츠키(Michal Kalecki), 니컬러스 칼도어 (Nicholas Kaldor), 조앤 로빈슨(Joan Robinson)의 연구로부터 영감을 얻고 다른 한편으로는 자본주의의 장기 변형에 관한 분석에 매료되었던 이 경제학자들은 마르크스 이론의 설명력을 비판적으로 평가하기 시작했다. 한편, 폴 보카라(Paul Boccara)의 영향을 받은 일단의 경제학자들은 제라르 데스탄 드 베르니스(Gérard Destanne de Bernis)의 지도하에 GREEC(그렉: 자본주의 경제의 조절에 관한 연구그룹)에 모여 현대 자본주의의 변형을 분석하는 동일한 프로젝트에 착수했다. 이 연구그룹은 인식론 철학자인 조르주 캉기엠(Georges Canguilhem)으로부터 조절(régulation) 개념을 차용해 거기에 새로운 의미를 부여했다.

1976년 아글리에타가 조절이론 학파의 주춧돌이 된 『조절과 자본주의의 위기(Régulation et crises du capital)』를 출간했고, 이후 조절이론은 점차 국가독점 자본주의론과 구별되는 방향으로 발전하기 시작했다. 1970년대의 위기는 단체협약, 신용화폐의 관리, 기업집단 간 경쟁 형태 등에서 발생한 중대한 변화로 인해 노동자들의 대량소비가 성장의 동력이 된 체제, 즉 포드주의의 위기였다.

1977년 CEPREMAP(수리경제계획예측센터)에 속한 일단의 경제학자들이 미국에 대한 아글리에타(1976)의 분석이 프랑스에 대해서도 타당하다는 것을 확인했다. 19세기와 양차 대전 중간기의 경쟁적 조절양식이 포드주의의 독점적 조절양식으로 이행했고, 그래서 양차 대전 중간기는 1929년의 위기를 동반한 전환기로 간주되었다.

CEPREMAP-CORDÈS, 『인플레이션 접근법: 프랑스 사례(Approches de l'inflation: l'exemple français)』.

1978년 로베르 부아예·자크 미스트랄(Jacques Mistral), 『축적, 인플레이션, 위기들(Accumulation, inflation, crises)』.

1979년 알랭 리피에츠(Alain Lipietz), 『위기와 인플레이션, 왜?(Crises et inflation, pourquoi?)』.

1980년대 1970년대에 이루어진 연구 성과는 1980년대에 들어 조절이론의 이론적 기반에 대한 좀 더 깊은 성찰로 이어졌다(르네 지라르(René Girard)의 미메티즘(mimétisme) 이론, 국가 분석, 계층 갈등과 간략히는 계급투쟁 등).

1982년 미셸 아글리에타·앙드레 오를레앙(André Orléan), 『화폐의 폭력(La Violence de la monnaie)』.

1983년 로베르 덜로름·크리스틴 앙드레(Robert Delorme·Christine André), 『국가와 경제(L'État et l'économie)』.

1984년 미셸 아글리에타·앙통 브랑데(Anton Brender), 『임노동 사회의 변형(Les Métamorphoses de la société salariale)』.

• 몇몇 연구자들이 포드주의를 보편적인 모델로 보려고 했으나 장기 역사 분석과 비교 연구가 늘어나면서 다양한 축적체제의 존재가 드러났다.

모리스 바슬레(Maurice Baslé)·자크 마지에·장 프랑수아 비달(Jean-François Vidal), 『위기들이 지속될 때(Quand les crises durent...)』.

1985년 자크 사피르(Jacques Sapir), 『소련의 경제 변동(Les Fluctuations économiques en URSS)』.

알랭 리피에츠, 『환상과 기적(Mirages et Miracles)』.

1986년 카를로스 오미나미(Carlos Ominami), 『위기에 빠진 제3세계(Le Tiers Monde dans la crise)』.

로베르 부아예 엮음, 『유럽에서의 노동 유연화(La Flexibilité du travail en Europe)』.

파스칼 프티(Pascal Petit), 『서비스 경제의 느린 성장(Slow Growth in a Service Economy)』.

• 이전 10년간의 연구 결과를 처음으로 집대성한 로베르 부아예, 『조절이론: 비판적 분석(Théorie de la régulation: Une analyse critique)』 출간.

• 그르노블 학파와 파리 학파 간 발전 경로가 달라지는 경향을 보임.

GREEC, 『위기와 조절(Crise et Régulation)』.

로베르 부아예 엮음, 『세기말 자본주의(Capitalismes fin de siécle)』.

1988년 스페인 바르셀로나에서 조절이론 국제학술대회 열림. 로베르 부아예, 『조절이론들: 파리, 바르셀로나, 뉴욕 등(Les Théories de la régulation: Paris,

Barcelone, New York...)』 참고.

1990년대   이 시기는 조절이론의 두 번째 발전단계로서 기본 개념들이 심화되고 연구 주
제가 영역별로 분화된다. 예컨대 포스트포드주의론, 국가 이론, 금융 이론, 협
약(convention) 이론과 조절이론 간 연계 등이다.

1991년   뱅자맹 코리아(Benjamin Coriat), 『거꾸로 생각하기(Penser à l'envers)』.

1992년   브뤼노 테레(Bruno Théret), 『정치적 성격을 띤 경제체제들(Régimes écono-
miques de l'ordre politique)』.

1993년   로베르 부아예·장 피에르 뒤랑(Jean-Pierre Durand), 『포드주의 이후(L'Aprés-
fordisme)』.

1994년   앙드레 오를레앙, 『협약의 경제적 분석(Analyse économique des conven-
tions)』.
브뤼노 테레, 『국가, 금융, 사회적인 것(L'État, la finance, le social)』.

1995년   로베르 부아예·이브 세야르(Yves Saillard) 엮음, 『조절이론의 현황(Théorie de
la régulation. L'état des savoirs)』.
1990년대에는 매우 심대한 제도 변화가 발생했기에 연구의 중심도 이동할 수
밖에 없었다. 예컨대 국제화, 유럽 건설, 지역 통합, 경쟁의 심화, 축적의 금융
화, 그리고 제도 형태들의 위계구조상 변동이라는 가설 등이다.

1996년   베르나르 비요도, 『현대사회의 경제적 질서(L'Ordre économique de la société
moderne)』.

1997년   • 『조절이론 연보 1호: 유럽과 국제 비교 방법론(L'Année de la régulation,
no.1: Europe et méthodologie des comparaisons internationales)』.
프레데릭 로르동(Frédéric Lordon), 『경제정책의 해결 불가능성(Les Quadra-
tures de la politique économique)』.
로저스 홀링스워스(Rogers Hollingsworth)·로베르 부아예, 『현대 자본주의,
제도의 착근(Contemporary Capitalism, The Embeddeness of Institutions)』.

1998년   • 『조절이론 연보 2호: 국제 정치경제학과 제도 변화(L'Année de la régul-
ation, no.2: Économie politique internationale et changements institu-
tionnels)』. 특히 파스칼 프티, 「구조 형태들과 포드주의 이후의 성장체제
(Formes structurelles et régimes de croissance de l'aprés-fordisme)」 참조.
미셸 아글리에타·앙드레 오를레앙, 『내일의 자본주의(Le Capitalisme de
demain)』 및 『화폐 주권(La monnaie souveraine)』.

1999년   • 『조절이론 연보 3호: 경제정책(L'Année de la régulation, no.3: Politique
économique)』.
베르나르 샤방스(Bernard Chavance) 외, 『자본주의와 사회주의에 대한 전망
(Capitalisme et socialisme en perspective)』.

앙드레 오를레앙, 『금융의 권력(Le Pouvoir de la finance)』.

2000년대　　이 시기에는 다양한 제도주의 조류들에 대한 조절이론의 입장이 정립되었고 조절이론의 국제적 수용이 이루어졌다. 제도적이고 역사적인 거시경제학 프로젝트가 진행되었으며, 금융 주도 축적체제의 지속 가능성, 국제화가 자본주의 유형에 미치는 영향 등에 대한 논쟁이 벌어졌다. 한편 자본주의의 다양성에 입각한 논의와 함께, 경제정책의 형성 및 제도 형태들의 성공 조건에 대한 관심도 커졌다.

2000년　　• 『조절이론 연보 4호: 연기금과 '새로운 자본주의'(L'Année de la régulation, no.4: Fonds de pension et 'nouveau capitalisme')』.

로베르 부아예·야마다 도시오, 『위기에 빠진 일본 자본주의(Japanese Capitalism in Crisis)』.

2001년　　• 『조절이론 연보 5호: 발전의 정치경제학(L'Année de la régulation, no.5: Économie politique du développement)』.

베르나르 비요도, 『조절과 성장(Régulation et croissance)』.

로베르 부아예·피에르 프랑수아 수이리(Pierre-François Souiry), 『세계화와 조절들(Mondialisation et régulations)』.

봅 제솝(Bob Jessop), 『조절이론과 자본의 위기(Régulation Theory and the Crisis of Capital)』. 이 책이 2001년에야 출간되었다는 것은 조절이론이 영미권에서 얼마나 전파되기 어려운지를 보여주는 사례다.

스테파노 팔롬바리니(Stefano Palombarini), 『이탈리아의 사회적 타협의 붕괴(La Rupture du compromis social italien)』.

• 조절 포럼(École Normale Supérieure Jourdan, 3월 10~12일).

2002년　　• 『조절이론 연보 6호: 자본주의의 정치경제학(L'Année de la régulation, no.6: Économie politique du capitalisme)』.

로베르 부아예, 『21세기 초의 경제성장(La Croissance début de siécle)』.

2003년　　• 『조절이론 연보 7호: 제도와 그 변화(L'Année de la régulation, no.7: Les Institutions et leurs changements)』.

브뤼노 아마블(Bruno Amable), 『현대 자본주의의 다양성(Diversity of Modern Capitalism)』.

조절이론과 협약이론 간의 차이에 대한 인식이 생겨났다. 제도의 정치경제학인지, 아니면 윤리의 포함인지를 둘러싼 문제가 제기된다.

2004년　　• 『조절이론 연보 8호: 아이디어와 공간(L'Année de la régulation, no.8: Idées et Espaces)』.

미셸 아글리에타·앙투안 르베리우(Antoine Rebérioux), 『금융자본의 표류(Dérives du capital financier)』.

장 프랑수아 비달, "스웨덴 사회민주주의 모델의 위기와 변형(crises et trans-formations du modéle social-démocrate suédois)".

2011년
- ≪조절 리뷰≫ 특별호, no.10. 「포스트케인스주의와 조절이론: 공통된 관점 (Post-keynésianisme et théorie de la régulation: des perspectives communes)」.

로베르 부아예, 『금융인들이 자본주의를 파멸시킬 것인가(Les financiers détruiront-ils le capitalisme?)』.

- 아시아 대한 관심 재부상.

로베르 부아예·히로야쓰 우에무라(Hiroyasu Uemura)·아키노리 이소카이 (Akinori Isokai), 『아시아 자본주의의 다양성과 변형(Diversity and Transformations of Asian Capitalisms)』, London, Routledge.

세바스티앵 르슈발리에(Sébastien Lechevalier), 『일본 자본주의의 대변형(La Grande transformation du capitalisme japonaise)』.

- 새로운 기초의 탐색을 위하여.

프레데릭 로르동, 『최고의 관심사: 스피노자식 경제인류학 논고(L'intérêt souverain. Essai d'antropologie économique spinoziste)』.

2012년
- ≪조절 리뷰≫ 특별호, no.11. 『라틴아메리카 자본주의들: 경제 영역에서 정치 영역으로(Les Capitalismes en Amérique latine. De l'économique au politique)』.

- 유로화 위기에 관한 일련의 작업.

미셸 아글리에타, 『유로존: 와해인가 연방인가(Zone euro. Eclatement ou fédération)』.

- 신자유주의에 관한 작업.

브뤼노 아마블 외, 『신자유주의 정치경제학(L'économie politique du néolibéralisme)』.

- 경제사회학과의 수렴.

볼프강 스트렉, 『구매된 시간: 민주적 자본주의의 끊임없이 연장되는 위기(Du temps acheté. la crise sans cesse ajournée du capitalisme démocratique)』.

2013년
- ≪조절 리뷰≫ 특별호, no.13~15. 『아시아의 정치경제학(Economie politique de l'Asie)』.

- ≪조절 리뷰≫ 특별호, no.14. 『오스트롬을 중심으로: 공유재, 지적재산권 및 방법론적 제도주의(Autour d'Ostrom: communs, droits de propriété et institutionalisme méthodologique)』.

- 유로화 위기에 관한 작업.

『캠브리지 경제학 저널: 정치경제학에 대한 공헌(Cambridge Journal of Economics, Contribution to Political Economy)』.

자크 마지에 외, 『2030년의 세계경제(L'économie modiale en 2030)』.

앙드레 오를레앙, 『가치의 제국: 경제학의 재형성(L'Empire de la valeur. Refonder l'économie)』.

2014년
• ≪조절 리뷰≫ 특별호, no.16. 「포스트케인시언 거시경제학의 쇄신? 다중 주체를 가진 정합적인 저량-유량 모델(Renouveler la macroéconomie post-keynésienne? Les modéles stock-flux cohérent et multi-agents)」.

2015년
• ≪조절 리뷰≫ 특별호, no.17. 「보건의 정치경제학(Economie politique de la santé)」.

• 반사성과 조절이론.

로베르 부아예, 『조절이론의 역사(La théorie de la régulation au fil du temps)』.
피에르 알라리(Pierre Alary)·엘사 라파예 드 미쇼(Elsa Lafaye de Michaux), 『아시아 자본주의와 중국의 위력: 국민적 궤도들의 다양성과 재구성(Capitalismes asiatiques et puissance chinoise. Diversity et recomposition des trajectoires nationales)』.

• 국제 콜로키엄 "Recherches & Régulation 2015"(Paris, 6월 10~12일), "위기의 시험에 든 조절이론(La théorie de la régulation à l'épreuve des crises)".

참고문헌

ABOITÈS J., MIOTTI L. E. and QUENAN C. [1995], «Les approches régulationnistes et l'accumulation en Amérique latine», *in* BOYER R. et SAILLARD Y. (dir.), *Théorie de la régulation. L'état des savoirs*, La Découverte, Paris, 2002, p. 467-475.

ACEMOGLU D. and ROBINSON J. A. [2012], *Why Nations Fail. The Origins of Power, Prosperity*, and Poverty, Crown, New York.

_____, [2015], «The rise and decline of general laws of capitalism», *Journal of Economic Perspectives*, vol. 29, n° 1, p 3-28.

AGHION P., CAROLI E. and GARCIAPENALOSA C. [1999], «Inequality and economic growth: the perspectives of the new growth theories», *Journal of Economic Literature*, vol. 37, n° 4, p. 1615-1660.

AGLIETTA M. [1976], *Régulation et crises du capitalisme*, Calmann-Lévy, Paris, 2e édition 1982. Réédition, nouvelle préface, Odile Jacob, Paris, 1997.

_____, [1995], *Macroéconomie financière*, tomes 1 et 2, La Découverte, «Repères», Paris, nouvelle édition 2001.

_____, [1998], «Le capitalisme de demain», *Notes de la Fondation Saint-Simon*, Paris, novembre.

_____, [2008], *La Crise. Les voies de sortie*, Michalon, Paris.

_____, [2012], *Zone euro. Éclatement ou fédération*, Michalon, Paris.

AGLIETTA M. and BRAND T. [2013], *Un New Deal pour l'Europe*, Odile Jacob, Paris.

AGLIETTA M. and BRENDER A. [1984], *Les Métamorphoses de la société salariale. La France en projet*, Calmann-Lévy, «Perspectives de l'économique», Paris.

AGLIETTA M. and ORLÉAN A. [1982], *La Violence de la monnaie*, PUF, Paris.

_____, (dir.) [1998], *La Monnaie souveraine*, Odile Jacob, Paris.

_____, [2002], *La Monnaie: entre violence et confiance*, Odile Jacob, Paris.

AGLIETTA M., ORLÉAN A. and OUDIZ G. [1980a], «L'industrie française face aux contraintes de change», *Économie et Statistique*, n° 119, février, p. 35-63.

_____, [1980b], «Contraintes de change et régulations macroéconomiques nationales», *Recherches économiques de Louvain*, vol. 46, n° 3, septembre, p. 175-206.

AGLIETTA M. and REBÉRIOUX A. [2004a], «Du capitalisme financier au renouveau de la social-démocratie», *Prisme*, n° 5.

_____, [2004b], *Les Dérives du capitalisme financier*, Albin Michel, Paris.

AKERLOF G. [1970], «The market for "Lemons". Quality uncertainty and the market mechanisms», *Quarterly Journal of Economics*, n° 84, p. 488-500.

_____, [1984], *An Economic Theorist's Book of Tales*, Cambridge University Press, Cambridge.

AKERLOF G. and SHILLER R. [2009], *Animal Spirits. How Human Psychology Drives the Economy and Why it Matters for Global Capitalism*, Princeton University Press, Princeton.

ALARY P. [2009], «La genèse de la monnaie: les théories économiques face aux enseignements de l'anthropologie et de l'histoire», *Cahiers d'économie politique/Papers in Political Economy*, 2009, vol. 1, n° 56, p. 129-149.

ALARY P. and LAFAYE DE MICHAUX E. [2015], *Capitalismes asiatiques et puissance chinoise. Diversité et recomposition des trajectoires nationales*, Presses de Sciences Po, Paris.

ALBERT M. [1991], *Capitalisme contre capitalisme*, Seuil, Paris.

ALLOUCHE J. and AMANN B. [2000], «L'entreprise familiale, un état de l'art», *Finance, Contrôle, Stratégie*, vol. 3, n° 1 p. 33-79.

AMABLE B. [2003], *The Diversity of Modern Capitalism*, Oxford University Press, Oxford.

AMABLE B., BARRÉ R. and BOYER R. [1997], *Les Systèmes d'innovation à l'ère de la globalisation*, OST/Economica, Paris.

AMABLE B., GUILLAUD E. and PALOMBARINI S. [2012], *L'Économie politique du néolibéralisme. Le cas de la France et de l'Italie*, Éditions de l'ENS, Paris.

AMABLE B. and PALOMBARINI S. [2005], *L'Économie n'est pas une science morale*, Raisons d'agir, Paris.

ANDERSSON J. [2006], *Between Growth and Security. Swedish Social Democracy from a Strong Society to a Third Way*, Manchester University Press, Manchester.

ANDRÉ C. [2007], «Les typologies des systèmes de santé en Europe. Quelles évolutions?», *Économie appliquée*, vol. 40, n° 1, p. 37-68.

_____, [2014], «Un "noyau dur" des systèmes de santé? Le cas de l'Europe en longue période», *Document de travail*, Cepremap.

ANDRÉ C. and DELORME R. [1980], «Matériaux pour une comparaison internationale des dépenses publiques en longue période. Le cas de six pays industrialisés», *Statistiques et études financières*, ministère de l'Économie, des Finances et du Budget, Paris.

_____, [1991], «Deux siècles de finances publiques. De l'État circonscrit à l'État inséré», *Revue d'économie financière*, numéro spécial, p. 45-58.

AOKI M. [1988], *Information, Incentives and Bargaining in the Japanese Economy*, Cambridge University Press, Cambridge.

_____, [2001], *Fondements d'une analyse institutionnelle comparée*, Albin Michel, Paris, 2006.

_____, [2010], *Corporations in Evolving Diversity. Cognition, Governance, and Institutions*, Oxford University Press, Oxford.

_____, [2013], «Historical sources of institutional trajectories in economic development: China, Japan and Korea compared», *Socio-Economic Review*, vol. 11, n° 2, p. 233-263.

AOKI M., GUSTAFSSON B. and WILLIAMSON O. [1990], *The Firm as a Nexus of Treaties*, Sage,

Londres.

ARROW K. et al. [1995], «Economic growth, carrying capacity, and the environment», *Science*, n° 268, avril, p. 520-521.

ARTHUR W. B. [1989], «Competing technologies, increasing returns, and lock-in by historical events», *Economic Journal*, n° 99, p. 116-131.

_____, [1994], *Increasing Returns and Path Dependence in the Economy*, The University of Michigan Press, Ann Arbor.

ARTUS P. [2014], «Comment va vraiment l'Allemagne», *Flash économie*, n° 698, 16 septembre.

BARAN P. and SWEEZY P. [1970], *Le Capitalisme monopoliste*, Maspero, Paris.

BARTOLI P. and BOULET D. [1989], «Dynamique et régulation de la sphère agroalimentaire. L'exemple viticole», thèse d'État, université de Montpellier-I, Inra-ESR.

_____, [1990], «Conditions d'une approche en termes de régulation sectorielle. Le cas de la sphère viticole», *Cahiers d'économie et sociologie rurales*, n° 17, p. 7-38.

BASLÉ M., MAZIER J. and VIDAL J.-F. [1984], *Quand les crises durent...*, Economica, Paris, nouvelle édition 1993.

BATIFOULIER P. (dir.) [2001], *Théorie des conventions*, Economica, Paris.

BÉBÉAR C. [2003], *Ils vont tuer le capitalisme*, Plon, Paris.

BECKERT J. [2015], *Imagined Futures. Fictional Expectations and Capitalist Dynamics*, Princeton University Press, Princeton.

BECKERT J. and RAZA W. G. [2000], «Theory of regulation and political ecology. An inevitable separation?», *Économies et Sociétés*, n° 11, p. 55-70.

BÉNASSY J.-P. [1984], *Macroéconomie et théorie du déséquilibre*, Dunod, Paris.

BÉNASSY J.-P., BOYER R. and GELPI R.-M. [1979], «Régulation des économies capitalistes et inflation», *Revue économique*, vol. 30, n° 3, mai 1979, p. 397-441.

BENKO G. and LIPIETZ A. [2000], *La Richesse des régions. La nouvelle géographie socioéconomique*, PUF, Paris.

BEREND I. [2009], *From the Soviet Bloc to the European Union. The Economic and Social Transformation of Central and Eastern Europe since 1973*, Cambridge University Press, Cambridge.

BERGÈRE M.-C. [2007], *Capitalisme et capitalistes en Chine, XIXe-XXe siècles*, Perrin, Paris.

BERLE A. A. and MEANS G. [1932], *The Modern Corporation and Private Property, Transaction Publishers*, The State University, New Brunswick, réédition 1991.

BERTOLDI M. [1989], «The growth of Taiwanese economy: 1949-1989. Success and open problems of a model of growth», *Review of Currency Law and International Economics*, vol. 39, n° 2, p. 245-288.

BERTRAND H. [1983], «Accumulation, régulation, crise: un modèle sectionnel théorique et appliqué», *Revue économique*, vol. 34, n° 6, mars.

BILLAUDOT B. [1996], *L'Ordre économique de la société moderne*, L'Harmattan, Paris.

_____, [2001], *Régulation et croissance. Une macroéconomie historique et institutionnelle*, L'Harmattan, Paris.

BILLAUDOT B. and GAURON A. [1985], *Croissance et crise*, La Découverte, Paris.

BLAIR M. M. [2003], «Shareholder value, corporate governance, and corporate performance», *in* CORNELIUS P. K. and KOGUT B. (dir.), *Corporate Governance and Capital Flows in a Global Economy*, Oxford University Press, Oxford, p. 53-82.

BLANCHARD O. [2008], «The state of macro», *NBER Working Paper*, n° 14259, août.

_____, [2011], «Rewriting the macroeconomists' playbook in the wake of the crisis», blog du *Huffington Post*, 3 avril.

BLYTH M. [2002], *Great Transformations. Economic Ideas and Institutional Change in the Twentieth Century*, Cambridge University Press, Cambridge.

_____, [2008], «The secret life of institutions: on the role of ideas in evolving economic», *Revue de la régulation*, n° 3-4, automne.

BOCCARA P. [1974], *Études sur le capitalisme monopoliste d'État*, Éditions sociales, Paris.

BOISMENU G. and PETIT I. [2008], *L'Europe qui se fait. Regards croisés sur un parcours inachevé*, Éditions de la MSH, Paris.

BOISOT M. and CHILD J. [1996], «From fiefs to clans and network capitalism: explaining China's emerging economic order», *Administrative Science Quarterly*, vol. 41, n° 4, décembre, p. 600-628.

BOISVERT V. and VIVIEN F.-D. [2012], «Towards a political economy approach to the Convention on Biological Diversity», *Cambridge Journal of Economics*, vol. 36, n° 5, p. 1163-1179.

BOLTANSKI L. and CHIAPELLO E. [1999], *Le Nouvel Esprit du capitalisme*, Gallimard, Paris.

BOLTANSKI L. and THÉVENOT L. [1991], *De la justification*, Gallimard, Paris.

BORDO M., EICHENGREEN B., KLINGEBIEL D. and MARTINEZ-PERIA M. S. [2001], «Is the crisis problem growing more severe?», *Economic Policy. A European Forum*, n° 32, p. 53-82, avril.

BOURDIEU P. [1980], *Le Sens pratique*, Minuit, Paris.

BOUVIER J. [1973], *Un siècle de banque française*, Hachette, Paris.

_____, [1989], *L'Historien sur son métier*, Éditions des archives contemporaines, Paris.

BOWLES S. [1998], «Endogenous preferences: the cultural consequences of markets and other economic institutions», *Journal of Economic Literature*, n° 36, p. 75-111.

BOWLES S. and BOYER R. [1990], «Notes on employer collusion, centralized wage bargaining and aggregate employment», *in* BRUNETTA R. and DELL'ARINGA C., *Labour Relations and Economic Performances*, McMillan, Londres, p. 304-352.

BOWLES S., GORDON D. M. and WEISKOPF T. E. [1986], *L'Économie du gaspillage. La crise américaine et les politiques reaganiennes*, La Découverte, Paris.

_____, [1995], «Wages, aggregate demand, and employment in an open economy: a theoretical and empirical investigation», *in* EPSTEIN G. and GINTIS H. (dir.), *Macroeconomic Policy after the Conservative Era: Studies in Investment, Saving and Finance*, Oxford University Press, Oxford.

BOYER D. and BOYER R. [2004], «Les outils d'analyse des réseaux appliqués aux élites bourguignonnes dans l'entre-deux-guerres», *Ronéotype*, Unam et Cepremap, 18 juillet.

BOYER D., BOYER R. and LAFERTÉ G. [2010], «La connexion des réseaux comme facteur de changement institutionnel. L'exemple des vins de Bourgogne», *in* WEISBUCH G. and ZWIRN H. (dir.), *Qu'appelle-t-on aujourd'hui les sciences de la complexité? Langages, réseaux, marchés, territoires*, Vuibert, «Philosophie des sciences», Paris, p. 73-101.

BOYER R. [1978], «Les salaires en longue période», *Économie et Statistique*, n° 103, septembre 1978, p. 27-57.

_____, [1985], «The influence of Keynes on French economic policy: past and present», *in* WATTEL H. J. (dir.), *The Policity Consequences of John Maynard Keynes*, M. E. Sharpe, New York, p. 77-115.

_____, [1986a], *Théorie de la régulation. Une analyse critique*, La Découverte, Paris.

_____, (dir.) [1986b], *La Flexibilité du travail en Europe*, La Découverte, Paris.

_____, (coord.) [1986c], *Capitalismes fin de siècle*, PUF, Paris.

_____, [1988a], «Formalizing growth regimes», *in* DOSI G., FREEMAN C., NELSON R., SILVERBERG G. and SOETE L. (dir.), *Technical Change and Economic Theory*, Pinter, Londres.

_____, [1988b], «Les théories de la régulation: Paris, Barcelone, New York... Réflexions autour du Colloque international sur les théories de la régulation», Barcelone, 16-17-18 juin 1988, *Revue de synthèse*, n° 2, avril-juin, p. 277-291.

_____, [1989], «Wage labor nexus, technology and long run dynamics: an interpretation and preliminary tests for the US», *in* DIMATEO M., GOODWIN R. M. and VERCELLI A. (dir.), *Technological and Social Factors in Long Term Fluctuations, Lecture Notes in Economics and Mathematical Systems*, n° 321, Springer Verlag, Berlin, p. 46-65.

_____, [1990a], «Le bout du tunnel? Stratégies conservatrices et nouveau régime d'accumulation», *Économies et sociétés*, série «Théorie de la régulation», R, n° 5, décembre, p. 5-66.

_____, [1990b], «Les problématiques de la régulation face aux spécificités sectorielles. Perspectives ouvertes par la thèse de Pierre Bartoli et Daniel Boulet», *Cahiers d'économie et sociologie rurales*, n° 17, p. 40-76.

_____, [1991], «Cinquante ans de relations entre économistes et historiens: réflexions d'un économiste sur les cas de la France et des États-Unis», *Le Mouvement social*, n° 155, avril-juin, p. 67-101.

_____, [1993], «D'une série de "National Labour Standards" à un "European Monetary Standard"?», *Recherches économiques de Louvain*, vol. 59, n° 1-2, p. 119-153.

_____, [1994], «Do labour institutions matter for economic development?» in RODGERS G. (dir.), *Workers, Institutions and Economic Growth in Asia*, ILO/ILLS, Genève, p. 25-112.

_____, [1995], «The future of unions», *British Journal of Industrial Relations*, vol. 33, n° 4, décembre, p. 545-556.

_____, [1998], «Hybridization and models of production: geography, history, and theory», *in* BOYER R., CHARRON E., JÜRGENS U. and TOLLIDAY S. (dir.), *Between Imitation and Innovation*, Oxford University Press, Oxford, p. 23-56.

_____, [1999a], *Le Gouvernement de la zone euro*, La Documentation française, Paris.

_____, [1999b], «Le lien salaire/emploi dans la théorie de la régulation. Autant de relations que de configurations institutionnelles», *Cahiers d'économie politique*, n° 34, L'Harmattan, Paris, p. 101-161.

_____, [2000a], «Les mots et les réalités», *in* CORDELIER S. (dir.), *Mondialisation, au-delà des mythes*, La Découverte, Paris, p. 13-56.

_____, [2000b], «Is a finance-led growth regime a viable alternative to fordism? A preliminary analysis», *Economy and Society*, vol. 29, n° 1, février, p. 111-145.

_____, [2000c], «The unanticipated fallout of European monetary union: the political and institutional deficits of the euro», *in* CROUCH C., *After the Euro*, Oxford University Press, Oxford, p. 24-88.

_____, [2000d], «The political in the era of globalization and finance: focus on some regulation school research», *International Journal of Urban and Regional Research*, vol. 24, n° 2, p. 274-322.

_____, [2001], «L'économiste face aux innovations qui font époque: les relations entre histoire et théorie», *Revue économique*, vol. 52, n° 5, septembre, p. 1065-1115.

_____, [2002a] «L'après-consensus de Washington: institutionnaliste et systémique?» L'Année de la régulation, vol. 5, p. 13-56.

_____, [2002b], *La Croissance, début de siècle. De l'octet au gène*, Albin Michel, Paris.

_____, [2002c], «Variété des capitalismes et théorie de la régulation», *L'Année de la régulation*, n° 6, p. 182.

_____, [2002d], «Institutional reforms for growth, employment and social cohesion: elements for a European and national agenda», *in* RODRIGUES M. J. (dir.), *The New Knowledge Economy in Europe. A Strategy for International Competitiveness and Social Cohesion*, Edward Elgar, Cheltenham, p. 146-202.

_____, [2007], «Comment concilier solidarité sociale et efficacité économique à l'ère de la globalisation: une lecture régulationniste», *in* PAUGAM S. (dir.), *Repenser la solidarité. L'apport des sciences sociales*, PUF, Paris, p. 887-914.

_____, [2011a], «Succès et résilience de l'industrie allemande», *Les Cahiers du Lasaire. Susciter une nouvelle ambition industrielle pour la France*, n° 42, mars, p. 25-52.

_____, [2011b], *Les financiers détruiront-ils le capitalisme?* Economica, Paris.

_____, [2011c], «Are there laws of motion of capitalism?», Socio-Economic Review, vol. 9, n° 1, p. 59-81.

_____, [2011d], «A new epoch but still diversity within and between capitalism: China in comparative perspective», *in* LANE C. and WOOD G. T. (dir.), *Capitalist Diversity and Diversity within Capitalism*, Routledge, Abingdon, p. 32-68.

_____, [2012a], «The unfilled promises, but still the power of finance. An invitation to a post-positivist economics», *CRESC Conference*, université de Manchester, 7 septembre.

_____, [2012b], «The four fallacies of contemporary austerity policies: the lost Keynesian legacy», *Cambridge Journal of Economics*, n° 36, p. 283-312.

_____, [2013a], «Les crises financières comme conflit de temporalité», *Vingtième Siècle*, n° 117, janviermars, p. 69-88.

_____, [2013b], «The present crisis: a trump for a renewed political economy», *Review of Political Economy*, vol. 25, nº 1, janvier, p. 1-38.

_____, [2013c], «The euro crisis: undetected by conventional economics, favoured by nationally focused polity», *Cambridge Journal of Economics*, nº 37, 533-569.

_____, [2013d], «Origins and ways out of the euro crisis: supranational institution building in the era of global finance», Contributions to *Political Economy*, nº 32, 7 juin, p. 97-126.

_____, [2014], «Is more equality possible in Latin America? A challenge in a world of contrasted but interdependent inequality regimes», *Working Paper Series*, nº 67.

_____, [2015a], «The success of Germany from a French perspective: what consequences for the future of the European Union?», *in* UNGER B. (dir.), *The German Model. Seen by its Neighbours*, Hans-Böckler-Stiftung/SE Publishing, Düsseldorf.

_____, [2015b], «How institutional competitiveness emerged from complementarities between Nordic welfare and innovation systems», *in* BORRAS S. and SEEBROOKE L. (dir.), *Sources of National Institutional Competitiveness. Sense-Making and Institutional Change*, Oxford University Press, Oxford, à paraître.

_____, [2015c], «Le Japon: de la production frugale à un régime anthropogénétique», *in* PAUGAM A., RIBERA T., TUBIANA L. and PACHAURI R. K. (dir.), *Regards sur la terre 2015. Construire un monde durable*, Armand Colin, Paris.

_____, [2015d], «Political organization matters: comparing the reaction to the 2008 world crisis of the North American federal government, the fuzzy European governance and the Chinese party-state», *SASE Conference*, LSE, Londres, 2-4 juillet.

_____, [2015e], *La Théorie de la régulation au fil du temps*, MSH Paris Nord, Paris, à paraître.

BOYER R. and CAROLI E. [1993], «Production regimes, education and training systems: from complementarity to mismatch?», *in* BUECHTEMANN C. and SOLOFF D. (dir.), *Education, Training and the Economy*, Fondation Russel Sage, New York.

BOYER R., CHAVANCE B. and GODARD O. (dir.) [1994], *Les Figures de l'irréversibilité en économie*, Éditions de l'EHESS, Paris.

BOYER R. and CORIAT B. [1985a], «Innovations dans les institutions et l'analyse monétaires américaines: les greenbacks "revisités"», *Annales. Économies, Sociétés, Civilisations*, nº 6, novembre-décembre, p. 1330-159.

_____, [1985b], «Marx, la technique et la dynamique longue de l'accumulation», *in* CHAVANCE B. (dir.), *Marx en perspective*, Éditions de l'EHESS, Paris, juin, p. 419-457.

BOYER R. and DEHOVE M. [2006], «La construction européenne. Finalités politiques, normes juridiques et biens publics», *Prisme*, nº 8.

BOYER R., DEHOVE M. and PLIHON D. [2004], *Les Crises financières: analyse et propositions*, Rapport du Conseil d'analyse économique, nº 50, La Documentation française, Paris.

BOYER R. and DURAND J.-P. [1993], *L'Après-fordisme*, Syros, Paris.

BOYER R. and FREYSSENET M. [2000], *Les Modèles productifs*, La Découverte, «Repères», Paris.

BOYER R. and JUILLARD M. [2002], «Les États-Unis: Adieu au fordisme!» in BOYER R. and SAILLARD Y. (dir.), *Théorie de la régulation. L'état des savoirs*, La Découverte, Paris, p.

378-388.

BOYER R. and MISTRAL J. [1978], *Accumulation, inflation, crises*, PUF, Paris, 2ᵉ édition 1982.

BOYER R. and NEFFA J. C. (dir.) [2004], La Crisis argentina (1976-2001). Una vision desde la theorias institucionalistas y regulacionistas, Miño y Davila, Madrid/Buenos Aires.

_____, [2007], *Salida de crisis y estrategias alternativas de desarollo. La experiencia argentina*, Miño y Davila, Madrid/Buenos Aires.

BOYER R. and ORLÉAN A. [1991], «Les transformations des conventions salariales entre théorie et histoire», *Revue économique*, n° 2, mars, p. 233-272.

_____, [1992], «How do conventions evolve?», *Journal of Evolutionary Economics*, n° 2, p. 165-177.

BOYER R. and SAILLARD Y. (dir.) [1995], *Théorie de la régulation. L'état des savoirs*, La Découverte, Paris, 2002.

BOYER R. and SCHMÉDER G. [1990], «Un retour à Adam Smith», *Revue française d'économie*, vol. 5, n° 1, hiver, p. 125-159.

BOYER R. and SOUIRY P.-F. (dir.) [2001], *Mondialisation et régulations*, La Découverte, Paris.

BOYER R., UEMURA H. and ISOKAI A. (dir.) [2011], *Diversity and Transformations of Asian Capitalisms*, Routledge, Londres, p. 243-263.

BOYER R and YAMADA T. (dir.) [2000], *Japanese Capitalism in Crisis*, Routledge, Londres.

BRAUDEL F. [1979], *Civilisation matérielle, économie et capitalisme, XVXVIIIe siècle*, 3 tomes, Armand Colin, Paris.

BRESSER-PEREIRA L. C. [2009], *Mondialisation et compétition. Pourquoi certains pays émergents réussissent et d'autres non*, La Découverte, Paris.

BRUNO M. [2008], «Régulation et croissance économique au Brésil après la libéralisation: un régime d'accumulation bloqué par la finance», *Revue de la régulation*, n° 3-4, automne.

BUECHTEMANN C.H. (dir.) [1993], *Employment Security and Labor Market Behavior*, Cornell University Press, Ithaca.

CANGUILHEM G. [1974], «Régulation», *Encyclopaedia Universalis*, vol. 14.

CAROLI E. [1993], «Les fonctions du système éducatif vues par les économistes: quelques conceptions fondatrices», *Éducation et Formations*, n° 35, p. 53-59.

CARSON R. [2010], «The environmental Kuznets curve: seeking empirical regularity and theoretical structure», *Review of Environmental Economics and Policy*, vol. 4, n° 1, p. 3-23.

CASTELLS M. [1998], *La Société en réseaux*, Fayard, Paris, 2001.

CEPAL [2012], «Cambio estructural para la igualdad. Una visión integrada del desarrollo», *Trente-quatrième session de la CEPAL*, San Salvador, Nations unies, août.

CEPREMAP-CORDÈS [1977], «Approches de l'inflation: l'exemple français», BÉNASSY J.-P., BOYER R., GELPI R.-M., LIPIETZ A., MISTRAL J., MUNOZ J. and OMINAMI C., *Rapport de la convention de recherche*, n° 22/176, décembre.

_____, [1978], «Approches de l'inflation: l'exemple français», *Recherches économiques et sociales*, n° 12, La Documentation française, Paris, octobre, p. 7-59.

CHANDLER A. [1977], *La Main visible des managers*, Economica, Paris, 1988.

CHANG H.-J. [2002], *Kicking Away the Ladder. Development Strategy in Historical Perspective*, Anthem Press, Londres.

CHAVAGNEUX C. and FILIPPONNAT T. [2014], *La Capture. Où l'on verra comment les intérêts financiers ont pris le pas sur l'intérêt général et comment mettre fin à cette situation*, La Découverte, Paris.

CHAVAGNEUX C. and PALAN R. [2012], *Les Paradis fiscaux*, La Découverte, «Repères», Paris, 3e édition.

CHAVANCE B. and MAGNIN É. [2006], «Convergence and diversity in national trajectories of postsocialist transformation», *in* CORIAT B., PETIT P. and SCHMÉDER G. (dir.), *The Hardship of Nations. Exploring the Paths of Modern Capitalism*, Edward Elgar, Cheltenham.

CHAVANCE B., MAGNIN É., MOTAMEDNEJAD R. and SAPIR J. [1999], *Capitalisme et socialisme en perspective. Évolution et transformations des systèmes économiques*, La Découverte, Paris.

COASE R. [1937], «The nature of the firm», *Economica*, vol. 4, n° 16, p. 386-405.

CORDEN M. and NEARY P. [1982], «Booming sector and de-industrialisation in a small open economy», *The Economic Journal*, vol. 92, n° 368, p. 825-848.

CORIAT B. [1991], *Penser à l'envers*, Bourgois, Paris.

_____, [1995], «La France: un fordisme brisé... sans successeur», *in* BOYER R. and SAILLARD Y. (dir.), *Théorie de la régulation. L'état des savoirs*, La Découverte, Paris, p. 389-397, 2002.

CORIAT B., PETIT P. and SCHMÉDER G. (dir.) [2006], *The Hardship of Nations. Exploring the Paths of Modern Capitalism*, Edward Elgar, Cheltenham.

CORIAT B. and WEINSTEIN O. [1995], *Les Nouvelles Théories de l'entreprise. Une présentation critique,* Le Livre de Poche, Hachette, Paris.

_____, [2005], «La construction sociale des marchés», *Lettre de la régulation*, n° 53, septembre.

COUNCIL OF ECONOMIC ADVISERS [1996], *Economic Report of the President of the United States*, Diane Publishing Company, Darby.

CROUCH C. (dir.) [2000], *After the Euro*, Oxford University Press, Oxford.

CROUCH C. and FARRELL H. [2002], «Breaking the path of institutional development? Alternatives to the new determinism», *Rationality and Society*, vol. 16, n° 1, p. 5-43.

DAVEZIES L. [2015], *Le Nouvel Égoïsme territorial. Le grand malaise des nations*, Seuil, «La République des idées», Paris.

DAVID P. [1985], «Clio and the economics of QWERTY», *American Economic Review*, vol. 75, n° 2, p. 332-337.

_____, [2002], «Cooperation, creativity and the closure in scientific research networks», *in* TOUFFUT J.-P. (dir.), *Innovation and Growth. Selected Economic Papers*, Edward Elgar, Cheltenham.

DEBREU G. [1954], *La Théorie de la valeur*, Dunod, Paris.

DEFALVARD H. [1992], «Critique de l'individualisme méthodologique revu par l'économie des conventions», *Revue économique*, n° 43.

_____, [2000], «L'économie des conventions à l'école des institutions», *Document de travail*, Centre d'études de l'emploi, n° 2, juillet.

DEHOVE M. [1997], «L'Union européenne inaugure-t-elle un nouveau grand régime d'organisation des pouvoirs publics et de la société internationale?», *L'Année de la régulation*, n° 1, p. 11-86.

DELORME R. (dir.) [1996], *À l'Est du nouveau. Changements institutionnels et transformations économiques*, L'Harmattan, Paris.

DELORME R. and ANDRÉ Ch. [1983], *L'État et l'économie. Un essai d'explication de l'évolution des dépenses publiques en France, 1870-1980*, Seuil, Paris.

DESTANNE DE BERNIS G. [1977], «Une alternative à l'hypothèse de l'équilibre économique général: la régulation de l'économie capitaliste», *in* GRREC, *Crise et régulation. Recueils de textes*, tome 1, *1979-1983*, université de Grenoble-2, Grenoble, 1983, p. 12-51.

DOMENACH J.-L. [2008], *La Chine m'inquiète*, Perrin, Paris.

DOSI G. [2000], *Innovation, Organization and Economic Dynamics. Selected Essays*, Edward Elgar, Cheltenham.

DOSI G. and SALVATORE R. [1992], «The structure of industrial production and the boundaries between firms and markets», *in* STORPER M. and SCOTT A. (dir.), *Pathways to Industrialization and Regional Development*, Routledge, Londres.

DOUGLAS M. [1986], *Comment pensent les institutions*, La Découverte, Paris, 1999.

DUMÉNIL G. and LÉVY D. [2002], *Économie marxiste du capitalisme*, La Découverte, «Repères», Paris.

_____, [2005], «Costs and benefits of neoliberalism: a class analysis», *in* EPSTEIN G., *Financialization and the World Economy*, Edward Elgar, Aldershot.

_____, [2013a], «Macroeconomics of Keynesian and Marxian inspirations: toward a synthesis», *in* TAYLOR L., REZAI A. and MICHL T., *Social Fairness and Economics. Economic Essays in the Spirit of Duncan Foley*, Routledge and Kegan Paul, Londres/Boston.

_____, [2013b], *The Crisis of Neoliberalism*, Harvard University Press, Harvard.

_____, [2014], *La Grande Bifurcation*, La Découverte, Paris.

DU TERTRE C. [1989], *Technologie, flexibilité, emploi. Une approche sectorielle du post-taylorisme*, L'Harmattan, Paris.

_____, [1994], «Le changement du travail: le rôle majeur des "relations de services"», *Document IRIS*, université de Paris-Dauphine.

_____, and LAURENT C. (dir.) [2008], *Secteurs et territoires dans les régulations émergentes*, L'Harmattan, Paris.

EICHENGREEN B. and O'ROURKE K. H. [2009], «A tale of two depressions», *Vox*, 1er septembre.

_____, [2010], «What do the new data tell us?», *Vox*, 8 mars.

ELBAUM B. and LAZONICK W. [1984], «The decline of the British economy: an institutional perspective», *The Journal of Economic History*, vol. 44, n° 2, p. 567-583.

ÉLIE L., ZUINDEAU B., BÉCUE M., CAMARA M., DOUAI A. and MEUNIÉ A. [2012], «Approche régulationniste de la diversité des dispositifs institutionnels environnementaux des pays de l'OCDE», *Revue de la régulation*, n° 12, automne.

EMMENEGGER P., HÄUSERMANN S., PALIER B. and SEELEIB-KAISER M. (dir.) [2012], *The Age of Dualization. The Changing Face of Inequality in Desindustrializing Societies*, Oxford University Press, Oxford.

ESPING-ANDERSEN G. [1990], *The Three Worlds of Welfare Capitalism*, Princeton University Press, Princeton.

EYMARD-DUVERNAY F. [1989], «Conventions de qualité et formes de coordination», *Revue économique*, vol. 40, p. 329-359.

_____, [2004], *Économie politique de l'entreprise*, La Découverte, «Repères», Paris.

FAUCHER-KING F. and LE GALÈS P. [2010], *L'Expérience New Labour, 1997-2009*, Presses de Sciences Po, Paris.

FAVEREAU O. [1989], «Organisation et marché», *Revue française d'économie*, vol. 4, n° 1, hiver, p. 65-96.

_____, [1993a], «L'économie de l'action collective», *in* CHAZEL F. (dir.), *Action collective et mouvements sociaux*, PUF, «Sociologie», Paris, p. 251-256.

_____, [1993b], «Théorie de la régulation et économie des conventions: canevas pour une confrontation», *Lettre de la régulation*, mai.

_____, [1997], «L'incomplétude n'est pas le problème, c'est la solution», *in* REYNAUD B. (dir.), *Les Limites de la rationalité*, La Découverte, «Recherches», Paris, p. 219-233.

FAVEREAU O., DUPUY J.-P., EYMARDDUVERNAY F., ORLÉAN A., SALAIS R. and THÉVENOT L. [1989], «Introduction, marchés internes, marchés externes», *Revue économique*, mars, p. 141-145, 273-328.

FEDERAL RESERVE [2014], *FOMC Statement Press Release*, Washington, DC.

FELLMAN S., HJERPPE R. and HJERPPE R. [2008], «Sweden», *in* FELLMAN S., IVERSEN J. M., SJÖGREN H. and THRUE L. (dir.) [2008], *Creating Nordic Capitalism. The Business History of a Competitive Periphery*, Palgrave Macmillan, New York.

FELLMAN S., IVERSEN J. M., SJÖGREN H. and THRUE L. (dir.) [2008], *Creating Nordic Capitalism. The Business History of a Competitive Periphery*, Palgrave Macmillan, New York.

FLIGSTEIN N. [1990], *The Transformation of Corporate Control*, Harvard University Press, Cambridge.

_____, [2001], *The Architecture of Markets. An Economic Sociology of Capitalist Societies*, Princeton University Press, Princeton.

FOURCADE M. [2009], *Economists and Societies*, Princeton University Press, Princeton.

FOURCADE M. and KHURANA R. [2013], «From social control to financial economics: the linked ecologies of economics and business in twentieth-century America», *Theory and Society*, n° 42, p. 121-159.

FOURCADE M., OLLION E. and ALGAN Y. [2015], «The superiority of economists», *The Journal of Economic Perspectives*, vol. 29, n° 1, p. 89-113.

FRANK R. H. [2010], *La Course au luxe. L'économie de la cupidité et la psychologie du bonheur*, Markus Haller, Paris.

FRANK R. H. and COOK P. J. [2010], *The Winner-Take-All Society. Why the Few at the Top Get So Much More Than the Rest of Us*, Virgin Books, New York.

FREEMAN C. [1986], *The Economics of Industrial Innovation*, MIT Press, Cambridge.

_____, [1987], *Technology Policy and Economic Performance. Lessons from Japan*, Pinter, Londres.

FREYSSENET M., MAIR A., SHIMIZU K. and VOLPATO G. [1998], *One Best Way? Trajectories and Industrial Models of the World's Automobile Producers*, Oxford University Press, Oxford.

FRIEDSON E. [1986], *Professional Powers*, Chicago University Press, Chicago.

FROUD J., MORAN M. and WILLIAMS K. [2012], «Stories and interests in finance: agendas of governance before and after the financial crisis», *Governance*, vol. 25, n° 1.

FUKUYAMA F. [1992], *La Fin de l'histoire et le dernier homme*, Flammarion, Paris.

GARCIA M.-F. [1986], «La construction sociale d'un marché parfait: le marché au cadran de Fontaines-en-Sologne», *Actes de la recherche en sciences sociales*, n° 65, novembre, p. 2-13.

GINTIS H. [2000], «Strong reciprocity and human sociality», *Journal of Theoretical Biology*, n° 206, p. 169-179.

GODECHOT O. [2001], *Les Traders*, La Découverte, «Textes à l'appui», Paris.

GOOD D. and REUVENY R. [2009], «On the collapse of historical civilizations», *American Journal of Agricultural Economics*, vol. 91, n° 4, novembre, p. 863-879.

GOODWIN R. [1967], «A growth cycle», *in* FEINSTEIN C. H. (dir.), *Socialism, Capitalism and Economic Growth*, Cambridge University Press, Cambridge, p. 54-59.

GORDON R. [2012], «Is US economic growth over? Faltering innovation confronts the six headwinds», *CEPR Policy Insight*, n° 63.

GRAMSCI A. [1978], *Cahiers de prison*, Gallimard, Paris.

GREENSPAN A. [2007], *The Age of Turbulence. Adventures in a New World*, Penguin Press, New York.

_____, [2013], *The Map and the Territory. Risk, Human, Nature, and the Future of Forecasting*, Penguin Press, New York.

GROSFELD I. [1986], «Modeling planners' investment behavior. Poland 1956-1980», *Journal of Comparative Economics*, vol. 11, n° 3.

GROSSMAN G. and KRUEGER A. [1995], «Economic growth and the environment», *Quarterly Journal of Economics*, vol. 110, n° 2, p. 353-377.

GRREC [1983, 1991], *Crise et régulation. Recueils de textes*, tome 1: *1979-1983*, et tome 2: *1983-1989*, université de Grenoble-2, Grenoble.

GUERRIEN B. [1996], *L'Économie néoclassique*, La Découverte, «Repères», Paris, 3e édition.

GUIBERT B. [1986], *L'Ordre marchand*, Cerf, Paris.

HACKER J. and PIERSON P. [2011], *Winner-Take-All Politics. How Washington Made the Rich Richer — and Turned its Backs on the Middle Class*, Schuster & Schuster, New York.

HALL P. (dir.) [1989], *The Political Power of Economic Ideas*, Princeton University Press, Princeton.

HALL P. and SOSKICE D. (dir.) [2001], *Varieties of Capitalism. The Institutional Foundations of Comparative Advantage*, Oxford University Press, Oxford.

_____, [2002], «Les variétés du capitalisme», *L'Année de la régulation*, n° 6, p. 47-124.

HARADA Y. and TOHYAMA H. [2011], «Asian capitalisms: institutional configurations and firm heterogeneity», *in* BOYER R., UEMURA H. and ISOKAI A. (dir.), *Diversity and Transformations of Asian Capitalisms*, Routledge, Londres, p. 243-263.

HATCHUEL A. [2004], «Repenser la gestion. Un point de vue historique sur les firmes comme innovations institutionnelles», *Lettre de la régulation*, n° 47, p. 1.

HAUSMANN R. and MARQUEZ G. [1986], «Venezuela: du bon côté du choc pétrolier», *in* BOYER R. (dir.), *Capitalismes fin de siècle*, PUF, «Économie en liberté», Paris, p. 141-163.

HAYEK F. VON [1973], *Droit, législation et liberté*, vol. 1: *Règles et ordre*, University of Chicago Press, Chicago.

HICKS J. R. [1955], «Economic foundations of wage policy», *The Economic Journal*, septembre, p. 389-404.

HILFERDING R. [1970], *Le Capital financier*, Minuit, Paris.

HOCHRAICH D. [2002], *Mondialisation contre développement. Le cas des pays asiatiques*, Syllepse, Paris.

HOLLINGSWORTH R. J. and BOYER R. (dir.) [1997], *Contemporary Capitalism. The Embeddedness of Institutions*, Cambridge University Press, Cambridge.

HOLLINGSWORTH R. J., SCHMITTER P. and STREECK W. [1994], *Governing Capitalist Economies. Performance and Control of Economic Sectors*, Oxford University Press, New York.

HÖPNER M. [2003], «What connects industrial relations with corporate governance? A review on complementarity», *Mimeograph*, Institut Max Planck, Cologne.

HUCHET J.-F. and XIANGJUN Y. [1996], «Les entreprises d'État chinoises à la croisée des chemins», *Revue Tiers Monde*, vol. 37, n° 147, juillet-septembre, p. 599-627.

HUSSON M. [2008], *Un pur capitalisme*, Page Deux, Paris.

JESSOP B. [1997], «Twenty years of the (Parisian) regulation approach: the paradox of success and failure at home and abroad», *New Political Economy*, vol. 2, n° 3, p. 503-526.

_____, (dir.) [2001], *Regulation Theory and the Crisis of Capitalism*, Edward Elgar, Cheltenham, 5 volumes, dont *The Parisian Regulation School*, vol. 1, *Regulationist Perspectives on Fordism and Post-Fordism*, vol. 3.

_____, [2002], *The Future of the Capitalist State*, Polity, Cambridge.

JESSOP B. and SUM N.-L. [2006], *Beyond the Regulation Approach. Putting Capitalist Economies in their Place*, Edward Elgar, Cheltenham.

JIMENEZ J. P. and LOPEZ-AZCUNAGA I. [2012], «De la desigualdad en America Latina? El rol de la política fiscal», *Working Paper Series*, n° 33, Frei Universität, Berlin.

JUILLARD M. [1993], *Un schéma de reproduction pour l'économie des États-Unis: 1948-1980*, Peter Lang, Paris.

JULLIEN F. [2009], *Les Transformations silencieuses*, Grasset/Fasquelle, Paris.

KAHNEMAN D. [2011], *Thinking, Fast and Slow*, Penguin Books, Londres.

KALANTZIS Y. [2006], «Structure sectorielle et fragilité financière dans les économies émergentes», thèse de doctorat, ENPC, Paris.

KALDOR N. [1963], *Essays on Economic Stability and Growth*, G. Duckworth & Co, Londres.

_____, [1967], *Strategic Factor in Economic Development*, Ithaca, New York.

KALECKI M. [1943], «Political aspects of full employment», *Political Quarterly*, vol. 14, n° 4, p. 322-331.

KEYNES J. M. [1936], *Théorie générale de l'emploi, de l'intérêt et de la monnaie*, Payot, Paris.

KINDLEBERGER C. P. [1973], *The World in Depression, 1929-1939*, California University Press, Berkeley.

_____, [1978], *Manias, Panics and Crashes*, Basics Books, New York.

_____, [1994], *Histoire mondiale de la spéculation financière*, Éditions PAU, Paris.

KNIGHT J. and SHI L. [2005], «Wages, firm profitability and labor market segmentation in urban China», *China Economic Review*, vol. 16, n° 3.

KONDRATIEFF N. [1925], *Les Grands Cycles de la conjoncture*, Economica, Paris, 1992.

KRIPPNER G. R. [2011], *Capitalizing on Crisis. The Political Origins of the Rise of Finance*, Harvard University Press, Cambridge.

KRUG B. and HENDRISCHKE H. [2007], «Framing China: transformation and institutional change through co-evolution», *Management and Organization Review*, vol. 4, n° 1, p. 81-108.

KRUGMAN P. [2000], «Reckonings, blessed are the weak», *The New York Times*, 3 mai.

_____, [2011a], «Keynes was right», *The New York Times*, 29 décembre.

_____, [2011b], «Can Europe be saved?», *The New York Times*, 12 janvier.

KUZNETS S. [1955], «Economic growth and income inequality», *American Economic Review*, n° 45, mars, p. 1-28.

LABROUSSE A. and WEISZ J.-D. (dir.) [2001], *Institutional Economics in France and Germany: German Ordoliberalism Versus the French Regulation School*, Springer, Berlin.

LABROUSSE E. (dir.) [1976], *Histoire économique et sociale de la France*, vol. 2, PUF, Paris.

LABROUSSE E. and BRAUDEL F. [1993], *Histoire économique et sociale de la France*, vol. IV: 1880-1950, PUF, Paris.

LACROIX A. and MOLLARD A. [1994], «L'approche sectorielle de la régulation, une problématique à partir de l'agriculture», *in* ALLAIRE G. and BOYER R. (dir.), *La Grande Transformation de l'agriculture, lectures conventionnalistes et régulationnistes*, Inra/ Economica, Paris.

LAFERTÉ G. [2006], *L'Image de la Bourgogne et de ses vins. Le contrôle politique et culturel du marché*, Albin Michel, Paris.

LAUTIER B. [2012], «La diversité des systèmes de protection sociale en Amérique latine», *Revue de la régulation*, n° 11, 1er semestre.

LECHEVALIER S. [2011], *La Grande Transformation du capitalisme japonais (1980-2010)*, Presses de Sciences Po, Paris.

LEIBENSTEIN H. [1966], «Allocative efficiency *versus* X-efficiency», *American Economic Review*, vol. 66, p. 392-415.

_____, [1976], *Beyond Economic Man: A New Foundation in Microeconomics*, Harvard University Press, Cambridge.

_____, [1982], «The prisoners dilemma in the invisible hand: an analysis of intrafirm productivity», *American Economic Review*, vol. 72, n° 2, mai, p. 92-97.

LEMOINE B. [2014], «Discipliner l'État par la dette: la mise en marche et la sectorisation du "problème" de la dette publique», *in* HALPERN C., LASCOUMES P. and LE GALÈS P., *L'Instrumentation de l'action publique*, Presses de Sciences Po, Paris, p. 367-396.

LE RIDER G. [2001], *La Naissance de la monnaie*, PUF, Paris.

LEROY C. [2002], «Les salaires en longue période», *in* BOYER R. and SAILLARD Y. (dir.), *Théorie de la régulation. L'État des savoirs*, La Découverte, Paris, p. 114-125.

LIPIETZ A. [1979], *Crise et inflation, pourquoi?* Maspero-La Découverte, Paris.

_____, [1983], *Le Monde enchanté: de la valeur à l'envol inflationniste*, La Découverte, Paris.

_____, [1985], *Mirages et miracles: problèmes de l'industrialisation dans le Tiers-Monde*, La Découverte, Paris.

_____, [1998], *La Société en sablier*, La Découverte, Paris.

_____, [1999], *Qu'est-ce que l'écologie politique? La grande transformation du XXIe siècle*, La Découverte, Paris.

LIPIETZ A. and LEBORGNE D. [1988], «L'après-fordisme et son espace», *Les Temps modernes*, avril.

LORDON F. [1996], «Formaliser la dynamique économique historique», *Économie appliquée*, tome 49, n° 1, p. 55-84.

_____, [1997], *Les Quadratures de la politique économique*, Albin Michel, Paris.

_____, [1999], «Vers une théorie régulationniste de la politique. Croyances économiques et pouvoir symbolique», *L'Année de la régulation*, n° 3, p. 169-207.

_____, [2000], «La "création de valeur" comme rhétorique et comme pratique. Généalogie et sociologie de la "valeur actionnariale"», *L'Année de la régulation*, vol. 4, p. 115-164.

_____, [2002], «Théorie de la régulation et politique économique», *in* BOYER R. and SAILLARD Y. (dir.), *Théorie de la régulation. L'état des savoirs*, La Découverte, Paris, p. 198-206.

_____, [2011], *L'Intérêt souverain. Essai d'anthropologie économique spinoziste*, La Découverte, Paris.

LORENZI H., PASTRÉ O. and TOLEDANO J. [1980], *La Crise du XXe siècle*, Economica, Paris.

LORRAIN D. [2002], «Capitalismes urbains: des modèles européens en compétition», *L'Année de la régulation*, n° 6, p. 195-239.

LUCAS R. E. [1993], «Making a miracle», *Econometrica*, vol. 61, n° 2, p. 251-272.

_____, [1984], *Studies in Business-Cycle Theory*, The MIT Press, Cambridge.

LUN Z. [2003], *La Vie intellectuelle en Chine depuis la mort de Mao*, Fayard, Paris.

LUXEMBOURG R. [1967], *L'Accumulation du capital*, Minuit, Paris, vol. 1, 2.

MADDISON A. [2001], *L'Économie mondiale. Une perspective millénaire*, Éditions de l'OCDE,

Paris.

MANDEL E. [1978], *La Crise: 1974-1978*, Flammarion, Paris.

MANOW P. [2009], «Electoral rules, class coalitions and welfare state regimes, or how to explain Esping-Andersen with Stein Rokkan», *Socio-Economic Review*, vol. 7, n° 1, p. 101-121.

MARGLIN S. and MYLONDO B. [2014], *L'Économie, une idéologie qui ruine la société*, Éditions du Croquant, Paris.

MARQUES-PEREIRA J. and THÉRET B. [2001], «Régimes politiques, médiations sociales de la régulation et dynamiques macroéconomiques. Quelques enseignements pour la théorie du développement d'une comparaison des caractères nationaux distinctifs du Brésil et du Mexique à l'époque des régimes d'industrialisation par substitution des importations», *L'Année de la régulation*, n° 5, p. 105-143.

MARSHALL A. [1890], *Principes d'économie politique*, Giard et Brière, Paris, 1906.

MARX K. [1890], *Le Capital*, livre I, Les Éditions sociales, Paris, 2015.

MATHIAS G. and SALAMA P. [1983], *L'État surdéveloppé*, La Découverte, Paris.

MAURICE M., SELLIER F. and SILVESTRE J.-J. [1982], *Politique d'éducation et organisation industrielle en France et en Allemagne*, PUF, Paris.

MAZIER J., PETIT P. and PLIHON D. [2013], *L'Économie mondiale en 2030*, Economica, Paris.

MEADOWS D. and RANDERS J. [1972], *Les Limites de la croissance (dans un monde fini)*, Rue de l'Échiquier, Paris, 2012.

MÉNARD C. (dir.) [2000], *Institutions, Contracts and Organizations*, Edward Elgar, Cheltenham.

MILANOVIC B. [2005], «Can we discern the effect of globalization on income distribution? Evidence from household surveys», *The World Bank Economic Review*, n° 19, p. 21-44.

MILGROM P. and ROBERTS J. [1990], «The economics of modern manufacturing: technology, strategy and organization», *American Economic Review*, vol. 80, n° 3, p. 511-528.

MIOTTI L. and QUENAN C. [2004], «Analyse des grandes crises structurelles: le cas de l'Argentine», *in* BOYER R. and NEFFA J. C. (dir.), *La Crisis argentina (1976-2001). Una visión desde las theorias institucionalistas y regulacionistas*, Mikno y Darila, Madrid/Buenos Aires.

MIOTTI E., QUENAN C. and TORIJA ZANE E. [2012], «Continuités et ruptures dans l'accumulation et la régulation en Amérique latine dans les années 2000: le cas de l'Argentine, du Brésil et du Chili», *Revue de la régulation*, n° 11, 1er semestre.

MISTRAL J. [1986], «Régime international et trajectoires nationales», *in* BOYER R. (dir.), *Capitalismes fin de siècle*, PUF, Paris, p. 167-202.

MJOSET L. [1992], *The Irish Economy in a Comparative Institutional Perspective*, National Economic and Social Council, Dublin.

MONTAGNE S. [2000], «Retraite complémentaire et marchés financiers aux États-Unis», *L'Année de la régulation*, n° 4, p. 13-46.

_____, [2003], «Les métamorphoses du trust. Les fonds de pensions américains entre protection et spéculation», thèse, université Paris-X-Nanterre, Paris.

MOULIER-BOUTANG Y. [2007], *Le Capitalisme cognitif. La nouvelle grande transformation*, Amsterdam, «Multitudes/Idées», Paris.

MURADIAN R. [2001], «Ecological thresholds: a survey», *Ecological Economics*, vol. 38, n° 1, p. 7-24.

MUSGRAVE R. [1959], *The Theory of Public Finance. A Study in Public Economy*, McGraw-Hill, New York.

MYANT M. and DRAHOKOUPIL J. [2010], *Transition Economies. Political Economy in Russia, Eastern Europe, and Central Asia*, John Wiley & Sons, Hoboken.

NADEL H. [1983], *Marx et le salariat*, Le Sycomore, Paris.

NELSON R. (dir.) [1993], *National Innovation Systems. A Comparative Analysis*, Oxford University Press, Oxford.

NELSON R. and WINTER S. [1982], *An Evolutionary Theory of Economic Change*, The Belknap Press of Harvard University Press, Harvard.

NORDHAUS W. [1975], «The political business cycle», *Review of Economic Studies*, vol. 42, n° 2, p. 169-190.

NORTH D. C. [1990], *Institutions, Institutional Change and Economic Performance*, Cambridge University Press, Cambridge.

NOTERMANS T. [1995], «Social democracy and external constraints», *in* COX R. W. (dir.), *Spaces of Globalisation*, Guilford, New York.

OI J. C. [1992], «Fiscal reform and the economic foundations of local state corporatism in China», *World Politics*, vol. 45, n° 1, octobre, p. 99-126.

OI J. C. and WALDER A. G. (dir.) [1999], *Property Rights and Economic Reform in China*, Oxford University Press, Oxford.

OKUMA K. [2012], «An analytical framework for the relationship between environmental measures and economic growth based on the regulation theory: key concepts and a simple model», *Evolutionary and Institutional Economics Review*, vol. 9, n° 1, p. 141-168.

OMINAMI C. [1986], *Le Tiers Monde dans la crise*, La Découverte, Paris.

ORLÉAN A. [1999], *Le Pouvoir de la finance*, Odile Jacob, Paris.

_____, (dir.) [1994], *Analyse économique des conventions*, PUF, «Économie», Paris, nouvelle édition 2004.

_____, [2004], «Efficience, finance comportementale et convention: une synthèse théorique», *in* BOYER R., DEHOVE M. and PLIHON D. (dir.), *Les Crises financières: analyse et propositions*, rapport du Conseil d'analyse économique, La Documentation française, Paris, p. 241-270.

_____, [2013], *L'Empire de la valeur. Refonder l'économie*, Seuil, Paris.

PALOMBARINI S. [1999], «Vers une théorie régulationniste de la politique économique», *L'Année de la régulation*, n° 3, p. 97-126.

_____, [2001], *La Rupture du compromis social italien*, CNRS Éditions, Paris.

PEDERSEN O. [2008], «Corporatism and beyond: the negotiated economy», *in* CAMPBELL J., HALL J. and PEDERSEN O. K., *National Identity and the Varieties of Capitalism. The Danish*

Experience, DJOF Publishing, Copenhague, p. 245-270.

PENG Y. [2001], «Chinese villages and townships as industrial corporations. Ownership, governance, and market discipline», *The American Journal of Sociology*, vol. 106, n° 3, mars, p. 1338-1370.

PEREZ C. [2002], *Technological Revolution and Financial Capital. The Dynamics of Bubbles and Golden Ages*, Elgar, Londres.

PETIT P. [1985], *La Croissance tertiaire*, Economica, Paris, 1988.

_____, [1986], *Slow Growth and the Service Economy*, Frances Pinter, Londres.

_____, [1998], «Formes structurelles et régimes de croissance de l'après-fordisme», *L'Année de la régulation*, vol. 2, p. 177-206.

PIKETTY T. [2013], *Le Capital au XXIe siècle*, Seuil, Paris.

_____, [2015], «Putting distribution back at the center of economics», *Journal of Economic Perspectives*, vol. 29, n° 1, p. 67-88.

PIKETTY T. and SAEZ E. [2003], «Income inequality in the United States, 1913-1998», *Quarterly Journal of Economics*, vol. 118, n° 1, p. 1-39.

PLIHON D. (président) [2002], *Rentabilité et risque dans le nouveau régime de croissance*, rapport du groupe du Commissariat général du Plan, La Documentation française, Paris, octobre.

POINCARÉ H. [1923], *Leçons de mécanique céleste*, J. Gabay, Sceaux, 2003.

POLANYI K. [1944], *The Great Transformation*, trad. fr. Gallimard, Paris, 1983.

POMERANZ K. [2010], *Une grande divergence. La Chine, l'Europe et la construction de l'économie mondiale*, Albin Michel, Paris.

PORTER M. [1985], *Competitive Advantage. Creating and Sustaining Superior Performance*, The Free Press, New York.

POULANTZAS N. [1968], *Pouvoir politique et classes sociales de l'État capitaliste*, Maspero, Paris.

PREBISCH R. [1981], *Capitalismo periférico. Crisis y transformación*, Fondo de Cultura Economica, Mexico.

RAGOT X. [2000], «Division du travail, progrès technique et croissance», thèse EHESS, Paris, 21 décembre.

RAJAN R.G. and ZINGALES L. [2003], *Saving Capitalism from the Capitalists*, Random House, New York.

RAWLS J. [1971], *Théorie de la justice*, Seuil, Paris, 1997.

RÉAL B. [1990], *La Puce et le chômage*, Seuil, Paris.

REICH R. [1991], *L'Économie mondialisée*, Dunod, Paris, 1993.

REINHART C. M. and ROGOFF K. S. [2009], *This Time is Different. Eight Centuries of Financial Folly*, Princeton University Press, Princeton.

Revue de la régulation [2011], *Post-keynésianisme et théorie de la régulation: des perspectives communes*, n° 10.

_____, [2014], *Renouveler la macroénoconomie postkeynésienne? Les modèles stock-flux cohérent et multi-agents*, n° 16.

REYNAUD B. [2002], *Operating Rules in Organizations. Macroeconomic and Microeconomic Analysis*, Palgrave Macmillan, Basingstoke.

RIEDEL J. and JIN J. G. J. [2007], *How China Grows. Investment, Finance and Reform*, Princeton University Press, Princeton.

RODRIGUES M. J. (dir.) [2002], *The New Knowledge Economy in Europe. A Strategy for International Competitiveness and Social Cohesion*, Edward Elgar, Cheltenham.

_____, [2004], *Vers une société européenne de la connaissance. La stratégie de Lisbonne (2000-2010)*, Presses de l'université de Bruxelles, Bruxelles.

ROUSSEAU S. and ZUINDEAU B. [2007], «Théorie de la régulation et développement durable», *Revue de la régulation*, n° 1, juin.

SABEL C. [1997], «Constitutional orders: trust building and response to change», *in* BOYER R. and HOLLINGSWORTH R., *Contemporary Capitalism. The Embeddedness of Institutions*, Cambridge University Press, Cambridge.

SALAIS R. and STORPER M. [1994], *Les Mondes de production*, Éditions de l'EHESS, Paris.

SAPIR J. [1985], *Les Fluctuations économiques en URSS, 1941-1985*, Éditions de l'EHESS, Paris.

_____, [1998], *Le Krach russe*, La Découverte, Paris.

_____, [2000], *Les Trous noirs de la science économique. Essai sur l'impossibilité de penser le temps et l'argent*, Albin Michel, Paris.

SCHMITTER P. C. [1990], «Sectors in modern capitalism: models of governance and variations in performance», *in* BRUNETTA R. and DELL'ARINGA C. (dir.), *Labour Relations and Economic Performance*, Palgrave MacMillan, «International Economic Association», Londres.

SEN A. [2012], *Éthique et Économie*, PUF, Paris.

SEO H. J. [1998], «Diversification industrielle des changements du système d'apprentissage: le cas de l'économie coréenne», thèse de doctorat, EHESS, Paris.

SEWELL W. H. [1996], «Three temporalities: toward an eventful sociology», *in* MCDONALD T. J. (dir.), *The Historic Turn in the Human Sciences*, Michigan University Press, Ann Arbor.

SHLEIFER A. [2000], *Clarendon Lectures. Inefficient Markets*, Oxford University Press, Oxford.

SHONFIELD A. [1965], *Le Capitalisme d'aujourd'hui. L'État et l'entreprise*, Gallimard, Paris, 1967.

SIMON H. [1983], *Reason in Human Affairs*, Basil Blackwell, Londres.

_____, [1997], *Models of Bounded Rationality. Empirically Grounded Economic Reason*, MIT Press, Cambridge.

SONG L. [2001], «The limit of gradual reform without long term perspective: instability of institutional arrangements in mainland China», *Mimeograph*, Nagoya University.

SOROS G. [1998], *The Crisis of Global Capitalism. Open Society Endangered*, Public Affairs, New York.

SPENCE M. [1973], «Job market signaling», *The Quarterly Journal of Economics*, août, p. 353-374.

STACKELBERG H. VON [1934], *Market Structures and Equilibrium*, Springer Verlag, Berlin, 2010.

STARK D. [1997], «Recombinant property in East European capitalism», *in* GRABHER G. and STARK D. (dir.), *Restructuring Networks in Post-Socialism. Legacies Linkages and Localities*, Oxford University Press, Oxford, p. 35-69.

STARK D. and BRUSZT L. [1998], *Postsocialist Pathways. Transforming Politics and Property in East Central Europe*, Cambridge University Press, New York.

STÉCLEBOUT E. [2004], «La formation des politiques économiques européennes. Hétérogénéité, changement institutionnel, processus décisionnels», thèse de doctorat, EHESS, Paris.

STIGLITZ J. E [1987], «Dependence of quality on price», *Journal of Economic Literature*, vol. 25, p. 1-48.

_____, [2002], *La Grande Désillusion*, Fayard, Paris.

_____, [2003], *The Roaring Nineties. A New History of the World's Most Prosperous Decade*, W.W. Norton & Company, New York.

_____, [2012], *The Price of Inequality. How Today's Divided Society Endangers our Future*, W. W. Norton & Company, New York/Londres.

STREECK W. [1997], «German capitalism: does it exist? Can it survive?», *in* CROUCH C. and STREECK W. (dir.), *Political Economy of Modern Capitalism. Mapping Convergence et Diversity*, Sage, Londres.

_____, [2012], *Du temps acheté. La crise sans cesse ajournée du capitalisme démocratique*, Gallimard, Paris, 2014.

STREECK W. and THELEN K. (dir.) [2005], *Beyond Continuity. Institutional Change in Advanced Political Economies*, Oxford University Press, Oxford.

SUGDEN R. [1986], *The Economics of Rights. Cooperation and Welfare*, Basil Blackwell, Oxford.

_____, [1989], «Spontaneous order», *Journal of Economic Perspectives*, vol. 3, n° 4, p. 85-97.

SUMMERS L. H. [2014], «US economic prospects: secular stagnation, hysteresis and the zero lower bound», *Business Economics*, vol. 49, n° 2, p. 65-73.

SUTTON J. [1991], *Sunk Costs and Market Structure. Price Competition, Advertising and the Evolution of Concentration*, MIT Press, Cambridge.

The Economist [2014], «What Dutch disease is, and why it's bad», 5 novembre.

_____, [2015], «Rising Chinese wages will only strengthen Asia's hold on manufacturing», 14 mars, p. 61-62.

THELEN K. [2003], «Comment les institutions évoluent: perspectives de l'analyse comparative historique», *L'Année de la régulation*, n° 7, p. 11-43.

_____, [2009], «Economic regulation and social solidarity: conceptual and analytic innovations in the study in advanced capitalism», *Socio-Economic Review*, octobre, p. 1-21.

THELEN K. and MAHONEY J. [2010], *Explaining Institutional Change. Ambiguity, Agency, and Power*, Cambridge University Press, Cambridge.

THÉRET B. [1992], *Régimes économiques de l'ordre politique: esquisse d'une théorie régulationniste des limites de l'État*, PUF, Paris.

_____, (dir.) [1994], *L'État, la finance et le social: souveraineté nationale et construction européenne*, La Découverte, Paris.

_____, [1996a], «Les structures élémentaires de la protection sociale», *Revue française des affaires sociales*, vol. 50, n° 4, p. 165-188.

_____, (dir.) [1996b], *La Monnaie révélée par ses crises*, Éditions de l'EHESS, Paris, 2007.

_____, [1997], «Méthodologie des comparaisons internationales, approches de l'effet sociétal et de la régulation: fondements pour une lecture structuraliste des systèmes nationaux de protection sociale», *L'Année de la régulation*, n° 1, p. 163-228.

_____, [1999], «L'effectivité de la politique économique: de l'autopoièse des systèmes sociaux à la topologie du social», *L'Année de la régulation*, vol. 3, La Découverte, Paris, p. 127-168.

_____, [2008], «Le fédéralisme canadien: un modèle pour l'Union européenne?», *in* BOISMENU G. and PETIT I., *L'Europe qui se fait. Regards croisés sur un parcours inachevé*, Éditions de la MSH, Paris, p. 22-37.

THOM R. [1972], *Stabilité structurelle et morphogénèse*, Benjamin/Ediscience, New York/Paris.

_____, [1983], *Paraboles et Catastrophes*, Flammarion, Paris.

THRIFT N. [2001], «It's the romance, not the finance that makes the business worth pursuing: disclosing a new market culture», *Economy and Society*, vol. 30, n° 4, p. 412-432.

TILLY C. [2007], *Democracy*, Cambridge University Press, Cambridge.

TINBERGEN J. [1952], *On the Theory of Economic Policy*, North Holland, Amsterdam.

_____, [1991], *Techniques modernes de la politique économique*, Dunod, Paris.

UNI H. [2011], «Increasing wage inequality in Japan since the end of the 1990s: an institutional explanation», *in* BOYER R., UEMURA H. and ISOGAI A. (dir.), *Diversity and Transformations of Asian Capitalisms Power*, Routledge, Londres.

VARIAN H. [1995], *Analyse microéconomique*, De Boeck, Bruxelles.

VIDAL J.-F. [2010], «Crises et transformations du modèle social-démocrate suédois», *Revue de la régulation*, n° 6-7, automne.

_____, [2010], «Crises et transformations du modèle social-démocrate suédois», *Revue de la régulation*, n° 8, automne.

VISSER J. and HEMERIJCK A. [1997], «*A Dutch Miracle». Job Growth, Welfare Reform and Corporatism in the Netherlands*, Amsterdam University Press, Amsterdam.

WALLERSTEIN I. [1978], *Le Système du monde du XVe siècle à nos jours*, Flammarion, Paris.

_____, [1999], *Le Capitalisme historique*, La Découverte, «Repères», Paris.

WANG J., NAGENDRA S. and UEMURA H. [2011], «Chinese international production linkages and Japanese multinationals: evolving industrial interdependence and coordination», *in* BOYER R., UEMURA H. and ISOKAI A. (dir.), *Diversity and Transformations of Asian Capitalisms*, Routledge, Londres, p. 143-164.

WEBER M. [1921], *Économie et Société*, vol. I: *Les catégories de la sociologie*, Pocket, Paris,

2003.

WEST S. and MITCH A. [2000], *Storyselling for Financial Advisors. How Top Producers Sell*, Kaplan Publishing, Leeds.

WHITE H. C. [2002], *Markets from Networks. Socioeconomic Models of Production*, Princeton University Press, Princeton.

WHITLEY R. [1984], *The Intellectual and Social Organization of the Science*, Oxford University Press, Oxford.

WILLIAMSON O. [1975], *Markets and Hierarchies. Analysis and Antitrust Implications*, The Free Press, New York.

_____, [1985], *The Economic Institutions of Capitalism*, The Free Press, New York.

WOMACK J. P., JONES D. T. and ROOS D. (dir.) [1990], T*he Machine that Changed the World*, *Simon & Schuster*, New York.

WTO [2011], «Made in the world initiative. A paradigm shift to analyzing trade», Genève.

XIN K. and PEARCE J. [1996], «Guanxi: connections as substitutes for formal institutional support», *The Academy of Management Journal*, vol. 39, n° 6, décembre, p. 1641-1658.

YAMAMURA K. and STREECK W. (dir.) [2003], *The End of Diversity? Prospects for German and Japanese Capitalism*, Cornell University Press, Ithaca.

YAN C. [2011], «Analysis of the linkage effect in Chinese export-led growth: according to the subdivisions of Asian international input-output tables», *in* BOYER R., UEMURA H. and ISOKAI A. (dir.), *Diversity and Transformations of Asian Capitalisms Power*, Routledge, Londres.

YANAGAWA N. and GROSSMAN G. M. [1992], «Asset bubbles and endogenous growth», *Journal of Monetary Economics*, vol. 31, n° 1, février, p. 3-19.

ZHAO Z. [2003], «Migration, labor market flexibility and wage determination in China. A review», Working Paper, China Center for Economic Growth, novembre. ZINAM O. [1976], «Peaceful coexistence, US-USSR detente, and the theory of convergence», *Rivista internazionale di scienze economiche e commerciali*, vol. 23, n° 1, janvier, p. 44-65.

ZOU H.-F. [1991], «Socialist economic growth and political investment cycles», *Working Paper*, n° WPS 615, World Bank.

찾아보기

조절이론 관련 웹사이트 안내

※ 이 책의 원서에 표기된 정보 중에 현재 유효하지 않은 것은 수정함. ─옮긴이

조절이론에 관심을 가진 연구자들이 모인 '연구와 조절 협회(Association Recherche & Régula-tion)'의 웹사이트를 참조할 수 있다.
☞ https://theorie-regulation.org/

위 협회는 해마다 『조절이론 연보(L'Année de la régulation)』를 발행한다. 게재 논문은 다음 웹사이트에서 확인할 수 있다.
☞ https://theorie-regulation.org/revues/publications/annee-de-la-regulation-1997-2004/

2007년부터는 『조절이론 연보』 후속으로 ≪조절 리뷰(La Revue de la régulation)≫가 발행되며, 게재 논문은 다음 웹사이트에 실려 있다.
☞ http://regulation.revues.org/

이 책의 저자인 로베르 부아예의 저작들은 다음 웹사이트에서 볼 수 있다.
☞ http://robertboyer.org
☞ (이전 자료) http://www.jourdan.ens.fr/~boyer/presentation.htm

지은이

로베르 부아예(Robert Boyer)

1943년 프랑스 니스에서 출생해 에콜 폴리테크니크(Ecole Polytechnique)와 시앙스 포(Sciences Po)를 졸업하고, 사회과학고등대학원(EHESS) 교수 및 수리경제계획예측센터(CEPREMAP) 수석 연구원을 지냈다. 2008년 9월 은퇴 후 코페하겐 대학 등에서 초빙교수를 지냈으며, 현재는 미국학 연구소(Institut des Amérique)에서 지속적으로 현대 자본주의를 연구하고 있다. 미셸 아글리에타, 뱅자맹 코리아, 알랭 리피에츠 등과 함께 프랑스 조절이론의 창시자로서 거시경제, 기술혁신, 노동경제, 경제사, 국가 간 비교 연구 등 다방면의 연구를 진행하고 있다.

주요 저서로 『조절이론: 비판적 분석(Théorie de la régulation: une analyse critique)』(1986), 『조절이론 현황(Théorie de la régulation: l'état des savoirs)』(1995), 『금융인들이 자본주의를 파괴할 것인가(Les financiers détruiront-ils le capitalisme?)』(2011) 등이 있다.

옮긴이

서익진

프랑스 그르노블 사회과학대학교에서 제라르 데스탕 드 베르니스 교수 지도하에 박사학위를 취득했으며, 현재 경남대학교 경제금융학과에 재직 중이다. 한국 경제와 국제 경제에 관한 다수의 저서와 논문이 있으며, 특히 프랑스에서 출간된 조절이론 관련 주요 경제학 서적을 우리말로 번역해 출간하는 데 많은 노력을 기울여왔다. ijseo@naver.com.

서환주

프랑스 사회과학고등대학원(EHESS)에서 로베르 부아예 교수 지도하에 박사학위를 취득했으며, 현재 한양대학교 경상대학 경영학부에 재직 중이다. 금융화, 소득 불평등, 정치경제학 등에 관한 연구를 활발히 진행하고 있다. seohwan@hanyang.ac.kr